21世纪世界历史学探微

中国社会科学院世界历史研究所学术文集
（2004—2019）

汪朝光 罗文东 主编

第三卷 苏俄东欧史研究

中国社会科学出版社

编 委 会

主　　编 汪朝光　罗文东
编委会成员（以姓氏拼音为序）
　　　　　　毕健康　高国荣　姜　南　刘　健
　　　　　　罗文东　孟庆龙　饶望京　任灵兰
　　　　　　汪朝光　俞金尧　张跃斌
编辑组成员 刘　健　任灵兰　刘　巍　马渝燕
　　　　　　张　然　张艳茹　张　丹　王　超
　　　　　　邢　颖　鲍宏铮　信美利　孙思萌
　　　　　　郑立菲　罗宇维　时伟通　杨　洁

目　录

（第三卷）

19 世纪中叶俄国进步舆论对中国时局的反应　………… 陈之骅（1）
揭开俄国农村公社的神秘
　　——读罗爱林著《俄国封建晚期农村公社研究
　　（1649—1861）》　………………………………… 孙成木（14）
普列汉诺夫"政治遗嘱"真伪辨 ………………………… 陈启能（19）
错译的"余粮收集制"与国内学界对苏联史的
　　误读 ……………………………………………… 赵旭黎（36）
苏联初期政治体制与 20 世纪 30 年代的世界经济
　　危机………………………………………………… 吴恩远（58）
20 世纪 90 年代初"过渡时期"的俄罗斯历史学 …… 邢媛媛（65）
俄罗斯史学研究的"帝国热"和帝国史流派
　　——近代俄罗斯史学转型的重大问题 ………… 马龙闪（78）
当代俄国的劳工史研究 ………………………………… 曹特金（95）
俄罗斯解密二战档案：捍卫真实的历史 ……………… 闻　一（101）
安·尼·梅杜舍夫斯基谈当代俄罗斯
　　史学 ……………………………………… 黄立茀　王　丹（105）
俄罗斯学者对几个历史问题的再认识
　　——访俄随录 …………………………………… 段启增（115）
赫鲁晓夫时期苏联与古巴关系的演变及其影响
　　因素 ……………………………………………… 刘国菊（124）
俄罗斯住房体制转型评析 ……………………………… 张　丹（149）

基辅罗斯外交浅析 …………………………………… 国春雷（170）
克柳切夫斯基论波雅尔杜马在国家政治体制发展史
　　中的历史地位 …………………………………… 朱剑利（188）
东欧农业集体化与东欧国家社会稳定问题浅议 ……… 刘　凡（220）
波兰战后初期的人民民主道路之争 …………………… 刘邦义（235）
苏东剧变后波兰的人口状况及移民趋势 ……………… 王晓菊（255）
波美拉尼亚的"格里芬"
　　——波兰卡舒比人刍议 ………………………… 何　凤（271）
匈牙利剧变的前因后果 ………………………………… 阚思静（287）
保加利亚社会转型与人口危机 ………………………… 马细谱（297）
一部颇具新意的《保加利亚史》……………………… 张联芳（307）
难以实现的合作
　　——中国与华约组织的关系 …………………… 李　锐（318）
"丝绸之路经济带"：地缘构想的当代起源及其
　　再认识 …………………………………………… 侯艾君（343）
中东欧的核电争议与中国核企的机遇和挑战 ………… 鲍宏铮（359）

19世纪中叶俄国进步舆论对中国时局的反应

陈之骅

今年是中华人民共和国成立60周年,也是中俄两国建交60周年。中国人民自1840年鸦片战争以来,经过100多年前赴后继的英勇斗争,终于在中国共产党的领导下于1949年取得了新民主主义革命的伟大胜利,建立了中华人民共和国,同时开辟了社会主义建设的美好前景。俄国人民同样经过了长期艰苦卓绝的斗争,终于在以列宁为首的布尔什维克党的领导下取得了1917年伟大十月社会主义革命的胜利。在中国革命和建设的进程中,作为第一个社会主义国家的苏联及其各族人民,对中国人民给予了巨大的支持和帮助。其间两国关系虽然经历了一些曲折,两国内部也发生了不同情况的变化,但两国人民之间的传统友谊始终没有中断。这并不是偶然的。这是因为两国人民有着相似的历史命运和共同的美好理想。长期以来,无论两国政府之间的关系如何,两国人民特别是先进人士一直相互关心,相互声援。从19世纪中叶俄国进步舆论对当时中国时局的反应可以充分看到这一点。

19世纪中叶是我国近代史上一个动荡时期。1840年鸦片战争以后,西方殖民主义者继续加强对我国的侵略和掠夺,并变本加厉地向我国倾销鸦片。为此,英、法殖民主义者于1856—1860年对我国发动了第二次鸦片战争,企图进一步扩大侵略权益。清政府为维持自己的统治,对外继续妥协退让,对内加重对人民的剥削与压迫。清政府的腐败无能使得国内社会和阶级矛盾日趋加剧。人民不堪忍受,不得不揭竿而起。1851—1864年,爆发了轰轰烈烈的太平天国起义。这是我国历史上规模最大、历时最久的一次农民革命运动。它持续了14年,波及18个省,最后在国内外反动派的联合围剿下遭到失败。

俄国社会对当时的中国时局相当关注。尽管总的来说掌握的材料不多,特别是缺乏第一手资料,但是俄国的各种报刊和有关的著述还是对中国时局作出了不少反应。它们的信息主要来自西方国家的一些著述和新闻报道,以及俄国来华的传教士、外交官和旅行者等人提供的见闻和评论。当然,这些反应因各个报刊和撰稿人的政治倾向不同而各异。本文仅就俄国的进步舆论,特别是革命民主阵营的代表和先进的文化界人士,对当时中国时局的反应作一些介绍和评述。从这些反应可以看到,在一个半世纪以前,不管当时中俄两国政府的关系怎样,两国人民的心是相连的。俄国人民对中国人民的命运和斗争所表示的理解、同情和支持是应当长留史册的。

一

俄国进步舆论严厉谴责了英国殖民主义者对中国的鸦片贸易,认为它不仅大量掠夺中国的财富,而且严重摧残中国人的身心。

早在19世纪40年代下半期,俄国革命家、空想社会主义者米哈伊尔·瓦西里耶维奇·彼得拉舍夫斯基在其名著《俄语中的外来语袖珍词典》的"鸦片"一词的释文中,先是引述了一位英国作家对他在君士坦丁堡见到的鸦片吸食者的描写:"他们的行动病态,语无伦次,精神萎靡,双目滞钝,脸部表情古怪而吓人。"然后接着写道:"像这种情况在中国见到的更为过之而无不及。在那里,几十万人在受着鸦片的致命性毒害。……鸦片贸易将是英国在人类历史的记载上永远磨不掉的耻辱。在当今主持正义和人权的法庭严禁一个民族或国家觊觎另一个民族或国家的独立主权的时代,一个在智力发展的阶梯上站得比其他民族高的有教养且文明的民族,竟然手持武器,迫使一个外国政府允许它有对其整个民族进行肆意毒害和摧残的权力，这岂不是既不可思议和令人吃惊，而又极其恶劣吗？"①

在俄国革命民主派的机关刊物《现代人》杂志上，可以读到不少愤怒谴责西方殖民主义者对中国进行武装侵略和鸦片贸易的文章。例如，著名的革命民主派政论家弗拉基米尔·亚历山大罗维奇·奥布鲁切夫在他的《中国与欧洲》一文中写道："我们认为，鸦片贸易是一种不道德的行为。它是这个民族的奇耻大辱。……我们不能为之辩护，也不能对它宽恕。我们认为它的本质是赤裸裸的下流勾当。"②

1854年，在圣彼得堡出版了A.罗切夫的著作《关于英国的实情和关于它在全球扩张的传闻》。该书面世后在社会上产生了很大的反响。作者在书中对英国在中国、印度和加拿大推行的殖民主义政策，特别是对英国在中国的鸦片贸易和暴力行为进行了有力的揭露和强烈的抨击。书中说："在与中国的冲突中，英国毫不犹豫地选择各种手段，不管它们是如何地残酷无情和不可容忍。可以说，它从来没有表演得如此地不加任何掩饰。"③ 需要指出的是，这位作者是自由派报纸《圣彼得堡新闻》和君主制度的喉舌《北方之蜂》报的撰稿人，不能称得上是当时的进步人士。可是《现代人》却利用该书的影响来进行自己的革命宣传。在1854年12月号和1855年1月号的杂志上，连续发表了两篇评介该书的文章。书评肯定了作者对英国当局的揭露，同时强调指出："鸦片贸易使中国每年失去大约100万人口。英国人的目标是要在精神上摧残和肉体上灭绝被它征服的民族，为此它不择手段。作者（指罗切夫）对此感到义愤填膺。"④

俄国著名的批判现实主义作家伊万·冈察洛夫在1852—1855年间曾以叶夫菲米·瓦西里耶维奇·波将金海军上将的秘书身份乘坐"巴拉达号"战舰考察了包括中国在内的世界好多个国家。回国后，

---

① Буташевич-Петрашевский М. В. и др. Философские и общественно-политические произведения петрашевцев. М.：Госполитиздат，1953，С. 291.

② Обручев В. И. Китай и Европа//Современник，Т. LXXXV，январь 1861 г.

③ Ротчев А. Права об Англии и сказания о расширении владений ее во всех частях света. Санкт-Петербург：тип. Имп. Акад. наук，1854，С. 189.

④ Рецензия на сочинение А. Ротчева "Права об Англии и сказания о расширении владений ее во всех частях света"//Современник，Т. XLVIII，1854 г.

他将旅途见闻写成了一部游记,先以报告文学形式在各杂志上发表,1858年成书出版。作者在上海目击了英国通过鸦片贸易对中国进行的掠夺和殖民主义者在中国的横行无忌,以及中国人民的反抗。作者怀着对中国人民的深切同情,记述了他亲眼见到的情景。

冈察洛夫以愤慨的心情写道:"鸦片夺走了中国人的茶叶、生丝、金属、药材、染料,榨干了中国人的血、汗、精力、才智和整个生命!英国人和美国人冷漠无情地攫取这一切,大发横财,对已经开始沉寂下去的惯常的谴责不予理睬。听着这种谴责他们毫不脸红,而且互相推诿。……性好奴役他人的英国民族,把厚颜无耻视为英雄本色。只要能够发财,管它倾销的是什么,就是毒药也在所不惜!"①

冈察洛夫还对英国殖民主义者的傲慢无理进行了无情的痛斥,同时对中国人民受到的侮辱表示了深切的同情。他写道:"整个来说,英国人对待中国人以及其他人民,特别是对受他们统治的属国百姓,即使不是残酷无情,也是专横、粗暴、冷酷而又轻蔑的,使人看了就觉得痛心。他们不把这些人当作人看,而是当作一群供人驱使的牲畜。……他们从不掩饰对中国人的轻蔑。"接着他具体讲述了一个名叫斯托克斯的英国军官对中国人的傲慢行为:"有一次,我们和他一起散步。一个中国人在前面走着,由于没有发现我们在他的身后,好长时间未能让路。斯托克斯伸手揪住他的辫子,不客气地把他拖向一旁。中国人先是一怔,接着面有愠色,却强作笑脸,目送着我们。世上没有任何一个民族比中国人更谦和、温良、彬彬有礼的了"②。

众所周知,俄国伟大作家列夫·托尔斯泰也很关注中国。他曾多次提到他对中国历史和文化的兴趣,说他"对中国人民的特性及其生活方式一直怀着极大的尊敬"③。1857年第二次鸦片战争发生时

---

① Гончаров И. А. *Фрегат «Паллада»*. М.:1949,С.411. 该书已译成中文:伊·亚·冈察洛夫:《巴拉达号三桅战舰》,黑龙江人民出版社1982年版,第460—461页。
② 伊·亚·冈察洛夫:《巴拉达号三桅战舰》,第458—459页。
③ Толстой Л. Н. *Полное собрание сочинений*. Т. 80. М.:С.90.

他正在西欧一些国家游历。这是他第一次出国访问。所到之处年轻的托尔斯泰看到了资本主义社会的很多阴暗面,从而开始对资本主义感到失望。他在以旅居瑞士时的见闻为基础写成的短篇小说《琉森》(Люцерн)(发表于1857年)中,在揭露资本主义的自私本性的同时,对当时英国军队在中国的暴行进行了谴责。他写道:"英国人又杀死了1000个中国人,因为这些中国人不想花钱买任何东西。"①他在1857年4月30日的日记中也表示了对英国军队在中国的侵略的愤怒之情。他写道:"(在报上)读到了英国人在中国的极其恶劣的行为,便与一个英国老头争论起来。"②

二

俄国进步舆论对英、法殖民主义者的侵略行为和清政府的腐败无能进行了无情的揭露,对中国人民所受的苦难表示了深切的同情。

19世纪50年代初至60年代初《现代人》杂志的领导人尼古拉·加夫里洛维奇·车尔尼雪夫斯基严正地谴责了英法联军对中国发动的第二次鸦片战争。他在1860年3月号的《现代人》杂志上发表的一篇《政治评论》中写道:"渤海的冲突触及到了英国人的自尊性。他们无法忍受,便组织了远征军,进入了战争,虽然自己感到,战争是不道德的和破坏性的……而中国人在战争中是无辜的"③。车尔尼雪夫斯基在文章中援引了一大段英国下议院议员布赖特在讨论给远征中国的军队拨款时的发言。布赖特说:第一次鸦片战争是"所有可能发生的事件中最不道德的事件",第二次鸦片战争则是英国人用借口和挑衅挑起的"一个欺骗",而第三次战争(指1859年发生的那次战争)也是"不道德的和罪恶的行动"④。当然,布赖特只是站在激进反对派的立场对政府提出批评,并不是出于对

---

① Толстой Л. Н. *Полное собрание сочинений*. Т. 5. С. 23.
② Толстой Л. Н. *Полное собрание сочинений*. Т. 47. С. 125.
③ Чернышевский Н. Г. *Полное собрание сочинений*. Т. 8. М.: С. 73–74.
④ Чернышевский Н. Г. *Полное собрание сочинений*. Т. 8. С. 73.

中国人的同情与支持。可是车尔尼雪夫斯基却利用他的言论来发表自己不能直接说出来的看法。我们知道，在沙皇政府严厉的书报审查制度下，这种做法是车尔尼雪夫斯基经常使用的。

车尔尼雪夫斯基对法国殖民军在第二次鸦片战争中对中国的侵略行为也进行了同样的揭露和批判。他在1862年2月号的《现代人》上发表的《政治评论》中谈到了第二次鸦片战争中法国远征军司令蒙托邦将军。众所周知，蒙托邦是掠夺和焚毁圆明园的罪魁祸首，后因侵略中国有功，被拿破仑授予"八里桥伯爵"称号。车尔尼雪夫斯基写道："这位将军是一个庸才，但他在指挥对中国的远征中大发横财。……据说，将军在中国抢走了价值200万法郎的财宝，而将其中价值10多万法郎的财宝占为己有。"①

俄国进步舆论真实报道了中国官场的落后腐败和中国劳动人民所受的苦难，认为这是导致太平天国起义的主要原因。

上面提到的奥布鲁切夫写的《中国与欧洲》一文中指出：饥寒交迫的中国人"经常倒毙在大路上。而官吏们对这种现象根本无动于衷。可以说，人的生命没有一个地方像在中国那样不值分文。即使是在比较好的年成，大多数人民还要靠吃野狗、死驴和老鼠肉度日"。作者还把中国的脚夫和俄国的纤夫类比。他写道："旅行者对中国脚夫们的力气感到吃惊。如果和我们的纤夫相比，那么他们所承受的痛苦显得更为深重"②。1857年《现代人》发表的一篇题为《传教士古克笔下的中华帝国》的文章中指出："中国穷人的数量很大……没有一个地方可以看到像在这个帝国那样有如此人口众多的贫民阶层……这或许就是中国革命迅速发展的原因。它正在中国不断蔓延，并且在人民群众中找到了越来越多的支持。"③

《俄国言论》杂志在1861年1月号发表的一篇时评中写道：中国官场的"专横、欺骗和行政礼仪的虚伪达到了极端鄙俗可恶的程

---

① Чернышевский Н. Г. *Полное собрание сочинений*. Т. 8. С. 611，612.
② Обручев В. И. Китай и Европа//*Современник*，Т. LXXXV，январь 1861 г.
③ Китайская империя по описанию миссионера Гюка//*Современник*，Т. LXIII，1857 г.

度"①。《俄国言论》还把中国皇帝与罗马教皇相比:"他们两者都维护旧时的习俗,而这在现今秩序下是根本不可能的。……他们两者都认为自己比世界上所有统治者还要强大。……庇护九世和咸丰都不能容忍新事物。他们根据自己的想象立法,既不承认时代的要求,也不接受被统治人民的合理愿望。"②"中华帝国如此迅速地溃败的主要原因在于它的统治本质。一般来说,东方的政权是建立在宗教无为主义的基础之上的,在人民的生活中没有很深的基础。它可以很快地崛起,也可以瞬刻间崩溃。"③

《俄国言论》在抨击中国政府的同时,对中国人民寄予了深厚的同情:中国皇帝和他的近臣们"只有一个愿望,只要北京保全和平安,便意味着整个帝国太平无事。即使其他城市遭到进攻,成千上万的百姓牺牲,他们也漠不关心,只要不碰着他们"④。英国《泰晤士报》曾为英法联军发动第二次鸦片战争辩护说:"我们进攻中国不仅是为了被侮辱了的人权,而且还是为了给谋杀复仇。"对于这种妄言,《俄国言论》反诘道:"你们是在惩罚谁?显然是可怜的士兵和无辜的百姓,而负有责任的政府却安安稳稳地待在北京。无论是咸丰帝,或是他的近臣,都听不到落在大沽炮台的枪炮声,也见不到阵亡的数千不幸的士兵。"⑤

三

俄国进步舆论和先进人士对中国农民运动表示了热烈的支持,同时希望并号召俄国农民也能同样揭竿而起。

在1858年的《现代人》上,发表了俄国著名东方学家伊里亚·尼古拉耶维奇·别列津的题为《中国与欧洲的关系》的文章。文章

---

① Г. Б.: Обзор современных событий//Русское слово, №1, 1861, Отдел Ⅱ.
② Обзор современных событий//Русское слово, №11, 1860, Отдел Ⅱ.
③ Обзор современных событий//Русское слово, №11, 1860, Отдел Ⅱ.
④ Обзор современных событий//Русское слово, №12, 1860, Отдел Ⅱ.
⑤ Обзор современных событий//Русское слово, №11, 1860, Отдел Ⅱ.

以大量的篇幅（约占 13 页）正面介绍了太平天国的各种文稿和传单。在这些文件中起义领导人洪秀全号召农民坚强勇敢、团结一致、不惜牺牲地起来斗争。起义组织者向农民发出了如下的战斗号召："你们还要沉默多久？""为什么你们不勇敢地投入战斗并凯旋？""如果你不参加起义，那么你把自己算作什么人民？""让所有的人都拿起钢刀和利剑，杀死所有的妖魔鬼怪！"① 文章在介绍了太平天国的文件、传单和口号以后，开始分析为什么起义具有如此大的规模。在作者看来，原因在于"中国的改革者在自己的学说中加进了共产主义的教义。因为大多数人民是穷人，所以造反派很容易得到群众的支持。这些群众，不会失去什么，但有可能赢得很多"②。值得注意的是《现代人》杂志发表别列津这篇文章的政治意图。太平天国的革命文告和战斗口号，与当时俄国革命民主主义者所散发的号召农民起义的秘密传单的内容是相互呼应的，而后者是不能在杂志上公开谈论的。所以，《现代人》在介绍太平天国运动的同时，也利用它来进行了自己的革命鼓动③。

19 世纪 50 年代至 60 年代初，俄国革命民主派的领军人物车尔尼雪夫斯基对太平天国运动给予了很大的关注和支持。沙皇政府深恐这一运动的影响加剧俄国农民的斗争，因而千方百计地封锁有关的消息。可是车尔尼雪夫斯基却认为这一伟大事件必须让俄国人民知道。他在 1856 年第 8 期《现代人》上发表了《中国革命之解释》一文。从文章的题目就可以看出作者的立场。文章相当详尽地介绍了运动初期的情况。他写道："从 1850 年 10 月至 1853 年 3 月，太平军转战各地，经常击溃朝廷的军队，占领一个个城市，但没有固定的地盘。他们从南到北，经过广西、湖南、湖北，于 1853 年 3 月 19 日在南京这个南方的都城，杀死了两万守城官兵。从此他们有了自己的地盘，包括中国中部地区的湖南、湖北、江西、安徽，并一

---

① Березин И. Н. Китай и отношение к нему Европы // *Современник*, Т. LXXII, 1858 г.

② Березин И. Н. Китай и отношение к нему Европы // *Современник*, Т. LXXII, 1858 г.

③ Белелюбский Ф. Восстание тайпинов и революционная агитация "Современника" // *Новый мир*, №3, 1953.

直占领至今。占领镇江是他们得以控制大运河,同时也自然地控制了长江流域几百英里的地方。除南京外,武昌这个中国最大的城市也掌握在起义者的手中。"① 尽管缺乏第一手资料,但作者关于太平军最初的进军路线和运动迅速发展的描述基本上是正确的。

车尔尼雪夫斯基认为,起义的原因是"旱灾、疫病、地震、战火、掠夺——一句话,所有由自然或社会原因引起的灾难"。作者还强调指出:"尽管由满人主宰的政府从未在中国受到欢迎,但是与英国不幸的战争则是引发暴乱和骚动的重要原因。"② 在文章中,车尔尼雪夫斯基称太平军领导人洪秀全为"按照信念行动"的人,怀着"复兴中国的希望",并确信起义必将取得胜利。作者写道:"如果太平军确实是为独立而战,那么他们一定会成功。……起义者的有利因素,一是他们的初战告捷,二是满人的残酷统治。"③ 车尔尼雪夫斯基坚决反对资本主义列强对中国革命的干涉,并且特别警告沙俄政府:不许干涉中国!

半年以后,在1857年第2期《现代人》上,车尔尼雪夫斯基还发表了一篇关于明末李自成领导的农民起义的文章。他主要通过俄国在北京的传教士提供的材料来分析这次农民运动。他写道:"明朝的末代皇帝是崇祯。他在位近17年,此后就发生了决定性的变革;这一变革结束了他的统治,也结束了他的生命。明朝灭亡的原因是崇祯过分轻信周围的宠臣,同时也由于被他们所压迫的人民的苦难。"④

一些俄国学者正确地指出,车尔尼雪夫斯基对中国农民战争的关注是与他准备在俄国发动农民革命运动联系在一起的。

车尔尼雪夫斯基的战友,革命民主主义政论家尼古拉·瓦西里耶维奇·舍尔古诺夫在1865年写的一篇长文《中国的文明》中指出,中国人民由于深受专制制度压迫和沉重税收负担以及缺乏自由而不得不起来反抗。他在文章中叙述了太平天国起义的进程,同时

---

① Чернышевский Н. Г. *Полное собрание сочинений*. Т. 3. М. : С. 758 – 759.
② Чернышевский Н. Г. *Полное собрание сочинений*. Т. 3. С. 758.
③ Чернышевский Н. Г. *Полное собрание сочинений*. Т. 3. С. 759.
④ Чернышевский Н. Г. *Полное собрание сочинений*. Т. 4. С. 524.

指出：这一运动"显示了一种生命之光。它如果不是现在，那么是在或迟或早的不远的将来，将指明国内取得成功的改造的一条真正的道路。这是拉塞尔勋爵，或是热布中校都无法指出的道路。他们只会训练中国皇帝的士兵按欧洲方式进行操练和射击"[1]。

舍尔古诺夫在文中揭露了欧洲殖民者的真面目。他写道："欧洲说，须要结束旧的中国，并使它开始新的生活，但是欧洲同时又进行反对太平军的战争并支持旧中国政府。这个政府已经明显地无力在国内建设良好的制度。欧洲说，中国人自己无法苏醒并依靠自身力量获得新生，但是欧洲同时又反对人民意志和利益的代表太平军。"[2]

由亚历山大·伊万诺维奇·赫尔岑和尼古拉·普拉托诺维奇·奥格廖夫主办的俄国革命民主派的国外刊物《钟声》报，主要关注的是俄国问题。但是我们也可以在它的版面上读到某些有关中国时局的反应。赫尔岑在1859年4月的一期《钟声》上发表的一篇文章中谈到英国的殖民侵略时愤怒地写道："公正地说，我不理解，为什么中国和波斯可以被不受惩罚地受到欺凌。"[3] 一年多以后，赫尔岑在另一篇文章中写道："如果中国内部搏动起活生生的力量，而它们又是团结一致和健康有力，那么它们早就该把贪官污吏一扫而光了。"[4] 赫尔岑不仅把中国的希望寄托在中国人民身上，而且对中国复兴的前景充满信心。他在1862年11月发表的一篇文章中说："面对着太平洋，不能说一个小时以后它不会涌起惊涛骇浪，同样也不能说像中国或是日本那样的国家会永远继续闭关自守的生活方式。保不准在什么时候，一小块酵母会掉进千百万沉睡的人群之中，催醒他们走向新的生活。"[5]

太平天国运动在乌克兰族的伟大诗人塔拉斯·格里哥里耶维

---

[1] Шелгунов Н. В. *Сочинения*. Т. 1. Санкт-Петербург：1895，С. 113.
[2] Шелгунов Н. В. *Сочинения*. Т. 1. С. 113.
[3] Герцен А. И. Джон Стюарт Милль и его книга// *Колокол*，15 апреля 1858.
[4] Герцен А. И. Война// *Колокол*，1 июня 1859.
[5] Герцен А. И. Концы и начала// *Колокол*，1 ноября 1862.

奇·舍甫琴科的日记中也有所反映。1857 年，他从流放地回来的船上，偶然读到了一篇关于太平天国起义的文章，然后在自己的日记中写道："在船长室的地板上我捡到一张揉皱了的旧报纸，是老相识《俄国残疾人报》。由于闲着无事，便读起了上面的一篇小品文。文中谈到中国的造反者，谈到他们的领袖洪（秀全）在进攻南京前的讲话。讲话的开头是：'上帝与我们同在。魔鬼们能把我们怎么样？这些长得肥肥的官老爷都是供屠宰的牲口，只配给我们的天父——至高无上的领袖和唯一的真神作祭品。'……"紧接着舍甫琴科写道："什么时候能够对俄国的大贵族大声地说出同样的话呢？"[①] 显然，诗人是把中俄两国受压迫农民的命运紧紧地联系起来了。

四

俄国先进人士在谴责西方殖民者对中国的侵略和对太平天国运动热情支持的同时，也批判了西方学者宣扬的种族主义思想，并对中国的古老文明和悠久历史做了高度的评价与赞扬。

大概从 19 世纪初期开始，在欧洲盛行一种种族主义理论。这种理论认为，人们在遗传上的体质特征与性格、智力和文化之间有着一种因果关系，因此一些种族天生就比其他种族优越。随着殖民主义的扩张，这种思潮不断泛滥，并且为殖民主义提供了理论根据。俄国进步舆论认为，任何一个民族，任何一种文明都是平等的，都有其独立存在的权利。俄国进步舆论在批判种族主义和谴责西方殖民者对中国侵略的同时，对中国悠久的历史和文明表示了高度的尊重和赞扬。

早在 19 世纪 40 年代，俄国革命民主主义者的鼻祖维萨利昂·格里哥里耶维奇·别林斯基就在一篇书评中指出："我们尊敬的作者认为，鉴于中国和印度是两个完全孤立发展的国家，因此它们不可能也不应该在世界历史上有一席之地。对于这样的观点，我们绝对

[①] Шевченко Т. Г. *Собрание сочинений*. Т. 5. М.：С. 158.

不能苟同。……难道像中国这样伟大的国家，可以被历史所无视而不与它建立任何关系吗？"①

车尔尼雪夫斯基对种族主义思想进行了严厉的批判。他认为，黄种人和白种人都是同样的人种。他们的所有外表特征都不是本质的，与他们的智慧和性格没有任何联系。他在《论种族》一文中写道："无论如何不能认为，白种人和黄种人是两个不同起源的人种。中国人和我们都来自同一群祖先。他们不是一类特殊的人，而是与我们同一类的人。……我们从中国人那里看到的各种特点，并非中国人所独有，而是人们在这个历史与社会状态下所共同具有的品质。"②车尔尼雪夫斯基特别赞赏中国人的勤劳。他说："中国人非常热爱劳动，并且很容易满足。这是他们普遍的性格。他们的先人很早就过着定居的生活，以自己的劳动为生，不依靠掠夺。他们深受压迫，并且相当贫穷。"③

在谈到中国的历史时，车尔尼雪夫斯基指出："中国历史与任何一个民族的历史在同样的状态下具有同样的特征。"④他在另一篇文章中表示坚决反对当时一些史学家所谓的中国历史"停滞不前"论。他说："这是一种谬见。中国的生活从来没有停滞过，正如欧洲和其他的国家一样。""翻开中国历史，算一下在这段时间里中国遭受了多少次外族入侵。中国历史不是停滞不前，而是因外族入侵而使得一系列的文明遭到破坏。在每次破坏以后，中国人都复兴了过来，或是恢复到原先的水平，或是超过它。"⑤

车尔尼雪夫斯基对中国古老的文明做了高度的评价与赞扬。他写道："近代欧洲开始认识中国的时候，它可能从中国人那里引进的不是某些看得见的发明，而是他们对于一般概念与习俗的经验和教导，好像曾经从古希腊和罗马引进的那样。在 17 世纪，甚至直到 18

---

① Белинский В. Г. *Сочинения в 3 томах*. Т. 2. М.：1948，С. 234，235.
② Чернышевский Н. Г. *Полное собрание сочинений*. Т. 10. С. 823.
③ Чернышевский Н. Г. *Полное собрание сочинений*. Т. 10. С. 823.
④ Чернышевский Н. Г. *Полное собрание сочинений*. Т. 8. С. 824.
⑤ Чернышевский Н. Г. *Полное собрание сочинений*. Т. 9. С. 891 – 892.

世纪的第三个四分之一时,有相当的根据显示:欧洲人应当成为中国人的学生。作为例子,只要举出莱布尼茨和伏尔泰就足够了。在他们所写的不少文章中,洋溢着对中国文明恭敬和近乎崇拜的感情。"接着车尔尼雪夫斯基问道:"中国文化中什么东西吸引着像莱布尼茨和伏尔泰这样的人呢?"他回答说:"莱布尼茨主要对中国书面语言强有力的逻辑性为之神往;而伏尔泰则主要钦佩中国人的理性,认为中国人在评估事物和各种关系时是根据他们是否适宜和有利,而不是按照繁琐哲学或是唯心主义的准则。"①

车尔尼雪夫斯基认为,伟大的中国文明将对全人类文明的发展起到十分重要的作用。他满怀深情地写道:"毫无疑问,中国民族很快将在欧洲的制度、习俗和概念的影响下开始改造自己的生活。但是,是否同样也可以确信,欧洲也将以受到中国文明的强大影响作为交换呢?当一个有着比今天所有的文明民族的人数总和还要多的民族参与到创建人类生活中来的时候,那么,按照自然规律,可以期待这个工作会进行得更富有成效。中国人将成为欧洲人有益的合作者,像在欧洲一个民族的工作永远对其他民族的进步有益一样。这将是一种为建立服务于今日欧洲文明的发展的新的文明而进行的新的工作。"②

我们高兴地看到,将近一个半世纪前,俄国伟大的革命民主主义思想家的预言,今天已经成为现实。随着中国的改革开放和具有本国特色的社会主义建设事业的进展,伟大而悠久的中华文明在世界范围内的影响和与其他各个文明的相互交流不断扩大,而中华文明本身也因从包括俄罗斯民族在内的世界各民族文明中吸取有益的养分而得到不断的丰富与发展。

(原载《世界历史》2009 年第 4 期)

---

[1] Чернышевский Н. Г. *Полное собрание сочинений*. Т. 9. С. 895 – 897.
[2] Чернышевский Н. Г. *Полное собрание сочинений*. Т. 9. С. 896.

揭开俄国农村公社的神秘
——读罗爱林著《俄国封建晚期农村公社研究（1649—1861）》

孙成木

农村公社是人类在原始社会末期，进入阶级社会以前的一个阶段。它在世界上大多数国家早已消失，或者只有某些残余。然而，俄国农村公社一直保存下来，直到20世纪初，到苏联实行农业集体化，成为独特的历史现象。那么，俄国村社神秘在哪里？

说起俄国农村公社，不能不涉及19世纪马克思主义者与民粹派那场激烈的争论。民粹派相信俄国独特性，把村社理想化，主张保留村社，避免资本主义。马克思主义者则认为俄国农村公社封闭保守，同新的条件格格不入，不能避免资本主义，不能防止农民无产阶级化。这样，要弄清这场争论的是非，就必须揭示农村公社的实质。

这些，从最近出版的罗爱林著《俄国封建晚期农村公社研究（1649—1861）》一书中，可以得到解读。

作者在《前言》中写道："长期以来，我们对俄国农村公社内部的具体情况知之甚少，对它的机制和职能缺乏深刻了解。这种情况不能不限制我们认识农村公社在俄国历史发展进程中的地位和作用，阻碍我们对俄国历史发展特点的理解。"这大概就是这本书写作的动机吧！

俄国农村公社可以追溯到久远的年代，涉及经济、政治、思想文化、社会生活诸多领域。这里首先遇到的是大量语言障碍。如

"村社"就有几种叫法——"维尔福""维吉""柳季""米尔""公社"。作者逐个查证，弄明原意。又如农民口中的"米尔"是"世界"或者是"村社"，区分的方法是看其有无修饰词；农民称"世界"，从来不单独用"米尔"，而必定说"上帝的米尔""基督教的米尔"；用作村社则不带任何修饰词，而说"米尔决定""米尔选举""米尔开会"等。书中在叙述农村公社的赋税制度时，遇到的征税单位、赋税量的专有名词更多、更复杂。作者都照样一一查证。哪怕只有一个词不明白，都设法请教俄罗斯学者。这种不辞辛苦、求真求实的态度值得称道。

该书把俄国农村公社的演变过程与整个社会封建化、农奴制度的形成和发展相联系。公元6—7世纪，东斯拉夫人基本上处于原始社会的大家庭公社阶段。8—9世纪，公社内部分化明显，出现公社显贵。9世纪末，基辅罗斯进入封建早期农村公社时期。封建主与农村公社之间已不断争夺土地、人口、权利。9—12世纪，农村公社在社会经济中占统治地位并呈现从自由村社向依附村社发展的趋势。13—16世纪，自由村社与依附村社并存，村社形式多样化。随着俄罗斯统一国家的形成，大量自由村社迅速转为依附村社。"1649年法典"标志着农民完全农奴化。"米尔"完全成为农奴制村社。这里，我们清楚地看到俄国农村公社演变为农奴制村社的完整脉络。

书中以大量篇幅剖析了村社内部的组织结构、行政管理体制、司法制度、赋税制度、土地制度、社会职能、社会分化以及村社制度对俄国社会的影响，展现出村社体系的复杂图景。这样，人们对俄国村社的了解就不致模糊、抽象，而可以得到具体、清晰的认识，如可以看到领主→领主办公室→米尔管理会→长老→百户长→五十户长→十户长的逐级管理的情况，米尔管理会公职人员的职务、人数、工资、职责的情况，米尔会议的职权范围、讨论的问题、赋税分摊、土地重分的情况等。

作者在阐述俄国农村公社发展变化时始终关注其中几个突出的特点。

一 二重性

农村公社在早期是拥有极大自治权的组织，甚至可以把王公招来，可以驱逐他们。随着封建化、农奴制的形成和发展，村社逐渐落入封建主手中，村社的自治权逐渐丧失。由于农奴主不直接与农民打交道，而通过村社对农民实行统治，村社充当农奴主和农民之间的中间人角色。一方面，它是农民的自治机构，捍卫农民的利益，保护农民免遭农奴主的过分侵害。另一方面，它代表农奴主管理农民，替农奴主向农民征收赋税、摊派兵役名额等，充当农奴主利益的维护者、压迫农民的工具。村社是共同占有份地的团体。份地制度是村社二重性的具体体现。领主将其私人所有的土地以负责征收地租赋税为条件交给村社全体成员共同占有，然后，村社将共同占有的土地（耕地、割草地、宅旁地、庭院地、菜园等）以份地形式和缴纳地租赋税为前提交给农民私人使用。在这种私有—公占—私用的过程中，村社扮演着地主和农民之间中间人的角色，是份地制度得以实现的关键。村社还是一个受封建主委托履行国家管理职能、直接统治农民的准基层单位。村社满足国家、地主、农民的需要，缓和社会矛盾，起了社会平衡器的作用。村社二重性既是村社自身长期存在的原因，也是俄国农奴制度能够延续数世纪的重要原因。

二 封闭性

农民被束缚于份地和村社，不能自由退出村社。其他等级的人也不能加入村社。农民取得份地以承担赋税为前提。村社不但分摊和征收赋税，而且对其成员的纳税和欠税负完全责任。因此，村社通过传统的村社成员集体负责制——连环保——来化解自身的风险。在税种和税费不断增加、欠税日益普遍的情况下，连环保更成为各领地向农民课征高额赋税的常见而有效的手段。由于连环保，农民即使外出做些零工糊口，也要遭受许多限制和折磨。村社的封闭性束缚了农村的社会流动，束缚农民走向更加广阔的天地，成为社会进步的障碍。

三　平均主义

平均制是村社的传统，被奉为"神圣"。在村社内部，份地的分配相当平均。同一村社里，赋税义务与份地一致。全乡村社各村之间将土地按赋税平均分配后，分到各村的土地再由村庄村社分配到各农户。农户得到的土地叫作份地，也叫赋税地。除按户平均分配土地外，也有按家庭人口或男性人口（主要劳动力）平均分配土地的。18—19世纪，按男性人头数平均分配土地更普遍。这种分配制度显得平等、公正，受到普通村社成员的欢迎。但是，这种土地平分制是在村社小范围内、与外界隔绝的情况下建立的。由于各村地理条件、人口状况、土地结构迥异，在各类农民之间、各村农民之间，甚至同一村的不同地主的农民之间，份地的分配根本谈不上是平均的。平均制也不能防止村社分化。如农民不能靠土地养活自己就外出打工，必受资本奴役而无产阶级化。又如贫穷农民无力缴纳赋税，将份地转让给愿意交纳赋税的人，就助长土地集中在富人身上。平均制还造成一种奇特的情景：既不要富豪，也避免赤贫；"不要跑到前面去，也不要落到后面"；在大伙一起工作的时候，每个人都"怕多作工"。平均主义极大地抑制了农民劳动积极性和创造力。

四　"特殊的俄罗斯精神"

农村公社作为一种社会制度，与东正教、农奴制度、专制制度一起在长期历史变迁中构成影响俄国社会的主要因素。19世纪，俄国民间流行着一首婚礼歌。其中唱道："新婚的公爵乘车行进……遵照上帝的旨意，遵照沙皇的法典，遵照老爷的命令，遵照米尔的决定。"这些歌词正好反映了农村公社在俄国社会中的地位和作用。农村公社还是俄罗斯传统文化的象征，被视为"特殊的俄罗斯精神"。

这主要指在农村公社中形成的处世原则。村社成员自打出生之日起就在村社原则的熏陶下生活。这些原则包括劳动权、土地权、休息权、互助精神、米尔至高无上、协商和解、道德自律、集体主义、服务义务、家长地位特殊、妇女无权、平均主义、敬老崇老。这些是村社生活不成文的习惯法，反映了村社内部社会、家庭、经济关系，符合大多数农民的需要，迎合他们对公正性的理解，维持村社和社会、经济的稳定。但是，农民对村社的过度依赖导致自主意识薄弱、按上面的意志办事、逆来顺受。结果，一方面，儿童顺从家长、妇女顺从男子、男子顺从村社、村社顺从地主、地主顺从沙皇；另一方面，上层社会长官意志和官僚主义盛行，客观上也造成农奴制度和专制制度统治长期存在。

俄国封建时代的农民，就在这种农奴制村社里过着贫穷困苦的生活。尽管村社还保留着某些古老质朴的风气，但正如作者在书中指出的"绝不可把村社和村社生活理想化，村社不是汉人的世外桃源，不应把村社农民看作是桃花源的农民，不要把村社生活想象成田园牧歌的图景"。

该书以马克思主义为指导，资料翔实，各部分论述的体系合理，分析具体、细致。书中吸收了大量直接从俄罗斯搜集来的资料（包括原始资料，如米尔判决书、农民请愿书等），并借鉴国内发表的研究成果。这有助于开阔视野，使研究的问题的观点和结论更加客观、有理、有据、有说服力。如果说苏俄学者擅长挖掘原始资料，侧重深入的个案研究，那么，罗爱林则致力于将丰富的资料进行系统全面的梳理总结。《俄国封建晚期农村公社研究（1649—1861）》一书是迄今我国关于俄国村社问题的最完整实在的著作，值得仔细阅读。

（原载《世界历史》2008 年第 5 期）

普列汉诺夫"政治遗嘱"真伪辨

陈启能

命运给了我很好的头脑,却给了很坏的健康。

——格·瓦·普列汉诺夫

一 缘起

1999年11月30日,俄国《独立报》在其附刊《永久保存》中发表了从未为人所知的普列汉诺夫的《政治遗嘱(普列汉诺夫的最后见解)》。同时发表的还有《独立报》主编维塔利·特列契雅考夫(Виталий Третьяков)的按语,至1999年底之前是利佩茨克州国家方志博物馆分馆——"普列汉诺夫博物馆"高级研究员、主任亚·萨·别列然斯基(А. С. Бережанский)对"政治遗嘱"的鉴定,"政治遗嘱"收藏人、物理学和数学副博士尼·伊·尼热戈罗多夫(Н. И. Нижегородов)关于收藏经过的介绍,还有列·捷依奇(Л. Дейч)回忆记录"政治遗嘱"经过的短文。

以上四人中,除了《独立报》主编,其余三人都是与这份突然出现的名人遗嘱直接有关的。我们看到,这位主编维塔利·特列契雅考夫在按语中很客观地写道:"坦率地说,在读它(指'政治遗嘱')的时候产生的第一个和主要的问题是:这的确是真实的文件吗?证据在哪儿?"因为编辑部怎么也找不到什么证据:在编辑部手中没有文件原件的任何副本(复印的、摄影的或电子版的)。公布文件者应该意识到自己对遗嘱有关人(这里指普列汉诺夫)的责任。

普列汉诺夫早已归天，自然既无能力去肯定，也无能力去否定自己生活中的任何重要事实，特别是制定遗嘱，何况是政治遗嘱。所以公布文件者应该提交原件的副本，现在提交的只是打字机打出来的文件。

特列契雅考夫还明确指出，他认为，别列然斯基对"政治遗嘱"的真实性的"鉴定和注释""多半是不充分的"。他还知道，文件的收藏人尼热戈罗多夫什么也没有交给俄罗斯联邦政府。尼热戈罗多夫所要求的"历史学家和政治学家的更为深入的研究"也并无实际措施，只是对显然包含这些专家在内的广大读者的呼吁。《独立报》编辑部虽然用了五个版刊载这个文件，但是它并没有肯定这份"遗嘱"的真实性。至于同时发表的其他文件，下面再陆续做出分析。

现在先简要地回顾一下普列汉诺夫的政治遗嘱被发现和收藏的经过。如前所述，"政治遗嘱"是由尼热戈罗多夫交给《独立报》编辑部的。那么，尼热戈罗多夫又是如何得到它的呢？据他说，是由利佩茨克建筑中等技术学校理论力学教师Г. 巴雷舍夫（Г. В. Барышев）交给他的。巴雷舍夫自己说，他是普列汉诺夫的大姐柳鲍芙·瓦连京诺夫娜·普列汉诺娃（Любовь Валентиновна Плеханова）①的远房亲戚。20世纪50年代，尼热戈罗多夫也在这所学校学习，是巴雷舍夫的学生。两人关系很好。巴雷舍夫有一次对尼热戈罗多夫说，1918年4月，由于结核病普列汉诺夫生命垂危。他在病床上，向自己的老朋友列夫·捷依奇口述了自己的"政治遗嘱"。这份"政治遗嘱"在任何地方、任何时候都没有公布过。它在很长时间里保存在普列汉诺夫的侄子谢尔盖·普列汉诺夫（Сергей Плеханов）手里。1937年底，谢尔盖被流放到西伯利亚的

---

① 柳鲍芙·瓦连京诺夫娜·普列汉诺娃（1835—1912年）是格奥尔格·普列汉诺夫的父亲瓦连京·彼得洛维奇·普列汉诺夫的第一任妻子薇拉·伊凡诺芙娜（1815—1854年）生的大女儿。格奥尔格·普列汉诺夫是她父亲的第二任妻子玛丽娅·费德罗芙娜生的第一个儿子。玛丽娅·费德罗芙娜原姓别林斯基，不过据考证，与维·格·别林斯基并无任何亲属关系，至多只能设想，他们祖先都来自Пензен省的别林村。普列汉诺夫一生十分尊崇别林斯基，遗言自己死后必须埋葬在圣彼得堡的沃尔科沃公墓的别林斯基墓旁。这遗言也得到了落实。

一个集中营，在那儿他遇到了同在服刑的巴雷舍夫。在谢尔盖预感到自己死期将至时，就把已经解密的"政治遗嘱"转交给了巴雷舍夫，或者是告诉他所藏的地点，同时还给了他其他一些文件，并告诉了解密方法。

在20世纪50年代，巴雷舍夫解密了"政治遗嘱"，并一直保存着直到去世。尼热戈罗多夫与巴雷舍夫保持着紧密的和彼此信任的关系，1960年9月终于得到巴雷舍夫的允许阅读"政治遗嘱"，并且得以转抄下来。之后，他又看到了另一份文件，即1918年6月30日，谢尔盖·普列汉诺夫根据捷依奇口述记录的《写作"政治遗嘱"的经过》一文。尼热戈罗多夫还写了《这个文件如何落到我手中》的短文，详细讲述了有关情况。如前所述，这些文章大多连同"政治遗嘱"都于同一天在《独立报》附刊《永久保存》上发表了。但需要补充的是，尼热戈罗多夫并没有找到"政治遗嘱"文件本身，因巴雷舍夫已于1974年去世了。尼热戈罗多夫提供发表的只是他在大学年代转抄的记录。《独立报》发表的"政治遗嘱"，其最后一段没有刊登，这是根据立遗嘱人的要求：最后一段"什么时候都不要发表"，"而应交给俄国未来的民主政府"，但是尼热戈罗多夫认为目前也不宜交给俄罗斯联邦政府。

"政治遗嘱"公布后，由于普列汉诺夫的重要历史地位和事件本身的突然性，在俄罗斯学术界引起了关于其真实性的争论。有些学者，如经济学家 Г. Х. 波波夫（Попов）就在《独立报》发文表示支持文件的真实性。[①] 但是同时，发表反对意见的也大有人在。

二 疑窦重重

对《独立报》发表的普列汉诺夫"政治遗嘱"的真实性表示怀疑和反对的学者纷纷发表反对意见，其中较有代表性的有圣彼得堡

[①] Г. Попов, "Георгий Плеханов и его политическое завещание". *Независимая Газета*. 1 марта 2000 года.

国立萨尔德科夫－谢德林图书馆下属普列汉诺夫博物馆馆长，历史学副博士塔吉雅娜·伊凡诺芙娜·菲莉蒙诺娃（Татьяна Ивановна Филимонова），哲学博士叶列娜·彼特连科（Елена Петренко），历史学博士斯塔尼斯拉夫·秋秋金（Станислав Тютюкин），历史学博士阿那托利·切尔诺巴耶夫（Анатолий Чернобаев），圣彼得堡国立大学女大学生戈尔奇延科（Е. В. Гордиенко）等。他们的反对意见大致有以下若干点。

菲莉蒙诺娃着重强调，关于存在普列汉诺夫"政治遗嘱"的任何信息，专门收藏保管普列汉诺夫生平资料、文学遗产、有关信息的机构普列汉诺夫博物馆（在其不同领导阶段）的所有工作人员都一无所知。保存在普列汉诺夫博物馆内的普列汉诺夫的寡妇罗扎利娅·玛尔科芙娜·普列汉诺娃（Розалия Марковна Плеханова）档案库内也一点没有提到此事。与普列汉诺夫博物馆始终保持友好关系的普列汉诺夫的亲属们也都不知此事。更重要的是，普列汉诺夫确定的自己的遗产继承人：他的妻子和两个女儿莉迪娅和叶芙根尼娅也从来不知此事。

完全不可理解的是，罗扎利娅·普列汉诺娃，作为普列汉诺夫的夫人、志同道合者、战友，在丈夫生病直至最后离世的几个月里，她时时都在他的身边，没有离开。1918年春，普列汉诺夫已患喉结核说话十分困难，那年4月可以说已经病入膏肓，作为医生的罗扎利娅·普列汉诺娃怎么可能会让她丈夫去口授长达3万字（27张打印纸）的"政治遗嘱"呢？也就是坐视自己的丈夫去做力所不及甚至可能致命的口授工作而不管呢？普列汉诺夫本人又怎么能有精力这样做呢？

此外，如果这份"政治遗嘱"确实存在的话，怎么可能相信，普列汉诺夫有可能瞒过自己的妻子向捷依奇口授呢？又怎样理解，在口授完成后，为什么遗嘱的口授人不仅要对其亲爱的妻子保密，而且还要交给与她们关系一般的侄子谢尔盖。更令人不解的是，谢尔盖毕竟与罗扎利娅·普列汉诺娃家庭一直保持联系，为什么长期以来对她们要守口如瓶呢？

事实上，如果"政治遗嘱"确实存在的话，只有保存在罗扎利娅·普列汉诺娃手中是最保险的。就普列汉诺夫来说，他最了解和信任的是自己的妻子，而罗扎利娅也最懂得这份"政治遗嘱"的意义和来之不易。再有，1928 年正式成立的普列汉诺夫博物馆一直以来都保存着比所谓"政治遗嘱"要危险得多的文件。例如，在所谓密柜中就保存着罗扎利娅·普列汉诺娃与丈夫的私人通信。另据普列汉诺夫的孙子克洛托·巴托 - 普列汉诺夫（Клод Бато Плеханов）证明，那里还保存着斯大林写给罗扎利娅·普列汉诺娃个人的几封信。罗扎利娅·玛尔科芙娜·普列汉诺娃每次出国，甚至休假，都要随身带上这些文件。那里还存有直到最近还未向研究人员开放的秘密文件。

还有一个事实可以证明普列汉诺夫的"政治遗嘱"不存在。克洛托·巴托 - 普列汉诺夫在巴黎的家庭在 20 世纪 50 年代初曾被窃，偷走的众多文件的组成和内容也已弄清，其中并没有"政治遗嘱"。

在普列汉诺夫博物馆里的确保存有一份普列汉诺夫的遗嘱，是该馆"第1093全宗"，上面有罗扎利娅·普列汉诺娃作的标注："若尔日①的最后想法"。这份遗嘱，据罗扎利娅回忆，普列汉诺夫原本是想约捷依奇来做记录的，但未如愿，捷依奇去了彼得格勒。过了些时候，普列汉诺夫的病情有了发展。罗扎利娅回忆道："我的病人也感觉到，力气越来越没有了，于是特别焦急地说，列夫·格里戈里耶维奇②不顾普列汉诺夫的要求，既没有重抄遗嘱，也没有寻找见证人。为了安抚他，我不得不自己担负起这个沉重的使命。"罗扎利娅抄写的遗嘱全文如下："我，签署以下文件时，神志清醒，记忆清楚，现以遗嘱方式表达自己的意愿如下：我至今已经出版的全部著

---

① "若尔日"（Жорж）是英文"George"（乔治）的俄文音译。普列汉诺夫的名字是格奥尔格，与英文的 George 的按字母的音译相同。俄国人的名字有昵称，如伊凡的昵称是瓦尼亚。若尔日就有普列汉诺夫的名字格奥尔格的昵称的意义。有的俄国学者把它说成是普列汉诺夫的外号，这是不妥的，因为外号都是有意义的、有所指的，如《水浒传》中的"豹子头"林冲、"大刀"关胜等，而这里"若尔日"只是一个名字或昵称。

② 捷依奇的名字和父名。

作和以后可能出版的著作的版权，赋予我的妻子罗扎利娅·玛尔科芙娜，她娘家姓是鲍格拉特（Боград），还赋予我的两个女儿莉迪娅·格奥尔格耶夫娜和叶芙根尼娅·格奥尔格耶夫娜。我所有的动产也赋予这三人：图书、物品等，我为此而签名。这份遗嘱，由于我有病在身，我委托 В. Ф. 施彼尔加才（В. Ф. Шпергазе）来书写。"① 不过，这份遗嘱不只是这些内容。里面还谈到了2000法郎这笔小小的资产（这笔款项的债券存放在日内瓦金库里）。它的继承人是与上述的人一致的。②

罗扎利娅·玛尔科芙娜1924年在《曙光》发表的回忆文章中谈到，她认为没有必要让自己的丈夫写"政治遗嘱"和给孩子们的告别信。她写道："……我承认，我心中没有力量，向他说出这些死前的责任。我只能尽力而为，让他尽可能地减少死亡将临的感觉。"③

三　谢尔盖之谜

谢尔盖·格里戈里耶维奇·普列汉诺夫是格·奥·普列汉诺夫的侄子。在后者众多的兄弟姐妹及他（她）们的下一辈中，只是普通的一员，并无突出之处，也与后者无什么特殊关系。须知，格·奥·普列汉诺夫有16个兄弟姐妹，前10个是他父亲的前妻所生，后6个是他的亲生母亲所生。这一代兄弟姐妹的子女人数更多，与格·奥·普列汉诺夫都是亲戚关系，谢尔盖也是如此。谢尔盖是格·奥·普列汉诺夫父亲前妻的最后一个孙子。可以说，在格·奥·普列汉诺夫生前，两人间并无特殊关系。谢尔盖一生主要是从军。1916年12月，他被派到彼得格勒任武备中学的教导员。二月革命后，他转而支持临时政府。正是在这段时间，他与从国外回来，

---

① Архив Дома Плеханова в С. - Петербурге. Ф. 1093. Оп. 1. Ед. Хр. 529. 参见 А. С. Бережанский, Плеханов: Жизнь, судьба, завещание. РОССПЭН. М. 2016. С. , 146.
② Т. Филимонова, "Документ составлен нашими современниками". Свободная мысль - XXI. (Теоретический и политический журнал). 2000. №6. С. 82.
③ Диолог: 1991 г. . № 15. С. 105.

后在芬兰疗养的普列汉诺夫家庭建立了联系。

之后谢尔盖参加了红军,并住在莫斯科。20世纪30年代大清洗时,谢尔盖因出身、交友等莫须有的罪名被人举报而于1937年9月15日被捕,并被判关入西伯利亚的劳改营十年。他死于1938年7月2日。正如前述,本来谢尔盖与格·奥·普列汉诺夫并无特殊关系,现在,却在后者去世73年后,戏剧性地因为所谓"政治遗嘱"收藏者的身份与其联系在了一起,并引起了有关人员的注意。这也许可称为历史上一件小小的奇事或趣闻。

问题是在谢尔盖·格里戈里耶维奇·普列汉诺夫被捕和流放管制期间,"政治遗嘱"都留在他手中,他是如何能够逃过苏联警察机关的严密搜查的呢?据尼·伊·尼热戈罗多夫说,在Г. 巴雷舍夫拿到之前,"政治遗嘱"的文本以代码的形式输入《打字自学手册》,是用打字机打印在标准的打字纸做成的小册子上的。这种形式的文件并不是容易随身携带的,也是比较容易被发现的。难道训练有素的苏联警察机关是这么容易被骗过的吗?这是很难令人相信的。

还应指出一点,谢尔盖一辈子主要是一个沙俄军官,并无政治观念和信仰。他既不反对或支持孟什维克或布尔什维克,更谈不上对马克思主义的信仰。他无党无派,没有参加十月革命。到莫斯科后,由于命运的安排,他一度与著名的政治家、法学家、立宪民主党创建者和领导人之一,第二届和第三届杜马代表,临时政府宫廷部委员戈洛文(Ф. А. Головин)同住一处。他甚至与戈洛文同住过7号公共住宅。这虽然成为他的一大罪状,但完全不能说明他的政治倾向。总之,像他这样一个没有明确的政治信仰的人,对待像戈洛文这样的人不仅不了解也不感兴趣,他也同样不了解像普列汉诺夫这样的人,不了解他的历史价值和政治影响,自然也不懂得他的"政治遗嘱"(如果确实存在的话)的历史意义。他也就不可能如此精心地去保护它、收藏它、转交它,等等。这是不言自明的。可是,为什么谢尔盖偏偏都这样做了呢?这不都出自编制者的想象和自圆其说吗?

四 尼热戈罗多夫的面目

在这整部戏剧中，尼·伊·尼热戈罗多夫是"政治遗嘱"的收藏者。如果"政治遗嘱"确有其事，那他的功劳可谓大矣，但如果不是真的，他帮助作假，则也就足可见他的品质如何了。

我们看看他写给普列汉诺夫的孙子、驻法兰西共和国大使克洛特·巴托—普列汉诺夫的信就可知一斑。

信件摘录如下：

尊敬的克·巴托先生，

很高兴通知您，您的伟大的祖父格·奥·普列汉诺夫的"政治遗嘱"已于1999年12月1日在莫斯科出版的《独立报》的副刊《永久保存》上刊发了。首先，"政治遗嘱"的发表是经过《独立报》主编历时两个月的对文本真实性的研究并得出结论的：文件确是属于格·奥·普列汉诺夫的。

得出这样结论的还有亚·别列然斯基（利佩茨克普列汉诺夫博物馆主管），A. 戈尔杰耶夫（А. Гордеев）教授和其他一些专家。①

我们不会忘记，《独立报》主编维塔利·特列契雅考夫在发表格·奥·普列汉诺夫的"政治遗嘱"的按语中首先就是客观地指出："坦率地说，在读它（指'政治遗嘱'）的时候产生的第一个和主要的问题是：这的确是真实的文件吗？证据在哪儿？"他从来没有片言只字的肯定意见。尼·伊·尼热戈罗多夫的弥天大谎，恰恰暴露了他的别有用心和不良品质。

1999年12月21日，克洛特·巴托给尼热戈罗多夫回信说，"至

---

① 参见 Елена Петренко, Татьяна Филимонова, Станислав Тютюкин, Анатолий Чернобаев, "Существовало ли 'завещание'", *Независимая Газета*, 4 Марта 2000.

于我的爷爷'格·奥·普列汉诺夫的"政治遗嘱"',那我应该对您说,我从来没有听说过这个文件。奶奶在与我的所有谈话中也从未提到过,同样在她与爷爷几乎每天都要交换的信件中也没有任何这样的信息。我为这个问题咨询过阿姆斯特丹和圣彼得堡,咨询过普列汉诺夫博物馆(馆长是塔吉雅娜·菲莉蒙诺娃博士)关于普列汉诺夫文物的管理情况,但是,我怀疑这份文件的真实性,从来没有人听说过它。它是怎样,又在何处被发现的?"①

克洛特·巴托的态度是很坚决的。他还为尼热戈罗多夫来信的事专门给塔吉雅娜·菲莉蒙诺娃写信报告,并强调指出:"我不明白,像'格·奥·普列汉诺夫的政治遗嘱'这样的文件,为何至今不为所有的人知道,包括我的奶奶、妈妈和姑姑。根据这个原因,不管它的内容是什么(我任何时候也没有看见过和读过它)。我觉得它都是伪造的。"②

我们可以看到,在这件看似小事的事实中尼热戈罗多夫的真实面目却暴露得十分清楚。他十分急于假戏真做,十分急于想找到关键人物来证实他的赝品,其实这正好暴露了他自己的真面目。

尼热戈罗多夫还特地长篇大论地写了《这个文件如何到我手里》的长文,可是文章虽长,真正讲到问题本身的却是不多,而把自己的家谱讲得很详细,强调自己的曾祖母是普列汉诺夫父亲的女农奴。似乎这与格·奥·普列汉诺夫的"政治遗嘱"也有什么关系。

五 主角登场

这整场戏的主角无疑是"政治遗嘱"的鉴定人亚·萨·别列然斯基。因此,对他的行动要多加些注意。别列然斯基在1998年11月就到普列汉诺夫博物馆工作。见到馆长塔吉雅娜·菲莉蒙诺娃不

---

① Елена Петренко, Татьяна Филимонова, Станислав Тютюкин, Анатолий Чернобаев, "Существовало ли 'завещание'", *Независимая Газета*, 4 Марта 2000.

② Елена Петренко, Татьяна Филимонова, Станислав Тютюкин, Анатолий Чернобаев, "Существовало ли 'завещание'", *Независимая Газета*, 4 Марта 2000.

是问"关于普列汉诺夫有什么新资料没有?"而是问馆长关于普列汉诺夫的"政治遗嘱"知道些什么。菲莉蒙诺娃的回答是,如果有这样的遗嘱,普列汉诺夫博物馆早就会公布了。

别列然斯基十分自信,坚信"像普列汉诺夫这样的人不可能在离世之前,不向俄罗斯发出预告,等待他的是什么"。别列然斯基这次到博物馆时就相信存在普列汉诺夫的"政治遗嘱"。所以他这次来,就专门阅读了罗·玛·普列汉诺娃全宗中有关格·奥·普列汉诺夫在俄罗斯最后岁月(1917—1918年)的文件,以及罗·玛·普列汉诺娃与她丈夫的亲戚间的家庭信件,其中包括谢尔盖·格里戈里耶维奇·普列汉诺夫及其孩子们在1936—1937年间的信件,也就是尼热戈罗多夫和别列然斯基所传说的谢尔盖保存"政治遗嘱"的那些年。

在《独立报》发表普列汉诺夫的"政治遗嘱"以前,别列然斯基曾把它投给《消息报》。《消息报》就专门发信征求塔吉雅娜·菲莉蒙诺娃的意见,并附上"政治遗嘱"。但信中没有说明要求发表者是谁,也没有附上尼热戈罗多夫的前言和别列然斯基的注释。菲莉蒙诺娃在回信中做了分析,否定了这是普列汉诺夫的"政治遗嘱",指出,"如果允许自己不考虑我以上所说的话,那么普列汉诺夫就不再是普列汉诺夫了"。1999年11月1日,《消息报》编辑在得到菲莉蒙诺娃的否定意见后,回信给别列然斯基说决定不刊载这份"政治遗嘱"了。

11月4日,莫斯科社会民主党一成员电话告知菲莉蒙诺娃说,别列然斯基可能是文件的发布者。于是菲莉蒙诺娃电话警告别列然斯基,这类行为是违法的。菲莉蒙诺娃写道:"应该承认,亚列山大·萨摩伊洛维奇[①]不再否认自己参与'遗嘱'的准备,虽然他声明不是他'写'的。但'遗嘱'说出的思想他个人认为'有意思',因此愿意听取这样一些学术界的代表如 C. B. 秋秋金等的意见。但是我关于把'文件'发表在学术出版物的建议他未安排,而1999年

[①] 别列然斯基的名字和父名。

11月30日在《独立报》上公布了这一伪造的文件。"①

别列然斯基在《独立报》上发表了《"遗嘱"正是属于普列汉诺夫的》的鉴定，其中列举了一些理由，如"遗嘱"的内容是他在1917年言论的一个总结，"遗嘱"的术语和用语都是普列汉诺夫式的（这些问题在下面还会分析），最后一点很有意思，这一点是说，普列汉诺夫有三年时间是自身带着武器的。这点除了他自己别人不会去回忆。可是有人反驳说，同样地，除了普列汉诺夫从坟墓里站出来，证明自己确实带过武器，还有谁可证明。在目击者都已不在世的情况下，这些细节的无可指责只是由于它的无从证明性。②

六 捷依奇的回忆

如果说，围绕普列汉诺夫的"政治遗嘱"问题的争论，别列然斯基是主角的话，那么，这个问题的关键人物却是捷依奇（1855—1941年），据说，普列汉诺夫的"政治遗嘱"就是口授给他的。捷依奇是普列汉诺夫的老朋友、老战友。早在民粹主义时期就是战友，到劳动解放社时更是共同的发起人。捷依奇不仅与普列汉诺夫个人，而且与他的家庭都关系非常密切。十月革命后，捷依奇从1918年起，就与罗扎利娅·玛尔科芙娜·普列汉诺娃保持长久的和密切的合作关系。在整整23年间都是如此。捷依奇与罗·玛·普列汉诺娃一起从事出版工作，他是普列汉诺夫博物馆的创始人之一。他如果要隐藏或转移"政治遗嘱"有个很好的机会。1922—1923年，为了与普列汉诺夫的继承人谈判把他的图书和遗产转交苏联的问题，捷依奇出差去了次法国，但并没有"政治遗嘱"的事件发生。此外，

---

① Т. И. Филимонова, "Белые одежды" А. С. Бережанского или о том, как делаются "открытия" в исторической науке. Липецкая Газета, 23 и 30 июня. 2000 г. 别列然斯基因此文与菲莉蒙诺娃打起了官司，法庭决定可公开发表别列然斯基的回答文章。学术问题自然不能通过法庭解决。别列然斯基只能决定把菲莉蒙诺娃开除出争论对象。实际上，他也做不到，在他的著作 Плеханов: Жизнь, судьба, завещание 中菲莉蒙诺娃是无法不提到的。

② 参见 Гордиенко Е. В. Оставил ли Завещание Плеханов, "духовный отец" Ленина? / http://mrija2. narod/ru/publiz. htm。

在捷依奇的档案（保存在普列汉诺夫博物馆 1097 全宗）中也没有他参与普列汉诺夫"政治遗嘱"写作的任何痕迹。

那么，对捷依奇来说，问题就是以他的名义出现的回忆录《遗嘱书写的历史》，后改为《弥留之际的口授（列夫·捷依奇的回忆）》。这是捷依奇于 1918 年 6 月 30 日口述，由谢尔盖·普列汉诺夫记录的。

为了验证谢尔盖·普列汉诺夫记录的捷依奇的回忆是否属实，也是验证普列汉诺夫是否确实向捷依奇口述了"政治遗嘱"，我们拟采取历史研究最基本的方法之一，即从历史时间的准确性做起。

先看一下捷依奇的回忆中所列的时间表。根据捷依奇的回忆，捷依奇是 1918 年 3 月中在巴库听到罗·玛·普列汉诺娃说的，若尔日情况不好，已无好转的希望，他希望见到捷依奇。4 月初，捷依奇到达普列汉诺夫所在的芬兰捷里奥克（Териок）市的皮特加－雅尔维（Питка－Ярви）疗养院。普列汉诺夫上午口述，有时加上午饭后，开始时瞒着罗扎利娅·玛尔科芙娜，后来她勉强同意。口授持续了两个多星期才结束。完事后，捷依奇立即就回彼得格勒了。

根据别列然斯基的统计，主要依据捷依奇本人的记事本，捷依奇在普列汉诺夫病危时，去过疗养院三次。第一次是 1918 年 2 月 3—5 日，第二次是 1918 年 4 月 2 日。这两次时间很短，不可能记录"政治遗嘱"。第三次 1918 年 4 月，这次应是记录"政治遗嘱"的那次，但罗扎利娅·玛尔科芙娜和捷依奇都不愿意公开讲。[①]

现在来看看其他更为广泛性的史料。在普列汉诺夫博物馆保存有一份遗嘱草稿《我的著作的出版者们须知》。这份遗嘱是在 3 月 25 日，普列汉诺夫在捷依奇在场的情况下写成的。这是保存在权威机构两位当事人都在场的重要文件，是当事人手写的，另一当事人在场见证的无可怀疑的文件。它保存在普列汉诺夫博物馆，其编号是 РНБ. АДП. Ф. 1093. Оп. 1. Ед. Хр. 526。

---

① 参见 А. С. Бережанский. *Плеханов：Жизнь, судьба, завещание.* РОССПЭН. М. 2016. C. 150 – 151.

这份遗嘱的内容如下:

　　我授予我的朋友列夫·格里戈里耶维奇·捷依奇为我的已出版的和将来出版的著作进行谈判,签订条款和获取稿费的全权。

格·普列汉诺夫
1918 年 3 月 25 日
芬兰捷里奥克市皮特加—雅尔维疗养院

这张纸的背面——还有捷依奇手写的注释:

　　除了这份事务性文件,这是普列汉诺夫写的最后①的文件,我还有一份他的"私人性质的短笺",以后看时间再公布。

列·格 1918 年 5 月 18 日②

　　这里,捷依奇再次说明,遗嘱《我的著作的出版者们须知》是"最后的事务性文件"。这样,问题就来了。既然,普列汉诺夫和捷依奇都肯定:3 月 25 日完成的遗嘱是"最后的事务性文件",那么根据别列然斯基引用的捷依奇的《回忆》,4 月初,捷依奇到达芬兰捷里奥克,去看病重的普列汉诺夫并花了两个多星期根据普列汉诺夫的口授记录了"政治遗嘱",岂不是完全违背了大家的共识和普列汉诺夫的意愿吗?作为普列汉诺夫的挚友,捷依奇会违背原先的决定,违背 3 月 25 日这个最后工作日期,不顾好友的病情去做这样繁重的口授工作吗?

　　还有些问题也是无法解释的。根据捷依奇的回忆,他是 4 月初去疗养院为病重的普列汉诺夫记录"政治遗嘱"的,可是如上所

---

① 重点是捷依奇加的。
② 参见 Т. И. Филимонова, "Белые одежды" А. С. Бережанского или о том, как делаются "открытия" в исторической науке. *Липецкая Газета*, 2000 г. 23 и 30 июня.

述普列汉诺夫的遗嘱《我的著作的出版者们须知》写于3月25日，内容也完全不同。捷依奇说，还有一份普列汉诺夫的"私人性质的短笺"，可是"政治遗嘱"可以认为是"私人性质的短笺"吗？可以把写得如此慷慨激昂的，占有《独立报》两张半报纸版面，面积有59×41厘米的普列汉诺夫的"政治遗嘱"看成"私人性质的短笺"？

历史研究工作自然以史料为据。根据上述情况，我们看得很清楚：普列汉诺夫临死前的"遗嘱"是《我的著作的出版者们须知》，是他手写的，原件存于普列汉诺夫博物馆内，捷依奇不仅在场，而且在纸的背面留了字。这是捷依奇确认的普列汉诺夫的"最后的事务性文件"。此外，还有一份普列汉诺夫的"家庭遗嘱"，即"若尔日的最后想法"。这些文件都是原件，保留至今，是完全可信的。那么，既然已有"最后的事务性文件"，又哪来什么"政治遗嘱"？如果有的话，它为什么既不存在于普列汉诺夫的档案中，也不存在于捷依奇档案中？而且既然罗扎利娅·玛尔科芙娜也"知道"它的存在，为什么不予保存？从史料的角度看，这份"政治遗嘱"，既无普列汉诺夫的手迹，又无他的签名，也无捷依奇的任何手迹，只是一份普通的打字机打印的文件，可信度何在？

至于捷依奇的回忆《弥留之际的口授》，可以肯定的是：它的内容是不真实的，但是这份回忆不是捷依奇自己写的，也不能肯定，他本人是否过目。因此，一般来说，只有两种可能：一种是它本身就是伪造的；一种是捷依奇在某种我们不了解的情况下说了假话。只有一点值得注意，记录捷依奇口授的人恰恰又是那位谢尔盖·格里戈里耶维奇·普列汉诺夫，即格·奥·普列汉诺夫的侄子。为什么这位对政治不感兴趣的人在这份"政治遗嘱"的关键时刻总是会扮演某种不可缺少的角色呢？这不很奇怪吗？

七　普列汉诺夫成了当代人

下面对普列汉诺夫的"政治遗嘱"的内容做些分析。塔·伊·

菲莉蒙诺娃一言中的。她指出："遗嘱"的词汇、概念、结构是由普列汉诺夫著作和当代出版物中的引文的折中地混合而成的，因而文件的编纂性质十分明显。① 譬如，"对历史的责任""俄国人""泛突厥主义思想和亚美尼亚人民的种族灭绝"等，以及诸如"劳动是所有财富的源泉，而如果它是自由的和有利的"等说教。这完全不符合普列汉诺夫的文风。

普列汉诺夫不仅是少有的杰出的思想家，而且是著作等身的优秀的著作家。他的文风严谨朴实、精致优美。可以说，"政治遗嘱"整篇的结构、题材、修辞、词汇、逻辑等完全与普列汉诺夫不同，更不必说内容观点了。"文如其人"，这是编造不出来的。

更为明显的是，"政治遗嘱"中的"所得税应是累进的，但是不应使经营者感到窒息"，"海关政策应该鼓励俄国生产者并促进本国商品提高质量"，"长期租赁——对俄国人是无偿的，而对外国公民是有偿的——正是最近几十年土地使用的唯一形式"，"知识分子作为社会中最有学识的阶层带给群众教育，人文的和进步的思想。她是民族的荣誉、良心和头脑……"等。这些用语和内容都不属于20世纪初的普列汉诺夫时代，而更像是20世纪90年代末报纸、杂志的术语和说法。

至于"俄国需要各种政治力量的团结，需要所有生产领域的多种成分，需要个人的主动精神，需要资本主义的创业精神，需要质量和技术精神所不可缺少的竞争，需要公正的政治，上层建筑需要民主化和人道化"这大段话，更是明显反映出"政治遗嘱"发表时的俄罗斯情况。像"多种成分""人道化""国际冲突"等词汇，在普列汉诺夫作为政论家的辞典里是不存在的。他也绝不可能使用"在经济、政治和社会领域的权利平等"这样的话语，在用词上普列汉诺夫是十分精致、确切、慎重的。

---

① 参见 Т. И. Филимонова, "Белые одежды" А. С. Бережанского или о том, как делаются "открытия" в исторической науке. *Липецкая Газета*, 23 и 30 июня. 2000 г.

有些思想，像"社会人道化""阶级对抗趋于和解""知识分子是未来社会主义变革的领导者"等是在普列汉诺夫去世之后才成为社会民主主义的思想传统的。这种探索到20世纪20年代才开始，而形成概念则要到50年代。这与普列汉诺夫之间还隔着相当长的时间距离。他怎么能未卜先知呢？

《关于列宁及其他一目失明的领导人》这一节，其内容明显让人感受到列宁《给代表大会的信》的影响。列宁在此信中，对他的亲密的战友们作了批评性的论述。在"政治遗嘱"中，普列汉诺夫居然也这么做了，自然很不可信。譬如，普列汉诺夫虽然的确不止一次承认列宁的杰出的才能，但是笼统地称他为"伟大的人物"却不大可能。同样不可能的是，普列汉诺夫认为有必要专门去评价加米涅夫和季诺维也夫。他从未把他们看成重要的政治活动家，至于对他根本不认识的布哈林作出预言，认为布哈林在列宁去世后有成为"布尔什维克专政的重要人物"的可能性，更是难以想象。最可疑的是，"政治遗嘱"中还提到列宁在1924年才公之于众的有关对托洛茨基的评价。别列然斯基对此极力作出解释。别列然斯基想证明，普列汉诺夫应更早就知道托洛茨基。他举出列宁在1910年4月的文章《论在统一的喊叫声中掩盖的对统一的破坏》中就包含了几乎在"政治遗嘱"中提到的有关托洛茨基的所有地方。但是毕竟最符合的正是列宁1924年的那篇文章。别列然斯基也提不出任何实证，以证明普列汉诺夫引用的正是在此之前的某篇文章。

"政治遗嘱"还有一个明显的破绽。一般说来，马克思主义者原则上是不对未来作预测的，尤其是具体到一定的发展时期的预测。这对普列汉诺夫来说，也不会例外。可是在"政治遗嘱"中却不是这样。它的第七节题为《论国家、社会主义和俄国的未来》，作者在其中大谈特谈俄国的未来发展。我们读到："而如果历史的意志使俄国第一个走上社会主义道路，那这事就要渐进地和分阶段地进行。第一阶段（25—30年）——早期社会主义……第二阶段（31—49

年）——成熟的社会主义阶段……第三阶段（50—100年）……"①这显然是不符合常规的，也不会是事实。

综上所述，我们应该可以得出结论：这份所谓普列汉诺夫的"政治遗嘱"是伪造的。

（原载《国际史学研究论丛》第3辑，社会科学文献出版社2019年版）

---

① См. А. С. Бережанский. Плеханов. : Жизнь, судьба, завещание. РОССПЭН. М. 2016. С. 243–245.

错译的"余粮收集制"与国内学界对苏联史的误读

赵旭黎

"余粮收集制"是苏联史的一个术语,指的是苏维埃俄国在军事共产主义[①]时期实施的一种粮食政策。国内中学和大学的教科书大都采用此译法,只要受过中等以上教育的每个中国人都知道这一个概念,因此"余粮收集制"这一译名就具有了极其广泛的影响力。[②] 然而,在研究苏俄军事共产主义时期粮食政策的过程中,笔者发现"余粮收集制"这个译自俄文"Продовольственная развёрстка"(简称Продразвёрстка)的术语存在问题。该译名其实是中国译者在译《列宁全集》时,受列宁本人对该词的权威解释的影响而自造的一个错误概念,与俄文原文完全不等值,也和当时苏俄的历史事实不完全等同。并且,"余粮收集制"这一概念进入汉语之后,又产生了旺盛的生命力,部分抛开了其俄文母体的历史含义,混淆了许多历史观点,造成了众多中国人对军事共产主义时期粮食政策的误读。由于国内学界普遍认为,余粮收集制是"军事共产主义"的重要组成部分,鉴于其对社会主义理论和实践的影响深远,因此,这是苏联史领域必须正本清源的一个重要概念。

[①] 又译"战时共产主义",笔者认为不妥,本文都译作"军事共产主义"。在引用他人作品之时,如原作为"战时共产主义",则本文未改动。

[②] 如有的初中历史教科书就这样写道:"1918年开始,苏维埃俄国采取了'战时共产主义政策':实行了余粮收集制,强制征收农民的余粮。"参阅刘宗绪主编《义务教育课程标准实验教科书:世界历史(九年级下册)》,岳麓书社2003年版,第6页。

本文试图从"余粮收集制"这一错误的译名开始，评判当前国内苏联史学界对"余粮收集制"的误读，拂去蒙在这一译名之上的历史灰尘，尽量让人们看到这一政策的本来面目。

一 "余粮收集制"译名的逻辑悖论

"余粮收集制"是从俄文翻译过来的一个译名，该译名进入汉语之后，必须符合汉语译入语的思维逻辑。可仔细思索，却发现这一译名明显逻辑混乱。

农业生产的性质，决定了农民在销售或上交给国家粮食的同时，每户必须留下供家庭生产生活之用（种子及人畜食用、换取日常用品等）的粮食。农民扣除吃和用以外剩余下的粮食，即所谓"余粮"。其实，政府征收或收购农民的余粮而不是其生产的全部粮食，这是一项带有普遍性的原则，古今中外概莫能外，否则农民不会答应，把全部粮食都卖掉或者征收完，农民就会挨饿甚至死人，历史上多少农民起义皆因此而起。

在中国清代，商品粮产地是湖北、湖南、江西、广西和台湾等"余粮区"，官府自然从上述地区收取赋粮。① 中华人民共和国在1953—1992年间实行的粮食统购统销政策，其核心也是"征购农民余粮中的一部分"。② 20世纪80年代末，中国政府在农村推广两田制，将土地划分为"口粮田"和"责任田"，足见在土地政策的设计上早已预见到要为农民留足余粮。即使在现在的中国，我们仍然可以在网络上随意搜索到收购余粮的新闻："黑龙江省农民余粮收

---

① 参见郭松义《民命所系：清代的农业和农民》，中国农业出版社2010年版，第408—409、441页。

② 共和国词典：粮食统购统销政策（腾讯网，http://news.qq.com/zt2011/ghgcd/51.htm）。笔者少年时期在山东莱州老家务农之时，曾亲自帮家里送过公粮，对此制度尚有记忆。据笔者父母回忆，20世纪80年代公粮所占比例大约为其粮食总产量的50%，剩余的粮食（即所谓"余粮"）足够全家人吃用。

购进度过半"①;"农民水稻、大豆余粮销售已基本结束,玉米仍有部分余粮待售"②。同样,我们在十月革命前的俄国也见到类似的例子。1917年3月25日,俄国临时政府通过的粮食垄断法令规定,如发现某人拥有余粮而不上交,将按固定价格的一半强制进行征购。③因此,古往今来,政府征收或收购农民的余粮而不是其生产的全部粮食,这是一项带有普遍性的原则。

正因为征收农民的余粮是一项普遍原则,所以我们在中国的历史文献中并没有发现哪项特定粮食政策被命名为"余粮收集制""余粮征集制"或"余粮征收制"等带有"余粮"的名称。因为在以汉语为母语的人们看来,征收农民的余粮是不言而喻的,是不需要特别说明的,只要有点常识的人就应该知道这一点。因此,作为某项特定政策的"余粮收集制"在汉语中的出现,本身就不符合逻辑——用大白话说,这一名称相当于"啥都没说"。

为何"余粮收集制"这个放之四海而皆准的带有普遍性的名称单单成了1919年1月11日苏俄人民委员会通过的这个特定粮食政策的术语?难道苏维埃政权1919年1月之前和之后出台的政策征收的不是农民的余粮吗?1918年5月13日苏维埃政权颁布了《关于粮食人民委员特别权力的法令》,号召与粮食投机商和富农进行无情斗争。法令要求每个拥有粮食的人要在法令公布一周内将"超过播种田地和自己到下次收获前的定额消费量的全部余粮"交出,反对者都一律宣布为"人民的敌人",如遇反抗可以使用武力。④ 显而易见,从法令的字面意思看,征收的是农民的余粮。同样,1921年3月21日全俄苏维埃中央执委会通过的《关于以实物

---

① 2013年1月9日,黑龙江省人民政府官网,http://www.hlj.gov.cn/zwdt/system/2013/01/09/010475473.shtml.

② 2012年5月15日,黑龙江省人民政府官网,http://www.hlj.gov.cn/zwdt/system/2012/05/15/010350110.shtml.

③ Павлюченков С. А. *Крестьянский брест, или предыстория большевистского НЭПа*, М.: Русское книгоиздательское товарищество, 1996, С. 8.

④ 《苏维埃政权法令集(第2卷)》,莫斯科:中央政治文献出版社1959年版,第261—266页。

税代替余粮和原料收集制》的法令，也提到"在纳税后剩余的一切粮食、原料和饲料，可以全部由农民支配"①。既然法令预见到纳税后可以有粮食剩余，那政府征收的肯定是农民的余粮。于是，"余粮收集制"的悖论出现了：既然苏维埃政权的这三次粮食政策都征收的是农民的余粮，为何单单1919年1月11日的法令在汉语中被命名为"余粮收集制"呢？

将一个古今中外任何当权者都应当遵守的普遍原则翻译为一个特定粮食政策的名称，这显然从逻辑上说不过去。曾校订《列宁全集》译文的中共中央编译局研究员郑异凡认为，"余粮收集制"是"中国译者根据自己的理解的意译"②。笔者认为，这种"理解"是错误的，因为译者只看到了该政策的普遍性（征收的是余粮），而有意回避了其特殊性（采取摊派手段）。因此，说"余粮收集制"是中国译者自造的一个错误概念，是不为过的。

二 "余粮收集制"译名的语义悖论

对于"余粮收集制"这一中文术语在俄文中的等值物，国内学术界基本没有异议。绝大多数学术专著和教材都认为，苏俄人民委员会于1919年1月11日正式颁布法令，推出了"余粮收集制"，即俄文的"Продовольственная развёрстка"（简称"Продразвёрстка"）。在《列宁全集》俄文各版及当时的历史档案中，有时也省略前面那个形容词，只用"развёрстка"这个名词来表示。

由于中共中央编译局组织翻译的《列宁全集》（第一版及第二版）都将此术语译为"余粮收集制"，长期以来，国内学界始终以此为准绳，或照搬《列宁全集》中文版的译法"余粮收集制"，或稍加发展，译为"余粮征集制"，除少数几人曾提出质疑之外，鲜有

---

① 《苏联共产党和苏联政府经济问题决议汇编（第一卷），1917—1928年》，中国人民大学出版社1984年版，第233页。
② 郑异凡：《不仅仅是翻译问题——关于苏联史中的两个译名》，《探索与争鸣》2005年第3期。

人涉足此术语的译名问题。① 并且，由于"余粮收集制"这一译名的强大惯性，尽管有研究者指出这一译名的错误，可惮于该译法"沿用已久"，便"不再改动"②。

"余粮收集制"这一译名错在哪里？

首先从俄汉翻译的角度来看。从俄语的字面意思看，"продовольственный"这个形容词的意思是"粮食的、食品的"③。另一个单词"развёрстка"是动名词，来源于动词"разверстать"，其意思是"分配、分摊、摊派"④。因此，顺理成章的译名应该是"粮食摊派制"或"摊派征粮制"，无论如何也不可能译为"余粮收集制"。因为"продовольственный"这个形容词根本没有"剩余"或"余粮"之意。在俄文中专门表示"余粮"的词汇是"излишки"或"избытки"。从史实角度来看，该术语的确应译为"粮食摊派制"，因为该政策的本质是中央政府将保障粮食需求的义务在各产粮省、县、乡、村乃至农户之间进行了分配。

其次，从俄文原文和汉语译文的语义侧重点的角度来看，"余粮收集制"的译法也欠妥。俄文术语"Продовольственная развёрстка"是形容词加名词构成的偏正短语，其语义侧重点肯定是名词"развёрстка"。在阅读俄文文献的过程中，我们发现，当时列宁等领袖的发言中最经常用的就是"развёрстка"这个词，而省略前面的形容词"продовольственная"。也就是说，在俄文中，其实该政策重点

---

① 译为"余粮收集制"的主要有：周尚文等《苏联兴亡史》，上海人民出版社2002年版；译为"余粮征集制"的主要有：陈之骅主编《苏联史纲（1917—1937）（上册）》，人民出版社1991年版；陈之骅等主编《苏联兴亡史纲》，中国社会科学出版社2004年版；陆南泉等主编《苏联兴亡史论》，人民出版社2004年版；闻一《十月革命——阵痛与震荡》，广东人民出版社2010年版。据笔者所见，对"余粮收集制"曾提出质疑的有：齐世荣主编《世界史·现代史》（上卷），高等教育出版社1994年版，第49页；郑异凡《不仅仅是翻译问题——关于苏联史中的两个译名》，《探索与争鸣》2005年第3期；徐元宫《苏俄时期农民暴动揭秘》，《同舟共进》2011年第12期。其中，齐世荣认为应翻译为"粮食征集制"，郑异凡倾向于使用"粮食征收制"的译名，而徐元宫认为翻译为"粮食摊派制"更好。
② 参见齐世荣主编《世界史·现代史》（上卷），高等教育出版社1994年版，第49页。
③ 黑龙江大学俄语语言文学研究中心辞书研究所编：《大俄汉词典》，商务印书馆2001年版，第1809页。
④ 黑龙江大学俄语语言文学研究中心辞书研究所编：《大俄汉词典》，第1911页。

强调的是"развёрстка"（摊派、分摊），强调如何从农民手里征收粮食，因为这才是当时苏维埃政权的中心任务。而汉语译文"余粮收集制"的侧重点，显而易见在"余粮"。中文的各种教科书、通史类和专著类书籍在提到这一政策的时候，无一例外都要强调，征收的是"余粮"。

再次，中文译名给读者的语义感受与历史事实大不相同。我们发现，仅仅从中文译名的角度来看，不管是"余粮"，还是"收集"，都非常"合理"和"温和"。"合理"之处在于，这一译名强调的是"余粮"（扣除农民吃和用以外剩余的），余粮当然可以征收；"温和"之处在于，强调的是非常缺乏"主动性"的"收集"手段。"收集"这一词语在汉语中的意思是"把零散的东西收拢在一起"，与"征收"和"征集"等词相比，这是一个非常"弱势"的词。这就是"余粮收集制"译名带给中国受众的直接语义感受。而读过苏联史的人实际上都知道，农民对余粮收集制（尤其在其实施后期）报以无数的反抗乃至起义暴动。因此，中国受众的这种语义感受与当时俄国农民的实际体验之间有巨大的差距。

那么，为何这一术语会被译错呢？当时翻译《列宁全集》之时，汇集的都是全国顶尖的翻译家，不可能连这几个简单的俄文单词都不认识。并且，对于这种极为重要的术语的译名，一定会慎之又慎。笔者没有参与《列宁全集》的翻译乃至校对，只能根据俄汉语原文和对苏联历史的研究来对错译的原因进行推测。

笔者认为，中国译者很可能被列宁本人的相关语句误导了。在《列宁全集》中有几条列宁对"развёрстка"的解释，都与"收集余粮"有关。如："满足非党农民关于用粮食税代替余粮收集制（即收走余粮）的愿望"；"从余粮收集制（征收余粮）转到商品交换"；"……所谓余粮收集制，就是征收农民的一切余粮，有时甚至不单单征收余粮,还征收农民某些必需的粮食"①。《列宁全集》中的文章都属于政论文,而不是纯粹的史学著作,列宁自然要为本党的政策进行辩护。列宁对"развёрстка"的这些解释,很明显是在用最浅显的语言为布尔什维克政府的强制征粮政策开脱,因为征收余粮是"合理"的,是任一当权者都可以采用的政策,能够得到广大干部群众的理解和支持。国内组织翻译《列宁全集》第一版之时,正值 20 世纪 50 年代,当时国内学界对苏联历史的了解仅限于《列宁全集》及《斯大林全集》等经典,这样,列宁本人对"развёрстка"的解释当然就成了权威。

因此,中国译者根据列宁本人对"развёрстка"的权威解释,将其译为"余粮收集制",而全然不顾"развёрстка"在俄文中的原义,用"余粮收集制"这个既"合理"又"温和"的具有普遍性的中文术语偷换了俄文原文中"粮食摊派制"这一特定政策名称。

如果推测属实,那么这种权威的"任务式"的译名也确实让《列宁全集》的译者颇伤脑筋,因为译者不得不在"任务"与翻译的等值标准之间进行权衡。"Развёрстка"是专有名词,一般而言,专有名词在从一种语言译为另一种语言之时不会有太多的译法变化。可是,通过对《列宁全集》中、俄文版的对比,实际结果却让笔者非常诧异,具体请见表 1。我们发现,"развёрстка"这个术语竟被译为至少 9 种不同版本。在这 9 种译文中,竟然只有例 9 的译文正确。其中例 1—4 译文的共同中心词是名词"余粮",例 5—8 译文的共同中心词是动词"征收"。一个俄文术语,被译为两种中心词,这说明,译者的内心也在痛苦挣扎。

在对《列宁全集》俄文版中的"развёрстка"进行分析的过程中,我们发现,如果将该词译为"余粮收集制",会有明显的逻辑混乱。我们在表 1 的译例中,发现有自相矛盾之处。如例 2 和例 7 的

---

① 《列宁全集》第 40 卷,人民出版社 1986 年版,第 338 页;《列宁全集》第 41 卷,人民出版社 1986 年版,第 374、141—142 页。

错译的"余粮收集制"与国内学界对苏联史的误读

表1 "Развёрстка"在《列宁全集》中文第二版中的译名统计

序号	译名	笔者译文	俄文原句	句子的中文译文	出处
1	余粮收集	摊派任务	75% развёрстки выполнено.	余粮收集已完成75%	37卷，442页
2	余粮收集制	粮食摊派制	Удовлетворить желание беспартийного крестьянства о замене развёрстки (в смысле изъятия излишков) хлебным налогом.	满足非党农民关于用粮食税代替余粮收集制（即收走余粮）的愿望	40卷，338页
3	余粮	摊派任务	Продовольственный работник знал до сих пор одну основную директиву: собери 100% развёрстки.	粮食工作者过去只知道一个基本指令：收集100%的余粮	41卷，219页
4	余粮收集任务	粮食摊派任务	Сообщите немедленно точно, какие именно селения или волости выполнили развёрстку полностью.	立即准确报告：究竟有哪些村或乡的余粮收集任务已全部完成	49卷，137页
5	征收摊派粮数	摊派数	Уменьшить размер этого налога по сравнению с прошлогодней развёрсткой.	降低粮食税额，使其低于去年征粮数	40卷，338页
6	征（粮）	征收摊派任务	...центр этих продовольственных развёрсток сосредоточен был в тех местностях, где излишки хлеба не были очень велики.	征粮重点在余粮不多的地区	41卷，10页
7	征收	征收摊派的（余粮）	... должны прийти к тому, чтобы крестьянские продукты поступали рабочему государству не как излишки по развёрстке...	......应当达到的目的，就是使农民的产品不是以征收余粮的形式……交给工人国家	41卷，140页
8	计划征收的	摊派任务	...если бы мы из 420 - миллионной развёрстки собрали 400 миллионов пудов, мы могли бы нашу промышленную программу выполнить большую часть...	如果我们从计划征收的42000万普特粮食中征收到40000万普特，那么我们就能完成大部分的工业计划......	41卷，300页
9	派（购）	派（购）	В целях усиления заготовки и более успешного выполнения отдельных задач вводится применение принципа развёрстки и заготовки не монополизированных продуктов...	为了加强收购工作和更顺利地完成各项任务，对于非垄断的食物品种采用派购的原则......	35卷，415页

43

俄文原文中，同时出现了"развёрстка"（摊派、分摊）和"излишки"（余粮）。在例 2 的俄文原文中，"развёрстка"之后括弧里的文字（"即收走余粮"）很明显是解释前面这个单词的意思，从逻辑来判断，"развёрстка"的意思不太可能与括弧里的文字一样，否则括弧里的解释性文字就成为同义重复，任何一个有正常逻辑思维能力的人（何况是列宁）都不会这样写。在例 7 中，更是出现了"излишки по развёрстке"这个词组。既然"развёрстка"被译为"余粮收集制"，那么俄文中出现"излишки по развёрстке"（大意为"按照余粮收集制的余粮"）岂不是多余？这一词组的出现，就明显证明"развёрстка"与"余粮收集制"没有一点关系。

除了《列宁全集》之外，我们还在当时的档案文献中发现了这样一些俄文词组，如"развёрстка земли""развёрстка хлеба и скота""мясная развёрстка"。[1] 这三个词组的正确翻译应分别为"土地分配、粮食和牲口的摊派、肉类摊派"。如果"развёрстка"应译为"余粮收集制"，那这些词组的组合岂不是让人莫名其妙？难道要译为"土地余粮收集、粮食和牲口的余粮收集、肉类余粮收集"这种令人啼笑皆非的词组？这充分证明，将"развёрстка"译为"余粮收集制"是错误的。

三 "粮食摊派制"的真正内涵

前文提到，"продразвёрстка"的正确译法应为"粮食摊派制"。1919 年 1 月 11 日，人民委员会通过了《关于在产粮省份中摊派应归国家支配的粮食和饲料》的法令，这就是通常所说的"粮食摊派制"法令。法令除了重申对粮食实施垄断外，特别指出要在产粮省份的农民中摊派其应该交给国家的最低限粮食。征收的

---

[1] Берелович А., Данилов В. *Советская деревня глазами ВЧК-ОГПУ*. Том 1. 1918 – 1922. Документы и материалы, М.: РОССПЭН, 2000, С. 226, 254, 263.

办法是，首先由粮食人民委员部根据国家的需求制定征收年度的征收总额，然后再通过地方各级粮食机关，按照 1900—1917 年的统计数字、经过审查的打出的粮食数、秘密情报员的情报等半军事化的方法逐级摊派给各产粮省、县、乡、村，直至每个农户承担，按固定价格强制向农民征购。①

由于粮食摊派制的这种分摊方法，各级粮食机关在确定粮食摊派任务的时候都要进行争吵和斗争。每个省、县、乡和村都想少交点粮食：中央确定粮食摊派数额的时候要进行争吵，省里分配的时候要进行争吵，同样，县里、乡里、村里分配粮食摊派任务的时候也是如此。

粮食摊派任务在各省的分配并不均衡。根据 1920—1921 年的预算数据，产粮省份的平均摊派任务占到其粮食总产量的 17.1%。可有的省份远远高出这一数字，如奥廖尔省摊派任务的比例达到了总产量的 18.5%，乌法省 21.6%，图拉省 26.2%，伏尔加德意志人劳动公社（Немкоммуна）则达到了 41.9%，而许多省份的这一数字却低于平均数，甚至比某些非产粮省份的水平还要低：库尔斯克省 9.5%，奔萨省 9.3%，梁赞省 7.1%。② 除了省级之外，县级、乡级，一直到每个农户承担的粮食摊派额就更不均衡了。从下表（表 2）可以看到，每户农民负担的摊派任务（包括粮食、畜力役、税收等）差别很大。从布尔什维克官方的宣传来看，越是富裕的农户，越要多征粮食，可我们从表 2 中发现，产粮省份中最贫困的农户（种 1—2 俄亩耕地）的负担比例却是最重的（24.5%），甚至超过了最富裕的农户。

---

① С. А. 帕夫柳琴科夫：《农民的布列斯特，或者布尔什维克新经济政策之前的历史》，第 79、89 页。

② Бюллетень ЦСУ，№75，1923，С. 58 – 59. 转引自 Кабанов В. В. *Крестьянское хозяйство в условиях «военного коммунизма»*，М.：Издательство «Наука»，1988，С. 187 – 188.

表2　　　　　　　粮食摊派任务在农村地区的分配情况

每户的耕地面积	每户的收入	粮食摊派、畜力役、税收合计	负担额占收入的百分比（%）
	以战前卢布计算		
非产粮省份			
1—2 俄亩	404.8	17.43	4.3
2—4 俄亩	526.5	32.20	6.1
4—6 俄亩	714.2	83.86	11.7
6—8 俄亩	683.2	44.11	6.5
超过8 俄亩	647.3	93.69	14.5
产粮省份			
1—2 俄亩	312.1	76.47	24.5
2—4 俄亩	339.7	30.05	8.8
4—6 俄亩	418.8	55.62	13.3
6—8 俄亩	505.7	61.67	12.2
超过8 俄亩	712.6	142.71	20.0

当粮食摊派到各家各户时，下层苏维埃体系就扮演重要作用了。但是，由于乡级和村级苏维埃非常薄弱，粮食机关在工作中就主要依靠村社[1]给每个户主分配任务。所以，直接向各农户分配粮食摊派任务并监督其执行情况的，往往不是苏维埃，而是传统的村社。[2] 它的征收传统是"征税对社不对户，贫户所欠富户补"的模式，村社作为一个整体承担纳税义务，国家机关不直接与农户打交道，至于

---

[1] 村社又称农村公社，是俄国农民自发组织形成的自治机构。村社以平均主义和集体主义为主要特征，定时平分土地、安排生产经营、赈济孤寡病残，组织农民的宗教文化生活，同时收缴税赋，也在相当长的历史时期内是国家管理农民的基层组织单位。村社作为延续千余年的农民基本组织形式，其平均主义、集体主义对俄国农民的心理和俄罗斯民族文化产生了深刻、深远的影响，成为俄罗斯农民心理、俄罗斯文化的基本元素，被称为"特殊的俄罗斯精神"。

[2] В.В.卡巴诺夫：《军事共产主义条件下的农民经济》，莫斯科：科学出版社1988年版，第177页。

税额在村社内部如何分配到户，那是村社自己的事。在这一制度下，某一户如果欠税，他将因连累全社而受到左邻右舍乃至全村社的巨大压力。① 布尔什维克政府积极利用村社的这一性质，认定村社有责任承担起分摊粮食的任务。具体负责分配各户到底承担多少粮食任务的是村社大会（сход），一般而言，村社大会的气氛相当紧张："村社大会很吵闹，有时还打架，因为大家都想少交点，但一人少交了，邻居就要多交"②；"有时吵来吵去，吵得人嗓子都哑了"③。村社具有平均分配的传统，因此粮食任务分摊给各户之时，经常将应缴纳的全部数量均分或者按人头征收，而并不遵循布尔什维克党追求的阶级原则：富农多交，贫农少交或不交。

四 "余粮收集制"与国内学界对苏联史的误读

从上面的分析可以看出，"余粮收集制"显然是中国译者在翻译《列宁全集》过程中根据列宁本人的解释自造的一个中文概念，与俄文原文完全不等值。在研究苏俄军事共产主义粮食问题的过程中，笔者发现，由于受"余粮收集制"译名的负面影响，目前国内学界对余粮收集制存在很多误读，这些误读给国人准确认识和评价苏俄早期粮食政策乃至整个军事共产主义政策造成了一定的障碍。

（一）"粮食摊派制"关注的核心问题不是收集余粮

"余粮收集制"这一术语难免让人望文生义，以为征收的就是所

---

① 村社的连环保有上千年的历史，主要承担保证向统治者缴纳剩余产品（基辅罗斯时代的命金及中央集权时代的租税等）的义务。参见金雁、卞悟《农村公社、改革与革命——村社传统与俄国现代化之路》，中央编译出版社1996年版，第76页。
② Большаков А. М. Деревня, 1917 – 1925, М.：1927, C. 91. 转引自 Кабанов В. В. Крестьянское хозяйство в условиях «военного коммунизма», М.：Издательство «Наука», 1988, C. 178。
③ Потапенко В. А. Записки продотрядника, 1918 – 1920 гг. Воронеж：1973, C. 72. 转引自 Кабанов В. В. Крестьянское хозяйство в условиях «военного коммунизма», М.：Издательство «Наука», 1988, C. 178 – 179。

谓余粮。一部初中历史教科书这样写道："实行余粮收集制，强制征收农民的余粮……私藏余粮一旦发现，当即没收。"① 如果教材中提到的"余粮"真的是农民多余的粮食，为何还要"当即没收"呢？如果当真遵循"余粮收集制"字面的原则，其实并不可怕，可怕的是采取专政手段，动用征粮队、粮食军乃至常规军来实际上强夺农民的所有粮食。而这就是当时苏俄农村的真实情景。实际上，在军事共产主义时期，苏维埃政府征收的粮食很多情况下并不是农民的余粮，而是他们赖以活命的备荒粮、种子粮、口粮乃至全家的全部粮食。

苏联解体以来，俄罗斯解密了大批涉及农村和农民问题的苏联档案，这为我国学者了解军事共产主义时期农村的真实情况奠定了基础。有越来越多的中国学者认识到，农民对余粮收集制的反抗、起义和暴动是苏维埃政权实行新经济政策的主要原因。可是，受"余粮收集制"译名的深刻影响，一直到最近，有的学者还是没有注意到"продразвёрстка"政策的本质。在谈到余粮收集制的时候，他们关注的重点，一直是苏维埃政权征收的到底是不是农民手里的"余粮"。如有人认为，苏维埃政权征收的是农民"几乎全部的粮食，而非仅仅是余粮"，② 而另外有人则认定，余粮征集制的"核心就是农民必须上交全部余粮"③。可见，这一译名惯性的根深蒂固。

实际上，从前面对粮食摊派制真正内涵的分析来看，该法令的核心并不在于征收的是不是农民的"余粮"，以及征收的到底是农民的"全部余粮"，还是"部分余粮"。因为1918年5月的"粮食专

---

① 刘宗绪主编：《义务教育课程标准实验教科书：世界历史（九年级下册）》，岳麓书社2003年版，第6页。

② 郝宇青：《苏俄国内战争时期农民暴动的原因探析》，《当代世界与社会主义》2003年第6期；郑异凡：《苏维埃政权的危机和列宁的应对之策》，《当代世界与社会主义》2010年第2期；郑异凡：《不仅仅是翻译问题——关于苏联史中的两个译名》，《探索与争鸣》2005年第3期；郑异凡：《农民的"布列斯特"——列宁是这样对农民妥协让步的》，《科学社会主义》2010年第4期。

③ 闻一：《十月革命：阵痛与震荡》，广东人民出版社2010年版，第232页；陈之骅、吴恩远、马龙闪主编：《苏联兴亡史纲》，中国社会科学出版社2004年版，第93页。

政"法令确定的原则(即规定每人每年的粮食消费定额量,建立入户清查粮食制度,以确定某农户是否有余粮和应征收多少余粮)在随后几个月的实践中被证明是空想,不可能实现,所以布尔什维克1919年1月关注的重点是如何将中央政府对粮食的总需求进行分摊:中央只需要确定一个总数,至于分摊到各农户之后,到底是不是农民的余粮,已经不重要了,况且处于内战中的布尔什维克也没有精力去管这些事。此时,中央政权唯一可以做的就是宣布自己需要粮食的准确数字,随后这一数字按省、县、乡、村、户逐级进行摊派。这种方法尽管表面上并未暗指什么,但其实包含着非常原则性的重要内容,这是之前的入户清查和强征方法(在最终征收结果出来之前,没人知道到底会征收多少粮食)所没有的,即中央政权一开始就确定了自己需要的粮食数量,在其他都非常不完善的情况下,这一点对缓解国家与农民的关系非常重要。

(二) 军事共产主义粮食政策并非只有余粮收集制一个阶段

国内学界有相当多研究者认为,1918年5月的粮食专政法令与1919年1月的余粮收集制是一脉相承的,因此在1918年至1921年的苏俄军事共产主义时期,只有余粮收集制一种粮食政策。[①] 这其实是对军事共产主义粮食政策发展阶段的一种误读。实际上,1919年1月前是军事共产主义粮食政策的第一个发展阶段,由于其标志是1918年5月布尔什维克政府正式通过的粮食专政法令,笔者将其命名为"粮食专政"阶段。1919年1月之后到1921年3月是第二个阶段,即粮食摊派制阶段。

这也难怪,"余粮收集制"这个译名难免让中国研究者产生错觉,将本来有很大不同的两个政策混为一谈。因为1918年5月13日苏维埃政权通过的《关于粮食人民委员特别权力的法令》(又称

[①] 《如何评价"战时共产主义"?》(编者按),《世界历史》1981年第1期;续建宜:《苏联粮食政策概述》,《今日苏联东欧》1985年第6期;赵目富:《痛苦的和可悲的必要——苏俄国内战争时期推行余粮收集制的原因探析》,《湖北成人教育学院学报》2001年第2期。

《粮食专政法令》）要求每个拥有粮食的人要在法令公布一周内交出全部余粮，反对者一律宣布为"人民的敌人"，并判处10年以上徒刑，没收全部财产。[①] 为此，粮食人民委员部特别建立了"消费定额"和"入户清查"等制度，超出消费定额量的都算余粮，必须强制没收。[②] 可见，该政策是真正连具体实施细则都完全建立在征收余粮基础之上的粮食政策。将1919年1月的政策译为"余粮收集制"，不可避免地会与这一政策产生混淆，认为"粮食专政"与"粮食摊派制"是一回事。而通过前面的论述，我们知道，这两种政策有很大的不同。

1. 两种政策的出台背景不同

1918年5月苏维埃政权实施了粮食专政政策，建立了工人武装征粮队和贫苦农民委员会，对拒不上缴"余粮"的人实施暴力专政措施。该政策确立的原因既有主观原因，又有客观原因。主观原因在于，以列宁为首的布尔什维克党中央决定在农村发动"无产阶级革命"，直接向共产主义生产和分配方式过渡，以便控制广大农村，获取粮食资源；客观原因在于，粮食危机已经非常严重，在国家无政府主义严重泛滥的前提下，必须采取专政措施才能维持政权的基本生存。

尽管愿望良好，可是这种专政措施却引起了农民的普遍愤怒，农民起义风起云涌。同时，国内战争爆发后苏俄丧失了大片领土，

---

① *Декреты советской власти. Т. Ⅱ. 17 марта – 10 июля 1918 г*, М. : Политиздат, 1959, С. 261 – 266.

② 准确知道每户农民的余粮数量非常困难。首先要知道农户当年的粮食收成总量，扣除该户该年的定额消费总量，得到的数字便是每户农民应缴纳的余粮数。苏维埃政府通过"粮食消费定额"和"入户清查"两项制度来达到上述目的。当时，每个农民的定额消费量为每年12普特粮食、1普特碎米，超出上述标准的一切粮食都被视为"余粮"，须强制征收。至于如何计算粮食收成，各地做法不一，有的地方的粮食工作者当着农民的面进行脱粒试验，确定平均产量。为准确了解各户拥有的粮食数量，还要求每户都配一把粮仓的钥匙，这样就建立了"入户清查制度"。参见 Павлюченков С. А. *Крестьянский брест, или предыстория большевистского НЭПа*, М. : Русское книгоиздательское товарищество, 1996, С. 65. Лившин А. Я., Орлов И. Б. *Письма во власть. 1917 – 1927. Заявления, жалобы, доносы, письма в государственные структуры и большевистским вождям*, М. : РОССПЭН, 1998, С. 160.

1918年秋布尔什维克政府控制的领土面积只有162.2万平方俄里，人口只有6100万人。① 倘若再不实行相对缓和的粮食政策，布尔什维克很有可能会丧失政权。在内战进行得如火如荼，政权随时有可能垮台的大背景下，在深思熟虑之后，党中央终于决定进行适当的让步，实行"粮食摊派制"。列宁也在俄共（布）八大上坦率承认，当时"犯了极大的错误"②。粮食摊派制是在苏俄的粮食危机日益严重，"最困难最艰苦的第二个半年正在开始"的情况下颁布的，列宁指出，该政策的目的是要"采取一切办法帮助工人"，"使他们的状况尽可能得到改善"③。所以，此时制定的粮食政策与之前相比有所让步和缓和。

2. 粮食摊派制明显是一种让步政策

根据人民委员会1919年1月21日颁布的《关于收购食物的法令》，国家仅对粮食、糖、茶、盐实行国家垄断，其余所有产品，如蔬菜、奶类、乳渣、酸奶酪、禽类、蜂蜜、水果等，包括马铃薯都可以在市场上自由出售。④ 允许和鼓励自由市场和自由买卖的存在，其实就是允许私商存在。所以，该决议本身就是粮食政策的缓和。列宁要求来自全国各地的粮食工作人员"坚决贯彻执行""中央的决定"，⑤ 他的要求迅速得到了落实，地方政权很快便实行了该政策。1919年4月30日，莫斯科苏维埃主席团决定，放开非定额（非垄断）食品的小额自由贸易，放开经营各种手工业品、外国货币等；而实际上，一些不允许自由买卖的定额食品马上就在刚开业的小店铺里出现了。⑥ 类似现象也出现在其他地方。除了当局做了某些修正外，非定额食品和手工制品的自由贸易，延续了整个军事共产主义

---

① РГАЭ. Ф. 105. Оп. 2. Д. 10. Л. 1. 转引自 Вронский О. Г. *Крестьянство и власть*（1900 - 1923），Тула： "Радус"，1993, С. 52.
② 《列宁全集》第36卷，人民出版社1985年版，第132页。
③ 《列宁全集》第35卷，人民出版社1985年版，第413、411页。
④ *Декреты советской власти*. Т. Ⅳ, М.：1968，С. 303.
⑤ 《列宁全集》第35卷，人民出版社1985年版，第414—415页。
⑥ Лившин А. Я., Орлов И. Б. *Письма во власть. 1917 - 1927. Заявления, жалобы, доносы, письма в государственные структуры и большевистским вождям*. С. 127.

时期。

3. 两种政策的实际征收额不同

从实际征收额看，粮食摊派制时期明显比"粮食专政"时期少许多。比如，1918年9月13日，奔萨省粮食委员会副主席萨夫丘克（Савчук）向下洛莫夫县（Нижне-Ломовский уезд）下达了这样一条命令："鉴于农民侵吞了1278俄亩商品粮的土地，这里每俄亩可生产80多普特，总共应当收获达10万普特粮食，我命令县粮食局在今年10月1日之前将农民的所有这些粮食都征收上来……"① 这表明，1918年9月该县的粮食征收标准是每俄亩80普特，欲将农民的所有粮食都征收上来，这几乎是涸泽而渔。然而，在1919年1月初之后实行的粮食摊派制下，征收粮食的标准降低了许多。例如，1920年夏，鄂木斯克省粮食委员会给刚从高尔察克统治下解放出来的鄂木斯克县鲍利索夫卡乡（Борисовская волость）摊派了31.4万普特粮食征收任务，而1919年该乡总共播种了9313俄亩土地，这样一来，该乡1920年的摊派任务是平均每俄亩约35普特，但该乡无法完成这一征收额度，他们强烈要求将该乡的任务至少减少一半，与其他各乡的摊派任务持平，即平均每俄亩18普特。② 由此不难知道，不管是每俄亩18普特的摊派标准，还是每俄亩35普特的摊派标准，都要比1918年同为产粮地区的奔萨省每俄亩80普特的征粮标准低56%至77%。

4. 很多人认为，粮食摊派制与"粮食专政"不同

苏俄粮食人民委员瞿鲁巴后来坦率承认，粮食摊派制是对粮食垄断的退却："我们走的是粮食摊派制这条路，这就好像暂时偏离粮食垄断的原则，为了顺利工作，我们将粮食摊派制作为第二个目标，主要目的在于，让农民群众明白……我们只想得到最起码的粮食，能保障饥饿的中央区和无产阶级能够生存……为了这个目的，我们

---

① Кондрашин В. В. *Крестьянство России в Гражданской войне: к вопросу об истоках сталинизма*, М.: РОССПЭН, 2009, C. 99.

② Берелович А., Данилов В. *Советская деревня глазами ВЧК-ОГПУ. Том 1. 1918 – 1922. Документы и материалы*, C. 289.

稍微偏离了粮食垄断，为的是将来再真正地实施粮食垄断。"① 北方消费省份的农民经常公开支持粮食摊派制，如 1920 年底，在全俄苏维埃第八次代表大会上，切列波韦茨省的一个农民代表专门指出，将粮食征收任务摊派到乡，而不是入户清查和强征，这鼓励了农民，让农民更好地耕种土地。② 苏维埃早期粮食问题的研究者亦承认："……自 1919 年年中起，已经显而易见，粮食垄断已不可能完全实行。由于不能征收人们的所有余粮，'摊派'这个词代替了'垄断'这个词。"③

综上所述，粮食摊派制与"粮食专政"明显不同，军事共产主义时期的粮食政策应划分为两个阶段比较合适。

（三）错译的"余粮收集制"与对军事共产主义的误读

长期以来，由于对军事共产主义时期的苏联历史缺乏全面深入的研究，我国学界已经形成了一种根深蒂固的观点，普遍认为余粮收集制（本文译为"粮食摊派制"）是军事共产主义的核心和基础。④ 而在中学教科书里，余粮收集制则几乎成了军事共产主义的代名词。⑤ 这种认识正确吗？如果按照列宁在《粮食税》一文中的说法，似乎是正确的："特殊的'战时共产主义'就是：我们实际上从农民手里拿来了全部余粮……"⑥ 实际情况真是如此吗？

在研究苏俄早期粮食政策的过程中，我们发现粮食摊派制其实

---

① Павлюченков С. А. *Крестьянский брест, или предыстория большевистского НЭПа*, М.: Русское книгоиздательское товарищество, 1996, C. 90.

② Павлюченков С. А. *Крестьянский брест, или предыстория большевистского НЭПа*, C. 90.

③ Павлюченков С. А. *Крестьянский брест, или предыстория большевистского НЭПа*, C. 90.

④ 赵海燕：《关于俄国粮食问题困难与对策的分析》，《学习与探索》1995 年第 3 期；赵理富：《痛苦的和可悲的必要——苏俄国内战争时期推行余粮收集制的原因探析》，《湖北成人教育学院学报》2001 年第 2 期。

⑤ 刘宗绪主编：《义务教育课程标准实验教科书：世界历史（九年级下册）》，岳麓书社 2003 年版，第 6 页。

⑥ 《列宁全集》中文第二版，第 41 卷，第 208 页。

只是一种利用现成的俄国农村古老的村社机制征收农民粮食的方法。就其本身和源头而言，与共产主义的意识形态无关，布尔什维克政府可以用，沙皇政府乃至临时政府都可以用。

1. "粮食摊派制"是俄国沙皇政府的发明

当前有相当多学者并不了解，被他们视为军事共产主义核心的粮食摊派制，其实是沙皇政府时期开始实施的，并在临时政府时期长期保留。

1916年11月29日，沙皇政府农业大臣亚历山大·利基赫（А. Риттих）签署了《关于为国防需要分摊采购粮食和饲料的决议》，按照该决议，利基赫实行了按省、县、乡和村分摊向国家义务缴纳粮食的政策，这就是粮食摊派制。沙皇倒台后，1917年3月2日临时政府粮食委员会通过决议："继续执行常规的采购以及通过摊派制获取粮食，同时立刻对拥有和租赁超过50俄亩耕地的所有阶层、贸易企业和银行进行强制征购。"① 这样，实际上将沙皇政府的粮食摊派制保留了下来。

不管从政策的俄文名称，还是从政策内容的角度看，布尔什维克政府的粮食摊派制与沙皇政府的粮食摊派制都是一脉相承的：使用的是"развёрстка"这个词；将粮食征收任务在各省、县、乡、村乃至各个农户之间进行了分摊。相异之处在于：第一，征收的产品范围不同。沙皇政府的粮食摊派制只涉及谷物和饲料，而布尔什维克政府的粮食摊派制尽管最开始的时候也只涉及谷物和饲料，可随后征收范围逐渐扩大，1919—1920年增加了马铃薯和肉类，到1920年底几乎包括了所有农产品。第二，征收的手段不同。沙皇政府的征收手段相对温和，强调必须遵循自愿的原则；而布尔什维克政府更为强调强制和暴力，动用武装力量来征粮，尤其是在该政策实施的后期更加明显。

那么，现在就出现了一个悖论：如果粮食摊派制真是军事共产主义的核心、基础乃至代名词的话，如何解释上面这一事实？难道

---

① 参见俄文维基百科（http://ru.wikipedia.org）中的продразвёрстка词条。

沙皇政府实施的粮食摊派制也是军事共产主义的核心和基础吗？

2. "粮食摊派制"运用的是古老的俄国村社机制

前面提到，布尔什维克政府1919年1月通过的粮食摊派制是从沙皇政府继承而来的。不管是沙皇政府，还是布尔什维克政府通过的粮食摊派制，在摊派到村一级之后，主要依靠的就是村社古老的连环保及分摊机制了。沙皇政府农业部1916年11月29日通过的《关于为国防需要分摊采购粮食和饲料的决议》中声明："由各自归属的乡级和村级米尔大会负责，以县参议会确定的原则为标准，将摊派任务在一乡之内的村庄和加入村社的个人之间进行分配"①。可见，正是村社大会负责将上级摊派的粮食采购任务在农户之间进行分配。

1918年夏，苏维埃政权向农村发动"十字军讨伐"，利用工人征粮队和贫农委员会，使用"确定消费定额"和"入户清查"等方法暴力夺取农民手中的粮食，引发农民起义和暴动，反抗布尔什维克政权，这让布尔什维克反思自己的从农村获取粮食的方式。后来，布尔什维克领导人发现：首先，苏维埃政权在农村的力量实在有限，村社仍然在农村的政治经济生活中占据统治和支配地位；其次，村社古老的分摊机制和连环保的集体责任仍然可以为布尔什维克政府所利用，以达到从农村获取粮食等目的。于是，布尔什维克开始积极利用村社的这种收税职能，首当其冲的便是1919年1月开始实施的粮食摊派制。

正是村社大会具体负责将摊派给整个村社的征粮任务分配给各家各户，并监督各户完成。上述任务征粮队都不做，征粮队起到的只是催化作用：恐吓和惩罚那些拒不上缴粮食的人，保护村社大会的顺利进行。同时，1903年已被废除的村社的连环保机制在军事共产主义时期又重新复活，正如1920年10月切列波维茨省土地局报

---

① Известия особого совещания по продовольствию. №19, 1916, С. 12 – 13. 转引自 Куренышев А. А. *Крестьянство и его организации в первой трети XX века*, М. : Государственный исторический музей, 2000, С. 153.

告中所指出的那样:"现在村社和以前一样,仍然是为收税而实施的连环保制度的基础。"① 有的地方苏维埃甚至认为,村社有责任使用连环保。比如,1920 年 10 月 1 日,坦波夫省执行委员会主席施利希特尔签发命令:"每位应纳税的家长和整个村社作为集体都需要为完成粮食摊派制负责。"②

村社承担了保证完成粮食摊派任务的主要负担,这无疑对布尔什维克政权是有利的,因为村社能够保证粮食征收的相对稳定性和可靠性。正如维特伯爵所言:"放一群牲口,总比一头一头地放来得轻松。"③ 可以想象,当时如果没有俄国大地上存在的 12 万多个村社,④ 布尔什维克政权无论如何也无法在内战期间完成保证军队和城市居民粮食供应的艰巨任务。

由此可见,粮食摊派制这一术语其实是封建宗法制村社的一个概念。布尔什维克政权接受了这一"旧制度"的术语,并试图将其纳入"军事共产主义"这一理论体系。可是,如果说此时的俄国存在任何社会主义的话,那也仅仅只是民粹派的"空想社会主义"和农民的"村社社会主义"。

如何理解这种"村社社会主义"呢？其实这是布尔什维克与农民之间达成的某种妥协,是布尔什维克政权的粮食摊派制与农民在村社的平均主义和集体主义上面达成了共识,布尔什维克不得不违背自己的马克思主义理想,事实上将村社的平均主义认定为社会主义。农民也投桃报李,一直支持布尔什维克,给其提供粮食和兵源；相应的,布尔什维克也不再干涉村社事务。在一定的时期内,布尔

---

① РГАЭ. Ф. 478. Оп. 6. Д. 20. Л. 99. 转引自 Куренышев А. А. *Крестьянство и его организации в первой трети XX века*, М.：Государственный исторический музей, 2000, С. 154.

② Советы в эпоху военного коммунизма, М.：Л. 1929, С. 321. 转引自 Куренышев А. А. *Крестьянство и его организации в первой трети XX века*, М.：Государственный исторический музей, 2000, С. 154.

③ [俄]谢·尤·维特：《俄国末代沙皇尼古拉二世——维特伯爵的回忆》,张开译,新华出版社 1983 年版,第 392 页。

④ 1922 年 1 月俄国共有 120200 个村社。参见 Данилов В. П. *Советская доколхозная деревня：население, землепользование, хозяйство*, М.：Издательство "Наука", С. 97.

什维克对农村的村社社会主义非常满意，因为该制度既可以保持对某种主义的追求（尽管变了样，不是经典的共产主义），又可以获得粮食和赋税等必需物资。这就是村社在军事共产主义时期得以复兴的原因之一。

3. 教科书对"余粮收集制"的错误解读让国人对军事共产主义产生误解

既然粮食摊派制利用的是拥有千年历史的俄国古老的村社机制，既然沙皇政府和临时政府其实都利用过这一政策，可为何该政策（当然，是以"余粮收集制"的译名）还是被大多数国人认为是军事共产主义的核心、基础乃至代名词呢？造成这一误解的原因是什么？

笔者认为，正是错译的"余粮收集制"以及此译名的极大普及（尤其是教科书的影响）让普通中国人自然而然地将"余粮收集制"与军事共产主义联系在一起。这已经成为一种条件反射。正因如此，当笔者在 2010 年出版的一部专著中看到 1916 年"沙皇政府宣布实行由农业部长里蒂希制定的'余粮征集制'"①的文字之时，才会非常惊讶。其实，这也从另一个侧面证明了"余粮收集制"译法的强大惯性。

五　余论

俗话说名不正则言不顺，正是由于受一些译名的影响，国内学界对俄国史和苏联史领域的若干问题存在某种误读。除了本文详细论述的"余粮收集制"外，还有如"военный коммунизм"应译为"战时共产主义"，还是"军事共产主义"；"продовольственная диктатура"应译为"粮食专卖"还是"粮食专政"等等。拂去蒙在一些重要译名上的历史尘埃，对我们准确理解苏联史的一些重大问题，具有特殊意义。

（原载《历史教学》（下半月刊）2013 年第 12 期）

---

① 闻一：《十月革命：阵痛与震荡》，第 197 页。

苏联初期政治体制与20世纪 30年代的世界经济危机

吴恩远

一 斯大林对当时世界经济危机的分析

在当前席卷全球的经济危机中，不少人把目光转向马克思的《资本论》、列宁的《帝国主义论》等论著。在这些论著中，马克思、列宁深刻分析了资本主义经济危机的历史和理论根源，并且天才地预示了只有社会主义制度才能根本杜绝经济危机。但由于时代限制，他们并没有亲身经历这个实践。最近俄罗斯学界比较注意斯大林在1930年6月代表联共（布）中央委员会向第十六次代表大会的政治报告。[①] 他们认为通过斯大林对当时正在发生的世界经济危机的分析，比较苏联社会主义制度和资本主义制度在危机中的不同表现，更能找到摆脱危机的根本出路，并能借鉴当时苏联应对危机的方法。

回顾当年资产阶级对刚诞生的苏维埃政权的诅咒，对比当时正在蔓延的震惊全球的资本主义世界的大危机，斯大林指出：两年半以前，资本主义国家经济普遍增长，人们在高唱资本主义"繁荣"的胜利歌，"普遍"叫嚣苏维埃国家"必定灭亡""必定崩溃"。反而现在，几乎所有资本主义国家陷入经济危机，生产下降、商品滞销、大量工

[①] Сталин И. В. *Политический отчёт Центрального Комитета* XVI *съезд ВКП（б）*, https://petroleks.ru/stalin/12-16.php.

人失业、群众陷入贫困……当此之时，社会主义苏联不仅没有出现预言的"必定崩溃"，反而呈现出一片欣欣向荣的景象。失业人数日渐减少，人民生活水平提高，国民经济日益高涨，五年计划提前到四年完成……

斯大林深刻分析道：经济危机的根源和原因在于资本主义经济制度本身，在于资本主义生产的社会性和生产成果的资本主义占有形式之间的矛盾。① 只要存在资本主义体制，就不可能根本杜绝危机的产生。

那么，为什么"资本家遭到如此严重的失败，而苏联却取得这样重大的胜利"？斯大林指出，这主要是由于"苏维埃经济制度比资本主义经济制度优越"。表现在：政权掌握在工人阶级和劳动人民手中，这就保证生产发展的目的不是为了剥削阶级"发财致富"，而是为了不断改善人民生活水平和扩大城乡社会主义生产；可以对生产实行"计划领导"；扩大再生产既能不断改善人民物质生活状况和提高其购买力，又能避免"生产过剩"的危机。② 社会主义体制克服经济危机的"信心"就在这里。

二 苏联应对经济危机的战略决策

（一）充分利用世界经济危机这一时机发展国家经济

世界经济危机迫使资本主义国家工商界与苏联扩大经济联系。苏联政府有了可能在世界市场上购买本国急需的机器、设备、金属。在联共（布）第十六次代表大会的文件中已注意到这一点。决议指出要充分利用这一有利时机："在坚决保持对外贸易垄断的基础上进一步发展苏联和资本主义世界的经济关系。"③

---

① 《斯大林全集》第12卷，人民出版社1955年版，第214页。
② 《斯大林全集》第12卷，第280—281页。
③ 《苏联共产党代表大会、代表会议和中央全会决议汇编》第四分册，中共中央马克思恩格斯列宁斯大林著作编译局编译，人民出版社1957年版，第125页。

（二）引进资本主义的技术和科技人才

一段时期以来，学界广泛流传一种看法：似乎斯大林体制是保守、封闭的，拒绝和资本主义世界进行经济往来，也拒绝接受世界先进技术。这种说法显然片面。斯大林曾经多次强调俄国科学技术落后，要甘当学生，向西方学习。他说："我们的经济工作干部，我们的专家、技术人员和经济工作人员的技术水平很低"，"不仅要组织国外的技术援助，还要派遣我们的经济工作人员到国外学习并吸取技术经验。"① 就在经济危机发生期间，斯大林在会见美国客人时说道："我们注视着美国，因为这个国家在科学和技术方面有很高的水平。我们希望美国的科学家和技术人员在技术方面做我们的老师，我们做他们的学生。"②

1929年8月29日，联共（布）中央就"国外技术援助"专门作出决议："中央建议最高国民经济委员会和对内对外贸易人民委员部采取坚决措施，最大限度地吸收和更好地利用外国技术援助。"要"从物质上保证同国外的科学技术的联系，研究和利用国外科技方面的经验问题"。为此必须采取一系列措施，包括改进驻外技术处工作，大力发展商业联系，邀请外国专家、收集外国技术文献等。③

（三）保持经济独立

世界经济危机还引起了世界市场的绝对缩小。1933年世界贸易流转额比危机前一时期的流转额减少三分之二；几乎整个国际贸易和财务联系都被破坏。资本主义国家的统治集团和工商界企图摆脱危机状态，加强了近似孤立自己的保护关税政策、竭力限制输入和增加输出、宣传抵制进口商品、加强关税壁垒、广泛利用输出入许可制，实行划拨清算（没有货币汇款的互相划拨）以及资本主义国

---

① 《斯大林全集》第12卷，第285—286页。
② 《斯大林全集》第13卷，人民出版社1956年版，第136页。
③ 《苏联共产党和苏联政府经济问题决议汇编》第2卷，中国人民大学出版社1987年版，第120、122页。

家和垄断组织的贸易政策斗争等许多其他形式,使国际结算关系剧烈地恶化。对外贸易公认原则的破坏加重了外汇行市的波动。

资本主义各国还竭力阻挠苏联的出口。许多国家的政府对苏联的商品规定了特别的限制。欧洲和美洲的许多国家组织了反对所谓的苏联"倾销产品"、"强迫劳动"和实行"宗教虐待"等罪名的运动,指责苏联按"低价和倾销价格"出售商品。

在这种情况下,苏联共产党和苏维埃政府抛弃了托洛茨基有关苏联的经济服从于世界资本主义规律和苏联蔓延经济危机的不可避免性的理论。在金融领域、外贸领域采取了一系列措施,保持了国家的经济独立性。

三 苏联利用资本主义世界经济危机的具体措施及其成效

(一) 在外贸、金融等领域的应对措施

针对资本主义国家在外贸等领域试图转嫁经济危机的举措,苏维埃政府强调在对外贸易中要加强国家对外经济联系中的国家垄断原则。

首先是外汇垄断。1930年2月,政府取缔了外汇和有价证券的交易所贸易。苏维埃国家利用外汇垄断,保证了对外贸易业务的资金供应,建立了外汇准备金。外汇垄断保证苏联政府有可能在独立和互利的原则上与资本主义各国建立财务关系,克服帝国主义对苏联公开或隐蔽实行的黄金和信贷封锁。

其次是反走私。对外贸易垄断必然导致走私行为的泛滥,以及发生侨民、商号的外汇非法转往国外的企图。国家普遍开展了反走私的斗争。从1925年至1930年,苏维埃边防军人扣留了黄金、外汇和各种走私商品的金额达3000万卢布。[①]

针对资本主义国家对苏联外贸的限制,苏联政府也不得不采取

[①] 苏联科学院经济研究所:《苏联社会主义经济史》第3卷,生活·读书·新知三联书店1982年版,第402页。

对策。1930年10月苏联人民委员会通过了《关于和规定对苏联贸易有特别限制办法的诸多国家的相互经济关系》的决议，规定那些对苏联出口采取歧视政策的国家，也将限制其物品进入苏联。

（二）扩大出口

为了大量购买进口的机器、设备、金属等，国家急需外汇。粮食、木材、石油、矿石、毛皮是当时苏联的主要出口产品。1929—1932年，联共（布）中央和苏联政府不止一次通过扩大出口产品的生产和提高其质量的决议，并对履行出口任务加强了监督。逐月听取报告，派出负责人员，使出口会议的业务活跃起来。完成出口计划的问题渐渐成为共和国、地方政权机关和劳动人民代表苏维埃出口会议的关注中心。值得注意的是，在当时国家高度计划体制下，为了扩大出口，1931年劳动与国防委员会曾作出决议：把国家出口外汇收入的一半划归企业支配，以弥补它们进口的需要。[1] 为了筹集工业化的资金，除了努力扩大出口之外，还力求吸收外国的贷款。

（三）扩大进口工业化急需的设备和技术

苏联政府利用西方国家为了摆脱各自经济困难，竞相出售过剩产品及机器设备的机会，大量进口外国机器设备。在第一个五年计划期间，苏联成了世界上最大的机器设备购买者。1931年，苏联购买了世界机器设备出口总额的三分之一左右。从1926年至1931年，苏联的进口额约增加了5倍，其中重工业设备增加了11倍。[2]

苏联还十分注意利用危机期间各帝国主义国家之间的竞争和矛盾，尽量择优或者低价购买先进技术设备。

到1931年初，苏联已接受外国技术的项目增加到124项，投资总额达8300万卢布。[3] 在整个工业化期间，苏联利用西方的技术新

---

[1] ［俄］K. A. 彼得罗相：《苏维埃工业化方法》，彭菊人译，作家书屋1952年版，第77页。

[2] 金挥等主编：《苏联经济概论》，中国财政经济出版社1985年版，第127页。

[3] 周尚文等：《苏联兴亡史》，上海人民出版社1993年版，第230页。

建和扩建了一大批重要的工业企业。如高尔基、莫斯科等汽车制造厂，斯大林格勒、哈尔科夫和车里雅宾斯克等拖拉机厂。马格尼托哥尔斯克、库兹涅茨克、扎波罗什等冶金企业，"红色无产者"、"铣刀"刃具厂、"量规"量具厂等大型机床厂和工具厂，以及莫斯科、车里雅宾斯克火电站和第聂伯水电站等，都是利用外国设备和技术建造起来的。苏联人民委员会考虑到世界市场上新行情，改变了为新建和改建企业扩大进口机器和设备的对外贸易计划。在五年计划的四年内，机器和金属的进口超过计划5.7%，工业设备的进口超过7.8%，重工业需用的原料超过26.2%。

拥有有限外汇储备的苏维埃国家，力图在国外市场上以最少的损失购买工业设备、拖拉机、金属与原料。苏联输入总量中，生产资料部分占90%以上[1]。第一个五年计划中，苏联进口的特点是其中机器和设备的比重较高，1929年为30.1%，1930年为46.8%，1931年为53.9%，1932年为55.7%。到五年计划末，苏联进口的机器和设备在世界上占第一位。1931年全世界出口机器的三分之一左右，最后一年是二分之一左右，都是发往苏联的。[2]

（四）大量引进国外技术和科技人才

苏联政府不仅积极吸收外国设备，而且积极吸收外国专家担任企业建设和组织工作的顾问。1929年10月1日，政府批准了70个有关外国的技术援助和技术咨询的协议，其中24个协议在冶金工业和金属加工工业，55个合同是由苏联与美国和德国的商号签订的。第一个五年计划中最大项目、也是当时世界最大的钢铁联合企业马格尼托哥尔斯克钢铁厂，完全是以美国钢铁公司印第安纳州的格里工厂为蓝本设计的。1931年下半年，直接参与该厂建设的美国人就有250名，此外还有德国专家在该厂工作。著名的斯大林格勒拖拉机厂在很大程度上也是借助西方技术建立的，该厂拥有年产5万台

---

[1] 苏联科学院经济研究所：《苏联社会主义经济史》第3卷，第399页。
[2] 苏联科学院经济研究所：《苏联社会主义经济史》第3卷，第399页。

履带式拖拉机的生存能力,约 80 家美国厂商为该厂制造设备,参加该厂组装的美国人达 570 人之多,另外还有 50 名德国人。哈尔科夫拖拉机厂不仅引进西方技术设备,而且还由美国人担任总工程师。[①] 同福特公司签订的关于为下新城汽车工厂的咨询和供应设备的合同在该厂建设中有着特殊的意义。工程浩大的第聂伯水电站主要设备也是由美国人提供的。

苏联政府还作出决定:吸收一批著名的外国专家担任托拉斯机关和托拉斯工厂的固定工作,吸收几十名有经验的外国普通工程师和工长以改进生产和施工的组织工作。[②] 1932 年在苏联各地工作的外国技术人员达到 2 万人,[③] 这在当时是一个不少的人数。

总之,外国技术在苏联工业化过程中起了不可忽略的作用,通过外国设备和技术支援建立起的第一批大工业企业,成了整个工业化的骨干,它对于苏联技术力量的成长、工业的发展和国家的经济独立起了重大的作用。

(五) 派遣技术人员出国学习

在世界经济危机期间,苏共中央专门就"为苏联国民经济培养技术干部"作出决议。决议指出:"为了更多地利用外国经验,提高在企业和机关工作的专家以及从事科研工作的专家的水平,要在 1929—1930 年度增加出国青年专家的人数,使之至少达到 500 人。"[④] 1929—1932 年国家共派遣 2000 多人出国考察、实习和留学,购买了大量外国技术书刊。

(原载《世界历史》2009 年第 3 期)

[①] 金挥等主编:《苏联经济概论》,第 127 页。
[②] 《苏联共产党和苏联政府经济问题决议汇编》第 2 卷,第 111 页。
[③] 周尚文等:《苏联兴亡史》,第 230 页。
[④] 《苏联共产党和苏联政府经济问题决议汇编》第 2 卷,第 166 页。

20世纪90年代初"过渡时期"的俄罗斯历史学

邢媛媛

从某种意义上讲,历史学比自然科学更易于受到社会变动和社会意识形态状况的影响。20世纪90年代初苏联解体、苏维埃体系崩溃之后,俄国一段时间的社会重构,可以看作俄国当代史上的一个"过渡时期"。这一时期发生的国家和社会变动直接冲击着俄罗斯史学界,给其历史学家带来了强烈震撼,促使其不得不重新思考许多问题。

这一时期的俄罗斯历史学较之其他学科更大程度上承受了国家巨变的后果,呈现出明显的时代特征。犹如一些俄罗斯历史学家所指出的,历史学"看上去已失掉旧的范式,尚未形成新观点",[1] 历史学家"希望重新审视以往表述历史的态度,公布与苏联时期党和政府领导人做出的政治决定有所不同的新史实"[2]。而国际史学界则有一类观点认为,这个发生"改变社会政治和经济体系的急剧而不可逆革命"[3] 的20世纪90年代初期,是俄罗斯史学发展的特殊阶段,并称此阶段史学产生的变化是某种"史学危机"。多元观点的泛

---

[1] [俄] И. Ф. 卡拉佩茨:《论俄罗斯当代史学研究发展的趋势》,《史学史研究》2009年第4期。

[2] Гречко П. К. О сознании, истине и лжи в истории//Вестник Российского ун-та дружбы народов. Серия «История, философия». 1993. №1. С. 84.

[3] Пихоя Р. Г. Была ли революция в стране в конце XX в. ? //Судьба России: вектор перемен. Материалы Междунар. науч. конф. Екатеринбург. М., 2007. Т. I. С. 54.

起、出版业的兴盛、档案的解密,是20世纪90年代初俄罗斯政治激变的产物。同时,与"史学危机"并行的是俄罗斯科学领域和科技活动氛围的变化。这些变化与过渡性的社会状态本身一起被称为俄罗斯社会的"特殊产儿"①。2007年9月24日,西伯利亚联邦区学者在就上述问题举行的研讨会上反思:客观、批判性地思考始于1990年的俄罗斯史学史,建立历史教科书的统一商定原则,显然是当今俄罗斯历史学科的重要任务之一。

在开始研究某个地区的历史之前,先要研究过去和现在从事这段历史研究的史学家。因此,我们在探讨20世纪90年代初期的俄罗斯史学时不可回避的一个问题就是历史学家的主观能动性。在史学研究的各个阶段和领域,历史学家追求真理的愿望反映在他对史料的鉴别上、对史事的解释上和对历史的评价上。② 苏联解体后,国家取消在意识形态上的严格控制——书刊审查制度,历史学家可以自由发表观点,但取消这种制度后社会上随即出现大混乱。对于那些有责任感、对待科学认真的历史学家来说,虽然不受审查制度制约,但内心却有一个标准,期待取消限制更利于他们创造出新成果。而对于一些不负责任的历史学家来说,他们想说什么就说什么,不经过真理检验和多方面考证,甚至是歪曲史实。П. К. 格列奇科把该时期具有"明显民主倾向"的历史学形容为"历史的无法无天"。С. В. 秋秋金在承认这一时期是革命时期的同时也指出:"因为所有'闸门'开放,甚至'从上面'感觉到压力,所以开始了'真正带有极度激进主义的、失败的思想革命',围绕历史学出现了许多肮脏言论和见风使舵的低劣作品。有些历史学家处于麻木和震惊状态之中,另一些又过度超前"③。这些言论深刻体现出作者本人和所言对象在这一时期的立场。苏联解体、社会动荡让许多历史学家面对骤

---

① См. Бордюгов. Г. А., Ушаков А. И., Чурак В. Ю. Белое дело: идеология, основы, режимы власти. Русский Мир. М., 1998. С. 190.

② 陈启能:《列宾娜谈"后现代"之后的历史学》,《世界历史》2010年第1期。

③ Тютюкин С. В. Современная отечественная историография РСДРП.//Отечественная история. 1998. №6. С. 55.

变的自身环境产生了各种程度的不稳定感。作为对急剧变化的自身存在环境的一种反应，俄罗斯史学家们表现出不同态度，对事件的评价也各异。

历史研究是历史感与现实感的结合，什么样的历史研究，必然会体现出什么样的时代特征及精神。史学家们从不同历史观出发自然会有不同解释，但有一点却是相同的，那就是在解释中直接或间接都蕴含着现实内容。① 俄罗斯史学家的多种言论足以证明，俄罗斯历史学在苏联解体后发生了根本性变革。这些变化在俄罗斯现代历史学中集中体现为"档案革命"、"教育革命"和"方法论革命"。②

一 俄罗斯史学的"档案革命"

20世纪90年代初期，历史研究的资料来源领域开始出现巨大变化，俄罗斯新政府着手对档案系统进行新的调整与重组。1991年的"八一九"事件刚过不久，Б. Н. 叶利钦就在8月24日发布有关俄联邦档案安排的重要命令，宣布停止销毁档案文件。从此，苏共和克格勃的档案移交俄罗斯档案机构并由后者管理；以中央档案馆为基础成立俄当代历史文献保存和研究中心（РЦХИДНИ），地方档案馆的资料和克格勃的部分资料都转交国家保存；在十月革命国家中央档案馆和苏联中央档案馆基础上设立俄罗斯国家档案馆——俄罗斯联邦国家档案馆，共分立17个档案馆和文件保存中心，包括：历史文件收藏中心（过去的"特殊"档案馆）、俄罗斯国家经济档案馆

---

① 于沛：《深化历史认识，关注时代主题》，《历史研究》2014年第6期。
② "档案革命"（архивная революция）、"教育革命"（образовательная революция）、"方法论革命"（методологическая революция）这三个术语最初由苏联著名史学家 В. Д. 卡梅宁在其著作《第三个千年前夕的俄罗斯历史科学》（Историческая наука России в преддверии третьего тысячелетия. Тюмень, 1999）中提出，后来得到俄罗斯国家杜马主席、俄罗斯历史学会主席、历史教科书修改工作委员会主席 С. Е. 纳雷什金，总统助理 А. А. 富尔先科，教育与科技部长 Д. В. 利瓦诺夫，莫斯科大学历史系主任、俄罗斯科学院院士 С. П. 卡尔波夫，俄罗斯科学院世界历史研究所所长、俄罗斯科学院院士 А. О. 丘巴里扬，俄罗斯科学院祖国历史研究所所长 Ю. А. 彼得罗夫等人和其他史学工作者的认可与沿用，成为20世纪90年代初俄罗斯"过渡时期"的特殊史学术语。

（过去的国民经济档案馆）、青年组织文件保存中心（过去的共青团档案馆）等。① 因为苏联时期图书馆的所谓专库是根据书刊检查机构的意见存放意识形态上"有害"的国内外著作的，俄罗斯档案开放得到法律肯定之后，专库部分解禁，学界出现了许多以专库档案为资料基础的研究者。地方上也随之同步重建档案系统。这一时期，解密档案文件的工作稳步进行。1991 年 9 月 6 日，俄罗斯最高委员会主席团制定决议，成立临时代表委员会，由"民主俄罗斯"领袖 Л. 波诺马列夫和 Г. 雅库宁领导。临时代表委员会在总统直接管辖下以议会形式研究国家巨变的原因和状况，是有义务领导俄境内所有国家和社会团体、有义务为委员们提供必要研究文件和信息的唯一机构。1991 年 9 月底，该委员会接手苏共委员会掌管的马列主义研究所中央党务档案馆，在遵守文件保存制度的同时大大增加了将其广泛传播给大众的可行性。由于俄罗斯新政府所做的大量工作，大部分文件都被去除保密图章，以保证研究者能够顺利获得。1993 年 7 月 7 日颁布的《俄罗斯联邦关于档案资源和档案馆的立法基础》号召文献收藏家积极公布私藏，为改革国内档案工作奠定了坚实的社会基础。

  档案解密后，俄罗斯档案部门开始出版一系列档案文献。为更广泛服务于文献出版，自 1992 年起，俄罗斯联邦政府档案委员会恢复出版《历史档案》杂志（根据 1962 年 11 月 13 日制定的《苏共委员会秘书处决议》，该杂志曾被禁止发行）。1993 年该杂志划归《祖国》杂志社所属，《俄罗斯联邦总统档案通报》和《文献资料》也开始编撰出版。即便如此，这一时期俄罗斯国内历史文献和研究著作的出版依然有很多限制，俄罗斯政府从出版社专题计划中剔除了许多苏联史文献资料。

  档案解密大大拓宽了俄罗斯史学家的研究领域。90 年代初，许多俄罗斯学者在其著作中一致认为，若要客观地解释历史史实的变

---

① См. Пихоя Р. Г. Открытие архивов в России//Источник: Документы российской истории. 1993. С. 3.

化，就必须全面地阐述不同历史时期的政治、经济、文化、人们的共同价值观、社会生活等特点。因此，一部分学者对苏联历史的重新研究和重新评价非常感兴趣，普遍把注意力转向苏联史学曾经极少涉及的国内重大历史问题；一部分学者由于与新俄罗斯一起成长，新的国家体制激发他们对政权体系、管理机构和国家自治机构、惩罚机构的历史进行研究。基于苏联解体后的俄罗斯产生的全新社会经济结构，另一部分历史学家顺理成章地开始积极研究之前史学界鲜有涉猎的领域，主要包括性别史、日常生活史、不同阶层的社会思潮史等。不足之处是这一时期严肃的研究成果不多，仅仅局限于在科学历史杂志上发表的学术论文。可以说，20世纪90年代由于俄罗斯国家政权改变，历史学家实际上没能编写出任何有关国内历史的具有总结性的权威著作，要从一个新角度重新思考俄罗斯历史还需要很长时间。

二 俄罗斯史学的"教育革命"

在任何一个社会转型期，天生脆弱且敏感的人文科学尤其是历史学是首当其冲被波及的学科领域，俄罗斯当局实施的教育改革更是从根本上触动了历史教学。苏联九年制义务教育法规定学生在九年级结束之前应当修完所有历史课程。自1993年起，俄罗斯科学技术部高等教育委员会宣告将历史教学转为同心系统（концентрическая система）以代替以前的线性系统（линейная система）[1]，中小学不再把历史列为毕业考试的必修科目。事实上，历史教学的同心结构思想首次出现是在20世纪90年代初寻求教育新方法的浪潮中，其基

---

[1] 苏联历史教学中的线性系统（линейная система）是指九年制义务教育过程中，历史被列为每学期考试的必修科目，以记忆为学习方法，按时间顺序去掌握历史知识。同心系统（концентрическая система）首先取消了历史作为中小学学期必考科目，取而代之的则是，在高中等教育初期，学生必须提交过去义务教育中所掌握历史知识的全面研究报告，以训练学生的创造性思维为目的。俄罗斯历史教育界在这一时期爆发过"线性系统"与"同心系统"的大争论，最具代表性的著作是 Е. Е. 维亚斯基的论文《线性或同心》（载于《历史》1993年第2期）（Е. Е. Вяземский, Линейность или концентры, 《История》, №2/1993）。

本目标之一是用来更新苏联教育系统中的某些固定模式。但这种改革的意识形态偏见非常明显。原则上，新法规被大规模引入学校之前需要有足够长时间的实践检验，并需要具备强大的物质基础、教学法基础和方法论基础。但正好相反，俄罗斯政府在短时间内急剧、彻底摧毁业已成熟的教学系统而向同心系统过渡不仅仅是对学校大纲的矫枉过正，更是一种破坏，不可避免地造成了教育质量的下降。所以，这项改革被俄罗斯学者认为极其不符合新时代的现实需求。在苏联解体后的几年里，俄罗斯教育部由于"盲目的仓促性和对新事物的思考不全面"，完全没有足够的准备用必要而有效的教学法案和教学材料保障新的历史教学系统。这就造成一个不良趋势：俄罗斯官员们在集中寻找教育改革的新理论和新方法时很快对引进同心思想的实践工作失去兴趣，但仍未意识到需要恢复旧的教育研究体系。[1]

俄罗斯高校的历史教育体系也在同步改组。非人文类高校中，20世纪的社会政治史课程被取消，代替本国史课程的是有选择的研修"人类与社会""世界文明""文化学"等课程。而针对尚继续教授本国史课程的大学历史系，俄罗斯教育部则启动了教师人才培训和编写新版俄罗斯历史教科书的决议。高校历史教育改革的重大举措首先是借鉴了西方的培养制度，在学士教育和硕士研究生教育中实施多层次大学生培养系统的试验，Дж. 索罗金资金支持下的培训体系囊括了几乎所有人文社会科学教师。但对于这些受过培训的教师，俄罗斯学者 Н. И. 杰科夫完全嗤之以鼻："在我们的时代，被称之为民主、现代、进步、有独立见解之列的教师实在不多。大部分人的一贯做法是只需要证实与十年前所说的东西相反就行，而且此方法正确无误、普遍适用"[2]

---

[1] Христофоров. И. А. Каким быть современному школьному учебнику по отечественной истории XX в. //Отечественная история. 2002. №3. С. 28.

[2] Дедков Н. И. Как я документально установил, или мею утверждать: О книге Д. А. Волкогонова «Ленин»//Исторические исследование в России: тенденции последних лет. АИРО. М., 1996. С. 115.

苏联解体前，国外尤其是西方著作已纷纷涌入苏联，潜移默化地影响着苏联历史教育。进入20世纪90年代初期，这种趋势更造成俄罗斯历史教育的巨大改革。此时的外国文选出版在俄罗斯成为普遍现象，仅关于20世纪俄国史就有不少于200部国外研究作品[1]，俄罗斯出版业随即被彻底改变。这一时期，侨民文学基本上都是宣传君主制或"俄罗斯思想"的，西方保守派作家的作品成为俄罗斯舆论界的谈资。1992年，俄罗斯科学技术部高等院校委员会推荐把法国历史学家Н.韦尔特的《苏联国家史（1900—1991）》作为高校教科书。由此，一些俄罗斯史学家毫不夸张地声称——正是保守派的西方作者选出了俄罗斯高校历史课教科书。

韦尔特曾经到过苏联，他这样评价自己的作品："我写《苏联国家史》首先是为数千名法国历史专业大学生，因为最近25年在他们面前第一次出现一个复杂和宽泛的题目——《俄罗斯帝国和20世纪的苏联》"[2]。Н.韦尔特的追随者在书中习惯于把国家和社会发展的整个过程看作主要是首相、总统、总书记和杰出人士，或者至少是上层人士的活动。俄罗斯一些学者认为选择这本书作为教科书并不成功。Г.В.福尔茨曼曾指出："这本书经常因为'不同寻常的轻浮'而令人咋舌"[3]。他们还提到，Н.韦尔特的书中存在不少史实错误。后来俄罗斯的媒体对此有过报道，比如，作品中名称的不准确性——俄罗斯在1900年至1917年并不是苏维埃国家，而是俄罗斯帝国。笔者认为，这本书之所以被选为特殊年代的教科书，是因为尽管作者未囿于传统观点而极力淡化苏联的官方历史学理论，并声称自己的任务是使关于苏联的争论非意识形态化、非政治化，但事实上书中呈现的正是俄罗斯当局需要的对待历史的观点。Н.韦尔特的追捧者、英国历史学家Д.霍斯金格的《1917—1991年的苏联史》

---

[1] Козлов В. А., так. же. С. 101.
[2] Верт Н. История советского государства. 1990 - 1991. Прогресс-Академия. М., 1992. С. 5.
[3] Мамонов В. Ф, Фортсман Г. В. В Вольтерах некто Верт//Вестник Челяб. ун-та. 1993. №2. С. 8.

被引入大学教程更是巩固了涌现在俄罗斯历史学中的自由主义观点。①

苏联解体后，俄罗斯史学界充斥着全盘否定、甚至丑化俄罗斯和苏联历史的各类历史教科书。② 俄罗斯主流社会建议参照 Н. 韦尔特书中使用的对待历史的方法来编写中小学和高校教科书。1992年，由 И. А. 米申娜和 Л. Н. 扎罗娃编写的十年级教科书《祖国史（1900—1940）》出版。作者在全球发展背景下研究和评价祖国历史事件，借助文明进步和相互影响表达出自己对文明进程的尊崇，阐明了俄罗斯文明的特殊性。③ 高校教科书作者 А. Ю. 戈洛瓦坚科在著作《苏联历史：争论的问题》中频繁使用"极权主义"概念，以"十分有趣的语言"叙述各种历史事实和事件。④ 这些首批出现的历史教科书在社会大众当中的反应不尽相同。О. Н. 潘科娃、А. П. 洛贡诺夫、С. Ю. 韦尔申斯卡娅等史学家认为，可以把 И. А. 米申娜和 Л. Н. 扎罗娃的书看作第一本可供选择的中学历史教科书。⑤ А. П. 舍维列夫则认为，这本书虽然"以文明、文化的视角对待20世纪上半叶历史，但脱离对事件的阶级评价从而导致对所有历史评价的绝对抵触"。⑥ В. А. 科兹洛夫言辞激烈地批驳 А. Ю. 戈洛瓦坚科"给所有他不喜欢的现象都贴上了'极权主义'标签"⑦。

依靠 Дж. 索罗金资助，俄罗斯在教育改革中着力推进"改革俄罗斯的人文教育"计划，其主要目标是研究民主社会中俄罗斯和世界文化的价值，并以此为导向编写可供选择的教材和参考书。在此

---

① См. Хоскинг Д. История Советского Союза 1917 – 1991. Вагриу. М., 1994.
② 吴恩远：《俄罗斯重新修改历史教科书》，《红旗文稿》2014年第21期。
③ См. Жарова Л. Н., Мишина И. А. История Отечества. 1900 – 1940. СМИО Пресс. М., 1992. С. 5.
④ См. Головатенко А. Ю. История России: спорные проблемы. Школа-Пресс. М., 1993.
⑤ См. Афанасьев Ю. Н. Краткая хроника событий//Советская историография. РГГУ. М., 1996. С. 569.
⑥ Шевырев А. П. История в школе: образ Отечества в новых учебниках//Исторические исследования в России. Аиро. М., С. 50.
⑦ Козлов В. А., так. же. С. 105.

需求之下，俄罗斯自1994年起出版诸多立足于文明方法看待和评析历史的教材，其作者试图用20世纪90年代初期出现的新观点看待俄罗斯历史。И. Н. 约诺夫从现代文明自由主义价值的角度提出了俄罗斯国粹问题。① В. Г. 霍罗斯试图在现代化世界进程背景下观察俄罗斯历史，并在与其他文明比较中描写俄罗斯历史。② Л. И. 谢缅尼科娃指出了俄罗斯在世界文明社会中的特殊性。③

通观这一时期的教育改革面貌，俄罗斯一批新教科书的问世显得过于仓促，教材作者都急于标明自己的原创观点。换言之，社会上出现的一个不言而喻的事实就是，在编写教材、参考书时盛行自由化。不管是在中央还是在地方，俄罗斯每所学校都想出版自己对祖国历史的独到论述。学者和教育家在对历史过程做出各种说明时都试图用文明、文化学和分阶段的方法代替以前的马克思主义学说，这就导致每种方法都把重点放在某个历史过程的特定方面，书中关于历史的叙述都成了对整体历史的某一种片面解释。最后的结果就是，俄罗斯与苏联的历史因缺乏马克思主义的阶级分析法而分散成独立的、被任意选择的片段，而俄罗斯文明的发展机制则成为将这些片段连成一体的唯一线索。教育界改革的事实本身说明，出版界和思想界的过渡状况，也导致了教科书变革的过渡状况，进而从另一侧面折射出俄罗斯国内整个历史学的过渡状态和某些特点，尽管是在较短时间内实现了从旧式教科书到新教科书的变革。以此为开端，基于不同理念（文明、文化学等）的教科书开始逐步发行，在俄罗斯中小学里陆续涌现出具有民族主义、爱国主义、自由主义和社会主义倾向杂处并存的多元化读物局面。

相比较之下，20世纪90年代出版的教科书中，叶卡捷琳堡大学老师在 Б. В. 里奇曼和 А. Т. 德尔特什内领导下编写的一套讲座教程

---

① См. Ионов И. Н. Российская цивилизация и истоки ее кризиса IX-начало XX в. Интерпракс. М., 1994.

② См. Хорос В. Г. Русская история в сравнительном освещении. М., 1994.

③ См. Семенникова Л. И. Россия в мировом сообществе цивилизаций. КУРСИВ. Брнск, 1995.

可以称之为上乘之作。作者在讲座结构上提出的"研究主题多极化"提高了历史叙事的清晰度，简化了领会材料的过程，更刺激出深入了解某个问题的愿望。① 这套教程之所以被肯定，是因为它直接受到乌拉尔历史学派的有益影响。② 以乌拉尔国立大学历史学系教授 О. А. 瓦西科夫斯基（1922—1995）为奠基人的乌拉尔历史学派创建于 20 世纪六七十年代。瓦西科夫斯基提倡尊重历史主义与科学客观性，充分考虑具体的历史背景，对一切历史事实进行公正阐述与解释，坚决反对以"今天"的立场去解释发生过的历史，因为"任何历史时刻都被赋予了非常重要的意义"③。因此，乌拉尔历史学派在严格书报审查制度的苏联体制内显得格外独树一帜，并得到众多有责任感的历史学家的极力推崇。这套教程开创了"将文明对待历史的方法提升为'对历史观点进行综合'"的新纪元，作者们公开表示，"保证每堂讲座在对待不同理念时不存偏颇、解释不同事实都持尊重态度"④。从此，受乌拉尔历史学派影响而造就出的一批教科书奠定了多理念研究历史的基础，并且在俄罗斯过渡时期得到持续而广泛的传播。

三 俄罗斯史学的"方法论革命"

随着历史的前进，社会总是对历史学的研究提出更高需求。20 世纪末，俄罗斯的社会民主化和经济自由化，导致官方史学向微观史学、地方史、全球史、教会史等研究方向转化。史学研究从旧的方法论中

---

① В. А. Телицын. Военный коммунизм: новый взгляд на старые проблемы//Отечественная история. 1998. №1. С. 177.

② См. Камынин В. Д., Цыпина Е. А. Уральская историграфическая школа//Известия Уральского ун-та. 2004. №29. Серия «Проблемы образования, науки и культуры». Выпуск 15. С. 67 – 75.

③ Под ред. Васьковского. О. А., Тартышного. А. Т. Выбор пути: История России 1861 – 1938 гг. Урал. гос. эконом. ун-та: ПИПП. Екатеринбург. 1992. С. 6.

④ Курс лекций по истории России с древнейший времен до наших дней. УГТУ. Екатеринбург. 1992. С. 2.

走出来，以更多的新视角对以往史学传统中的不合理之处进行批判性反思，产生出许多新理论与新术语，并自发形成了综合的跨学科研究。俄罗斯学者们运用跨学科的视野和方法展开具体研究的同时，希冀为国家和社会发展创建起某种新理念，因此，失去了马克思—列宁主义理论平台的俄罗斯史学，开始经历新的方法论危机。俄罗斯历史学在这一时期最根本的变化就是在历史方法论领域。从上述对"档案革命"和"教育革命"的分析中可以明确找出这种变化的充分依据——一系列出版物的作者竞相运用不同史学研究方法解释着各种历史现象。怎样确立本国史学研究的对象、文化在社会变迁和国家发展中起着多大作用，对这些敏感问题的多层次回答剧烈冲刷着变动中的俄罗斯社会，促使史学家们寻找最现代的历史观念和最适宜的历史方法论。

史学研究与国家政治斗争紧密相连。苏联解体以后，史学家运用不同理论方法对俄罗斯历史重新解读，形成了马克思主义（亦称社会民主主义）、民族主义、自由主义三个史学流派。20世纪90年代初期，俄罗斯政治发展道路尚存在着争议，三个史学流派因理论基础不同而辩争激烈，很难取得共识。这个时候应该有一种新的理论方法将上述观点囊括进去，进行科学比较，所以史学家们在这一时期运用最多的是"文明分析法"。Л. И. 谢缅尼科娃在使用文明理论阐述俄罗斯历史时写道，"这种方法可以让我们确定俄罗斯在人类社会中是一个文明多面社会……将会揭示社会发展在本国不同历史阶段的抉择……展示某种力量在某一历史时期取得胜利的原因"①。与此同时，А. Ю. 戈洛瓦坚科等从极权理论立场解释20世纪的苏联历史，因此这一时期出现了许多为宣传该理论实质而服务的研究，并很快被拓展运用到俄罗斯历史学的研究中。他们站到了当时占主导地位的大众情绪的一边，将研究苏联解体等问题的史学著作荒谬地解释成"历史学中的时尚"②。可见，20世纪90年代初期在俄罗

---

① Семенникова Н. И. В поисках новой научной парадигмы//Отечественная и всеобщая история. БГПИ. Брянск, 1993. С. 27.
② Козлов В. А., так. же. С. 104.

斯历史学中出现的文明分析法和很多其他方法的流行都具有很强的政治渊源，与对这些方法本身的探索和认知联系不大。

苏联时期占统治地位的理论是马克思主义。在20世纪90年代初期激烈的社会动荡中，填补意识形态空缺的必要性促使史学家借鉴并开创了"多元论"和"文明分析法"。这种全新的史学研究模式此时尚处于被宣扬和鼓励实践的初级阶段。一贯坚持运用唯物主义观点看待历史的俄罗斯学者 Н. И. 斯摩棱斯基在1993年的《历史学的理论问题研究》一文中曾强烈呼吁，"回到一系列理论立场的真正实质上去，以对抗国内史学已经确认和已经成为官方意见的解释"[①]。因此，虽然在20世纪90年代初的俄罗斯，马克思列宁主义不仅本身受到冲击，其在苏联时期的创造性成果也同样受到大范围质疑，但这仅仅是危机的内容和结果而非原因。普京于2016年1月25日出席全俄人民阵线论坛时也表示，他认为社会主义是正确的，只是社会主义在俄罗斯的实践远离了本质。从这个意义上说，俄罗斯史学革命不仅源于此时国家机制的危机，更是构建新俄罗斯的现实需要，是时代的必然趋势，因为历史学比自然科学更受制于社会的意识形态状况。

结　语

在20世纪90年代初的俄罗斯历史学领域，"档案革命"、"教育革命"与"方法论革命"这三个方面相互交织、相互作用，共同构建着历史学的总体变局。苏联历史档案的解密在拓展崭新研究领域的同时创造出许多新术语，推动了方法论革命。由于轻率放弃苏联时期马克思主义研究方法，而新的史学理论和方法的建立又是个复杂而漫长的过程，俄罗斯出现理论和观念的史学真空，其后果是照搬外来的史学解释框架，大量引进国际史学界和流亡海外的俄侨作

---

① Смоленский Н. И. О разработке теоретических проблем исторической науки//Новая и новейшая история. 1993. №3. С. 5.

品，在改变俄罗斯出版状况的同时严重影响到当局对历史教育的改革。这里应该指出，借鉴西方各史学流派对历史研究方法的分析及其运用、吸收国外专家著作中的新理论、新思想纵然是有益的，但从一定意义上说，这也使得俄罗斯史学家们在社会科学领域未充分发挥应有的教育作用和思想者功能，未履行构建史学研究理念的责任。

当代俄罗斯历史学科的发展与苏联解体后俄罗斯史的评价问题是相互联系的。对历史的记忆和希冀祖国进步的政治情怀，促使俄罗斯史学家有可能冷静而公正地评价俄国的重大历史事件和历史人物。因此，过渡时期的俄罗斯史学新现象既有积极因素也有消极因素。它既有对历史的批判又有对未来的展望和迷茫；既是衰落和退化的证明，也是新质增长和诞生的表现。历史学家的主观认识、业务能力及其个人气质、品位等也对事件及其评价的研究产生影响，这种历史学的"相对性"使俄罗斯的史学革命呈现出明显的动态发展趋势。无论是档案开放，还是出版和教育改革，俄罗斯新政府最终想让历史学家回到多元方法论上。在当时的历史学者中，只有那些遵循自由主义观点、使用文明方法对待历史的学者才得到了官方支持。俄罗斯史学的"档案革命"、"教育革命"与"方法论革命"也可以看作苏联解体后史学开启多样性发展趋势的先兆。历史学科的这种多样性是否就一定带来史学的繁荣发展暂且不论，但其发展趋势本身，不仅承载了苏联解体的所有社会反映，更折射出新的俄罗斯历史科学可能的发展方向。总之，20世纪90年代初期俄罗斯历史学的革命还只是俄罗斯历史学走向真正学术自主性的开始。2008年4月，俄罗斯国立高等经济学院举办了题为"俄罗斯在世界人文领域中的得与失"的学术会议，其结论之一就是确立俄罗斯民族历史学派的地位，使之能够抵消本国学术研究日益依赖在全球精神世界占主导地位的英美学术模式的影响。因此，俄罗斯历史学必须重新挖掘自身价值，创建出具有自身特色的文化模式。

（原载《史学理论研究》2016年第6期）

俄罗斯史学研究的"帝国热"和帝国史流派
——近年俄罗斯史学转型的重大问题

马龙闪

从戈尔巴乔夫改革时期开始到21世纪第二个十年，是俄罗斯史学的转型期。在这一转型期，史学理论和方法的转型是由单一的社会形态史观向多元史观的转变，即转向文明史观、现代化史观和形态史观多元并存的局面。除了史学理论和方法的上述转型外，在具体史学研究中，史学转型的突出表现，是帝国研究热的兴起和帝国史学流派的形成。可以说，这是该时期史学转型的最突出、最具代表性的现象和事件。本文拟对此进行阐述和论析。

一 帝国研究热的出现

在后苏联时期，俄罗斯帝国研究热的兴起和帝国史学流派的出现，是从20世纪70—80年代起，在国际学术界影响下，由苏联解体后俄罗斯国内政治情势和史学本身的需要，俄罗斯史学同国际帝国史学流派互相合作、交流，走向趋同及融合的产物。

20世纪仿佛是一个多面体的棱镜，从不同的侧面，可以看到它不同的时代特质和剪影。从东方的角度观看，它是一个革命和战争的世纪，中前期也是一个世界殖民体系解体的时期。而如果从西方的角度观看，它又是一个帝国崩溃的世纪。由于第一次世界大战，奥匈帝国、俄罗斯帝国和奥斯曼帝国走向崩溃和解体。而到20世纪中期，又成了海洋殖民帝国——大不列颠帝国和法兰西帝国崩溃的时代。在这个世纪的最后十年，对于以民族地域为标记建立起来、早已有"帝国"称号的庞大联邦——苏联，以及南斯拉夫来说，这些年又是它们危机与解体的时代。

世界史学对于这一时代的变化，作出了迅捷而及时的反应。这一反应的突出表现是，在20世纪后半期形成了一个帝国史新流派。这里所说的"帝国"，是指具有复杂政治结构、拥有多民族和多宗教的国家。该学术流派之所以应时局所急需，为时势所催生，不单是出于人们对各大帝国经验进行追溯和反思的兴趣，也是力图为建构国家政治组织而提出可供选择的原则和方案的一种需求。

世界各大帝国解体后，人们原都指望在帝国的废墟上建立新的独立国家，实现民族自决和民族主权的理想。这是自法国大革命时代起人们就一直期盼着的结果。长期以来，"自由"和"民族"的概念，几乎可做同义词使用，正像"帝国"形同"压迫"一样。民族独立具有无可争议的吸引力，帝国在民族运动的打击下必然解体，这是帝国的必然归宿。

但是，20世纪带给人类的重要教训是，取得了民族主权并不预示着政治和社会问题的自动解决。"一个民族一个国家"，显然是不合理的，也是无法实现的；况且，20世纪在实际实现了这个原则的地方，也常常发生一连串的流血、冲突和暴力事件。

思考民族国家问题，在当代西方学术界，部分地为帝国国家建设的实践恢复了名誉。一些人认为帝国不仅有镇压，也有建设性的潜力。[1] 在西方学者看来，帝国的统治形式是各不相同的，有的有民族压迫，有的没有民族压迫，它们自我侵蚀、自我消耗或者相互侵夺、相互削弱的情况各不相同，它们完善的程度和自我延续生命力的情况也不一样。在他们看来，帝国解体的原因是因其统治形式的不同而发生变化的；但现在他们关注的焦点不仅是帝国

---

[1] Леонтьева, О. Б. История империи XIX-начала XX вв. в сравнительной перспективе, С. 124. см., Вестник СмГу. 2007 и –5/3（55）.

解体的原因，也集中于是哪些因素决定了帝国在漫长历史时期内具有生命力。

苏联作为一个多民族、多宗教、多文化帝国的解体，也立即引起了西方学者的关注。西方帝国史学派，把苏联和俄罗斯作为帝国研究对象而进行的研究，一度甚至比俄罗斯本土和其他苏联地区国家研究得还多。这样，西方史学中的帝国史流派，自然就引领了俄罗斯在这一领域的研究潮流。

从俄罗斯方面来说，在苏联改革年代引爆的民族矛盾和冲突，激起了民族主义的普遍高涨。这成了苏联解体的重要原因之一。到后苏联时期，苏联地区各共和国和俄罗斯境内各个地区，民族主义得到了进一步发展。俄罗斯以外各民族利用"俄国是民族监狱"这一话语，把矛头对准了"中心"地区和俄罗斯人。这引起了俄罗斯民族的强烈反弹，激使他们起来为"中心"地区及其权力进行辩护。而恰在此时，瑞士历史学家、维也纳大学教授 A. 坎佩尔的著作《多民族帝国的俄罗斯》于 1992 年在德国问世。该著很快被翻译成英、俄两种语言出版。① A. 卡佩尔把俄帝国模式视作多种族的超大民族国家，而不是俄国人的民族国家。他还提出，俄国 400 年的历史发展，有一个政策方法多样性问题，认为它有高明的外交，"分而治之"往往充当了一种政策工具，同时又采取了军事征服这一手段。这两种政策手段，实际上从莫斯科国家时期起就一直得到沿用。② 他的这种观点在俄罗斯国内引起了强烈共鸣，产生了巨大反响。

其他外国研究者也力图给帝国作出科学的定义，对帝国提出分析的理论框架。其中就有一个研究帝国国家特点和帝国管理类型的专家，即芝加哥大学教授 P. 苏尼（Суни）。此人对宗主国下的定义具有重要意义。他认为，宗主国是一种政治统治制度，而宗主国与

---

① Каппелер А. Россия-многонациональная Империя. Пер. с нем. С. Червонная, 1997.
② Ж. Б. Кундакбаева. Имперский алгоритм в изучении истории России: тенденции современной историографии. http: //www. iie. kz/? p=826&lang=ru.

周边地区关系的特点是中央与地方的关系，并没有种族的标记。①

这些关于"帝国"的定义和理论，引起了俄罗斯史学界的极大兴趣。一方面，这些关于"帝国"的观点可以被用来应对俄境内各民族和苏联地区各国民族主义的攻击，换句话说，用这种观点，可以捍卫俄罗斯人的自尊和国家尊严；另一方面，在学术上，也可以为消除苏联史学中关于"帝国"的陈旧说辞和教条找到新的论据。如此，就为俄罗斯史学界和西方史学界的密切学术交往和合作，找到了切入点和可共同研究的课题。

1994年，以"俄罗斯帝国：边界、边区和自我意识"为题，学界在喀山举行了一次国际学术研讨会。这对俄罗斯的帝国研究是一个巨大推动。

1994—1996年，在《祖国》杂志上展开了有关俄罗斯帝国性质的争论。在这场争论中，俄罗斯学者与西方学者就帝国各个方面的问题交换了意见。这次争论的作用是，在俄罗斯社会学家的眼里，"恢复了'帝国'概念的名誉"②。

1996年，俄罗斯科学院举行学术会议，对帝国问题研究作学术总结。③ 1998年又提出"帝国和地区：俄罗斯样式"这一国际合作课题。该课题实际上是喀山讨论会议题的继续。课题参加者都是著名的西方学者和俄罗斯学者。他们的研究结论是，必须拓展以地区视角来看待帝国问题的观点。这种观点把对帝国统一机制的分析同对帝国空间呈现的制度结构和刻板多样性现实的思考结合了起来。参与这一课题的研究，对整个研究团队起了促进作用。④

"帝国"课题的研究之所以在俄罗斯史学界有如此大的吸引力，

---

① Ж. Б. Кундакбаева. Имперский алгоритм в изучении истории России: тенденции современной историографии. http://www.iie.kz/?p=826&lang=ru.

② Ж. Б. Кундакбаева. Имперский алгоритм в изучении истории России: тенденции современной историографии. http://www.iie.kz/?p=826&lang=ru.

③ Россия в XX в.: проблемы национальностей/под ред. А. Н. Сахарова, В. А. Михайлова. - М., 1999.

④ Каспэ С. Империя и модернизация: общая модель и российская специфика. - М., 2001.

主要是因为它适应了俄罗斯在后苏联时期各方面的时代需要。在政治上，它符合俄罗斯日益抬头的民族爱国主义和国家主义意识形态，既可以满足俄罗斯的民族自尊心和自豪感，又可为国际外交需要服务，抵御原苏联地区国家的民族主义攻击；在学术上，它也可以拉近俄罗斯与西方在历史观上的距离，逐步消除双方的学术界限和分野。因为在"帝国"问题上，双方存在着巨大的合作空间。"帝国"和帝国史研究问题，同俄罗斯学术转轨中的许多问题都有联系，它能够把学者们的注意力集中于当代史学的一些原则意义和迫切问题，而且在许多方面可以反映世界史学发展的最新倾向。

首先，帝国史的研究具有跨学科的特点。分析帝国建立的特点，分析其职能和解体，不仅能吸引"纯史学家"，而且能吸引经济、法学、社会学、哲学和政治方面的专家参与其中。

其次，"帝国"课题也同世界史学的热点——"全球史"联系在一起。在分析全球史理论方法原则的过程中，帝国史不无重要地位。因为它能确认历史发展过程中各地区和国家走向联合和相互依存的倾向，可为人类许多世纪以来历史发展的一些普遍性倾向提供证明。在俄罗斯学者看来，就连分析帝国的解体，也能说明世界在发展过程、各种发展方向和特点上的联系以及在相互依存上存在着的"普遍性"。[1]

第三，帝国史研究也是在当代历史比较语言学的轨道上展开的。现在普遍承认，观察人类历史的多样性，不运用历史比较法，不对比各个不同的国家和地区，是不可能做到的。在这种对比中，了解历史发展的同步性和不对称性占有重要地位。而从古到今的帝国，是有各种类型的，要对其进行深入研究，不诉诸比较历史的研究，是行不通的。

正是在这样的形势下，从苏联解体到世纪之交，在学界刊物上展开了有关帝国问题的研究；几乎同时，这一题目也进入了互联网。

---

[1] Российская империя в сравнительной перспективе, сборник статей. http://www.empires.ru.

在俄罗斯，还就这个课题召开了各种圆桌会议、学术论坛，出版了各种文集，发表了不少学术论著。① 其中还有一些有分量的专著和译著。② 如此，在俄罗斯学界就出现了一股帝国研究热和帝国史研究的新潮流。

二 帝国史学流派的出现

20世纪80年代末，无论俄罗斯国内还是国外，都是"帝国"概念意涵在文献上变化的分水岭。在此之前的冷战时期，"帝国"的概念大体被用作三种贬斥的意义。一是用来说明苏联同"东方卫星国"之间的对外关系。二是用于强调类乎宗主国与殖民地之间的从属依附关系。这也往往被西方反苏学者用来形容苏联中央与各加盟

---

① Закат империй. Семинар. //Восток. 1991. № 4; Гушин В. Быть России имперской //Независимая газета. 23. 07. 93; Цимбаев Н. И. Россия и русские (Национальный вопрос в Российской геополитический аспект //Сургут, Сибирь), Россия. Международная научно-практическая конференция. Тезисы докладов. Екатеринбург, 1994; Лурье С. В. Российская империя как этнокультурный феномен//Цивилизации и культуры, вып. 1: Россия и Восток: цивилизационные отношения. М., 1994; Лурье С. Русские в Средней Азии и англичане в Индии: доминанты имперского сознания и способы их реализации//Цивилизации и культуры. Вып. 2: Россия и Восток. М., 1995; Мы в империи, империя-в нас//Родина. 1995. № 1 – 12 (спец. рубрика); Голубчиков Ю. Н. Становление империи //Московский журнал. 1996. № 6; Лурье С. В. Российская и Британская империи: культурологический подход //Общественные наук и современность. 1996. № 4; Яковенко И. Г. От империи к национальному государству (Попытка концептуализации процесса) //Полис. 1996; Каспэ С. И. Империя-определения синдромные и генетические; Лурье С. В. От древнего Рима до России XX века: преемственность имперской традиции //Полис. 1997. № 4; Ливен Д. Россия как империя: сравнительная перспектива //Европейский опыт и преподавание истории в постсоветской России. М., 1999; Ливен Д. Русская имперская и советская идентичность // там же; Ab Imperio. 2000. № 3 – 4, 2001. № 4, 2002. № 2 //Общая газета. 2001 № 51; История империй: сравнительные методы в изучении и преподавании. Международная конференция. Москва, 7 – 9 июня 2003 г. Интернет (www. empires. ru) и др.

② Национальные окраины Российской империи: становление и развитие системы управления. М., 1997; Каппелер А. Россия-многонациональная империя. Возникновение. История. Распад. М., 2000 (перевод немецкого издания 1993 г.); Миронов Б. Н. Социальная истории России периода империи (XVIII – начало XX в.). т. 1. СПб., 2000; Геллер М. История Российской империи. т. 1 – 2. М., 2001; Исаев М. А. Лекции по истории русского права и государства. вып. 3. Имперский период истории. ч. 1 – 2. М., 2001 и др.

共和国的关系，把中央等同于宗主国，而把各加盟共和国视为附属国、殖民地。三是帝国被里根用作"苏联是邪恶帝国"的意义，被视作侵略扩张的同义语。那个时代，在全世界的舆论中，基本都是这样来看待"帝国"这一概念的。

那时，在苏联或与其持同样意识形态的地区和国家，大体对"帝国"持有同苏联一样的观点。不过在苏联，对"帝国"的观念也是在不断变化的。这里有一个特点，就是将国家的官方名称和它的内在本质简单地等同起来。比如，在1926—1927年的百科全书中，是按古典时期界定"帝国"这一术语的："帝国是皇帝领导的国家"[1]；在1931年的百科全书中，"帝国"被定义为君主制大国所使用的国号。[2] 到30年代末，帝国开始被人们用于这一含义：宗主国在政治和文化上对殖民地进行统治，在经济上实行剥削。[3] 从此可以看出，苏联坚持的意识形态，长期以来对"帝国"也是持否定态度的。

然而，20世纪80年代末期以后，俄罗斯国内外政治形势的变化，特别是国内民族关系的尖锐化、民族主义的抬头，引起国内对民族问题和帝国史的研究；尤其是西方和俄罗斯学者之间就此展开了富有成果的学术交流，促使在俄帝国史研究方面出现了一系列成果。在研究帝国课题的学者中，在理论上形成了三个史学流派。这些流派尽管对"帝国"概念的解释存在一些差别，但克服国家中心论或民族中心论史学传统的共同愿望，把它们联合了起来。第一个史学流派，把"帝国"的概念视为"伟大强国"的同义语，认为俄罗斯帝国对国际政治的参与，是决定国家领土的重要因素，因此，着重研究国际关系与帝国内政之间的互动关系，关注国际竞争和扩张政策对帝国国内生活的后果，关注帝国间边境和边界竞争的后果。

---

[1] Новейщий энциклопедический словарь. – М., 1926 – 1927: Издательства П. П. Сойкина; МСЭ. – Т. 3. – М., 1931; http: //www.iie.kz/? p = 826&lang = ru.

[2] Новейщий энциклопедический словарь. – М., 1926 – 1927: Издательства П. П. Сойкина; МСЭ. – Т. 3. – М., 1931; http: //www.iie.kz/? p = 826&lang = ru.

[3] БСЭ-изд. 1 – е. т. 28 – М., 1937, http: //www.iie.kz/? p = 826&lang = ru.

这个流派的代表，是莫斯科大学历史系教授 H. C. 基皮亚嫔娜。她将中亚向俄国的合并问题，放在帝国政府内政外交的整个相互关联中来加以研究；与以经济动因为主的传统看法相反，她认为，削弱英国在近东的地位这一军事战略和政治考量，在这里起了主要作用，而非俄国本身缺少什么原料和市场。① E. H. 季克教授进一步阐述了 H. C. 基皮亚嫔娜的观点，他在文章中把俄国的外交政策看作是帝国建设的过程，认为，"俄国的地缘政治形势和外交方针，是以扩张—防卫为内容的"②。

第二个流派把"帝国"的含义仅仅同拥有广袤的领土相联系；把帝国理解为一种有王朝政治制度特点的独特政治机体，把它视为一种包含有复杂成分的内部结构和多相平衡的管理体制。该派重视地域学研究，把帝国看作中央和地区之间关系的一种体系，认为当局在处理这一关系当中的政策灵活性和不同方案，是帝国稳定的保障。俄罗斯科学院俄罗斯历史研究所的著作《俄帝国民族边缘地区管理体制的形成和发展》，在该流派中最具代表性。③ 该著概括总结了俄帝国对民族地区 300 年的管理经验，在地域历史框架的基础上，研究了沙俄管理体制形成和发展的道路，以及它在统一国家内所使用的各种形式和方法，也考察了民族地区传统组织的演变和整合的种种情况。

这部著作提出的民族地区管理制度问题，在一些专题著作中得到了进一步研究。Л. М. 李森科的著作是突出一例。④ 该书借助边缘地区并入俄帝国时期实行的军人省长制度，把行政管理模式化问题

---

① Киняпина, Нина Степановна; Орешкова С. Ф., Ульченко Н. Ю. Россия и Турция (проблема формирования границ). - М., 1999.

② Дик Е. Н. Внешнеполитические факторы Российского имперского строительства // Россия в XVII - XX вв: Страницы истории. К 50 - летию научной и педагогической деятельности в Московском университете заслуженного профессора И. С. Киняпиной. - М., 2000. - с. 248 - 253.

③ Национальные окраины Российской империи: становление и развитие системы управления. - М., 1998.

④ Лысенко Л. М. Губернаторы и генерал-губернаторы Российской империи XVIII - XX вв. - 2 - е, издю-М., 2001.

作为课题，进行了深入研究。

该流派还把帝国意识形态问题，包括俄国君主制及其政治文化作为课题进行了研究。这可以拿理查德·约尔特曼在喀山的一个学术报告《俄国君主制演变中的典章礼仪与帝国》作为代表。[①]

俄帝国史的第三个流派把帝国视为多民族国家，即帝国是由有各自历史、文化、宗教和语言传统的各种族集团组成的社会。[②] 持这一观点的学者甚多，包括 Г. Р. 克纳贝、С. В. 卢里耶、Л. И. 谢缅尼科娃、А. Ф. 菲利波娃、И. Г. 雅科文科、В. В. 阿列克谢耶夫、Е. В. 阿列克谢耶娃等一大批学者。他们从文明观点和现代化理论出发，探讨了俄帝国的职能问题。[③] 此外，在 90 年代末，俄罗斯科学院俄罗斯史研究所也专门就俄罗斯多民族大国做了一个系列研究，分别从地区行政管理、文明特征以及边疆俄罗斯人状况等各个视角，将俄帝国作为一个多民族帝国呈现出来。[④]

这样一来，综合上述三种观点，"帝国"既是一个"伟大强国"，同时又是一个具有王朝政治制度特点的独特政治机体和多民族国家。С. 卡斯佩教授就在对"帝国"这种综合研究的基础上，[⑤] 试图把帝国当作一种体制来进行结构性分析。[⑥] 也就是说，既从起源上，又从帝国结构的不同成分来考察对帝国空间的政治文化整合，考察现代化过程对帝国体制的影响。

如此，到现在为止，可以说在研究俄罗斯帝国和民族边疆地区

[①] Richard Yortman. Ceremony and Empire in the Evolution of Russian Monarchy //Казань, Москва, Петербург. с. 24 – 39.

[②] Каппелер А. Две традиции в отношении России к мусульманским народам Российской империи //Отечественная история. – 2003. – № 2. с. 129 – 135.

[③] Лурье С. В. Российская империя как этнокультурный феномен и этнополитическая реальность Закавказья //Лурье С. В. метаморфозы традиционного сознания. – Спб., 1994.

[④] Национальные окраины Российской империи: становление и развитие системы управления. – М., 1998; Русское население национальных окраин России ⅩⅦ – ⅩⅩ вв. – М., 2000.

[⑤] С. 卡斯佩，政治学博士，2006 年起任国家高等经济学校应用政治学教授。

[⑥] Ж. Б. Кундакбаева, Империй алгоритм в изучении истории России: тенденции современной историографии. http: //www.iie.kz/? p = 826&lang = ru.

问题上，形成了一种新史学观的轮廓。这种新史学观的产生，既有俄罗斯内在政治和学术的需要，又是同西方学者进行密切学术合作的结果。先前的史学，是从民族国家的立场来看待帝国对周边地区的征服问题的；目前的新史学观、新史学流派，则是通过地区的维度来看待这个过程，同时却没有把种族或民族的因素绝对化，而是把着眼点聚焦于帝国体制的职能。同过去观念不同，新流派主要关注这一问题：除军事和暴力之外，俄罗斯是采用什么方法手段，能够成功把一个巨大民族和疆域的综合体，保持了数个世纪之久？

这样，在当代文献中，"帝国"概念就被用作了新的含义："在我们看来，帝国是一个巨大的、通常是中央集权的国家，其特点是具有多民族性和多宗教性，其部分疆域的社会经济发展又具有不平衡性；它的组成部分先前曾是独立的国家结构，而它当下力图实行的是帝国式的政策"[1]。这是俄罗斯科学院俄罗斯历史研究所所长Ю. А. 彼得罗夫教授给帝国所下的一个综合性定义。这可以说是俄罗斯史学界主流在"帝国"观点上达成的最大公约数，正是在此基础上，形成了俄罗斯史学的"帝国史流派"。

这一帝国史流派的帝国史观，先是在研究帝国问题的学者中，接着在史学界，随后在主流舆论界产生影响，最后以至于与官方意识形态相融合，渗透到了俄罗斯国家社会政治生活的方方面面。

普京当权后，为适应俄罗斯民众上升的民族爱国主义情绪，在2003年国情咨文中诉诸俄国历史经验，提出了建设俄罗斯作为"统一多民族""伟大强国"的任务，他说："我们的所有决定，所有行动都只能服从于"这一"全新任务"，因为"我们的全部历史经验证明，只有当俄罗斯国家真正强大的时候，俄罗斯才能在这样的疆界内生存和发展。在国家政治或经济上衰弱的所有时期，俄罗斯始终面临着崩溃的威胁"[2]。

---

[1] Петров Ю. А. Российская империя как исторический феномен. 2012 年在中国社会科学院世界历史研究所作的学术报告。

[2] 《普京文集》（2002—2008），中国社会科学出版社2008年版，第18—22页。

普京及其政治团队这种鲜明的强国主义、国家主义思想，与此时正在形成中的俄罗斯帝国史学流派，在思想路线上一拍即合。后来的种种迹象表明，这个史学流派的思想很快融入了普京官方的国家意识形态。而这个帝国史学流派也变成了一个官方的或者说俄罗斯国家的史学流派。

2012年，在俄罗斯总统的关照下，俄罗斯历史协会隆重成立，时任国家杜马议长、历史学家C. E. 纳雷什金出任第一任协会主席。接着，以国家历史协会为参谋，俄联邦从2012—2015年，先后举行了"历史年"和一系列国家层面的纪念活动。正如前面所提及，2012年纪念俄罗斯建国23周年、2013年隆重纪念罗曼诺夫王朝建立400周年、2014年纪念第一次世界大战爆发100周年和2015年纪念伟大卫国战争胜利70周年。所有这些纪念活动，背后都有着俄罗斯帝国史学派的身影。

几乎与此同时，在普京总统的亲自提议下，通过国家最高层面的动员和工作，由联邦教育科学部和文化部具体推动，以俄罗斯历史协会为工作平台，从2013—2015年制定了俄罗斯统一历史教科书。该教科书贯彻了《大纲》关于"祖国史教程要把俄罗斯国家史、与其居住的民族史和地区史、地方史（家乡城市和乡村的过去）结合起来"的要求①，在书写和评价重大事件和重要历史人物时都体现了帝国史学派的历史观。所有这一切，都标志着俄罗斯帝国史流派的形成。

三 "新帝国史"学派的形成

在俄罗斯帝国史流派出现的学术背景下，随着这一史学流派的形成，一个与先前所有史学派别，包括同正在形成中的俄罗斯帝国史流派也有所区别，同时也有所创新的史学派别——"新帝国史"学派崭露头角。

---

① Концепция нового учебно-методического комплекса.

"新帝国史"学派是围绕着《来自帝国》（Ab Imperio）这一杂志形成的。2000年，该杂志作为一家学术季刊，在喀山问世。它汇集了俄罗斯和外国学者有关后苏联空间帝国史、民族和民族运动方面的研究成果。杂志的常设编辑都是来自俄罗斯的专业历史学家；编委会由来自德国、美国、日本、挪威、奥地利和捷克的资深专家组成。杂志的撰稿人包括20个国家的学者，可以说，这是一家由俄罗斯学者主导的、地地道道的国际刊物。从2002年起，该刊转变成了一个包括更广泛研究范围的专题性年度集刊，先后曾出版《现代化的悖论》（2002）、《帝国的边缘和界限》（2003）、《帝国和民族记忆的考古学》（2004）等。而发展新帝国史，则是该杂志给自己提出的更具普遍性的任务。

如果说，俄罗斯帝国史学流派是在西方史学影响下出现和形成的，那么，"新帝国史"学派则是俄罗斯和西方史学家紧密合作的产物。这家杂志起家、合办的过程，就是最好的说明。

创办这家杂志，可以追溯到1998年。当时，《历史问题》和《祖国史》这两家主导性的俄罗斯历史杂志，不可能改变原有的轨道和体制，其在相当程度上仍将反映俄罗斯历史专业的总体状况，这是专业建制和指导思想的硬性安排，不可能有所改变。由此，一部分俄罗斯学者便酝酿在当时俄罗斯人文新闻学界的绝对领军者——《莫斯科文学观察》的旗下，以《新历史观察》为名创办一家新的历史杂志。办刊的原则与后来创办的《来自帝国》是十分接近的（国际季刊、专号等）。因在办刊地址和有关条件上未达成协议，原计划便未能付诸实现。结果在两年后，《来自帝国》于2000年6月在喀山问世了。

《来自帝国》办刊方针有三条：一是遵循俄国"大型杂志"的传统，有经常性的社会学科栏目所支持，"在任何政治集团的要求面前，优先献身于知识人人权的立场"；二是坚持独立的办刊原则，"刊物靠个人之力创作和出版，不依赖于这一或那一政府部门或出版社"；三是遵循西方类型的专业学术刊物方针，不能按私人交情、电话或付费发表文章，只能匿名评审，并对作者做大量编辑之后才予发表。①

对刊物的内容，编辑部主张同"帝国"和"民族"保持等距离，把这两个术语视作一种理想的概念和类型。编辑部还认为，"只有借助于这两个坐标轴，才能获得严整描写历史境况的真实。忽视'民族'，就会使分析成为单个维度，就像忽视可能在最出其不意的地方表现出的'帝国特征'一样。可以有条件地说，民族，这是一个相对同种同源的，权利、义务、文化和语言等无所不包的空间；帝国，原则上是一个非均衡的异质空间。真实永远处于这两级之间，而更接近于一端或另一端，这种相反的视角（это аппозиция）使我们写出的历史进程，便会更加趋于严整性"②。

从"新帝国史"学派发表的文章可以看出，他们所持的学术观点，他们所坚持的帝国史书写，从两个层面上与先前的史学拉开了距离。第一个层面是同苏联史学和后苏联空间地区和国家的史学拉开了距离；第二个层面是同后苏联时期俄罗斯帝国史流派，也保持着不同的特点。

首先让我们看看"新帝国史"学派同苏联史学和后苏联空间地区和国家的史学有何不同。"新帝国史"学派认为，苏联史学是用中央集权的观点来研究帝国的；现代俄罗斯史学除给中央集权观一定地位外，更多的是持地区观点，就是把本地区的历史作为一个整体来研究。至于苏联地区的其他国家，它们建立起来的民族叙述是最简单化的，是民族反抗帝国压迫的历史，也就是说，是用民族观点来看待帝国史的。

"新帝国史"学派认为，上述三种史学观点都有其片面性。针对这三种观点，为克服它们的缺陷，它提出了三种史学观点。这就是：体系的观点，以体系的观点看待帝国，把帝国当作非均衡（体系）的整体来研究；比较的观点，把各个不同的帝国加以比较；形势分析的观点，考虑到所有相互行动方在利益上的复杂交织，研究各具

---

① Источник：Логос. 2007 № 1（58）. C. 218 – 238.
② Источник：Логос. 2007 № 1（58）. C. 218 – 238.

体帝国地区的政治形势。① "新帝国史"学派，是兼顾着上述三种观点，对帝国问题进行研究的。

其次，"新帝国史"学派同后苏联时期俄罗斯帝国史流派也有所不同。该学派在其代表作《北欧亚新帝国史》序言中认为，早在19世纪奠基的"俄国史公式"，迄今仍体现在俄罗斯史学中。序言是这样说的："早由 H. M. 卡拉姆辛奠基的原理和共设，至今还在构成历史思维的逻辑，既表现在官修'统一历史教科书'大纲中，也体现在鲍里斯·阿库宁构思的反对派非正式著作中。正如近20年经验所表明的，综合历史教程作者们的政治偏好，甚至在解释个别事件上的原则性分歧，其本身也不能动摇'俄国史公式'所形成的总体状况。"②

"新帝国史"学派给自己提出的任务，就是"解构居于统治地位的'俄国史公式'"。为此，《来自帝国》提出的"学术规划""首先就旨在制定出一种能描述和研究复杂社会（'帝国局面'）的崭新的分析语言"，通过这一语言来解构"俄国史公式"。该杂志说："关键因素不是所说的是什么，而是用什么样的分析语言"，"建立有内在逻辑的、统一协调的叙述方式，克服标准概观性教程的论断和目的论"③。《来自帝国》团队经过近十年的努力，打造出了一部《北欧亚新帝国史》历史教程（2014年出版）。④ 这可以说是该学派的代表作，具体体现他们的学术主张。

该学派提请读者注意，只有采用这一逻辑才能理解这一著作的文本，即他们"不是同传统的'史实'作战，而是同传统的（我们没有指出的）语言作战，因为这一语言把这些史实捆绑到了解释性的公式上"。他们认为，"创建一部新历史，要通过制定一种叙说旧

---

① Леонтьева О. Б. История империй XIX – начала XX вв. В сравнительной перспективе.
② http：//yandex. ru/clck/jsredir? from = yandex. ru% Bsearch% 2P% 3Bweb% 3B&text = &etext = 1534.
③ http：//yandex. ru/clck/jsredir? from = yandex. ru% Bsearch% 2P% 3Bweb% 3B&text = &etext = 1534.
④ Исторический курс "Новая имперская история Северной Евразии"，2014 г.

主题的新语言来实现,这就意味着,要从这种新叙述逻辑出发,来表述新的问题"①。

究竟什么是他们所说的"新语言"?他们只提到了"种族灭绝"和"斯拉夫人","国家"和"蒙古人"这几个用语,说"这不单单是大家所熟悉的有助于以经济方式讲述过去的词语,而且用它们可以通过文件形式书写现有的解释性战略",并解释说,"我们都还记得,'种族灭绝'论对大饥荒历史的意义"②!

到此,人们大概可了解他们所强调的制定"新语言"的含义了。他们认为,上述著作就是"第一次用当代分析语言讲述地域史的尝试"。为让读者了解该学派俄罗斯"新帝国史"框架体系的观念,我们把这部代表作的章节目录抄录于此,以供参考:

第一章　政治生态:北欧亚地区的形成

第二章　首批北欧亚政体的政治和文化自组织机制:罗斯国土的形成

第三章　一些新政治体制的联合:北欧亚的国家建设(11—13世纪)

第四章　从区域政治空间到等级制国家:政权地方政略的相互影响和交织(13—14世纪)

第五章　新的时代:大莫斯科公国主权和边界的建立问题(15—16世纪)

第六章　17世纪:政略的选择、混乱时代

1. 北欧亚社会中社会观念的转变

2. 莫斯科公国寻找"支点"

第七章　余音袅袅的18世纪和现代化帝国的形成

1. 从"急爆的帝国"走向"现代国家"

2. 从"现代国家"走向"现代帝国"

---

① http://yandex.ru/clck/jsredir? from = yandex.ru% Bsearch% 2P% 3Bweb% 3B&text = &etext = 1534.

② http://yandex.ru/clck/jsredir? from = yandex.ru% Bsearch% 2P% 3Bweb% 3B&text = &etext = 1534.

第八章　稳定与进步的两难选择：帝国与改革，19 世纪

1. 民族探索中的现代帝国

2. 民族帝国的政略设计

第九章　帝国与革命：群众政治时代以前帝国社会的革命运动①

从这部著作的章节框架，我们可以看出，它无论同苏联史学派的俄国史著作，或同当代俄罗斯史学的代表作——普京统一历史教科书，都是截然不同的。的确，它的思路体系有重大变化，是从另一视角、用另一分析语言写成的。

最后，我们还要提醒读者注意一点，就是"新帝国史"学派所强调的要"磨掉"帝国史的意识形态色彩，消除东西方史学的"界限"。从"新帝国史"学派追求历史真实，对待历史书写的严肃态度来看，的确有着这方面的努力；从它与俄罗斯帝国史流派、苏联史学派，甚至目前俄反对派（鲍里斯·阿库宁）史学拉开的距离来看，它的历史书写所呈现出的意识形态色彩，的确要淡薄一些。但任何史学也很难摆脱意识形态，从它宣示的史学观的整体来看，其背后仍然隐藏着某种意识形态——看来它的自由主义考量更巧妙一些。这是我们在文章最后所不能不指出的。

对俄罗斯在史学转型过程中出现的这种帝国研究"热"和帝国史流派的形成，应当怎样评价，值得我国史学界认真思考。笔者以为，一方面，应该将这种史学转型现象视作一种对史学真实的探索和追求，因为以前只看到"帝国"是一种民族压迫现象，现在又把"帝国"作为一种国家组织形式来看待，应该说，这是对"帝国问题"的一种更全面的解读；另一方面，俄罗斯帝国史流派的出现及其与当前普京俄罗斯国家意识形态的交融与合流，甚至变作俄罗斯国家意识形态的一部分，这实际上反映了俄罗斯民族和俄罗斯国家固有的、浓厚的帝国情结。这种帝国情结，事实上在目前俄罗斯的内外政策，甚至在普京最近的竞选纲领上，都一一表现了出来。俄

---

① http：//yandex.ru/clck/jsredir? from = yandex.ru% Bsearch% 2P% 3Bweb% 3B&text = &etext = 1534.

罗斯不甘心居于他国之后,"要重当世界的领导者"①,就集中体现了这一点。俄罗斯作为我们的邻邦,我们对此要有清醒的认识,应该将此作为我们与俄罗斯交往和制定对外政策的一个重要依据。这一认识妥否,愿抛砖引玉,与学界同人共商。

(原载《历史教学问题》2018 年第 2 期)

---

① 《普京发布竞选"开幕词":俄罗斯想要重当世界领导者》,见新华社《参考消息》2017 年 12 月 22 日第 10 版。

当代俄国的劳工史研究

曹特金

现今的俄国史学家习惯于把工运史称作劳工史（рабочая история）。这是有道理的，因为工运史只是劳工史的一部分。在苏联时期，劳工史在史学中是"显学"之一。苏联解体之后，它的地位一落千丈。有学者指出，在20世纪90年代，俄国劳工史的没落惨状是史无前例的。旁观者甚至会怀疑，俄国是否根本不存在工人阶级，或者这个阶级在历史上没有起过什么作用。

直到近年来，对俄国劳工史的研究才有所复兴。其原因大致有三：第一，近年来俄国工人阶级的政治积极性出乎人们意料地急剧高涨。这自然与国内社会问题的尖锐化有关。这种状况自然会引起国内学术界的关注，俄国劳工史问题又被提上日程。第二，西方的影响。简单说来，西方对俄国劳工史的研究虽受到俄国不同信仰学者的影响，但到20世纪80年代和90年代上半期已经有了自己的理论和鲜明的特色，并受到不少劳工问题大家的影响，如E.P.汤普森、霍布斯鲍姆、查尔斯·蒂利等。尤其重要的是，西方学者的研究与西方新史学的发展同步，运用了许多新的方法和提出了许多新的问题，如社会性别研究、历史文化研究、心态研究、日常生活史研究、微观分析、非正常行为研究、口语实践研究，等等。这些都是苏联时期的俄国劳工史研究所欠缺的。苏联解体后，西方史学大量涌入，俄国史学与西方史学频繁接触对俄国劳工史研究产生了影响。第三是俄国史学界本身的原因。苏联解体后，俄国的史学发生了巨大的变化，呈现出十分复杂的情况。史学队伍的缩小和老化，学术争论与政治斗争相混淆,理论方法论的混杂,年轻一代对新知识的渴求,等等,无不说明这种复杂情况。但是,应该指出,对史学发展来说,也有若干积极的倾向,这些倾向有助于劳工史的复苏。首先,史学家的思想得到很大的解放,不少思想禁锢有了松动,过去许多研究的禁区被打破,这其中有不少就是与劳工史有关的。其次,许多新的档案被开放。其中除了执政党的档案外,还包括其他党派和组织的档案,如立宪民主党、孟什维克、社会革命党、无政府主义者,等等,而这些政党对俄国工人的影响问题过去是很少涉及的。再次,俄国学者的开放性还表现在与外国学者国际交流的极大增长,西方学术著作的不断出版方面。有意思的是,西方研究俄国劳工史的学者不愿意看到这个课题在俄国彻底消失,他们甚至不惜出资帮助。1993 年荷兰社会史研究所以《社会史国际评论》(*International Review of Social History*)杂志增刊的形式出版的论文集《劳工史终结了吗?》(此书 1996 年译成俄语出版),讨论了劳工史研究的现状和出路,对俄国学者很有影响。还应指出,即使在劳工史衰落的时候,也还是有少数俄国学者坚持劳工史的研究。综合以上种种因素,劳工史的复苏就不是偶然的事了。

劳工史在当代俄国复苏后具有哪些特点呢?研究中可以看出哪些倾向呢?

第一,一个重大的变化是苏联时期占统治地位的劳工史概念有了新的阐释。苏联时期的劳工史研究有个发展过程。简言之,革命胜利以后直到 20 世纪 20 年代末,布尔什维克由于忙于巩固政权等原因无暇更多地顾及劳工史研究,因而对劳工史的研究主要仍由孟什维克和革命前的老学者进行。直到 1929 年的第一届马克思主义者—历史学家会议,情况才有了根本改变。波克罗夫斯基在大会上狠批了孟什维克观点。此后,在共产主义研究院内成立了"苏联无产阶级史研究中心"。这个时期出版了许多资料,包括高尔基创议的"工厂史"写作。当时在劳工史的研究中,还允许在学者间存在不同的观点。到 30 年代中期,情况则发生了变化。

这一时期劳工史概念可以简略地归结为"支持—反对"这样的

公式，即不论在革命前，尤其在苏联时期，劳工都是支持布尔什维克的，而后者都是支持劳工在革命前反对沙皇、夺取胜利；在革命后支持提高劳工的生活水平、职业水平、文化水平，等等。反对的则是工人阶级中和政策中的各种错误倾向。因而许多学者都选择危险较少的革命前的劳工史研究。应该指出，在苏联时期，在大体上不违背《联共（布）党史简明教程》原理的前提下，也有一些资料和观点均有价值的著作，如 П. И. 梁士琴科、А. М. 潘克拉托娃、А. Г. 拉申、С. Г. 斯特鲁米林等人的著作。

然而，劳工们在苏联时期并不是在所有问题上都支持布尔什维克的。当代的俄国史学家甚至把苏联时期传统的"工人阶级的劳动积极性和社会政治积极性"的题目改为"工人的活跃性"（рабочий активизм）问题。这里的"活跃性"是专指积极的抗议形式、劳动冲突、罢工运动、骚乱和社会政治不满的其他表现形式。而且，这种"活跃性"并不专指革命前的俄国，而且包括革命后的苏联时期。这方面的著作有《苏维埃俄国的劳动冲突，1918—1929 年》（莫斯科 1998 年版）、《彼得堡的工人与"无产阶级专政"，1917 年 10 月—1929 年》（圣彼得堡 2000 年版）、В. А. 科兹洛夫《赫鲁晓夫和勃列日涅夫时期苏联的群众性骚乱：1953—1980 年代初》（诺沃西比尔斯克 1999 年版）等。

第二，当代俄国的劳工史研究者很注意扩大史料基础和方法论基础。从史料来说，不仅传统的史料，而且各种非传统的新史料；不仅中央保管的史料，而且各地区、各城镇的史料都在尽力发掘。这就为扩大劳工史的研究面创造了条件。从方法论的更新来说，各种史学的方法都在应用。此外，很注意结合应用其他学科的方法，如人口学、统计学、法学、社会学、计量方法和计算机分析方法等。莫斯科大学列奥尼特·约瑟福维奇·鲍罗德金教授领导的小组，用社会史方法研究 19—20 世纪之交的俄国劳工史取得令人瞩目的成就，就是一例。

这里要特别强调俄国当前劳工史研究中的微观方法和宏观方法的应用。有学者认为，近来在俄国史学中，微观方法和宏观方法的综合应用被看成劳工史研究中最重要和最复杂的任务。两者综合的可能性，如何综合等都是相当复杂的问题。为此，进行了许多讨论和研究尝试，但更多的是微观研究。微观史学研究有助于解决苏联时期的一个关键问题，即个人、社会和政权的相互关系问题。

第三，当代俄国的劳工史在研究内容上有很大的突破。有学者指出，研究的重点至少有以下几个方面：一方面是把劳工史放在与"政权—社会"框架的相互关系中进行研究。例如工人与政党的关系。值得注意的是，不少著作的史料基础有了扩大：不仅引用传统的社会民主主义的报刊，而且引用过去很少用的自由主义的，甚至保守主义的报刊，如 Т. В. 博伊科的《俄国的工人和文化：20 世纪初保守主义和自由主义报刊上的争论》（莫斯科 1997 年版）、А. В. 波洛佐夫的《自由主义报纸〈北方边区〉中的工人问题》，载《19 世纪下半叶—20 世纪初俄国的资产阶级和工人》（伊万诺沃 1994 年版）等。另一方面是工人阶级的自治组织问题。过去，对革命前工人的这类组织完全是从不同政党在工人运动中进行斗争的角度来研究的，现在则把工人的自治组织看成是工人的独立行动和独立经验，如 Н. В. 米哈依洛夫的《彼得堡的失业工人委员会和工人，1906—1907 年》（莫斯科—圣彼得堡 1998 年版）、Д. О. 丘拉科夫的《俄国革命和工人自治，1917 年》（莫斯科 1998 年版）等。А. К. 伊萨耶夫的《当代俄国的经济民主：形成和发展问题》（莫斯科 2000 年版）则涉及当代俄国的工人自治问题。

另一个研究重点是重新认识工人阶级不同集团的面貌变化问题。例如研究俄国工人阶级的面貌在国家从农业社会向工业社会过渡时期的演变问题。俄国的工人主要是从农民演变来的，农民过去的村社生活对工人的生活方式、劳动和行为特色都有很深影响。过去的苏联史学把苏联的工业化和农业集体化的作用过分夸大，似乎农民都已变成了工人。有学者指出，农业集体化后有很多农民从集体农庄流入城市、工厂、工地，带来的不只是农民向工人的转变，还有另一面是：工人和工人骨干被淹没在农村居民的海洋里。工人的面貌发生了改变。20 世纪 90 年代初，已有不少著作提出，农民村社对工人、对城市环境有好的影响，那就是自治和劳动民主的传统对工人阶级的影响。目前，这种观点得到了更多学者的支持。他们没有把农民的影响看作是工人阶级落后的原因，而是把村社因素看作是俄国特色的现代化的表现。这个问题牵涉一个大问题，即俄国工人阶级的社会心理中传统性和现代性的关系问题。这也说明，要研究工人阶级不同集团的面貌变化问题，还需要从他们的心理、情绪、心态等方面着手，而这方面的研究也正是当代俄国劳工史研究中新的内容。

再有一个重点是把工人阶级当作劳动关系的主体来进行研究。这里，除了前面提到的工人抗议的"活跃性"问题外，还有不少过去甚少研究的新问题。譬如，工人劳动的动力和劳动伦理问题。工人劳动的动力问题在西方研究很多。但在苏联时期却很少研究这类问题。苏联的著作把苏联时期的劳动关系理想化，避而不谈与劳动条件、劳动生产率增长、劳动安全等方面有关的许多负面问题。试想，如果事实果真如此理想，又如何解释苏联解体前夕劳动关系的危机呢？劳动的动力问题涉及许多方面，如劳动伦理、对劳动的刺激因素、国家的政策、劳动关系、各国的国情等问题。苏联工人的劳动动力和劳动伦理问题是需要结合苏联各个发展时期的具体情况进行研究的。不久前，俄国学者和荷兰学者共同进行了一个项目《俄国的工作动机：1861—2000年》。这虽然是一个不小的项目，但是总的说来，这个问题在当代俄国还是研究得很不够的。有位俄国学者笼统地指出，如果说在1917年革命前，俄国的劳动动力问题还与其他正在经历早期工业化阶段的国家的劳动刺激方法没有多大差别的话，那么，苏联时期可以看作在劳动关系领域进行经常的试验的时期。在苏联历史的各个阶段，可以看到不同的方法（物质刺激方法、呼吁劳动责任心和自觉、道德鼓励、强制和压迫方法）的各种奇异的结合。如二战时的爱国主义到战后的强制手段，此后几十年国家劳动政策的摇摆，始终未能找到解决劳动动力问题的方法。

总之，在当代俄国历史学中对劳工史兴趣的增长是无疑的。但是，这还是很初步的，还有许多的问题没有研究或者研究不够。例如，对俄国工人参加革命的问题；工人阶级地区集团、职业集团、性别—年龄集团的特点问题；所谓工人知识分子的性质和作用问题；工人阶级的群众性意识的结构问题及其传统性的稳固问题；俄国工人阶级的组成、数量和性质问题，等等。可以肯定的是，俄国劳工史作为史学的一部分必然会随着整个学科的发展而发展。

(原载《史学理论研究》2006 年第 2 期)

俄罗斯解密二战档案：
捍卫真实的历史

闻 一

1945年2月4日至11日，美、苏、英三国首脑在苏联克里米亚疗养胜地雅尔塔市举行了一次重要会议，基本确定了二战后的世界安排，这就是著名的雅尔塔会议。2020年是雅尔塔会议召开75周年，也是苏联卫国战争胜利和第二次世界大战结束75周年。1月30日，俄罗斯国防部新解密了一批相关档案，使我们有了更多管窥历史真实面貌的机会。

一 披露雅尔塔会议筹备和召开细节

世人都知道，雅尔塔会议意义深远，不仅为战后国际格局形成奠定了基础，也被视为美苏冷战及众多国际纷争的源头。但很少有人知道，正是斯大林当局在雅尔塔会议期间的一系列运筹帷幄，苏联才有了"黑海防线"和"黑海大战略区"，有了克里米亚这个美苏空间争霸的核心试验场和重要军事基地。也正是由于会议期间苏联积极进行各类军事部署，克里米亚才被锁定在苏联的疆土之上。

新解密的档案文件显示，在雅尔塔会议召开前，苏联情报部门获得了纳粹德国计划暗杀美、苏、英三国首脑并对驻扎在克里米亚南部海岸附近的苏联机场、港口和军舰发动空袭的情报，于是加强了克里米亚的安全戒备。解密文件也包括黑海舰队时任指挥官戈尔什科夫上将1945年1月19日提交的雅尔塔会议筹备进展情况报告，文件还披露了黑海舰队通讯主管格罗莫夫对三国水手无线电通信工作的评价："美国水手健谈，苏联和英国水手之间的联络简洁流畅。"

这些档案揭示了苏联当时借召开雅尔塔会议进行的两个方向上的战略行动：把雅尔塔和周边地区，以及从亚速海、黑海直至马耳他和直布罗陀海峡的地带建成一个"大战略区"；通过对美英显示"亲善"，扩大参与规划二战后世界的权力。

解密文件还揭示了一些细节，比如，美国总统罗斯福和英国首相丘吉尔是分乘美国道格拉斯公司生产的 C-54 "空中霸王"飞机抵达克里米亚的，罗斯福比丘吉尔早降落了五分钟。在克里米亚停留期间，丘吉尔前往塞瓦斯托波尔郊外的萨蓬山参观。

二 有计划的解密行动

2020 年是卫国战争和第二次世界大战胜利 75 周年，俄罗斯进行了有计划的解密档案行动。这一行动分为两个阶段：2019 年解密档案的主题集中在苏联及其军队作为波罗的海三国和东欧各国解放者的历史性作用方面；2020 年俄国防部和外交部解密档案的重点则是苏联及其军队在二战最后阶段和对战后国际格局规划中的作用。

2019 年 8 月 14 日，《俄罗斯联邦档案馆通报》刊载了一篇题为《1932—1941 年的苏联和德国》的文章，其中介绍了相关解密档案的情况。有关档案文件称："1939 年《苏德互不侵犯条约》的倡议者是德国。"2019 年 8 月 30 日，俄国防部解密了有关苏军进入罗马尼亚并解放布加勒斯特的档案。2019 年 9 月 21 日，俄有关部门解密了苏军在 1944 年 9 月解放爱沙尼亚首都塔林的档案。这批档案中的一份文件显示：当苏军向位于克罗加的法西斯死亡集中营推进时，德军为销毁暴行痕迹，对集中营囚犯实施了大规模屠杀，一天杀光了约 3000 人。2019 年 10 月，俄国防部解密了苏军于 1944 年 10 月解放拉脱维亚首都里加的有关档案，其中包括苏军解放"波罗的海的奥斯维辛"——萨拉斯皮尔斯集中营的文件。这批档案还详细披露了苏军在解放拉脱维亚战役中的伤亡数字：约 15 万名官兵牺牲。

就在俄国防部解密关于雅尔塔会议的档案前,俄外交部宣布公开一批有关"伟大卫国战争和第二次世界大战"的档案。这部分档案跨越从1941年至1945年的时间段,共有3900多份、37万多页文件,包括四个部分:外交人民委员莫洛托夫书记处的档案、苏美关系档案(苏联驻美使馆文件)、苏英关系档案(苏联驻英国使馆文件)、苏法关系档案(苏联驻法国使馆文件)。它们强调的一个共同点是,"苏联外交活动的一个主要方向是对制定世界新秩序的计划进行协调"。成立联合国的过程是这批档案的重点,有关文件显示:为了保持和强化和平与安全,扩大国际合作,维系反法西斯同盟成员国之间的关系,成立了联合国。在成立联合国的所有阶段中,苏联的外交努力是巨大的,包含了参与盟国间所有基础性文件的制定、协调盟国之间对与法西斯结盟各国的政治解决方案、安排与欧洲被解放国家的关系、恢复亚太地区和平。

三 恢复历史本来面目

档案文献是研究二战时期苏联对外政策的关键史料,俄方解密档案具有深远考虑。

1991年底,苏联解体标志着"冷战"正式结束,俄美之间的争斗方式逐渐被新的对抗谋略所取代。近20年,每逢卫国战争胜利日(5月9日)前后,俄罗斯都会对苏联在二战中为世界做出的贡献进行声势浩大的宣传,尤其是在"逢五""逢十"之年,俄官方举行的庆祝活动极为隆重,这些年份也就成为俄解密档案的重要时点。此类行动和两个因素有关:俄从世界强国滑落到"二流国家",在国际舞台上丧失了昔日的话语权;美国在新的国际格局中不把二战时的盟友看在眼里,越来越频繁地强调美国和西方世界在二战中的"核心作用"。与此同时,过去20年来,俄从来不单提"第二次世界大战",而总是要与"伟大卫国战争"并用。在俄政界、学界的概念里,二战是由"莫斯科保卫战""斯大林格勒大血战""红军解放柏林"等光辉时刻组成的,而不是只有"敦刻尔克大撤退""诺曼底登陆"等美西方极度重视的事件。因此，如何审视二战历史，多年来一直是俄与欧美等国争执的焦点问题。俄美近期再次围绕二战历史问题龃龉不断。2020年4月25日，俄美首脑就易北河会师75周年发表联合声明，这本释放出两国摒弃分歧的友好信号，然而5月8日，白宫在其推特账户上发布了一段美国总统特朗普的讲话视频，并附文称："1945年5月8日，美国和英国战胜了纳粹！"这段文字只字不提苏联在二战中的贡献，引发俄方不满。

解密档案一直是俄官方回击美西方偏狭历史观的有效手段。俄总统普京在2020年度国情咨文中谈及："守护卫国战争的真相是我们的责任。俄将制作关于二战最完整的资料档案，让俄罗斯人民和全世界人民都可以看到。"总之，解密档案行动是俄当局进行的深层次战略运筹，这些档案揭示的是：无论是卫国战争还是第二次世界大战，苏联作为反法西斯战争胜利者、被纳粹占领国家解放者以及二战后国际秩序规划者的历史角色，是俄坚定不移捍卫的立场。

除了解密档案行动，在反击修正"二战史观"图谋方面，俄官方日前通过的一项法案备受瞩目。4月24日，普京签署联邦法律，将俄官方认定的第二次世界大战结束日从原来的9月2日改为9月3日。1945年9月2日，日本在东京湾美国战舰"密苏里号"上向包括美国、苏联、中国在内的一些国家签署投降书。随后，苏联宣布9月3日为二战结束日。起初，二战结束日是苏联一个节日，从1948年起不再作为节日。2010年，俄官方将9月2日定为二战结束日，成为该国新的纪念日。据报道，1945年苏联约180万人获得的战胜日本奖章背面显示的日期为1945年9月3日。更改二战结束日期法案的提议者认为，该法律将维护二战胜利者的历史公正，俄此举恢复了历史"原状"。

（原载《世界知识》2020年第11期）

安·尼·梅杜舍夫斯基谈当代俄罗斯史学

黄立茀 王 丹

俄罗斯《祖国史》杂志创刊于1957年，原名《苏联历史》，依托于俄罗斯科学院俄罗斯史研究所，是俄罗斯/苏联历史研究最具权威性的学术刊物。《祖国史》杂志主编安德烈·尼古拉耶维奇·梅杜舍夫斯基（А. Н. Медушевский），1960年生人，俄罗斯宪政主义政治哲学博士，俄罗斯自然科学院院士，研究方向为政治社会学、俄罗斯国家史、俄罗斯国家与法制历史、俄罗斯国家改革史、比较宪法。

2008年11月20日至21日，梅杜舍夫斯基应邀参加中国社会科学院文史哲学部主办、中国社会科学院世界历史研究所与院科研局承办的《世界历史论坛》，作了题为"当代分析史学：理论和方法论问题"的主题报告。23日，中国社会科学院世界历史研究所"20世纪俄罗斯史学史"课题组与梅杜舍夫斯基就当代俄罗斯史学诸问题进行了座谈。

梅杜舍夫斯基指出，苏联解体以后，俄史学家运用不同理论方法对俄罗斯历史重新解读，形成了马克思主义（亦称社会民主主义）、民族主义、自由主义三个史学流派。20世纪90年代，俄罗斯政治发展道路尚存在着争议，三个史学流派的歧见与政治斗争紧密相连，辩争激烈。目前，三个流派的争论已经到了最后阶段，因为各派观点都已陈述出来，许多史学家认为应该有一种新的理论方法论，将上述观点囊括进去，进行科学地比较。20世纪90年代中期以后"分析史学"理论在俄罗斯的出现,是这种发展趋势的一种反映。分析史学认为,历史学是一门严谨的科学,有一套理论方法论。梅氏高度评价分析史学对当代俄史学研究的影响,认为从2009年起,《祖国史》杂志更名为《俄罗斯历史》,标志着该杂志和俄罗斯史学进入一个新的发展阶段:总体上是叙述体史学向分析史学方法范式的转变。现将梅氏主要观点整理如下。

一 当代俄罗斯史学的三个流派

苏联时期,马克思主义是唯一的史学研究理论。1991年以后,由于马克思主义失去唯一研究理论的官方地位,历史学家运用其他理论方法,出现了对俄罗斯历史的重新解读,形成了三个史学流派。

第一个流派,马克思主义流派,也被称为社会民主派,主要由苏联时期已经成熟的历史学家组成,现在他们仍然沿用苏联时期的理论和方法分析历史。主要研究俄国经济史、阶级斗争史、工人运动史、革命史、工业化等问题。

第二个流派,民族主义流派。他们从民族主义的视角批判苏联历史,表现为传统和保守主义的,认为苏联破坏了俄国的历史传统,运用共产主义和国际主义原则,在俄国搞共产主义的实验。该流派学者还认为,共产主义主张无神论,破坏了俄国东正教的宗教传统。目前,这个学派的力量较强,他们在教会史、地缘政治史、民族关系史、王朝史方面有研究实力。

民族主义流派还可以细分为不同派别,区别在于对民族(нация)的理解。现在俄史学界出现俄罗斯是"国家民族"(нация)的提法。这一提法从政治的视角出发,认为凡生活在俄联邦国家的人,不论其血缘,就属俄罗斯民族。这个概念克服了过去对俄罗斯民族强调血缘,将俄罗斯仅视为"族裔民族"(этнос)的狭隘性。但是,也有学者反对这个概念,认为它同化了少数民族的权利。有的学者提出文化民族的观念,希望用文化上的统一,取代政治民族、族裔民族。

第三个流派,自由主义流派。自由主义流派认为其在20世纪60

年代末,勃列日涅夫时期出现。这些史学家主张保护人权,思想倾向西方,对人权的理解实际上是西方式的。认为人权是天生赋予的,不应该受到其他因素的影响。戈尔巴乔夫改革时期,他们支持戈氏改革,因为戈提出人道的民主的社会主义。苏联解体以后,对人权的保护载入1993年宪法,所以自由主义的理念在俄史学界颇有影响。自由主义流派完全否定马克思主义流派史学,也否定民族主义流派的史学。他们认为,人权不应被民族所局限,同时否认俄国有自己的特点。该派着重研究俄国政治史、俄国自由主义民主—立宪运动、俄国议会制、俄国改革、俄国现代化等。

目前,三个派别都研究苏维埃社会史。

当前,不同年龄段的史学家,由于经历不同,在社会中的地位不同,对史学的解读也不同。例如,马克思主义观点的学者认为,苏联现代化与工业化、阶级斗争、社会主义相联系,苏联时期现代化大大向前发展了。传统民族主义流派则拒绝现代化,认为俄罗斯不需要赶超其他国家,应该按照俄罗斯的传统发展。苏联时期共产党人所称的现代化是对俄罗斯民族传统的破坏。而自由主义流派主张俄罗斯走西方式的现代化,该派希望俄国变成西方式的国家。

这三个史学流派的理论基础不同,在学术研讨会上很难取得共识。特别是在20世纪90年代争论激烈。因为当时俄罗斯政治改革向何处去正争论不休,史学家的研究与国家政治斗争紧密相连。他们支持不同的政党,分别为这些政党起草党纲和其他文件。

二 过渡时期俄史学研究的积极方面与消极方面

过渡时期的史学研究表现出了积极的方面,主要是从教条的方法论中解放出来,史学发展变成开放式的,有可能运用其他学科的方法进行综合的、跨学科的研究;对俄国史学传统进行了批判性的反思,对20世纪前俄国主要学派的恢复;对俄国历史首先是对革命运动史的重新研究和去意识形态化;对许多过去的研究禁区进行了研究，如民族、族裔间冲突的历史、公民社会史、私人经营管理史、自由主义以及宪政—民主运动、20世纪初革命与改良的关系以及是否有其他摆脱危机的选择；教会史、朝廷执政史、末代沙皇的命运、苏共执政下的政治史、意识形态和宣传工作的演进；工业化、农业集体化、赢得二战胜利的历史代价、军备竞赛和区域军事冲突的历史代价；大清洗中死亡者人数的统计、居民中的制度反对派（从群众骚动、消极对抗到知识分子中的护法运动）；20世纪军事、政治、外交史中许多"不便于"讨论的问题；俄国三次移民浪潮及俄侨文化对保护俄罗斯民族认同与对文化传承的贡献等问题。此外，还讨论了20世纪90年代改革、苏共失败的原因和苏联解体的原因等。

  开拓了新的研究领域和新的术语。苏联历史档案解密，推动了这个方面的发展。例如，利用解密档案对苏联时期国家与教会的关系进行了研究。利用解密档案对苏联时期的民族矛盾，尤其是特殊移民进行了研究。例如，二战时期族裔民族中的一些人与德国人合作，斯大林强制将这些民族整个迁徙，如伏尔加德意志人、车臣人、克里木鞑靼人等，被称为"特殊移民"。二战结束后，这些民族失去自己的家园，出现了民族矛盾，但是这些问题苏联时期不能公开研究。叶利钦时期颁布了《关于恢复被镇压的民族》（1991年4月26日）的法令之后，史学界展开了对特殊移民的研究。值得注意的是，在原苏联加盟共和国，对涉及俄罗斯民族关系的特殊移民问题进行了热烈的讨论。这主要在中亚国家、乌克兰、波罗的海三国等。这些国家开始重新塑造自己国家的历史，编写的教科书中掺杂了不可信的成分。例如，一些中亚国家直至加入苏联以前未形成民族（нация），现在他们却声称自古以来自己的民族就存在，通过编故事进行证实、写历史。乌克兰的弗拉索夫分子在二战时期与德国人合作，但是因为反对俄罗斯，现在却被写成民族英雄。乌克兰正在纪念1931年至1933年大饥荒75周年，这场实际上在俄罗斯也发生的大饥荒在乌克兰被描述为"种族清洗"，通过饥荒清洗主张乌克兰民族独立的分子，乌克兰还将此事提交欧洲法庭，罪名是俄罗斯对乌克兰进行民族灭绝。在互联网上，关于许多热点事件的报道特别多，由于历史事件被用于政治目的，报道并不客观，因此，需要对史实进行甄别，这也是分析史学提出的重要研究方法原则之一。

对外政策的新研究。关于苏联对东欧国家的关系，出版了苏联与欧洲、东欧国家关系系列文献集。该系列文献集主要收入了苏联与欧洲、东欧国家关系的解密档案文献。利用这些文献，对1956年匈牙利事件、1968年布拉格之春重新评价。争论在于，1956年有多大必要性出兵匈牙利？过去认为，为了保护社会主义而出兵，现在提出新的解读：从苏联的世界政策出发，认为苏联出兵，不仅涉及苏联与匈牙利、东欧的关系，而且也是苏联与西方在中东的冲突（当时在进行第二次中东战争）的反映，苏联对匈牙利出兵，是为了与西欧达到均衡，而不仅是意识形态的冲突。现在，俄史学家还用1956年匈牙利事件、1968年布拉格事件的解密档案——当时政治局会议速记记录以及政治局投票的结果，研究这两个事件的决策过程，试图对两个事件做出新的解读。他们希望找到苏维埃政权真实的目的，而不是仅根据意识形态对两个事件做出解释。

2000年以后编辑出版了关于共产国际的10卷本的解密档案文献集《共产国际·文献》，收入了共产国际与日本、苏联关系的文献，还有许多涉及中国，是当时苏联驻华代表机构发回的报告，说明了当时苏联与蒋介石政府的关系。

2000年后还出版了《"绝密"：卢比扬卡致斯大林关于国家状况的报告集（1922—1934年）》，史学家对该文献集进行研究，试图揭示斯大林在进行决策时依据的是什么样的信息。

2000年以后出版了解密档案文献集《19世纪末—20世纪初叶政党·文件遗存》，对布尔什维克党以外的政党进行了研究。

俄史学家还对俄国民主化运动进行了研究，不仅对苏联以前的民主化运动进行研究，而且对苏联时期的反对派进行研究，出版了《苏联赫鲁晓夫和勃列日涅夫时期的持不同政见者·1953—1982年·苏联最高法院与检察院解密文件集》，其中包括持不同政见运动的纲领、流放制度、关押持不同政见者的精神病医院的文件等。

对俄国移民的研究。俄国移民有三次浪潮：十月革命后、二战后和苏联解体以后。20世纪革命后有500万人移民国外，分散到西欧、拉美、中国等。苏联时期这也是研究禁区。移民中的知识分子多为这一群体中的精英，他们到英、法、美国以后继续进行史学研究，形成了自己的流派。现在对移民史进行了跨学科的研究，涉及法学、史学等，出版了《移民百科全书》，收入了移民的代表人物，在国外的俄侨政党以及他们在重大的国际冲突中的态度等。

20世纪90年代以后俄罗斯史学研究也出现了消极方面。

第一，苏联解体以后，俄罗斯史学范式经历了根本的变化。由于放弃了马克思主义的史学研究理论和方法，出现了解释观念的真空，其后果是照搬外来的史学解释框架，主要是大量引进国际史学界和流亡国外的俄侨史学家对俄国历史的解释。这不啻是"赶超性"的史学现代化，由于史学解释范式出现根本变化，不同的史学家以不同的材料为基础，并使用不同的坐标体系，在研究中解释政治过程的理念在先，而运用史料批判性的研究在后，缺乏对这些体系的足够的验证，带来了方法论和相关概念的矛盾性。其争论是用一种意识形态神话取代另一种意识形态神话。

第二，史学方法论的发展表现出自发性，出现许多新的理论、新的术语。史学理论应该是连续性地发展，逐渐被证实的东西。但是俄罗斯不是这样，过去将俄罗斯史学分期划分为两个大阶段，十月革命前和革命后，认为革命前是资产阶级的，革命后是无产阶级的，两个阶段没有联系，革命前的史学受到批判。这种分期实际上不对，因为革命前的史学传统也有好的方面，应该恢复革命前学院派的史学传统，包括国家学派、法学学派等，借鉴这些学派的方法与观点实际上对理解苏联有帮助。俄罗斯发展有自己的特点：不断征服新的领地，形成中央集权的国家，历史上充满改革与反改革的斗争……索洛维约夫、克柳切夫斯基、齐切林等，其对俄罗斯历史的解读对当代俄罗斯史学发展都提供了重要的、有益的东西。但是苏联时期的史学过分的受到了政治因素的影响，放弃了这些有益的东西。

而现在某些史学家完全放弃苏联时期的史学理论，从西方照搬概念。过去只有一套术语，不论同意还是反对，大家都明白。而现在不同，各说各话，有的概念是从英文、德文或法文搬来的，生吞活剥直接搁到文章里，没有解读和界定，别人不明白。

第三，对重大历史事件缺乏逻辑一致的解释。例如，2007年召开纪念二月革命和十月革命的圆桌会议，对两个重大历史事件的观点非常不统一。对俄国历史上的许多事件和人物：如鞑靼蒙古入侵、彼得时期、俄乌关系、列宁、斯大林、戈尔巴乔夫改革等，也存在着不同的甚至完全相反的观点，以至于出现一个笑谈：俄国历史是无法解释的！由于对重大历史事件的意见不统一，尤其对苏联历史观点不统一，在学校教育方面，以至于不能写出统一的教科书，学生不理解何谓"苏联历史"。

2007年6月21日，普京总统接见了全俄人文及社科教师代表，会议讨论了历史教学参考书《当代俄罗斯历史（1945—2006年）》和《社会知识：21世纪全球化的世界》，并由教育部推荐两本书作为统一的历史课本。《当代俄罗斯历史（1945—2006年）》更注意从正面叙述俄罗斯和苏联的历史。但是，这本书引起很大争论。俄罗斯科学院历史所所长萨哈罗夫批评该书有恢复苏联时期史学观点的倾向；持自由主义观点的著名知识分子在著名大报上发表公开信，反对在历史教科书中恢复苏联时期的原则。东正教都牧首阿列克谢二世也因教科书褒扬了主张无神论的苏联时期，委婉地反映了对教科书的不满意。此外，教育部内部对该教科书的看法也存在分歧。

梅杜舍夫斯基认为，关于历史教学参考书的争论，实际上反映了俄罗斯史学三个流派的分歧。他提出一种观点，作为科学的历史学，需要实事求是地进行研究，但是在教育，在教科书中可以培养一种爱国主义的精神，二者可以分开来。他说，从这样的视角出发，《祖国史》杂志没有参与关于教科书的讨论。

三 《祖国史》杂志更名
——"分析史学"是否将使杂志及俄史学进入新的发展阶段

梅杜舍夫斯基指出，俄罗斯史学界三个流派的争论已经到了最后阶段。因为各派观点都陈述出来，许多史学家对这种争论，对争论中的"各说各话"不满意，认为应该有一种新的理论方法论，将上述观点囊括进去，进行科学的比较，对历史进程进行科学的分析。以 O. M. 梅杜舍夫斯卡娅为首的一些学者，提出"分析史学"（аналитическая история）亦称"认知史学"（когнитивная история）的理论方法论，就是这种趋势的一种反映。大约从 1996 年开始，主张分析史学理论方法论的学者在一系列国际学术会议和国内史学出版物上开始提出和论证自己的观点，2008 年，出版了梅杜舍夫斯卡娅系统阐述分析史学的专著《认知历史的理论与方法论》。该派认为历史学是一门严谨的科学，而目前史学家普遍采用的叙述史学的观念是不科学的。分析史学派致力于将叙述体史学向分析史学范式的转变，具有一套理论和方法论，主张首先严格界定概念，对史料的真伪进行甄别。分析史学的核心是摒弃机械性地堆积史料叙述历史，主张运用认知方法论研究史料，推动在历史分析中进行鉴别和准确的认识，阐明历史过程的意义。

梅杜舍夫斯基指出，现阶段，与分析史学方法相联系，需要做以下的事情：第一，重视史学研究方法和制定验证科学认识的标准，运用社会学、法学、经济学、人类学研究方法中创新的部分解决史学的问题。第二，对史学传统进行批判性反思，形成新的学术道德和科研工作动力。第三，在运用新的方法的基础上，开辟史学研究的视角。第四，提出科学的解读观念和构建历史过程模式的方法。包括，在对历史现象以及历史过程模式的实际资料进行比较的基础上，展开理论研究；为历史中曾经发生过的社会变革建立模式，重温历史中社会变革的战略。第五，确定史学研究与改变了世界的社会实践之间的关系。包括，确定那些促进和阻碍了社会变革的因素；指出社会群体、政治团体和领袖人物在决定历史发展方向方面做出了哪些贡献；确定社会与国家所掌握的解决社会冲突和取得社会和谐的工具是什么；找出历史上有哪些技术工艺引发了社会变革。在此基础上，规划出运用分析史学进行历史研究的选题领域。

梅杜舍夫斯基指出，从分析史学方法论的角度出发，中央史学杂志的改革势在必行。与俄罗斯国家及俄史学发展变化的标志性时期相一致，中央史学杂志的发展可以分为三个阶段，表现在杂志名称的改变上：从《苏联历史（1957—1991）》到《祖国史（1992—2008）》到《俄国历史（从2009年起）》。第一个阶段的特点，是官方历史观主导，意识形态一元化起决定作用；第二个阶段，方法论方面不确定，开始探索史学研究的新方法、探索概括性地解释历史过程的新方法；第三个阶段，可以概括为史学研究范式的改变，从叙述体史学和总体上是机械的史料堆积向掌握认知史和分析史方法的转变——这一转变意味着在研究中创立分析和检验的模型，将通过论证分析，来验证该模型阐明历史进程的能力。

俄罗斯不同的史学家，对当代俄罗斯史学发展的解读不尽相同。梅杜舍夫斯基是将当代俄罗斯三个史学流派争论和歧见的原因归结于理论方法论的不同。从这样的视角出发，他认为俄在史学研究中应扩大分析史学的影响，并以《祖国史》杂志主编的身份推动杂志更名和办刊方针向分析史学倾斜，使分析史学方法占领杂志的阵地，引导俄史学研究进入分析史学的新阶段。梅杜舍夫斯基对分析史学情有独钟，反映了俄史学界对目前在重大历史事件上缺乏一致的认识和各说各话现状的不满以及解决这一问题的理论探求。尽管笔者认为，梅氏过高估计了分析史学的效能，但是不能不注意到，《祖国史》杂志的更名和作为俄国家级史学杂志办刊方针的调整，无论如何，是一个值得关注的新动向。那么，分析史学缘何在俄史学界脱颖而出？《祖国史》杂志为何立志成为分析史学的阵地？《祖国史》向分析史学倾斜后对刊物发展方向，乃至对俄史学研究能否产生影响,究竟能够产生多大的影响?《祖国史》更名这一事件能否如梅氏所言成为杂志发展和俄史学发展新阶段的界标?上述问题都需要中国学者进一步关注和进行研究。

(原载《世界历史》2009 年第 4 期)

俄罗斯学者对几个历史问题的再认识
—— 访俄随录

段启增

2003年11月5日至2004年1月7日，作者应俄罗斯科学院邀请，考察和访问了莫斯科和圣彼得堡的有关科研院所、高校历史系和俄罗斯现代史博物馆（1905—1945年），同有关专家学者进行了交流和座谈。

一 关于俄国十月革命及其对列宁的评价

俄罗斯科学院院士、世界历史研究所所长丘巴利扬指出，在苏联刚解体的几年，俄罗斯史学界提出了五花八门的观点，其中有不少人否定十月革命，否定列宁。这是出于当时政治斗争的需要，不足为奇。但是经过十年多的反思，现在的俄罗斯史学界已基本步入正轨，大多数人对十月革命和列宁的评价比较客观，认为把十月革命看作"俄国历史发展的偶然现象"是对俄国历史的曲解，列宁是俄国人民和世界人民公认的伟大的革命家和战略家。

世界历史研究所国际部主任、研究员舒斌说，苏联刚解体时，有人说"经过1905年至1907年革命和二月革命，俄国政治变革的任务已经完成，之后就是发展资本主义经济，遗憾的是这个发展进程被列宁发动的十月革命打断了"。持这种观点的人忘了一个基本事实，即当时的世界正忙于激烈的战争，刚建立的临时政府的组成人员都是由代表不同利益的各党派凑起来的。利益的不同，决定了各党派对战争态度的不同。这使临时政府在二月革命后遇到了两难问题：一是要不要把战争打下去，二是要不要优先解决人民的生活问题。继续战争就无暇顾及改造和重建沙皇统治时期留下的国家机器，同时也难以解决人民的生活问题，因为国家的物质产品已接近枯竭；而要解决人民的生活问题，又不可能集中有限的物力来保证战争的继续。正是在这两个问题上，革命者分成了三股力量：第一股以社会革命党人、孟什维克为代表，他们呼吁临时政府解决人民的生活出路。第二股以立宪民主党人和十月党人为代表，他们坚持必须在战争结束以后再解决人民的生活问题。第三股是以列宁为首的布尔什维克党人，他们呼吁停止战争，满足人民对和平、面包和土地的渴求。究竟执行哪种政策，关键在于临时政府首脑克伦斯基等人。然而，临时政府经不住来自协约国的威胁和十月党人等自由派的压力，坚持战争，拖延解决人民的生活问题。这种政策，使资产阶级在二月革命后错过了建立新国家、巩固新政权的机会。也就是说，二月革命虽然推翻了沙皇专制制度，但是还没有来得及完成资产阶级革命的任务。列宁准备把革命推向前进，发动了武装起义，并取得了胜利。十月革命的胜利，与其说是工人阶级革命的胜利，不如说是"士兵革命"的胜利。因为当时支持革命的人1/4是军人，假如不是前线绝大多数士兵倒向布尔什维克，单靠赤卫队是经不住临时政府正规军的镇压的。

舒斌认为，原苏联学者在研究十月革命的历史时，为了突出布尔什维克党的领导作用，忽视了社会革命党人和孟什维克对十月革命所起的推动作用，称它们从一开始就是反对继续革命的政党。其实，这两个政党在二月革命胜利后初期，都主张"继续革命"。二月革命胜利后，孟什维克、社会革命党人同布尔什维克在要不要继续革命的问题上是一致的，不同点在于直到十月革命前夕，孟什维克和社会革命党人都主张通过工兵代表苏维埃，以"立宪"的方式，和平地、逐步地过渡到"民主社会主义阶段"；而布尔什维克在二月革命后初期也是主张通过工兵代表苏维埃和平夺取政权的。到了后期，列宁才极力主张用暴力手段推翻临时政府。但是，二者的做法对苏联历史进程的影响是不同的。如果按照孟什维克和社会革命党人的做法，苏联后来可能不会出现那么多的悲剧性事件，也许不会在原俄国的领土范围内分裂出那么多的独立国家。这就是在苏联解体后俄罗斯的一些史学家们所说的"二月革命后，俄国历史的正常进程被列宁发动的十月革命打断了"，"十月革命给俄国人民带来灾难"的意思。

舒斌认为，按照马克思主义的经典理论，资产阶级革命的最终目标是解决财产所有权问题，如17世纪的英国革命。俄国二月革命也是为了实现这个目标。但是这个目标还没有实现，就爆发了十月武装起义。这是苏联刚解体后有人说"俄国历史的正常发展被十月革命打断了"的第二层意思。

舒斌指出，列宁是伟大的革命家、战略家，否定列宁在俄国历史上的伟人地位是没有根据的，但是又不能像原苏联时代那样，把他当作上帝来崇拜。列宁是人，不是神，他在领导俄国革命的过程中也犯了错误。他自己就说过，十月革命后之所以很快爆发了"三年内战"，与布尔什维克党执行的一些激进政策不无关系。

莫斯科大学历史系副主任、教授奥·列沃诺娃不赞成舒斌提出的一些观点。列沃诺娃说，舒斌把20世纪80年代末和90年代初苏联政局的巨变称为俄国历史上的"第三次革命"与理论、与事实不符。"革命"是推动历史前进的杠杆，是"进步"的意思。现在的俄罗斯大多数人都认为，戈尔巴乔夫的"改革"给人民带来了灾难，他和叶利钦搞垮苏联，使俄国历史倒退了几十年，是俄国历史发展中的一大悲剧，怎么能把"灾难"、"倒退"、"悲剧"与"革命"硬扯到一起？

俄罗斯现代史博物馆的历史学家巴拉基廖夫认为，舒斌虽然肯定了十月革命的必然性和列宁的历史功绩，但同时又否定十月武装起义的必要性，这是自相矛盾的，是变相地否定十月革命。不错，二月革命后初期列宁确实打算通过全俄工兵苏维埃和平地把政权转到工人阶级手中，但是实践证明这条路走不通。研究历史应该坚持历史主义。沙皇俄国是一个地域广袤、人口众多、民族复杂、专制制度顽固、经济远落后于欧洲的国家。俄国的民族资产阶级一向同沙皇制度保持着千丝万缕的联系。不经过急风暴雨式的斗争，用和平的方式过渡到"民主社会主义"阶段，岂不是天方夜谭！在当时的形势下，以列宁为首的布尔什维克要掌握政权，建立新国家，使俄国摆脱落后的面貌，没有别的选择，只有走十月革命的道路。

巴拉基廖夫指出，舒斌先生把后来苏联的解体同十月革命连在一起，是凭个人的想象而得出的结论。苏联解体与十月革命风马牛不相及，其主要原因是由戈尔巴乔夫的"改革"造成的。当然，研究苏联解体的原因的确需要追溯历史，但是不能因此追到十月革命时期。因为正是在十月革命后，以列宁为首的苏俄政府宣布承认芬兰和波兰的独立，同时又用条约的形式，把历史上靠警察维持的、松散的沙皇俄国统一成由各民族自治共和国组成的、强大的苏联。

巴拉基廖夫介绍说，目前，俄罗斯一些历史学家主要从俄国文明史和现代化进程的角度，研究列宁与俄国社会进步的关系问题。通过研究，他们得出结论：在19世纪末20世纪初的俄国，产生列宁主义及其布尔什维克党，爆发十月革命不是偶然的，是社会进步的客观要求。至于说布尔什维克党在革命中出现的一些"过激行动"，不能全归咎于列宁，应该到当时的社会环境中去探寻原因，特别应当把布尔什维主义的理论同俄国独特的历史文化和国情结合起来分析。只有弄清俄国独特的文化以及复杂的斗争环境，才能理解十月革命后建立的苏俄国家体制和政府结构为何不同于西方国家。20世纪初，西欧许多国家的城市化已达到相当高的水平，俄国虽然也有许多人工作和生活在城市，但是他们仍然保留着浓厚的农民文化的传统。要改变这种落后的传统，使俄国赶上和超过世界上先进的国家，就必须采取一系列新的甚至是激进的措施。列宁领导的十月革命，既要反对那些试图使俄国完全欧化的人，又要彻底改造俄国的旧传统和旧制度，建立前所未有的新制度、新生活，使整个俄国现代化。实现这个目标非常艰巨。如果从现代化的角度来研究和分析问题，就不难理解布尔什维克党执政后为什么要出台

"新经济政策",包括较为激进的"工业化""农业集体化"等政策。

二 关于斯大林的研究

俄罗斯科学院院士、莫斯科大学历史系教授库库什金说,近几年出版的有关斯大林的书很多。这种现象也可以叫"斯大林热"。出现"斯大林热"的原因,说起来很简单,虽然经过普京总统一段时间的治理,俄罗斯的经济有一定的起色,但是就绝大多数的普通人来说,目前的生活还很艰难。因此,不少人开始向往苏联时期。在那个时期,人们的日子过得较为平静、安逸。如果目前俄罗斯的经济得不到根本的扭转,"斯大林热"还将持续下去。

巴拉基廖夫指出,总起来看,评价斯大林的书籍和文章,大部分是予以肯定的;有既肯定他的历史功绩,也指出其严重错误的;还有少数持基本否定态度的。但无论是崇拜还是痛恨斯大林的人,都不否认这样的事实:即在他执政期间,苏联日益强大,特别是在二战中和盟国一起打败法西斯德国,之后仅用几年时间就恢复了被战争破坏的经济,使苏联变成西方国家惧怕的世界超级大国之一。对比苏联解体前后,昔日的辉煌不再,今日的衰败依旧。在这样一个严酷的事实面前,对于具有大俄罗斯民族主义传统的俄罗斯人来说,其民族自尊心该受到多大的伤害!在这样一种民族心理的支配下,研究和谈论斯大林,还有什么值得奇怪的呢?

2003年4月17日,由尤·普·伊久莫夫主编的《案卷——历史和现实》出版了专刊《伟大的、神秘的斯大林》,其中说:斯大林已成为20世纪象征性的人物之一。他无可争议地是苏联伟大的政治家和国务活动家。在已过去的100年的历史上,还没有人曾领导过像苏联这样世界上最强大的国家30多年,并使之经受了所有的考验,击败了它的一切敌人。由列宁创建的共产党,在他的领导下,向全世界证明,社会主义制度拥有巨大的活力和潜力,并为人类开创了通向未来的道路。共产党结束了资本对劳动人民的剥削,以及与此相伴的贫困和失业。苏联在完成了文化革命后，其劳动人民在教育和知识水平方面被提升到了世界第一位。在战前用13年时间完成的几个"五年计划"实现了工业化，使苏联的工业发展从一个落后国家上升到欧洲第一位、世界第二位。农业经过社会主义改造，为工业的高速发展奠定了基础。在科学和技术发展方面取得了巨大的成就。苏联在斯大林的领导下，进行反击希特勒入侵的浴血奋战，对于打败德国和日本，把人类从当时任何一个欧洲资本主义国家都无力抵抗的法西斯的铁蹄下拯救出来，起了决定性作用。经过二战，苏联的经济实力大大增强，武装力量所向无敌，在俄国的历史上从没有像在斯大林时代那样，在世界上享有如此高的国际威望和影响。

俄罗斯科学院圣彼得堡分院对外联络处处长伊戈尔·阿纳托利耶维奇·普柳斯林说，现在的一些学者重视研究斯大林，与目前俄罗斯的形势有关，特别与普京的政策有关。普京曾说过，"苏联时代不是一切都不好"。联系普京几年来的执政手段和风格，其政策正在受到人们的种种猜测：有人说他在有计划、有目的地恢复苏联；另有人说他在以彼得大帝和斯大林为榜样，实行"铁腕统治"。对此，自由派们感到担心和恐惧，这些人写斯大林问题的书，意在告诫人们不要忘记斯大林时代所发生的悲剧。拥护普京政策的人撰写斯大林问题的书，意在说明，"实行斯大林式的铁腕统治"，对复兴俄罗斯，不啻是一剂有效的良药。

三 关于戈尔巴乔夫及其改革的评价

苏联解体的原因是国内外学者研究的重大课题之一，如何看待戈尔巴乔夫改革则是研究这一课题的重要内容。巴拉基廖夫说，他们曾不同程度地拥护过戈尔巴乔夫的改革，没想到改革的结果是这个样子：苏联解体了，共产党垮台了，生活更糟了。所以，俄罗斯多数人对戈尔巴乔夫没有什么兴趣。当然，学者们在研究和撰写俄国史或俄国问题的时候，是要提及戈尔巴乔夫及其改革的，但是一般都是把他当作历史人物，把他的改革当作苏联解体的过程写入其著述的。

巴拉基廖夫指出，学者和政治家们为弄清戈尔巴乔夫改革失败的原因，需要从不同的角度进行研究，做出各自的评价，得出不同的结论。对于普通人，尤其是生活在社会底层的人来说，更多的是着眼于现实。苏联解体前后，即在普京上台前，俄罗斯经济一塌糊涂，综合国力一落千丈，人民过的苦日子看不到尽头。有人把这方面的原因追溯得很远，从苏联的政治体制一直追到列宁和斯大林。可是在普通人看来，这一切都是在戈尔巴乔夫改革后发生的。不管戈尔巴乔夫的改革初衷是什么，但是起码不能把国家改得越来越糟，把老百姓的生活改得越来越穷，所以普通人将其责任归咎于作为改革的发起者和执行者的戈尔巴乔夫是很自然的。

圣彼得堡大学东方学系的彼得罗夫说，戈尔巴乔夫不仅诅咒他之前的苏联领导人，而且全盘否定苏联历史。这种否定苏联历史，算历史旧账的做法，在苏联人民中造成了极其恶劣的影响：共产党员之间、党员与群众之间、人与人之间、民族与民族之间、各加盟共和国之间，相互攻击，相互谩骂，造成彼此间的裂痕越来越大，仇恨越来越深，经济越来越糟，苏共威信越来越低。结果，大家只好散伙，分开单干。苏联最终解体，苏共自然垮台，戈尔巴乔夫自己也被抛弃。

俄罗斯哲学家亚历山大·季诺维耶夫在《俄国的试验》和《西方主义是一种现象》两本书中对戈尔巴乔夫的改革提出了谴责。书中形象地说："戈尔巴乔夫的改革瞄准的是苏联共产党，却一枪打中了俄罗斯。"他直接搞垮了苏联共产党，摧毁了苏联，给俄罗斯带来了灾难。戈尔巴乔夫的改革，使俄国变成了欧洲的二流国家，沦为世界上的穷国。书中说，共产党的存在，对俄罗斯是好事。苏联在共产党的领导下，虽然并不那么尽如人意，但是人民生活有保障，各民族相处得较为和谐，国家统一，整个社会较为安宁，没有被民族分离主义分子、恐怖分子弄得提心吊胆。当今世界上存在着几种不同的社会制度，无论是东方的还是西方的，是资本主义的还是社会主义的，都不能算是最理想的社会制度，都需要通过改革来解决存在的问题。但戈尔巴乔夫的改革是把苏联朝越来越坏的方向改，给俄罗斯带来了灾难，使俄罗斯的前途变幻莫测。书中强调，苏联虽然不存在了，但是社会主义制度是有生命力的。中国的成功、强大，就是一个最有说服力的例证。21世纪的中国将是世界上发展最快的国家之一，它将成为世界上最强大的国家，这不是没有根据的。

俄罗斯一些学者认为，在追溯苏联解体的原因时，需要认真研究赫鲁晓夫执政时期的作为。有人曾把赫鲁晓夫捧为"苏联的改革之父"，这有点言过其实。赫鲁晓夫在执政期间做了一些好事，如"平反冤假错案"等，但他自己也制造了一些新的冤案。斯大林逝世后，苏联存在许多问题，确实需要改革。但是，赫鲁晓夫在没有正确评价斯大林，没有制定像样的改革政策的前提下，便以反对个人迷信为名，大骂斯大林。同时，又几乎把斯大林时代高度集权的政治体制、高度集中的计划经济，以及优先发展重工业的经济建设方针，原封不动地保存下来。不仅如此，他还把苏共分成两个党——"农业党"和"工业党"；凭主观意愿扩大集体农庄规模，大搞"开荒运动"，既损害了农业，又破坏了生态环境；他反对斯大林的个人迷信，却大搞自己的个人崇拜，对外把苏共视为老子党，恶化中苏关系。赫鲁晓夫的"改革"，对后来苏联政治经济的影响很大，在一定程度上说，为苏联的解体埋下了隐患。

巴拉基廖夫赞同上述学者的论点。他说，戈尔巴乔夫在改革过程中不仅师承赫鲁晓夫，且有过之而无不及。赫鲁晓夫曾提出"解冻"的口号，戈尔巴乔夫则提出"新思维"；赫鲁晓夫高喊"土豆烧牛肉"式的共产主义，戈尔巴乔夫则打出"人道的、民主的社会主义"的旗号；赫鲁晓夫大骂斯大林，戈尔巴乔夫不仅大骂斯大林，还咒骂苏联共产党，否定苏联历史，甚至把账算到了列宁的头上；赫鲁晓夫把苏共划分为"工业党"和"农业党"，戈尔巴乔夫则从苏联宪法中删去共产党的领导地位；赫鲁晓夫批别人的个人迷信，摘自己的个人崇拜，戈尔巴乔夫不仅如此，还一脚踢开反对他的所有的人，包括经他一手提拔的苏共中央政治局委员。到后期，干脆撇开苏共中央政治局，设立总统制，企图一手遮天，独揽国家大权。

　　巴拉基廖夫指出，从思想理论角度看，戈尔巴乔夫在"改革"过程中提出的"新思维"，对苏联解体的影响更大。"新思维"的出笼，加剧了苏联思想界和理论界的混乱。加上一些所谓的思想家、理论家和文学艺术家的渲染，以及西方国家的鼓噪，苏联思想界的混乱一发不可收拾，由此引起了苏联政治局势的进一步动荡。在里外反苏势力的夹攻下，苏联轰然解体了。如同美国前总统老布什所说，"我以为苏联的消失还有一段时间，没想到苏联的解体如此迅速，简直令人难以置信"！

（原载《世界历史》2004 年第 5 期）

赫鲁晓夫时期苏联与古巴关系的演变及其影响因素

刘国菊

二战以后，美国和苏联成为超级大国。为争夺霸权，双方在经济、军事等领域展开了较量。但是，由于核武器的出现、主权规范的深化等原因，美苏之间通过武力征服对方均难以实现，两国之间发生大规模战争和相互兼并领土的可能性也极小。随着国际形势的变化，美苏之间权力竞争的方式转变为通过拉拢各自的盟友来建立势力范围，以换取盟友在政治和安全问题上对自己的支持和追随。1959年古巴革命恰逢美苏在第三世界展开激烈争夺之际。古巴为何疏远美国而选择苏联，苏联采取了哪些措施赢得古巴的追随等问题，值得深思。

赫鲁晓夫时期的苏古关系是冷战时期引人注目的国家关系之一。对于该时期苏古关系的发展状况，学者们已经有过不少探讨，但受到民族立场的影响，其观点也存有分歧。苏联历史研究者多以积极、肯定的态度评价苏联与古巴之间的合作。[①] 西方学者的评价大多持否

[①] Бекаревич А. Д, *Куба: Внешнеэкономические отношения*, Москва: Наука, 1970; Бекаревич А. Д., Кухарев Н. М, *Советский Союз и Куба: Экономическое сотрудничество*. Москва: Наука, 1973; Бекаревич А. Д, *Великий Октябрь и кубинская революция*, Москва: Наука, 1987; Гавриков Ю. П., Кондратов П. Т., Гриневич Э. А, Гвоздарев Б. И. *Куба в мировой политике*, Москва: Наука, 1984; Дарусенков О. Т., Горбачев Б. В., Ткаченко В. Г., *Куба-остров созидания*. Москва: Политиздат, 1975; Ермолаев В. И. *Героическая эпопея народа: К столетней годовщине первой войны за независимость Кубы*. (1868 – 1878 гг.), Москва: Наука, 1968; Зорина А. М, *Рабочее движение на Кубе*, Москва: Наука, 1975; Бекаревич А. Д, *Российско-кубинские и советско-кубинские связи* XVIII – XX вв, Москва: Наука, 1975 и др.

定态度,认为古巴是苏联的"代理人""卫星国""傀儡"。[1] 另外,还有学者认为古巴是苏联的盟友[2],苏联希望通过古巴这座桥头堡巩固其在加勒比海的军事存在[3],古巴严重依赖苏联的政治、经济、军事援助[4],等等。本文试图结合新发现的材料,重新梳理赫鲁晓夫时期苏古关系的发展历程,考察推动苏古关系发展的根本动力,审视古巴在苏古关系演变中的作用。

一 美古关系的恶化与苏古合作

20世纪上半叶,古巴与美国的关系几乎成了古巴对外关系中唯一的中心。1903年,美国通过《普拉特修正案》获得干预古巴的权利及关塔那摩的领土。1906年美国再次占领古巴,其后事实上一直统治着这个国家。20世纪30—40年代以后,美国垄断资本几乎控制了古巴的经济命脉。美国在古巴的全部投资约12亿美元,这些资本操纵着糖业、炼油业、采矿业、电力、金融和铁路等经济

---

[1] Alexander L. Georgead and David K. Hall and William E. Simos, *The Limits of Coercive Diplomacy: Laos, Cuba, Vietnam*, Boston: Little, Brown and Company, 1971; Carmelo Mesa-Lago and June S. Belkin, *Cuba in Africa*, Pittsburgh: Center for Latin American Studies, University Center for International Studies, University of Pittsburgh, 1982; D. James, *Cuba el primer satelite soviético en America*, Mexico: Libreros Mexicanos Unidos, 1962; R. S. Litwak and S. N. McFar-lane, "Soviet Activism in the Third World", Slavic Review, vol. 29, no. 1 (February 1987); Almeda M. Monreal, *Cuba, el comunismo y el caos*, Mexico: Prensa Española, 1971; Jerry F. Hough, *The Struggle for the Third World*, Washington: Brookings Institution, 1986; Quiroga A, *La revolucion cubana*, España: Barcelona, 1976.

[2] R. S. Schroeder, *Cuba after 15 Years*, Wash., Vol. 2, no. 2, (April 1973); Archibald R. M. Ritter, *The Economic Development of Revolutionary Cuba*, New York: Praeger, 1974.

[3] R. Beggs, *The Cuban Missile Crisis*, London: Quadrangle Books, 1971; K. Devlin, "The Castroist Challenge to Communism", in *The Soviet Union and Latin America*, New York: Praeger, 1970; L. Goure, "Cuba's Military Dependence on the URSS", in *Soviet Seapower in the Caribbean: Political and Strategic Implications*, New York: Praeger in coop, 1972; L. Goure and M. Rothenberg, *Soviet Penetration of Latin America*, Miami: Monographs in International Affairs, Center for Advanced International Studies, 1975; H. Thomas, *Cuba or the Pursuit of Suchlicki J. Cuba from Columbus to Castro*, New York: Scribner, 1974.

[4] T. S. Cheston and B. Loeffke, *Aspects of Soviet Policy toward Latin America*, New York: MSS information corporation, 1974.

要害部门。① 1952 年，美国扶植的巴蒂斯塔发动政变夺取了古巴最高权力。上台后他立即解散议会，废除 1940 年以来具有进步意义的宪法，制定了"宪法条例"和反劳工法，禁止政党活动、群众集会、罢工，并与美国签订《军事互助条约》。② 同时，巴蒂斯塔表示绝不恢复昔日与苏联的联系，并宣布在古巴的共产党为非法组织。这使美国认定巴蒂斯塔不仅"具有保证稳定与秩序的能力"，还能够"奉行一种强烈的反共产主义政策"③。巴蒂斯塔的反动政策使美国垄断资本不仅掌握了古巴的经济命脉，而且对古巴的政治、军事、外交随心所欲地加以控制，以至于有的美国学者把古巴岛称为"美国的第 51 州"。④ 美国对古巴的控制和压榨也使古巴国内的民族矛盾与阶级矛盾日益激化。

（一）美古关系的恶化

1959 年 1 月，卡斯特罗领导的起义军推翻了巴蒂斯塔的独裁政权。古巴革命的胜利是通过自身艰苦的武装斗争取得的。革命者先在山区建立游击根据地，将反独裁的斗争与农民争取土地的斗争结合起来，因而得到了农民的拥护。革命力量壮大以后再向城市发展，最后进军首都哈瓦那夺取全国政权。为推动革命的深入发展，通过土地改革废除大庄园制经济并没收外国占有的古巴土地，分给革命中主要依靠的无地或少地的农民，并解决人民迫切要求解决的失业、教育、住房、医疗等问题，成为摆在卡斯特罗面前的首要任务。但是，土地改革等政策一旦实施，就意味着美国丧失在古巴经济中的主导地位。

---

① José Luis Rodriguez García, *Desarrollo económico de cuba（1959 – 1988）*, México: Editorial nuestro tiempo, 1990, p. 20.
② Louis A. Perez, *Cuba and the United States: Ties of Singular Intimacy*, Athens: University of Georgia Press, 1997, p. 238.
③ Lloyd J. Mecham. *A Survey of United States-Latin American History*, New York: Houghton Mifflin, 1970, p. 306.
④ Alex R. Hybell, *How Leaders Reason: US Intervention in the Caribbean Basin and Latin America*, Oxford, UK; Cambridge, Mass., USA: B. Blackwell, 1990, p. 77.

出于策略的考虑，在美国政府未对古巴革命政权表明立场前，卡斯特罗宣称，"古巴革命既不是资本主义的，也不是共产主义的"，而是"橄榄绿色的人道主义革命"，是"穷人所有、穷人所治、穷人所享"的革命。该时期卡斯特罗的政治立场尚未明确，他指出，"当时就提出信奉社会主义纲领，是无法取得政权的。那时如果宣布激进纲领，会刺激全国处于分裂状态的反动力量联合起来反对革命，还会促使巴蒂斯塔、统治阶级和美帝国主义者之间结成巩固的联合阵线。他们最后会招来美国军队占领全国，这将造成复杂的局势。我们当时能动员的力量，在毫无外援的情况下，不可能战胜它"。① 卡斯特罗对待美国的态度是比较理智的，当时古巴在面临外部威胁或挑战时仅有两种选择，要么追随强者，要么采取制衡行为。追随强者是指与引发危险者结盟，制衡是指与其他国家结盟以反对具有优势的威胁。②

在复杂的国际背景下，古巴首先进行了追随强者的试探。1959年4月，卡斯特罗亲自率团访美。但是，由于古巴奉行独立自主的经济政策影响到美国在古巴的经济利益，艾森豪威尔拒绝会见卡斯特罗。美国对古巴的冷漠态度没有影响卡斯特罗在国内进行土地改革的决心。5月17日，古巴颁布《第一部土地改革法》，要求废除大庄园制度。每一个自然人或法人可拥有土地的最高限额为30卡瓦耶里亚（1卡瓦耶里亚=1343公亩=13.43万平方米），除此之外的土地为国家所有。自法律颁布之日起，禁止订立土地租借和任何其他按产品比例计算缴纳庄园租金的合同。压榨甘蔗的合同不在此例。自该法颁布一年后开始，任何不具备法律规定条件的股份公司不得经营庄园。法律颁布后，共征收本国和美国大庄园主的土地约16.2万卡（合217万多公顷）。土地改革法的颁布使美国垄断资本失去了

---

① Внешняя политика социалистической Кубы: Сборник официальных документов КП и правительства Республики Куба и материалы из статей и выступлений кубинских руководителей. Москва: Наука, 1980, С. 415.

② [美]斯蒂芬·沃尔特：《联盟的起源》，周丕启译，北京大学出版社2007年版，第16页。

在古巴生存的土壤，促使古美关系进一步恶化。1959 年 6 月，美国国家安全委员会在讨论关于"古巴的问题"时指出，卡斯特罗必须垮台。美国政府未公开的目标是："以支持古巴反对派发展的方式，带来……一个对美国有利的新政府。"① 古美关系恶化得如此迅速，其原因何在呢？

肯尼迪在 1960 年初出版的《和平战略》一书中问道，如果美国政府不是"那样长久、那样不分青红皂白地"支持巴蒂斯塔，而是在卡斯特罗访美时给予更热情地接待，卡斯特罗会不会采取一条"更通情达理的路线"呢？笔者认为，该时期古美关系的发展存在三个难以逾越的障碍。

一是美国与古巴互不信任。卡斯特罗夺取古巴政权的手段与巴蒂斯塔不同。1959 年革命推翻了美国政府扶植的巴蒂斯塔政权，古巴革命政权代表古巴人民的利益，这就意味着卡斯特罗领导的古巴政府与美国在古巴的利益集团阶级属性不同，两者之间存在着民族矛盾和阶级矛盾。当古巴政府审判许多曾在巴蒂斯塔政府和军队中供职的人员时，美国新闻媒体和美国国会里批评声音甚多，菲德尔·卡斯特罗和古巴政府其他领导人对此十分恼火。②

二是土地改革和没收外国在古巴资产的举措破坏了古美合作的基础。1959 年，美国在古巴制糖业、采矿业、公共事业、银行和制造业的投资超过其在任何一个拉丁美洲国家的投资额（委内瑞拉除外）。③ 掌握古巴经济命脉是美国左右古巴政局的重要手段。古巴独立后，不仅没收了外国控股的公司，而且不允许外国股份公司经营或租借甘蔗园。这些政策的实行使美国的股份公司难以从内部影响古巴的经济，也使美国失去了控制古巴的有效手段。

三是独立自主的发展空间是卡斯特罗领导的古巴政府最迫切需

---

① James G. Blightan and Bruce J. Allyn and David A. Welch, *Cuba on the Brink*, Maryland: Rowman & Littlefield Publishers, 2002, p. 15.
② ［英］莱斯利·贝瑟尔主编：《剑桥拉丁美洲史》（第七卷），中国社会科学院拉丁美洲研究所译，经济管理出版社 1996 年版，第 482 页。
③ ［英］莱斯利·贝瑟尔主编：《剑桥拉丁美洲史》（第七卷），第 527 页。

要的。美国租借关塔那摩基地犹如插入古巴的楔子，卡斯特罗政府一直反对该军事基地的存在，并拒绝接受美方租金，要求美国军队撤出关塔那摩。

由于美国与古巴之间存在上述难以逾越的障碍，两国关系难以正常化。古美关系恶化后，古巴最关心的问题是：在国际上如何突破美国的封锁和遏制，以保存新生的革命政权；在国内如何获得古巴改革和发展所需的援助。古巴寻找的新合作伙伴，必须能够为它提供安全保障和经济支援。作为超级大国的苏联自然在古巴的考虑范围之内，古美合作基础的破坏为苏古关系发展提供了机遇。

（二）苏古合作

在赫鲁晓夫上台以前，苏联与古巴之间的合作基础是薄弱的。两国最早的合作可以追溯到1925年，当时在共产国际的倡议下古巴共产党成立，苏联共产党与古巴共产党建立了联系。1942年10月，为推进世界反法西斯运动，苏古建立了外交关系。1943年初，苏联任命驻华盛顿大使马克西姆·李维诺夫兼任驻古大使。同年，斯大林邀请古巴外交部长奥列里·孔切索访问莫斯科。冷战开始后，古巴总统劳·圣马丁和普里奥·索加拉斯先后投向美国反共势力的阵营，苏古关系便冷淡下来。

1953年7月26日，卡斯特罗因攻打蒙卡达兵营失败而被捕。当时刚好是斯大林逝世后不久，苏联的内政外交尚未发生根本变化。苏联对民族解放运动并无很大的兴趣，因为在斯大林看来，民族运动的领导者通常是民族资产阶级，他们很容易同帝国主义妥协，出卖民族利益，成为帝国主义的附庸。[①] 所以，卡斯特罗对蒙卡达的攻击以及随后的游击战争，并没有引起苏联高层的注意。"当卡斯特罗领导的革命取得胜利，带领军队进入哈瓦那的时候，苏联对其政权

---

① 张盛发：《试析赫鲁晓夫在古巴部署核导弹的动机与决策——写在古巴导弹危机爆发50周年之际》，《俄罗斯东欧中亚研究》2012年第6期。

会走什么样的政治路线全然不知。"① 苏联外交部副部长格·马·普希金甚至向赫鲁晓夫报告说，"卡斯特罗是大资产阶级的代表，而且是中央情报局的走狗，同巴蒂斯塔没有什么两样"②。不过，古巴革命胜利所引起的反响是苏联不能忽视的。赫鲁晓夫积极支持国外革命运动和民族解放运动，在 1959 年 1 月率先承认古巴共和国革命政府。6 月，苏联与古巴有了第一次官方合作。在古巴土地改革法的细节公布之后，美国开始秘密地策划推翻卡斯特罗政府。切·格瓦拉被派往国外考察以获取支持。在开罗，格瓦拉同苏联大使馆取得了联系。7 月，与苏联达成初步的协议：苏联购买古巴 50 万吨糖。③该协议本身并不值得特别关注，在巴蒂斯塔时期苏联也购买过这个数量的糖，但这却表明，古巴与苏联之间存在着继续合作的可能。苏古购糖协议的签订，标志着两国关系迈出了新的一步。

格瓦拉的求援引起苏联高层的注意，克格勃决定派"塔斯社记者"亚历山大·阿列克谢耶夫去哈瓦那。该时期卡斯特罗本人暂时还未公开自己的观点，但是他的弟弟劳尔·卡斯特罗却公然称自己是马克思主义者。赫鲁晓夫非常高兴，不过他还无法完全信任卡斯特罗，又决定派部长会议第一副主席米高扬赴古巴考察情况。④

米高扬对古巴的考察推动了苏古关系的发展。1960 年 2 月，米高扬赴哈瓦那主持"苏联科学、技术与文化成就"展览会的开幕仪式，前后参观展览会的古巴人达到 80 万（占古巴当时总人口的 1/8）。似乎在短短 20 天时间里，古巴人民对苏联的了解超过了以往 40 年。⑤ 2 月 13 日，米高扬同卡斯特罗签订了《苏联与古巴贸易支付

---

① Родригес И. И. Партийно-политическая работа по укреплению единоначалия в Революционных Вооруженных Силах Республики Куба. 1959 – 1981 гг, Москва: Наука, 1982, C. 191.

② [俄] 谢·赫鲁晓夫著：《导弹与危机——儿子眼中的赫鲁晓夫》，郭家申、述弢译，中央编译出版社 2000 年版，第 405 页。

③ Слезкин Л. Ю. История Кубинской республики. Москва: Наука, 1966, C. 468.

④ [俄] 谢·赫鲁晓夫著：《导弹与危机——儿子眼中的赫鲁晓夫》，第 406 页。

⑤ Роландо С. И. Развитие и становление Государственного бюджета Республики Куба: Дис. Ленинград: кандидата экономических наук, 1980, C. 132.

与提供信贷协定》。苏联允诺在此后 5 年内购买古巴蔗糖 580 万吨；向古巴提供石油；提供 1 亿美元的低息贷款，帮助古巴进行工业改造和住房建设。苏古贸易结算中 20% 使用美元，80% 使用货物（主要是石油、机械、小麦、新闻纸和化学制品）。[①]《苏联与古巴贸易支付与提供信贷协定》的签订，奠定了苏古经贸关系发展的基础。米高扬回国后向赫鲁晓夫汇报情况时表示，"应该帮助古巴，但同时也应在思想上保持高度警惕。一旦美国猜到卡斯特罗正在往哪里倾斜，这一尚未巩固的新制度向哪里靠拢，立刻就会把它扼杀掉"。米高扬的汇报表明，苏联已经把卡斯特罗当成潜在的朋友了。赫鲁晓夫表示，"我们作为国际主义者，不能不帮助古巴，不能听任革命被扼杀"[②]。同时，古巴也越来越重视国内马克思列宁主义思想的传播。1960 年 3 月 3 日，在古巴人民社会党全国委员会全体会议上通过了《关于国家局势的决议》和《提高革命觉悟及马克思列宁主义思想水平的决议》。

在这里有必要探讨一下，对古巴的援助是否成为影响该时期美古关系和苏古关系的重要因素。1959 年 4 月，卡斯特罗率团访美。关于卡斯特罗访问美国的目的，国内外学者有不同的见解：一是为获取古巴土地改革所缺的资金；二是为获得美国舆论界对古巴革命的支持。关于第一种解释，笔者在美国解密档案中并未找到相关材料，即古巴需要多少资金，在何时、何地表达古巴的资金需求。关于第二种解释，可见《卡斯特罗答美国记者洛克伍德问》中的解释，"为了要做出努力使美国舆论获得较好的情报，以正确对待我们的革命"[③]。由此可见，古巴在革命后，并未把向美国请求经济援助作为最重要的外交目标。所以，美国拒绝援助古巴也没有影响古巴革命的继续发展。同时，该时期苏联给予古巴的实际援助也仅占很小的

---

① Фокеева Г. В. История международных отношений и внешней политики СССР. Москва: издательство международные отношения, 1987, С. 20.
② 徐隆斌：《赫鲁晓夫执政史》，山东大学出版社 2003 年版，第 340 页。
③ 参见齐世荣主编《当代世界史资料选辑》，首都师范大学出版社 1996 年版，第 3 册，第 555 页。

份额,以苏古之间的主要经济合作项目"糖贸易"为例(表1),1960年古巴产糖586.2万吨,向苏联的出口量为146万吨,苏联的进口量在古巴糖产量中所占的份额仅为25%。因此,有学者认为该时期提供援助是影响苏古关系发展的主要原因或施加影响的有力工具,其观点并不准确。实际上,只有苏联与古巴认为这个做法符合各自的国家利益时,才提供和接受军事或经济援助。

表1　　　　　苏联与古巴的糖贸易(1960—1964年)

年份	古巴产糖量(百万吨)	向苏联的出口量(百万吨)	苏联购糖量在古巴糖产量中所占的份额(百分比)	所支付的价格(每磅以美分计)	苏联的进口总值(百万卢布)	苏联向其他国家出口糖的数量(百万吨)	苏联的出口值(百万卢布)
1960	5.862	1.467	25.0	3.21	93.4	0.243	22.8
1961	6.767	3.345	49.4	4.00	270.4	0.414	33.2
1962	4.315	2.233	46.4	4.13	183.5	0.792	56.4
1963	3.821	0.996	26.1	6.22	123.2	0.802	94.1
1964	4.589	1.859	40.5	6.00	222.6	0.348	50.2

资料来源:Внешняя торговля СССР 1918 – 1966 г. (Статистический сборник), Москва:издательство международные отношения, 1967.

二　美国企图颠覆古巴政权与苏联对古巴的支持

在国际形势的影响下,古苏关系的发展使美国更加敌视古巴,因而对古巴实行经济封锁、外交孤立和军事包围的政策。反过来,苏联赢得古巴追随的政策逐步完善。经济援助、外交支持与武器供应相结合,这些政策使古巴将苏联提供的安全保障视为革命避免遭受美国扼杀的唯一途径,引导古巴进一步转向社会主义阵营。

(一)"勒库布尔号事件"促使苏联与古巴恢复外交关系

1960年3月4日,一艘悬挂法国国旗的"勒库布尔号"轮船给古巴革命政府运送 65 吨武器，在接近哈瓦那港时发生爆炸，不仅港口建筑物遭到严重破坏，而且在爆炸中有近 300 人伤亡。次日，古巴逮捕 1 名与"勒库布尔号"惨案有关的美国人——纳德·查普曼。美国国务院官员弗朗西斯·塔利随即发表声明，拒不承认美国与"勒库布尔号"轮船爆炸事件有关联，并且再次威胁古巴，扬言要"立即通过外交途径向古巴表示美国政府的强烈抗议"①。卡斯特罗在祭奠爆炸事件死难者的葬礼上，揭露美国官员阻止古巴向他国购买武器的交易，并且指出，"应该在美国政府的官员中寻找进行这次破坏活动的祸首"②。

"勒库布尔号事件"发生以后，古巴意识到革命政权随时面临威胁。这使古巴反对美国的意志更加坚定，卡斯特罗放弃了中立态度，对苏联"一边倒"。3 月 5 日，卡斯特罗与阿列克谢耶夫共进午餐时问道，"如果美国进行封锁或干涉，古巴能否指望得到苏联的援助？"这是古巴领导人第一次公开要求苏联提供直接的军事援助。③ 3 月 6 日，古巴驻联合国代表特雷萨·卡苏索表示，"目前，我们不能孤立于别人而生活，因为贫困与落后是大多数美洲国家无法回避的现实问题"④。特雷萨·卡苏索暗示古巴在两极格局的背景下将选择倒向一方。

正当古巴有意向苏联靠拢时，苏联向古巴抛出了橄榄枝，积极向古巴提供外交支持并供应军用物资。3 月 8 日，苏联外交部长葛罗米柯代表苏联政府和人民就"勒库布尔号事件"向古巴政府和人民表示深切的同情。3 月 13 日，苏联《消息报》就古巴"勒库布尔号"轮船爆炸事件发表评论指出，"在古巴革命刚刚胜利的时候，美国就企图对古巴进行武装干涉。为了反对美国的这种军事威

---

① *Российско-кубинские и советско-кубинские связи* XVIII - XX вв. в 2 - х частях. Часть Ⅰ. М., 1975. С. 351；Часть Ⅱ. Москва：Наука，1980，С. 287.

② 菲德尔·卡斯特罗：《哈瓦那港发生反革命爆炸轮船事件》，《革命报》1960 年 3 月 6 日第 4 版。

③ Разумович Н. Н. *государственные преобразования революционной Кубы.* Москва：издательство международные отношения，1964，С. 16.

④ 特雷萨·卡苏索：《古巴决不孤立》，《革命报》1960 年 3 月 6 日第 2 版。

胁，古巴人民不得不武装起来"①。接着，苏联第一次向古巴提供军用物资。3月18日，苏联政府将其在哈瓦那举行的苏联科学展览会上展出的一架米—4直升机及其配件，以及一批医疗器材赠送给古巴政府。

为了加深与苏联的合作，古巴采取的举措让苏联颇为满意。1960年4月7日，古巴政府贸易代表团团长、土地改革委员会主任努涅斯·希门尼斯宣布，古巴计划在甘蔗大庄园中建立1000个甘蔗合作社，这些合作社生产的甘蔗占全国甘蔗产量的一半。国家银行贷给全国土地改革委员会3420万比索，用来建立甘蔗合作社和发展合作社的生产。②4月24日，古巴《今日报》出专刊纪念列宁诞辰90周年，古巴今日报社长卡洛斯·罗德里格斯在《列宁和殖民世界》一文中指出，"没有一个人能像列宁那样最正确地运用科学来研究殖民问题，列宁积极参加和组织了殖民地、半殖民地国家摆脱帝国主义制度的斗争"③。

苏联与古巴的合作基础逐步构建，加上国际局势的推动，两国于1960年5月8日发表了《关于恢复外交关系的联合公报》。苏古外交关系的恢复是古巴共和国外交史上的一个重大事件。古巴《今日报》发表社论指出，古巴和苏联建立外交关系，从苏联方面看，是一个友好的决定；从古巴方面看，革命政府的行动首先意味着收回民族主权。社论强调，古巴并不是孤立的。7月9日，赫鲁晓夫宣布，苏联准备用导弹来"象征性"地捍卫古巴。苏联保证"用它所掌握的一切手段来防止美国对古巴的武装干涉"，而且苏古将签订第一个正式的军事协定。④"勒库布尔号事件"后，苏古外交、军事关系日益加强，古巴彻底转向了社会主义阵营。

---

① 《强烈谴责美帝国主义对古巴的武装干涉》，《消息报》1960年3月13日第2版。
② L. Gould Lewis, *Documentary History of the John F. Kennedy Presidency*, Vol. 6. Washington, DC, 2005, pp. 9–51.
③ 卡洛斯·罗德里格斯：《列宁和殖民世界》，《今日报》1960年4月24日第1版。
④ 《苏、捷、罗报纸谴责美国对古巴的侵略阴谋》，《革命报》1960年7月9日第1版。

(二) 苏古关系全面发展与苏联对古巴的援助

该时期古巴面临的经济发展问题仍十分严峻，国内产业发展被糖业所困，古巴自主建立工业体系的基础十分薄弱，不仅存在资金匮乏和技术落后的问题，而且需寻找大量的贸易合作伙伴。古美关系恶化后，1960年7月3日，美国国会通过了一项新的蔗糖修正法案，该法案授权美国总统可以削减古巴糖的进口限额。7月6日，美国正式宣布对古巴进行经济制裁。

面对改革与发展中的重重困境，古巴向苏联寻求援助和支持。随后，苏联答应购买美国削减的古巴食糖出口额。7月9日，苏联部长会议主席赫鲁晓夫发表声明称，"一旦外国武装干涉古巴，苏联将给予古巴人民坚决的支持"[1]。7月11日，政府贸易代表团团长努涅斯·希门尼斯宣布，古巴向苏联、波兰、捷克斯洛伐克和德意志民主共和国购买了可以装配30家工厂的工业设备。苏联的援助为古巴经济改革提供了坚强后盾，古巴土地改革继续深入，并逐步走上了工业国有化的道路。

在此情况下，美国仍不放弃对古巴的干涉政策。8月，当古巴开始大规模工业国有化运动以后，美国出面召开美洲国家组织外交部长会议，通过《圣约瑟宣言》，宣称美洲国家必须防范古巴革命的影响，并以6亿美元的贷款拉拢美洲国家孤立古巴。[2] 美国随即宣布对古巴实行全面禁运。9月2日，卡斯特罗发表演说，对美国进行了有力回击，同时废除了1952年的古美军事协定。美国宣布对古巴实行全部贸易禁运后，苏联与古巴签订《1962年贸易议定书》，同意向古巴提供贷款、援助粮食。[3]

1960年9月19日，赫鲁晓夫率领苏联代表团赴纽约出席联合国

---

[1] Richard Gott, *Cuba: a new history*, New Haven, CT: Yale University Press, 2005, p. 2.

[2] ［美］利昂·古雷、莫利斯·罗森堡：《苏联对拉丁美洲的渗透》，上海译文出版社1979年版，第61页。

[3] José Luis Rodriguez García, *Desarrollo económico de Cuba（1959 – 1988）*, México: Editorial nuestro tiempo, 1990, p. 20.

大会。当时他正被柏林危机所困扰。战后西方国家对德国问题的一贯立场是以"自由选举"来"重新"统一德国,但这一立场未被苏联接受。赫鲁晓夫于 1958 年底提出,要把西柏林变成非军事化的"自由城市",限定美、英、法三国在 6 个月内从西柏林撤军。由于美国毫不退让,不久赫鲁晓夫让步,但 U-2 飞机事件使赫鲁晓夫推迟参加 5 月举行的四国首脑会议。苏美关系的这种演变使赫鲁晓夫对古巴问题更加关切。赫鲁晓夫特意安排与卡斯特罗在哈莱姆的旅馆见面,双方都很清楚会面地点的象征意义。赫鲁晓夫指出:"通过前往一个黑人社区的黑人旅馆,我们向美国对黑人和古巴的歧视政策做出了双重的示威。"[1]

联合国之行以后,赫鲁晓夫对古巴的态度发生了根本转变。他认为,"古巴不仅是一个要建设社会主义的国家,更是一个近距离给美国制造麻烦的盟友。古巴就是敢于对抗力量强大的歌利亚的大卫。必须竭尽全力挽救古巴的革命,这是我国的国际主义义务,是赫鲁晓夫本人的责任。围绕古巴所发生的事件将在最近很多年内决定着世界革命的发展"[2]。1960 年 11 月,在莫斯科举行的 81 国共产党、工人党代表会议上发表的《各国共产党和工人党代表会议声明》(即"莫斯科声明"),再次强调古巴革命的重要性。声明指出,"古巴革命的胜利有力地激励了拉丁美洲人民为争取完全的民族独立而进行的斗争",并在这个地区开辟了"一条对帝国主义进行积极斗争的阵线"[3]。但是,对于古巴的军事援助不能操之过急,苏古都担心这样会过分刺激美国。

赫鲁晓夫与卡斯特罗的会见使肯尼迪对古巴的态度也发生了转变。肯尼迪在 1960 年 10 月发表于辛辛那提的演说中认为,卡斯特

---

[1] Edward Boorstein, *The Economic Transformation of Cuba, a First-Hand Account*, Monthly Review Press, New York: Modern Reader Paperback, 1968, p. 27.

[2] W. Ray Duncan, *The Soviet and Cuba interests and Influence*, New York: Praeger, 1985, p. 144.

[3] Визит Генерального секретаря ЦК КПСС, Председателя Президиума Верховного Совета СССР М. С. Горбачева в Республику Куба. 2 - 5 апреля 1989 г.: Документы и материалы, Москва: Политиздат, 1989, C. 32.

罗已经"背叛了古巴革命的理想",并把古巴变成了"一个敌对的、好战的共产主义国家"。他说,"就目前而言,古巴是丢失了,没有任何一种神奇的办法能够使它回来"①。在古美关系急剧恶化的同时,美国中央情报局已开始在危地马拉山区训练1万多名古巴流亡分子,以便在可能的情况下用来进攻卡斯特罗。

(三) 猪湾入侵与苏联对古巴的支持

1960年底,危地马拉许多报纸透露了古巴流亡分子训练营的消息。紧接着,美国的《西班牙美洲报道》《民族》《时代》等刊物也一再或明或暗地点破了天机。1961年3月,美国报纸竞相报道在迈阿密的大规模军事调动,《纽约时报》已预测最近将发生一次对古巴的入侵。不久,美国新闻界正式报道中央情报局在危地马拉训练流亡分子的消息。

为帮助古巴瓦解美国的军事颠覆政策,苏联给予古巴大批军事援助。苏联供应轻武器、坦克、火炮,却没有提供飞机。赫鲁晓夫指出,"这主要和距离有关,古巴是个孤立的岛屿。一旦卡斯特罗遭到失败,苏联士兵就只有当俘虏了。这样冲突就闹大了"②。尽管当时得到的苏联军事援助并不多,格瓦拉仍高兴地说,古巴得到了"历史上最伟大的军事强国的保护……"③。

4月17日,1400名古巴流亡分子在6架没有任何标志的B–26老式轰炸机的掩护下,乘着2艘登陆艇和5艘商船,在古巴拉斯维利亚省的猪湾登陆。得到流亡者入侵古巴的确切消息后,苏联从外交层面给予古巴重要的支持。赫鲁晓夫致信肯尼迪:"几天前,您声明说美国无意参与针对古巴的军事行动,这给人一种印象,说明美国的领导层深知入侵古巴对于全世界和美国本身会有怎样的后果。现在,当侵犯古巴已成事实时,我们怎样来理解美国实际上的所作

---

① 杨光斌、赵少钦:《大器早殒——肯尼迪》,学苑出版社1996年版,第157页。
② [俄]谢·赫鲁晓夫著:《导弹与危机——儿子眼中的赫鲁晓夫》,第406页。
③ 杨光斌、赵少钦:《大器早殒——肯尼迪》,第156页。

所为呢？至于苏联政府，请不要对我们的立场产生任何误解：在反击武装入侵古巴方面，我们将对古巴人民及其政府提供一切必要的援助"①。当晚，2万名由苏制坦克和大炮武装的古巴政府军将海滩包围，流亡者在孤立无援的情况下进攻失败。

古巴政府对苏联给予的外交支持作出积极回应。4月18日，古巴驻苏联大使乔蒙·梅迪亚维利亚指出，"苏联是我们的朋友，在古巴遭到海上封锁时，苏联首先向古巴伸出了援助之手，同时还第一个用苏式设备帮助我们装备工厂"②。他对苏联《共青团真理报》记者说，"我今天感到特别地兴奋，苏联人民是多么真诚地支持革命的古巴人民。帝国主义者不能使古巴屈服，因为在社会主义革命旗帜下站起来的人民是战无不胜的"③。这是古巴政府官员第一次向外界宣布古巴革命具有社会主义性质。

猪湾入侵事件让古巴认识到，如果要在古巴进行一场激进的革命，必须与美国决裂，而在美国的进攻面前捍卫一场激进的革命，就需要得到社会主义国家苏联的支持。随后，古巴在苏联的支持和指导下推行内政改革，古巴政府加强了组织建设、军队建设，进一步深化了经济改革。将七二六运动、人民社会党和三一三革命指导委员会合并，建立统一的革命组织，并公开任命一些共产党员担任政府职务。5月1日，卡斯特罗正式宣布古巴是社会主义国家。

12月1日，卡斯特罗在"关于社会主义革命统一党"的电视演说中谈了自己对社会主义的认识。他说，"社会主义虽然拥有自己的全部权力，然而不能滥用这个权力，它是严肃的、自觉的，它为克服一切缺点而斗争，为消灭极端主义、宗派主义、专横行为和不合理的现象而斗争。……争取使人们过较好的生活，使人民获得更为幸福的生活，使人民过更为自由的生活，用这种生活来代替由一个

---

① ［俄］谢·赫鲁晓夫著：《导弹与危机——儿子眼中的赫鲁晓夫》，第407页。
② 乔蒙·梅迪亚维利亚：《古巴驻苏大使谈苏联人民支持古巴》，《真理报》1961年4月19日第2版。
③ 乔蒙·梅迪亚维利亚：《古巴驻苏大使谈苏联人民支持古巴》，《真理报》1961年4月19日第2版。

阶级进行压迫、一个阶级对劳动人民进行剥削的制度，争取实现工人的民主，这在马克思主义的词汇里就称为'无产阶级专政'"①。尽管卡斯特罗在夺取政权之初宣布古巴革命既不是资本主义性质，也不是社会主义性质，但卡斯特罗所要达到的革命目标与社会主义最终目标越来越接近。苏古两国的内部意识形态越相似，它们越有可能发展成为盟友。当古巴感到自身安全能够得到保障时，意识形态才成为影响它选择盟友的重要因素，而在两极格局中意识形态对盟友选择的影响往往被夸大。事实上，古巴是在选定盟友后才表明自己的意识形态立场。

同时，卡斯特罗还提出，"反对帝国主义的，和社会主义的革命应该是一个、一个唯一的革命，因为革命只有一个"②。卡斯特罗的演说把反对帝国主义纳入自己对社会主义认识之中，既是对古巴与美国关系恶化的理解，也表明苏联与古巴在反美斗争方面存在一致利益。

三 苏古关系发展的高峰与导弹危机对苏古关系的影响

导弹危机是赫鲁晓夫时期苏古关系的一个重要分水岭。苏联在古巴部署导弹，标志着两国关系发展达到高峰。而导弹危机后苏古双方产生的分歧和矛盾则使两国关系急速倒退。探究苏古关系急剧恶化以及破而不裂的原因，是该时段研究的重点问题。

（一）苏古关系发展的高峰——苏联在古巴部署导弹

猪湾入侵后，美国并没有放弃对古巴的干涉。1962年1月25日，美国国务卿腊斯克在美洲国家外长会议上正式提出干涉古巴的美国计划。腊斯克在发言中要求与会各国在四个主要方面采取行动：第一，宣布古巴政府"同泛美体系的宗旨和原则不相容"；第二，把古巴完

---

① 《卡斯特罗言论集》第2卷，人民出版社1963年版，第266页。
② 《卡斯特罗言论集》第2卷，第266—275页。

全排除在美洲国家组织及其各机构之外；第三，停止拉丁美洲国家同古巴之间的贸易往来，特别是军火贸易；第四，制订出干涉古巴的计划。

不久，肯尼迪政府又制订一项被称为"猫鼬行动"的计划，企图在古巴制造动乱，继而推翻卡斯特罗政权，并策划对卡斯特罗的暗杀。美国与古巴近在咫尺，而苏联和古巴却相隔万里，虽然苏联可以向古巴源源不断地运送武器，但是难以抵御美国一次真正的大规模入侵。

关于苏联在古巴部署进攻性导弹的动机，学者之间有不同看法。苏联（俄罗斯）的多数学者认为，苏联这样做的主要目的在于保护古巴，防御美国入侵。另一种较为普遍的解释是，苏联想以在古巴部署导弹为杠杆向美国施加压力，迫使美国撤出柏林。事实上，除上述目的外，苏联的真实意图是达到所谓的"战略均势"，希望以此解决苏联的核劣势问题，实现苏联与美国平起平坐、共同主宰国际事务的夙愿。20世纪50年代后期，艾森豪威尔政府曾大规模扩充核武器，使美国在苏美核竞赛中始终处于领先地位。肯尼迪上台后，从1961年3月发表第一篇国防咨文开始，就大力发展由潜艇发射的北极星导弹和从地下发射的民兵式导弹，并改进了美国的常规力量，以确保美国威慑力量的不可摧毁性。[①]当时，苏联仅有44枚洲际导弹和155架战略轰炸机，而美国同类武器分别有156枚和1300架，实力远胜于苏联。另外，美国在土耳其、意大利和西德均部署有针对苏联的导弹，苏联境内所有的重要工业城市都处于美国核弹和战略轰炸机的直接威胁之下，苏联等于是处于美国的"包围圈"中。因此，在赫鲁晓夫看来，如果苏联把中程导弹安放在古巴，便可以避开美国的预警系统而具有直接打击美国本土的能力。他认为，此举既可以改善苏联的战略地位，也可以造成不利于美国的政治影响。在必要的时候，这些导弹又可以作为讨价还价的筹码，迫使美国在

[①] Public Statements by the Secretaries of Defense, Part 3 "Kennedy and Johnson Administrations, 1961 – 1969", http://www.gwu.edu/nsarchiiv。

其他问题上让步。

对于导弹部署问题,古巴是比较矛盾的。这不仅因为导弹的隐秘性,更是因为部署导弹将会使这个国家成为"苏联的一座军事基地"。然而,从另一角度看,当时对于古巴来说国家安全更为重要。在冷战时期,古巴刚刚独立,保卫新生政权是古巴的首要任务,有安全的生存环境才能有发展。卡斯特罗说:"我们正在讨论应该采取什么措施。苏联询问古巴的意见,然后我明确地告诉他们——必须要让美国清楚,一次对古巴的入侵意味着一场同苏联的战争。"[1] 1962年7月2日,古巴国防部长劳尔·卡斯特罗应苏联国防部邀请到访莫斯科,双方在莫斯科草拟了在古巴部署导弹的秘密协定,包括核设施的内容。条款中有一条规定,苏联军方保有对核弹头的唯一控制权。[2] 苏联在古巴部署导弹,标志着苏古关系发展达到了高峰,苏联向古巴提供了其最需要的东西,在尊重古巴独立的基础上给予其安全保障。

(二) 导弹危机的爆发与苏古关系急速倒退

秘密协定签署后,苏联开始实施代号为"阿纳德尔"的计划。9月6日,苏联大使多勃雷宁通过肯尼迪的特别行政助理索伦森将一封赫鲁晓夫的私人信件转到肯尼迪的手中。信中谈道:"在美国国会选举以前,我们将不采取任何可能使国际形势复杂化或加剧我们两国之间紧张关系的步骤……只要对方不采取任何会改变现状的行动,这包括对德和约与西柏林问题。……如果情况需要,那也只是在11月的下半月才有可能。苏联不希望卷入美国国内的政治事务中去"[3]。随后,多勃雷宁大使又反复强调了苏联对待古巴的态度。他说,苏联在古巴没有做任何新的或特别的事情,所有这些措施肯定

---

[1] Ивановский З. В, *Латинская Америка и Карибы*, Москва: Наука, 2000, C. 191.
[2] 杨存堂主编:《苏联历史档案选编》第29卷,社会科学文献出版社2002年版,第516页。
[3] [俄] 阿纳托利·多勃雷宁:《信赖——多勃雷宁回忆录》,肖敏、王为等译,世界知识出版社1997年版,第79—82页。

是防御性的，并不构成对美国安全的任何威胁。① 与此同时，苏联在古巴部署了42枚中近程和中远程弹道导弹。

10月22日，美国获得了苏联在古巴建立导弹基地和轰炸机基地的确凿证据。肯尼迪要求苏联从古巴撤走"进攻性导弹"，并强行对古巴这个岛国实行海军"封锁"，以阻止苏联运送武器去古巴。肯尼迪还要求苏联撤走战略轰炸机，并承担今后不在古巴部署苏联战略武器的义务。就解决加勒比海危机问题进行的纽约谈判于1962年10月29日开始，一直持续到1963年1月7日。美国拒绝进行苏、美、古三方谈判的建议，苏古代表一直保持着经常性的接触，以协调双方的所有行动。

11月24日，美方提出了自己的声明草案。草案中虽有承诺不入侵古巴义务的条款，但这仅仅是表面文章，其中却有一系列令人无法接受的条款和附加条件，尤其是美方承诺不入侵古巴的义务是相对的。根据该条款，美方所承诺履行的不入侵古巴的义务，只有当古巴不采取危及西半球和平与安全的行动时才有效（随后美国建议使用"条件是古巴不对西半球任何国家实施侵略行为"这一措辞）。②

在谈判过程中，苏联为古巴的利益做了积极的努力。赫鲁晓夫试图达到其对外宣传所要达到的目标，即保卫古巴的安全。同时，苏联夸大谈判的结果，宣称"纽约谈判的结果使苏联、古巴和整个社会主义阵营在国际舞台上的地位空前巩固。这种地位是通过我们坚持不懈的斗争取得的，而这场斗争则在用和平手段保障古巴革命的安全上发挥了关键性的作用。苏联政府在防止世界热核战争和用妥协的方法和平解决加勒比海危机上所表现出的勇于创新的精神，赢得了各国人民的赞赏"③。但是，苏联在没有与古巴商量的情况下就做出了让步，撤走了在古巴的全部战略部队，菲德尔·卡斯特罗

---

① ［俄］阿纳托利·多勃雷宁：《信赖——多勃雷宁回忆录》，第79—82页。
② 杨存堂主编：《苏联历史档案选编》第29卷，第508页。
③ 杨存堂主编：《苏联历史档案选编》第29卷，第511页。

对此颇为愤怒。

导弹危机后，古巴领导人希望能与苏联签署军事同盟条约，以保障古巴的安全。一方面，古巴的社会主义改造日益深入，同反革命进行着大规模的斗争，人民和政府处于战备状态，随时准备反击帝国主义的侵略图谋。[①] 另一方面，卡斯特罗和多尔蒂科斯都强调说，没有这样一个条约，美国人似乎认为古巴是孤立的，从而助长其冒险尝试，一笔勾销不入侵古巴的义务，对古巴发起军事进攻。古巴领导人向苏联提出订立军事条约时宣称，在拉丁美洲国家通过武装斗争消灭资本主义制度的全部客观条件已经成熟，他们把协助拉丁美洲人民作为自己一项极为重要的任务。

迫于国际形势的压力，苏方拒绝了古巴的请求，两国关系的进一步发展面临多重考验。苏联军事专家库兹涅佐夫提出的理由包括三个方面：一是古巴领导人执行的是另一条路线，即不是去增强古巴人民对苏联在加勒比海危机期间为拯救古巴及对古巴的全面经济援助和其他援助所表达的感激之情。"无论是菲德尔·卡斯特罗还是其他古巴领导同志，最近在发言中不再提起苏联对古巴的援助，倘若提到这种援助，也是强调这种援助来自社会主义阵营，或者把这种援助说成是苏联、中国和其他社会主义国家提供的"[②]。二是古巴领导人认为，苏联政府在加勒比海危机时采取的行动不完全正确。1963年1月7日卡斯特罗在写给联合国秘书长吴丹的最后信函里说，古巴方面认为，谈判并未取得加强古巴安全的结果。[③] 三是苏联认为自己派往古巴的专家未得到重用。"我们的专家不总是能被充分地加以使用。在许多情况下，古巴同志对我们的专家存有戒心，好像害怕苏联顾问管多了。我们认为，季托夫同志领导的苏联总顾问小组的处境尤其应该值得注意。"[④]

导弹危机成为苏古关系史上分歧与矛盾最严重的一次事件，但

[①] 杨存堂主编：《苏联历史档案选编》第29卷，第513页。
[②] 杨存堂主编：《苏联历史档案选编》第29卷，第513页。
[③] 杨存堂主编：《苏联历史档案选编》第29卷，第513页。
[④] 杨存堂主编：《苏联历史档案选编》第29卷，第514页。

苏联和古巴并没有断交。笔者认为，这主要有四方面原因：一是美国履行了不入侵古巴的承诺。肯尼迪总统在 1963 年 1 月 9 日与苏方交谈时重申，美国承认并打算履行不入侵古巴的义务。肯尼迪在此次交谈中还表示，美国政府不允许古巴侨民在美国领土上进行入侵古巴的准备工作，决定解散 1962 年 12 月从古巴返回的曾参与 1961 年武装干涉人员的队伍。① 二是如果古巴始终坚持社会主义道路，那么古巴与苏联有着共同的革命理想。1963 年 10 月 4 日，古巴颁布《第二次土地改革法》。法律规定：不允许资产阶级庄园或占有人掌握庄园来损害劳动人民的利益，阻碍供应居民的粮食生产，并且用产品进行投机或把他们剥削他人劳动所得的高额收入用于反社会和反革命的目的。农村资产阶级的存在是同社会主义革命的目的不相容的。必须消灭美国所依靠的与工农为敌的农村资产阶级。从古巴第二部土地改革法中可以看出，古巴不仅坚持社会主义道路，而且在法律文本中融入了对古巴社会各阶级的分析，指出了美国庄园主是古巴的真正敌人。古巴坚持走社会主义道路并反对美国，与苏联存在共同的国家利益。三是在美苏两极格局的背景下古巴选择投向苏联，与当时的国际背景和苏联国内环境密切相关。赫鲁晓夫时期苏美的力量消长发生变化，可供苏联利用的机会、苏联利用这些机会的能力，以及美国对这个地区的控制均发生了变化。古巴对于苏联越来越重要是不言而喻的，它是苏联唯一能对美国近距离地制造麻烦的盟友。② 古巴加入以苏联为首的"社会主义大家庭"并成为正式成员，这就是在美国所控制的拉丁美洲打开了一个大缺口。苏联保住古巴政权，可以证明第三世界国家走亲苏路线的正确性，并进一步推动苏联领导的国际共产主义运动。因此，当有能力和机会与古巴合作时，苏联是不会放弃的。四是苏古关系的发展深受美国因素的影响。古巴是夹在苏美之间的加勒比海小国，然而，古巴远

---

① 杨存堂主编：《苏联历史档案选编》第 29 卷，第 510 页。
② ［古］菲德尔·卡斯特罗、［法］伊格纳西奥·拉莫内：《卡斯特罗访谈记：我的一生》，中国社会科学院拉丁美洲研究所译，中国社会科学出版社 2008 年版，第 286—289 页。

不是两个超级大国、两个世界争夺的唯一焦点。美苏两国都试图使摆脱了殖民统治的国家接受自己的价值观，加入东方集团或西方集团。古美关系恶化后，只有采取倒向苏联的对外政策才能保住古巴新生的革命政权。

（三）苏古外交政策的调整及影响

导弹危机过后的苏古关系已发生变化，赫鲁晓夫试图缓和同古巴的关系。1962年11月16日，米高扬赴古巴商讨苏联对古巴经济技术援助的具体问题。1962年12月20日，苏古发表《1963年贸易谈判的第一阶段公报》，双方就1963年扩大两国贸易达成了协议。1963年2月6日，苏古两国政府代表在莫斯科签订了《1963年苏古换货议定书》和《苏联向古巴提供贷款的协定》。4月28日，应苏联方面邀请，卡斯特罗在莫斯科机场受到了赫鲁晓夫和勃列日涅夫的迎接。卡斯特罗的来访对苏联有着重要的意义，在苏联处境艰难的情况下，赫鲁晓夫需要向其他国家的党和人民证明，他对古巴这个苏联阵营新成员的支持是正确的。4月底，苏联将古巴列入"社会主义阵营"，苏联宣布完全承认卡斯特罗的社会主义。[①]

此时，古巴政府对于苏联会在多大程度上帮助古巴尚捉摸不透。为了使古巴革命政权得以生存，古巴制订了维护自己利益的全球外交政策：一是建立一支精于外交、国际、经济、情报和军事的庞大外交队伍。古巴领导人希望利用外交政策来取得古巴进行社会经济改造所需要的资源；古巴与苏联的关系仍是古巴发展对外关系的最优先方向；古巴力图与全世界尽可能多的政府保持良好的关系。古巴的这项政策就是为了冲破美国政府想把封锁强加于古巴的企图。为此目的，古巴愿意同非共产主义国家建立经济关系。二是扩大古巴在国际左派运动中的影响。古巴领导人认为，他们领导了一场真正的夺取政权的革命，马列主义在古巴已经得到确立，不像大部分东欧国家那样是第二次世界大战后苏联占领那些国家的副产品。而

[①] 《卡斯特罗到苏访问》，《真理报》1963年4月28日第1版。

且，这场土生土长的加勒比革命，并不是老牌的共产党领导的。① 古巴革命者认为，他们对于第三世界的革命应当如何进行，以及如何向马列主义演变等问题把握得很准确。② 三是有力地支持许多拉丁美洲和非洲国家的革命运动。古巴"格瓦拉主义者"认为，要保证卡斯特罗政权的存在，决不能仅依靠苏联的军事和经济援助，只有在整个拉丁美洲大陆进行革命才能达到保卫该政权的目的。③ 古巴将物资援助给予大部分中美洲国家和安第斯国家的革命者，在非洲与葡萄牙作斗争的人，以及刚果（布拉柴维尔）、阿尔及利亚和北越的友好革命政府。古巴试图借助其作为社会经济和政治发展的楷模形象扩大古巴革命的声望，在第三世界建立古巴的利益范围，摆脱被孤立的局势，削弱苏古关系冷淡对古巴造成的不利影响。

古巴的全球外交政策也给苏古关系带来冲击。苏联对古巴支持其他国家革命运动的做法没有提供任何支持。该时期苏联如果公开支持古巴的独立外交政策，将恶化导弹危机后缓和的苏美关系，使苏联在与美国的尖锐对抗中消耗自己的力量。苏联担心对古巴提供大量经济和军事援助后，古巴对苏联仍持若即若离的态度。一旦古巴在第三世界的力量日益增长，不再需要苏联提供安全保障，那么苏联将失去控制古巴的手段，其外交战略利益势必大大受损。另外，在拉丁美洲革命力量弱小且革命条件尚不成熟时，发展革命运动将迫使非共产主义力量起来反对革命、反对苏联，特别是拉丁美洲国家资产阶级政府将会更倾向于寻求美国的政治保护，这不利于苏联与许多拉美国家建立外交关系和发展经贸关系。由于美国的激烈反对和苏联的漠然视之，卡斯特罗和切·格瓦拉在对外输出革命时遇到严重困难，古巴轰轰烈烈的输出革命运动最终以失败告终。

---

① [古]埃内斯托·切·格瓦拉：《古巴革命战争回忆录》，复旦大学历史系拉丁美洲研究室译，上海人民出版社1975年版，第30—35页。
② [古]埃内斯托·切·格瓦拉：《古巴革命战争回忆录》，第261—274页。
③ 《战斗的古巴在前进》，《革命报》1963年1月3日第1版。

四 结 语

赫鲁晓夫时期苏古关系的发展经历了三个重要阶段：古美合作基础的破坏为苏古关系的发展提供机遇；美国企图颠覆古巴政权与苏联对古巴的支持；苏古关系发展的高峰与导弹危机对苏古关系的影响。该时期苏古关系的演变是内外因素共同作用的结果。苏联与古巴的国内环境是推动苏古关系发展的内因，决定着苏古关系演变的基本趋向。美国因素是推动苏古关系发展的外部动力，对苏古关系的发展起着加速的作用。笔者认为，影响该时期苏古关系演化的因素主要有以下两个方面。

第一，推动苏古关系发展的内部因素。从苏联方面看，赫鲁晓夫时期苏联已修复了第二次世界大战给苏联带来的创伤，要对离它如此遥远的拉丁美洲地区采取一种积极战略，当时苏联是有能力支持的，况且1959年的古巴革命为苏联提供了可利用的机会。拉丁美洲虽处于美国牢固控制之下，苏联向拉丁美洲的渗透已打开一个缺口。如果苏联能够与古巴发展关系，不仅有利于维持全球局势的均衡，而且有利于推动苏联领导的国际共产主义运动，证明第三世界国家走亲苏路线是正确的。不过，苏联最关心的问题是：古巴革命的领导人卡斯特罗是否能够转变成真正的共产党人和马克思主义者，革命后的古巴能否走上苏联模式的社会主义道路。卡斯特罗领导的古巴政府在获得苏联信任的过程中，苏联给了古巴所需要的安全保障，给了古巴革命和改革所需要的大国认同。从古巴方面看，为推进1959年古巴革命的深入发展，卡斯特罗废除了美国资本在古巴赖以生存的大庄园制，没收美国资本家在古巴投资的企业，使美国失去了从内部控制古巴最有效的经济手段。古美合作基础的破坏为苏古关系的发展提供了机遇。赫鲁晓夫时期，古巴最关心的问题是：如何突破美国的封锁和遏制以保卫新生的革命政权，如何获得古巴改革和发展所需的援助。而苏联不仅为古巴提供经济、政治、军事、外交支持，在苏古关系的高峰时期，苏联为保住古巴政权甚至在古巴部署导弹，来构建苏古关系合作的基础。因此，处理好苏古关系中涉及对方核心利益的问题，是推动赫鲁晓夫时期苏古关系发展的内在动力。

第二，推动苏古关系发展的外部因素。二战以后，美苏争夺世界主导权的方式发生变化，两国主要是通过赢得小国追随的方式分别建立自己的势力范围。追随的国家越多，在政治和安全问题上所获得的支持也就越多。革命后的古巴是苏美争夺的新对象。而1959年古巴革命的深入发展颠覆了古美合作的基础，使美国失去了从内部控制古巴的手段，美国争夺古巴的政策发生了重大变化。该时期美国对古巴进行的经济封锁、外交孤立和军事包围等政策主要是从外部入手，但美国的这些外部打击政策恰恰在客观上对苏古关系的发展起了推动作用。

古巴为获得土地改革的资金向距离遥远的苏联求援，苏古签订了两国之间第一个重要的双边经济协定，并促进两国其他方面关系的发展。苏古关系的发展促使美国对古巴的遏制政策愈加严厉，"勒库布尔号事件"和猪湾入侵不仅让古巴反美意志更加坚定，而且也使卡斯特罗停止在"美苏之间的摇摆"。但是，猪湾入侵以后美国仍不放弃对古巴的干涉。在古巴向苏联寻求更多军事援助的情况下，赫鲁晓夫在古巴部署导弹，将苏古合作关系推向高峰。从赫鲁晓夫时期苏古关系的演变过程来看，两国关系亲近或疏远，其背后或多或少均有美国的影响，美国因素是推动苏古关系发展的重要外部因素。

（原载于《俄罗斯研究》2016年第5期）

俄罗斯住房体制转型评析

张 丹

苏联在20世纪30年代即确立了国家全权负责的住房体制，彰显了社会主义制度的优越性。遗憾的是，在其存在的近70年里，住房事业的发展并不尽如人意。1990年的问卷调查中，住房问题在"苏联家庭面临的尖锐问题"里排名第一，占被调查者的38%—40%。[1] 后苏联时期，俄罗斯住房体制开始从计划经济向市场经济转型。经过近30年的改革，俄罗斯住房体制发生了哪些变化？人民的居住条件是否得到改善？国内学者对俄罗斯住房制度、住房市场的研究成果丰硕[2]，但较少涉及转型前后对比分析。本文利用俄罗斯官方公布的住房政策及统计资料，尝试对这一问题进行探讨。

一 俄罗斯住房所有制和管理机制的变化

苏联解体后，在自由市场经济思想引导下，俄罗斯的住房事业开始由国家化向市场化演进。

俄罗斯住房体制改革是以立法为指导的。1992年12月24日，俄罗斯政府通过《联邦住房政策基本法》，宣布住房政策的目标是：

---

[1] 黄立茀：《苏联社会阶层与苏联剧变研究》，社会科学文献出版社2006年版，第551页。
[2] 参见丁超、雷婕《公共财政框架下的俄罗斯住房保障制度改革》，《俄罗斯研究》2017年第1期；陆南泉《俄罗斯住房制度改革》，《东方早报》2013年5月14日；高晓慧、高际香《俄罗斯住房制度改革及绩效》，《俄罗斯中亚东欧市场》2008年第8期；叶召霞《试析当代俄罗斯住房公用事业改革》，《俄罗斯研究》2013年第4期等。

保障公民的住房权益；促进国有、市有和私有住房的建设和改造；为吸引预算外资金创造条件；发展私有制，确保住房事业中企业家和所有者的权利；在住房建设和维修、建筑材料和家居用品的生产中开展竞争。① 随着体制改革的深入，2004 年 8 月 22 日，政府又公布了《联邦住房政策基本法》修正案，补充强调保障某些群体的住房权利；为发展抵押贷款创造条件；开发商和公民都有权按照规定程序购买地段建房，无论公民是否拥有其他住房。② 与苏联时期集中的住房体制相比，俄罗斯政府沿袭了转型前保护全体公民住房权利的理念③，但住房事业的动向已发生根本性转变：俄罗斯积极发展私有制，大力支持国家以外的主体参与住房建设，引入竞争机制，吸引计划外资金和开展抵押贷款。在《联邦住房政策基本法》指导下，各项住房政策纷纷出台，体制改革徐徐展开。

（一）免费私有化

住房体制转型的核心就是转变所有制结构。对这一变化起决定性作用的政策是公有住房免费私有化。社会主义制度时期，国有和市有住房占主导地位。20 世纪 80 年代末，国有企业在私有化过程中，将大部分住房都转交给市政机构管理。所以，数量最多的市有住房是私有化政策的主要对象。

1991 年 7 月，俄联邦议会通过《俄联邦住宅私有化法》，宣布在自愿原则上，将国有或市有住房免费转交或出售给公民所有，每人只有一次机会。免费获得所有权的面积标准，由联邦最高苏维埃和地方人民代表苏维埃确定，但人均不得少于 18 平方米。考虑住

---

① Закон РФ от 24.12.1992 N 4218 – 1（ред. от 22.08.2004）"Об основах федеральной жилищной политики", https://legalacts.ru/doc/zakon – rf – ot – 24121992 – n – 4218 – 1 – ob/, 2018 年 11 月 3 日。

② Закон РФ от 24.12.1992 N 4218 – 1（ред. от 22.08.2004）"Об основах федеральной жилищной политики".

③ 1977 年《苏维埃社会主义共和国联盟宪法》（根本法）第四十四条规定，苏联公民有获得住房的权利。https://wenku.baidu.com/view/d176d3e9998fcc22bcd10d52.html, 2018 年 11 月 4 日。

房的使用性能，可以向每户再提供9平方米，超标部分自己购买。成为房屋所有者的公民，可按自己的意愿占有、使用和支配房产，并有权进行出售、遗赠、租赁等不违法交易。[1] 1993年11月，俄联邦市政管理委员会批准《俄联邦住房资源无偿私有化示范条例》，规定了私有化的原则以及维修私有住房的基本规则。[2] 上述政策出台后，得到了群众的热烈响应。1993—1995年，公房私有化率分别为24%、32%和36%[3]，而后放缓，迄今仍在持续。截至2017年末，全国共有3090.1万套公房实现私有化，占应私有化住房总量的81%。[4]

公有住房私有化运动对住房所有制结构的质变起了关键作用。1990年，俄罗斯的公有住房占79.01%，私有住房占20.52%；1994年初，公私比重首次调转，分别为45%和47%[5]；而到2016年，私有住房已占87%，市有5%，国有4%，其他4%。[6] 俄罗斯的住房所有制结构从1994年开始就已实现了公房为主向私房为主的根本性转变，且20多年来持续巩固。私有不动产的涌现及自由流通，引发住房体制其他层面的联动。

（二）管理权的变化

产权转移必然伴随管理权的变更。但与权力分配的速战速决相比，管理责任的重新配置步履维艰。

---

[1] *Закон РСФСР от 04.07.91 N 1541 – 1 О приватизации жилищного фонда в РСФСР*, http://pravo.levonevsky.org/bazazru/texts25/txt25448.htm, 2018年11月3日。

[2] *Об утверждении примерного положения о бесплатной приватизации жилищного фонда в Российской Федерации*, http://docs.cntd.ru/document/901719997, 2018年11月3日。

[3] *Жилищный сектор экономики*, https://otherreferats.allbest.ru/law/00393184_0.html, 2018年11月20日。

[4] *Федеральная служба государственной статистики, Основные показатели жилищных условий населения*, https://www.gks.ru/free_doc/new_site/population/jil-f/jkh39.html, 2018年11月3日。

[5] *Жилищный сектор эономики*.

[6] *АИЖК, 2000 – 2017：Развитие рынков ипотеки и жилищного строительства*, Москва: в электронном виде, PDF, 2017, C.9.

管理格局由单一化向分散化的转变颇费周折。社会主义制度时期，国有和市有住房占绝大多数，这些房产及其公用服务设施均由国家机关、国有企业和地方苏维埃管理，住户基本不参与。私有化运动后，所有制关系的变动促使管理结构由单一化向分散化转型：保留下来的国有和市有住宅，分别由国有资产部和地方政府管理，数量最多的私有房产，则要交给业主自己管理。《俄联邦住宅私有化法》中明确规定：私有住宅的维护和修理，应由其所有者承担。私有化房屋的所有者，亦是这栋楼中工程设备和公共区域的共同所有者。为此，所有者可以组建业主委员会和其他联合组织管理住宅楼。① 但实践中，贯彻规定成为一个难题。症结在于住户的思想观念没有转变。私有化运动中，个人得到的是公寓楼中自己原住宅的所有权，他们仍然因循苏联时期的意识，认为"房门以内是自己的地界，门外的地界属于国家"②。所以，尽管市政机构积极宣传组建业主委员会，但委员会只在一些城市出现，运转也不顺畅。对公寓楼中公共空间、公用服务设施的管理，仍主要由市政当局负责。这意味着在某种程度上住房和公用事业并未跳出"大管家"的管理模式。为了推动管理机制改革，国家被迫强行落实管理责任。2004 年 12 月 29 日，俄联邦政府颁布的《住房法》第 161 条要求业主务必在"业主自管"③、"业主委员会或住房合作社或专业消费合作社"和"管理公司"三种方式中选择一种管理公寓楼。④自此，市政机构开始撤出管理领域。目前，私有化后的公寓楼，基本由业主委员会或管理公司管理。2019 年 7 月 3 日，全俄社会舆论研究中心公布的最新民调显示，受访者对住房公用事业服务质量

---

① *Закон РСФСР от 04.07.91 N 1541-1 О приватизации жилищного фонда в РСФСР.*

② ［俄］伊·帕·库拉科娃：《莫斯科住宅史》，张广翔、张文华译，社会科学文献出版社 2017 年版，第 198 页。

③ 限于不多于 30 套住宅的公寓楼。

④ *Статья 161: Выбор способа управления многоквартирным домом. Общие требования к деятельности по управлению многоквартирным домом.* "Жилищный кодекс Российской Федерации" *от 29.12.2004 N 188-Ф3*, https://legalacts.ru/kodeks/ZHK-RF/razdel-viii/statja-161/，2018 年 11 月 3 日。

的满意度,由 2010 年的 39% 提高到 2019 年的 60%。[1] 2004 年以后,分散化的管理格局逐步成形,管理机构的服务水平在提高,但仍有很大的提升空间。

(三) 逐步提高服务费标准

住房公用事业服务由低付费转向按标准收取,也是管理机制改革的一个难题。苏联时期,国家严格控制国有、市有住房的房租和公用事业服务费用,居民的支付仅能抵补维修费用的 1/3[2],巨大缺口需要由地方政府补贴。因经济负担沉重,许多地方政府对供暖、供电、供气等企业都欠有巨额债务。[3] 体制改革的一项重要内容,就是要改变这种收不抵支的局面,由业主全额承担公寓楼的维修和服务费用。

尽管如此,住房公用事业长期亏损是背离市场经济规律的,改革是大势所趋。2006 年,俄罗斯政府将费用标准调高了 17%,2007 年又上涨 14%。[4] 缴费弥补服务成本的比例在 2014 年达到 93.1%,2015 年达到 93.7%,2016 年 94.3%,2017 年 94.5%。[5] 该项事业虽至 2017 年尚未完全实现收支平衡,但已取得重大进展,大大减轻了地方政府的财政压力。从另一方面来看,随着收费标准的上调,服务费在家庭消费支出中的比重也在上升。2000 年为 4.7%,2005 年 8.3%,2010 年 9.2%,2013 年 8.8%,2014 年 8.9%,2015 年

---

[1] ВЦИОМ. *Россияне о качестве ЖКХ*, https://wciom.ru/index.php?id=236&uid=9786, 2018 年 11 月 19 日。

[2] Бессонова О. Э. *Жилищный раздаток и модернизация России*, М.: РОССПЭН, 2011, С. 17.

[3] Под общ. ред. Даниловой Е. Н., Ядова В. А., Пан Давэя. *Россияне и китайцы в эпоху перемен: Сравнительное исследование в Санкт-Петербурге и Шанхае начала XXI века*, М.: Логос, 2012, С. 181.

[4] 庄晓芸、肖来付:《俄罗斯的住房问题与住房制度改革》,《俄罗斯中亚东欧市场》2008 年第 12 期。

[5] ЕМИСС. *Уровень возмещения населением затрат за предоставление жилищно-коммунальных услуг по установленным для населения тарифам*, https://www.fedstat.ru/indicator/43707, 2018 年 11 月 8 日。

9.5%。① 对此，民众啧有烦言。2018年8月22日，全俄社会舆论研究中心发布的民调显示，对住房条件不满意的主要原因，居榜首的就是住房和公用事业费用的高支出，占受访者的40%。②

二 俄罗斯住房建设和分配机制的转变

（一）建房机制的转变

为配合产权机制改革，住房建设结构也要打破主要由国家承担的模式，向多元化转变。苏联时期，住房建设由国家拨款、国有和市有建房组织统一进行，其他力量受到建筑地域、资金、规模和面积等多方面约束。在加盟共和国和自治共和国首府及一些大城市甚至禁止为私人建房划拨地段和提供贷款。住房建设合作社的组建规模要符合法定标准，其中在莫斯科和列宁格勒必须达到60人，每套住宅建筑面积不能超过60平方米，首付40%。仅最后一条，就把许多经济实力弱的人挡在合作社门外。1966—1970年，苏联私人和合作社建房规模很小，年均投入的住房面积分别占总投入量的20%和7.6%，1976—1980年为7.8%和4.6%；1986—1990年为7.3%和5.4%。③ 因建房渠道狭窄、投资有限，住房短缺问题在苏联时期始终未能彻底解决。住房改革的关键内容就是要拓宽建房途径，增加住房供给量。为此，在俄罗斯联邦独立不久出台的《联邦住房政策基本法》中，政府宣布自然人或法人可以组织住房建设、改造和维修，住房可用于自住、租赁或出售。④ 该法令对于建筑地域、面积及贷款方均没有限制。2004年发布的《住房法》第112条规

---

① *Жилищное хозяйство в России* 2016, *Статистический сборник*, Москва：2016, С.11.
② ВЦИОН. *Под крышей дома … своего!* https：//wciom. ru/index. php？id＝236&uid＝9265，2018年11月23日。
③ Холодков Ю. А., Баранова Л. Н. Актуальные социально-экономические проблемы состояния жилищного фонда в России//*Журнал правовых и экономических исследований*，№3，2013，С.195.
④ *Закон РФ от 24.12.1992 N 4218 - 1（ред. от 22.08.2004）* "Об основах федеральной жилищной политики".

定，住房建设合作社的人数不少于 5 人即可。① 随着政策的宽松，俄罗斯迅速出现了法人、个人、住房建设合作社和国家多个建房主体。前三者可以面向市场，自由租赁或出售所建住房，也可以自住。国家则从计划经济时代最大建筑商的位置上退下来，只负责建造社会住房，供应特殊群体。②

宽广的建房渠道为增加住房供给量奠定了基础，建设机制改革的重心就是刺激这些主体多建住房，这也是住房事业兴旺发达的根本所在。为此，国家颁布了多项措施，其中两个要素作用突出。

一是规范入股参建建房法，该法 1985 年诞生于阿根廷，后被委内瑞拉、智利等国效仿③，一般出现在经济衰退、国家建房不力的时期。20 世纪 90 年代末至 21 世纪初，这种建房方式在俄罗斯非常流行。但当时国家没有制定规范入股参建的立法框架，购房者经常被开发商欺骗。④ 为了维护消费者权益，2004 年 12 月 30 日，俄联邦通过《关于入股参建公寓楼和其他不动产以及修改俄罗斯联邦的一些立法》⑤，严格规范开发商的行为。法令要求开发商和购房者必须签署入股参建协议，开发商务必履行协议约定，不得擅自变更入股金额和竣工期限，对施工期中断等紧急情况承担责任。而后，政府又多次颁布修正案，规定入股参建协议必须在联邦国家登记、地籍和制图局登记，而后入股者才能将资金转移给开发商，设立入股参建赔偿基金，设立银行监管机制等，以堵住入股参建法

---

① *Жилищный кодекс Российской Федерации от 29 декабря 2004 г. No 188 – ФЗ*，http：//zondir. ru/docs/zakoni – kodeksi/zhilischnyij – kodeks – rf – 2005 – god. htm，2018 年 11 月 3 日。

② 社会住房的提供秉持公开性原则，包括贫困人口、需要改善住房条件者居住的住房，以及通过住房租赁协议提供的住房。См.：*Закон РФ от 24. 12. 1992 N 4218 – 1（ред. от 22. 08. 2004）"Об основах федеральной жилищной политики"*.

③ *История появления долевого строительства в мире*，http：//urist – dolevoe ru/poyavlenie – dolevogo – stroitelstva – v – mire，2018 年 11 月 3 日。

④ *ТАСС-ДОСЬЕ. Долевое строительство в России и планы по его отмене*，https：//tass. ru/info/5271735，2018 年 11 月 3 日。

⑤ *Федеральный закон от 30 декабря 2004 г. N 214 – ФЗ "Об участии в долевом строительстве многоквартирных домов и иных объектов недвижимости и о внесении изменений в некоторые законодательные акты Российской Федерации"*（с изменениями и дополнениями），https：//base. garant. ru/12138267/，2018 年 11 月 3 日。

在执行中的漏洞。这些措施有利于更好地保护股东利益,受到群众的欢迎。2009年,登记的入股参建协议20.6万份,2017年达69.5万份,是前者的3.4倍。① 但从另一方面来看,修正案对开发商的监管过严,尤其是要求开发商从2019年7月1日开始,必须将吸纳的股金存入授权银行的托管账户,直到房屋竣工,此举导致建筑成本增加7%,这将严重影响开发商建房积极性,可能导致住房供应量减少,进而引发房价上涨。因修正案实施时间尚短,后续情况有待观察。

二是发展抵押贷款市场。抵押贷款是借款方向银行借钱时,必须以抵押物做担保的一种金融方式。它在俄国出现于1754年,十月革命后被取缔。苏联时期,国家虽然为个人和集体建房提供贷款,但不需要抵押。1990年以后,允许土地私有②和公房私有化运动,为使用土地、现房、所建和所购住房作为抵押物获取贷款创造了条件。这样,抵押贷款在消失了70余年后复兴。以2004年为界,可将其划分为两个发展阶段。

1995—2004年为起步期。这一时期完成了抵押贷款市场基础设施建设。但此间,抵押贷款业务量并不大。因为与为商业活动提供贷款的期限短、回报率高相比,建房借款期限长、风险高,所以,金融机构较少在住房市场作为,1998年金融危机后更是如此。1998年,抵押贷款的年利率是40%,贷款期仅为3年。③ 2000年以后,随着抵押贷款市场复苏,利率和期限遂调至30%和10年,④ 但老百姓仍望贷莫及,无法有效刺激建房积极性。

2004年至今是快速增长期。这个变化源于国家开始重视长期贷款业务。2004年8月,政府修改了《联邦住房政策基本法》,目的之一就是建立提供长期贷款的金融机构。2005年,国家制定了四项

---

① АИЖК. 2000 – 2017: *Развитие рынков ипотеки и жилищного строительства*, Москва: в электронном виде, PDF, 2017, С. 37.
② 1990年12月,俄罗斯第二次人代会颁布决议,首次允许土地私有制存在。
③ Зубанов С. А. *Ипотека жилья: состояние, перспективы*, Ежегодное периодическое издание «Перспективы развития строительного комплекса», С. 95.
④ Зубанов С. А. *Ипотека жилья: состояние, перспективы*, С. 95.

优先民生工程，其中之一就是"负担得起的舒适住房"，宣布到 2010 年将抵押贷款年利率降至 8%，为此，政府发布了一揽子法律。在国家的宏观调控下，贷款利率不断下调：2006 年 1 月 1 日至 2019 年 1 月 1 日，个人住房抵押贷款的加权平均利率，由 16.3% 降到 9.56%，[①] 13 年缩减近 7 个百分点。2006—2018 年，住房抵押贷款的发放量，由 20.41 万笔增至 147.18 万笔，增幅达 6 倍。住房抵押贷款总额，由 2005 年的 563.41 亿卢布提高到 2018 年的 30131.15 亿卢布，[②] 增加了 52 倍。随着住宅建设市场的发展和大开发商的出现，俄罗斯银行和房地产公司还联合发行住宅建设债券，在更深层次上参与住宅建设。

在国家政策的积极引导和多方建房主体的共同努力下，俄罗斯的住房建设逐渐走出了 20 世纪 90 年代的低谷，从 2005 年开始回暖。1993—1996 年住房年投入量分别为 4180 万、3920 万、4100 万和 3430 万平方米，2000 年是 3030 万，2005—2007 年分别为 4360 万、5060 万、6120 万平方米，[③] 2014—2018 年分别为 8420 万、8530 万、8020 万、7920 万、7570 万平方米。[④] 相较之下，苏联时期的住房建设是在 50 年代下半期开始迅猛发展的，其中投入量最低的年份是 1956—1960 年，均为 5620 万平方米，顶峰是 1988 年，达到 7600 万平方米。由此可知，2007 年起俄罗斯的住房年投放量开始超过苏联建房高潮时期的最低水平，2014 年已打破并远超苏联时期的最高纪录，并且连续三年年均投入 8000 多万平方米，这也是俄罗斯历史上的最好水平。总之，2005 年也就是实施长期抵押贷款和规范入股参建政策以后，住房事业呈现出良好的发展态势。

[①] Банк России. *Жилищные кредиты, предоставленные физическим лицам-резидентам в рублях*, https：//cbr.ru/statistics/table/? tableId=4-1，2018 年 11 月 3 日。

[②] Русипотека. *Ипотечное кредитование в цифрах. Статистика выдачи ипотечных кредитов*, http：//rusipoteka.ru/ipoteka_v_rossii/ipoteka_statitiska/，2018 年 11 月 3 日。因统计资料中没有分别统计建房和购房抵押贷款，故文中的发放量和贷款总额均为二者总计。

[③] Холодков Ю. А., Баранова Л. Н. Актуальные социально-экономические проблемы состояния жилищного фонда в России, С. 195.

[④] *Жильё в России*, https：//ruxpert.ru/，2018 年 12 月 1 日。

(二) 房地产市场的兴起

住房建设主体的多元化，带来分配机制的变化。苏联时期，住房分配的依据是身份，包括工龄、职务、职称和学历等因素，不同身份的居民主要通过在单位或地方苏维埃登记排队，租赁这件福利品。当时，除国家分配这条主渠道外，也存在市场途径。其中国有和市有住房允许交换。私房、住房建设合作社所有的住房以及别墅，不仅可以交换，还准许买卖租赁，但在面积、数量、金额、交易期限上都受限。当时，居民拥有的住宅面积和房间数量取决于家庭人口数量和人均住房面积标准。因此，即使有钱，也不能交易超标住房。私房房主的卖房数量，三年内不能多于一套。[①] 私房租赁的租金由双方协商，但不能超过俄联邦部长会议规定的租金上限。[②] 住房建设合作社房产的交易，需要合作社全体社员大会通过，且社员拥有优先权，而后才能对外。此外，1964 年颁布的《俄罗斯苏维埃联邦社会主义共和国民事法典》规定，公民只能拥有一套住房作为私产；共同居住的夫妇及未成年子女，只可拥有一套住房，所有权属于其中一人或共有。如果超量，所有者选择一套留给自己，其余房产必须在一年之内出售、赠与或以其他方式转让。如未执行将强制出售，没有买主的情况下无偿转为国有。[③] 因此，严格来说，苏联时期的住房市场是无法自由交易的准市场，且因每个家庭只有一套房产，住房市场主要以交换为主，买卖租赁并不发达。体制改革后，私有化法允许私房自由交易。《联邦住房政策基本法》还规定，公民有权购买私房，不受数量、面积和价格限制。[④] 法律上的松绑，使住房分配

[①] Статья 238. См.：*Гражданский кодекс РСФСР*, http：//www.libussr.ru/doc_ussr/usr_6095.htm, 2018 年 11 月 3 日。

[②] Статья 134. Плата за пользование жилыми помещениями в домах, принадлежащих гражданам. См.：*Жилищный кодекс РСФСР*, http：//pravo.gov.ru/proxy/ips/? docbody = &link_id = 8&nd = 102010178, 2018 年 11 月 3 日。

[③] Статья 106 и 107. См.：*Гражданский кодекс РСФСР*, http：//www.libussr.ru/doc_ussr/usr_6095.htm, 2018 年 11 月 3 日。

[④] Статья 19. См.：*Закон РФ от 24.12.1992 N 4218 – 1（ред. от 22.08.2004）*"*Об основах федеральной жилищной политики*".

从准市场关系过渡到真正的市场关系，考量要素也由身份转为货币，居民主要通过市场有偿获得这件商品。这样，住房分配格局由苏联时期"国家为主、市场微弱"，变为"市场主导、国家辅助"，呈现出三个层次：高于平均收入的群体完全通过市场，按照市场价格购买商品房；特殊群体，如青年家庭、多子女家庭、复员军人等，也要通过市场购买商品房，但国家会给予一定的补贴和优惠；对于贫困人口、被法律认定为需要住房者，以及某些类别公民，如老兵和残疾人[①]等，国家以租赁、免费或低价出售的形式，为其提供社会住房，他们需要排队等房。

在住房资源配置中发挥主要作用的有两个因素。

一是抵押贷款购房。同在建房领域发挥的积极效用一样，抵押贷款也是促进住房分配的重要杠杆。随着2004年以后贷款利率的下降，抵押贷款购房对象由此前的高收入群体变为大众人群，贷款规模持续上升。21世纪初，有能力办理抵押贷款的家庭不超过5%，2016年时达33%。[②] 2009—2017年，购买一手房的贷款比例增加了3倍，从占购房者10%提高到40%。国家还为特殊类别的公民提供贷款优惠。如对青年家庭、有两个以上子女家庭、军人等支付部分利息。在政策的推动下，截至2016年，年轻人已成为抵押贷款的主力军，平均借贷期限为7年。在经济适用房在建项目中，使用抵押贷款的销售份额达到90%。[③]

二是活跃房地产市场。体制改革后，国家积极培育房地产市场，房地产市场由苏联时期的弱势地位，跃升为住房交易的主渠道。1993年颁布的《俄联邦住房目标纲要：2002—2010年》，把"改革法律和规范体系，建设住房市场"作为首要任务。概括起来，房地产市场经历了四个发展时期。（1）1991年7月至1993年下半年是初始阶段：供给小于需求，房地产服务欠发达。（2）1993年下半年

---

① 《老兵法》和《残疾人社会保障法》，规定为战争老兵和残疾人提供现房。

② Минстрой России. *Стратегия развития жилищной сферы РФ на период до 2025 года*, C. 16. http://www.minstroyrf.ru/docs/15909/，2018年11月3日。

③ Минстрой России. *Стратегия развития жилищной сферы РФ на период до 2025 года*, C. 16.

至 1998 年是发展阶段：房地产市场基础设施基本齐全，监管法律出台，经纪人、评估师、开发商都已到位。（3）1998—2002 年是低潮阶段：金融危机打断了发展中的市场关系，房价下降约 35%，直到 2002 年才恢复到危机前的水平。① （4）2002 年至今是活跃阶段：房地产市场基本保持平稳运转势头。这一阶段的重大变化，是市场的主导者由卖方转为买方，不再由卖方制定游戏规则，而是消费者基于自己的偏好和理解，做出理性的决定。相应的，消费者的需求也成为市场关注的焦点，随着中产阶级增多，市场添加了商务类房产项目。目前，房地产市场的供求关系是供给小于需求，住房需求量巨大，有支付能力的需求量也很大，住宅供给量虽在增加，但仍呈现不足态势。因此，无论房价还是房租都在稳步上涨。

综合俄罗斯住房体制在所有制、管理、建设和分配四个层面的变化可知：第一，住房体制转型是对苏联时期国家化住房体制的扬弃。新住房体制保留了政府对住房事业的宏观调控，继续保障特殊群体的住房权益；取消了对私有住房交易、土地流通②、住房所有权数量的限制；废除了对私人和合作社建房的数量、地域和面积的制约；增添了抵押贷款、房地产市场、管理公司、业主委员会、开发商、经纪人、评估师等系列市场角色，入股参建法也被引入并不断规范。总之，住房体制转型是一个吐故纳新的过程，目前仍在完善中。第二，住房体制转型还是一个系统工程。它不仅是住房事业本身，包括住房所有制、管理、建设和分配四个层面的变迁，还涉及土地、金融等相关领域的配合。这个大转折，促进人的观念转变。人们渐渐从计划经济时代高度依赖国家、享有权利少尽义务的懒惰想法，转变为市场经济环境下，发挥个人的能动性和创造力、享有权利的同时履行相应义务的进取观念。

---

① Рынок недвижимости в России, https://stud.wiki/economy/3，2018 年 11 月 3 日。
② 参见王志远《俄罗斯农村土地制度变迁二十年的回顾与反思》，《俄罗斯学刊》2012 年第 3 期。

三 俄罗斯住房体制市场化取得的成就

经过近30年的体制改革，国家大包大揽住房事业的坚冰已被彻底打破，市场化的格局已经建立。新住房体制下，俄罗斯人民的居住条件是否得到改善？本文从以下几方面进行对比。

第一，住房总面积和人均住房面积提高。从住房总面积来看，1990年是24.25亿平方米①，2017年为37.16亿平方米②，是前者的1.5倍。从人均住房面积来看，1990年底俄罗斯人口为1.477亿，人均住房面积为16.4平方米，其中城市为15.7平方米，农村为18.1平方米③；2018年底相应的数据分别为1.468亿、25.8平方米、25.4平方米和26.9平方米。④ 28年间人均住房面积增加了9.4平方米，其中城市和农村分别增加了9.7平方米和8.8平方米。人均住房面积明显提升，虽然与人口减少90万有关，但主要还是因为住房总面积在绝对数量上有大幅增长。

第二，住宅总量和每套住宅的平均面积增加。从住宅数量来看，1990年是4880万套⑤，2018年是6690万套，28年间增长了1810万套。不仅总量增多，平均面积也有增加。1995年，每套住宅的平均面积是47.7平方米，其中一居室31.7平方米，两居室44.7平方米，三居室59.3平方米，四居室及以上77.3平方米。2018年的相应数据分别为55.7平方米、35.8平方米、49.1平方米、66.4平方

---

① Федеральная служба государственной статистики. *Основные показатели жилищных условий населения.*
② Обеспеченность населения жильем в России и некоторых других странах мира，http：//www.rusfact.ru/node/28，2018年11月3日。
③ Федеральная служба государственной статистики. *Основные показатели жилищных условий населения.*
④ Статистика по России. *Жилье：площадь на душу населения Статистика по России*，https：//russia.duck.consulting/maps/99/2017，2018年11月3日。
⑤ Обеспеченность населения жильем в России и некоторых других странах мира.

米和107.9平方米。① 23年间住宅的平均面积增加了8平方米，各居室也均有提高，其中四居室及以上最为突出，增添了30.6平方米。

第三，房间总量增多的同时每个房间的居住人数在减少。在房间数量上，1995年为1.11亿个房间，2000年1.213亿个，2010年1.338亿个，2017年1.453亿个②，22年间增加了3430万个房间。从每个房间的居住人数来看，1989年是1.5人，2000年1.2人，2010年1.07人，2017年1.01人。③ 28年间，随着房间数量的扩充，每个房间的居住人数在递减，到2017年已接近人均一间。

第四，住房类型的人口配置向好。1989年人口统计资料显示，俄罗斯人口总计1.47022亿，其中居住单元式住宅的人口占61.1%，独栋住房22.5%，合住房6%，宿舍、公共机构、宾馆9%，租赁私人住房0.9%，其他0.5%。④ 2010年的人口调查显示，居住在单元式住宅的人口占67.1%，独栋住房26%，合住房2.0%，宿舍、宾馆1.82%，有2.8%未说明情况，其他占0.3%。⑤ 21年间，居住在单元式住宅和独栋住房的人口比例，由83.6%提高到93.1%，而其他住房类型的居住人口在减少。

第五，住房公用服务设施的安装率上升。1995年底，71%的住房面积有自来水，66%有下水道，68%有暖气，61%有浴室（淋浴），69%或15%有煤气或落地式电炉，55%有热水。2018年底，相应数据依次为83%、78%、86%、71%、66%或23%、70%。⑥

---

① Федеральная служба государственной статистики. *Основные показатели жилищных условий населения*，https：//gks. ru/folder/13706，2018年11月16日。
② *Обеспеченность населения жильем в России и некоторых других странах мира.*
③ *Обеспеченность населения жильем в России и некоторых других странах мира.*
④ 单元式住宅指单元楼中为一个家庭的生活和经营而设计的住宅。独栋住房是一幢独立住房，供一个家庭使用，楼层不超过三层。Федеральная служба государственной статистики. *Распределение населения по типам занимаемых жилых помещений（по данным переписей населения）*，https：//studfiles. net/preview/876234/page：17/，2018年11月3日。
⑤ 2010年调查的人口数量是1.404393亿人。См.：Федеральная служба государственной статистики. *Социально-демографический портрет России по итогам всероссийской переписи населения 2010 года*，Официальное издание，C. 159.
⑥ Федеральная служба государственной статистики. *Благоустройство жилищного фонда*，https：//gks. ru/folder/13706，2018年11月3日。

虽然到 2018 年，各项设施仍不完备，但已有很大进步。尤其是暖气的装置率，增长 18 个百分点。

以上五方面数据表明，俄罗斯人民的居住条件确实改善了。如果借用国际统计住房保障水平的两项最重要指标，按每个房间的居住人数和人均住房面积来评价[①]，可以肯定地说，俄罗斯人民的居住条件有很大改善。

除官方统计数据外，民意调查也证明了这一点。2018 年 8 月 22 日，全俄社会舆论研究中心发布的民调结果显示，满意住房条件的人口比例由 2005 年的 48% 上升到 2018 年的 72%。同时，不满意的人口比例相应的从 50% 降至 27%。[②] 人民对居住条件的满意程度 13 年间增加了 24 个百分点。

住房条件的改善应归功于住房体制市场化。回溯 30 年前的计划经济时代，改善居住条件的方式十分有限，主渠道是排队等待国家分配，其次是在市场上交换住房，两种方法均要受到房产数量、住宅面积、家庭人口数、人均面积标准等多重束缚。1989 年底，等房的平均期限是 7.1 年。[③] 当年，以市场方式改善住房条件的家庭比例为 27%。[④] 如今，在市场化的住房体制下，房产面积、数量和档次主要取决于收入水平，与家庭人口数和人均面积标准无关。新体制提供了更多改善居住条件的机会：可以通过一级二级房地产市场购买房屋，可以租赁房屋，可以自己建设房屋，可以参加住房建设合

[①] *Структура жилищного фонда и обеспеченность жильем*，https：//luckyea77. livejournal. com/327616. html，2018 年 11 月 3 日。

[②] ВЦИОМ. *Удовлетворены ли Вы Вашими жилищными условиями в целом или нет?*（закрытый вопрос，один ответ，% от всех опрошенных），https：//wciom. ru/index. php？id = 236&uid = 9265，2018 年 11 月 3 日。

[③] Косарева Н. Б.（рук. авт. колл.），Полиди Т. Д.，Пузанов А. С.，Туманов А. А. *Сравнительный анализ потребления и расходов в жилищной сфере*，М.：Изд. Дом Высшей школы экономики，2011，С. 33. http：//riskprom. ru/DXfile/pdf _ publikacii/2011/Zhilio _ Yasin. pdf，2018 年 11 月 3 日。

[④] Косарева Н. Б.（рук. авт. колл.），Полиди Т. Д.，Пузанов А. С.，Туманов А. А. *Сравнительный анализ потребления и расходов в жилищной сфере*，М.：Изд. Дом Высшей школы экономики，2011，С. 35.

作社。特殊群体可以等待社会住房。当购房建房遇到经济困难时，可以向银行申请抵押贷款，还可以出售或租赁现房救急，一些群体还会得到国家提供的贷款优惠。2000—2017 年的 17 年间，俄罗斯共有 2200 多万个家庭改善了住房条件，占家庭总数的 39%。其中 1900 多万个家庭（占 86%）通过市场、240 多万个通过私人建房、90 多万个根据社会租赁合同得到。从市场获得住房的 1900 多万个家庭中，有 700 万个家庭（占 1/3 以上）使用了抵押贷款。[1] 与买卖市场相比，俄罗斯的住房租赁市场不发达。截至 2017 年，全俄大约有 380 万个家庭通过市场租赁住房。租房市场上，房东主要是私有化后得到住宅的自然人，占 97%。[2] 总之，新体制并非尽善尽美，但它提供了多元化的住房改善方案，居民能够根据经济实力自由选择。

四　俄罗斯住房市场存在的问题

在充分认可上述成就的同时，也要看到这种进步的有限性。时至今日，在俄罗斯住房总面积中社会主义时期的住房遗产仍占主导地位。2016 年，依建房年代对俄罗斯住房结构的统计显示：1920 年以前的住房面积占 2%；1921—1945 年占 4%；1946—1970 年占 27%；1971—1995 年占 40%；1995 年以后占 27%。[3] 俄罗斯近 3/4 的住房都是苏联时期建造的，独立后新建的住房并不多。再从不同房龄的居住人数来看，2012 年的统计资料显示，居住在 1920 年前建造房屋中的人口比例为 2.5%；1921—1945 年 4.4%；1946—1970 年 29.1%；1971—1995 年 42%；1995 年以后 22%。[4] 这意味着俄罗

---

[1] АИЖК. 2000 - 2017: *Развитие рынков ипотеки и жилищного строительства*, М.: в электронном виде, PDF, 2017, С. 11.

[2] АИЖК. 2000 - 2017: *Развитие рынков ипотеки и жилищного строительства*, С. 26.

[3] АИЖК. 2000 - 2017: *Развитие рынков ипотеки и жилищного строительства*, С. 9.

[4] Косарева Н. Б., Пузанов А. С., Полиди Т. Д. *Основные тенденции жилищной экономики российских городов*, С. 36, https://usp.hse.ru/data/2016/03/16/1127569487/, 2018 年 11 月 3 日。

斯约 3/4 的人口居住在苏联时期的建筑里。老房为主的住房结构带来的三个问题，消极影响着大多数居民的住房条件。

第一，小面积户型比例极高。2017 年，俄罗斯共有住房 6590 万套，住房平均面积是 55.3 平方米[1]，其中 64% 的家庭居住在 60 平方米以下的住房里，一居或两居室是主要户型。小面积户型为主的房型格局，引发社会不满。据 2017 年全俄社会舆论研究中心调查，对现有住房不满意的主要原因中，住房面积不足排在首位，44% 的受访者都提及此问题。[2]

第二，破危住房面积不断扩大。1990 年，俄罗斯破危住房共计 3220 万平方米，1996 年达 4028.9 万平方米，2000 年 6560 万平方米，而在 2003—2014 年长达 11 年的时间里都保持在 9160 万—9990 万平方米之间，从 2015 年开始回落到 9000 万平方米以下，2015—2017 年依次为 8800 万、8910 万和 8500 万平方米。[3] 独立至今，俄罗斯破危住房面积总体呈上升态势，2000 年以后破危住房面积始终在 1990 年水平的 2 倍或 3 倍以上。官方资料显示，2017 年，居住在破危住房的家庭占总量的 7%，其中远东联邦区又占 16%，乌拉尔联邦区占 15%。[4]

第三，住房公用设施不完善或严重老化。俄罗斯住房公用设施齐备率的提高主要靠新建住房拉动。2007—2013 年，新建房屋 100% 都安装了各种管道设施。[5] 而苏联时期的老房，公用设施装备的问题很大，表现为两种情况。一种是公用设施不齐全。2017 年对 85 个联邦主体住房公用服务设施完备程度的统计显示，设施不完整

---

[1] Федеральная служба государственной статистики. *Основные показатели жилищных условий населения.*

[2] АИЖК. 2000 – 2017：*Развитие рынков ипотеки и жилищного строительства*，М.：в электронном виде，PDF，2017，С. 14.

[3] *Обеспеченность населения жильем в России и некоторых других странах мира.*

[4] АИЖК. 2000 – 2017：*Развитие рынков ипотеки и жилищного строительства*，М.：в электронном виде，PDF，2017，С. 14.

[5] Белова Т. В. *Современное состояние жилищного фонда：постановка основных проблем и пути решения*//Электронный научный журнал 《Международный студенческий научный вестник》，№6，2015，https：//eduherald. ru/ru/article/view？id = 13409，2018 年 11 月 3 日。

的比例占 3.8%—82.2%。其中最差的是阿尔泰共和国（82.2%），情况最好的三个主体依次是圣彼得堡（3.8%）、北奥塞梯共和国（6.3%）、莫斯科（7.7%）。① 另一种是管道系统严重老化。俄罗斯第二地区热力股份公司②在 2015 年年度报告中公布：按照使用寿命可以将热能网络分为几类，使用期限在 25 年以上的有 971650 米，21—25 年 158878 米，16—20 年 130706 米，11—15 年 115022 米，6—10 年 87353 米，5 年以下 107454 米。③ 2/3 的供热系统都是苏联时期铺设的。管道老化，热量在传输过程中损失很大，且经常发生事故。据统计，截至 2013 年初，需要替换的街道供水管线占 42.5%，街道下水管道占 35.9%，两管热力和蒸汽网络占 26.6%。④

首先，斯大林时期住房问题十分尖锐，故大规模建房时代主要求"量"。国家化住房体制于 1937 年确立，这种体制的最大弊端就是住房事业的发展严重依赖国家投资。斯大林时期，俄罗斯共建设 5.2 亿平方米住房，赫鲁晓夫时期 5.64 亿平方米，勃列日涅夫时期 10.6 亿平方米，戈尔巴乔夫时期 5.77 亿平方米。斯大林虽执政时间最长，但因为其将主要资金用于工业化建设，建房数量是最少的。当时住房非常紧张，合住房是基本房型。正因为政府在长达 30 年的时间里没有妥善解决住房危机，住房短缺极其严重，所以，赫鲁晓夫上台后，很快提出"在最短的时间内，以最低的成本改善城市居民的居住条件……"⑤，这既是顺应民意之举，也是为了在冷战中凸

---

① 完善的住房公用设施是指同时安装了上下水、取暖、热水、煤气或落地式电炉的住房。См.：Статистика по России. Жилье: процент неблагоустроенного, https://russia.duck.consulting/maps/101/2017，2018 年 11 月 3 日。

② ТГК－2，俄罗斯北方最大的能源公司。

③ Жилищный фонд РСФСР и России в 1980－2015, https://marafonec.livejournal.com/7855497.html, 2018 年 11 月 3 日。

④ Коростин С. А. Оценка состояния жилого фонда и жилищной сферы российских регионов//Интернет-журнал 《НАУКОВЕДЕНИЕ》, №2, 2015, Т. 7, С. 5.

⑤ 1954 年，苏联政府在五年计划中提出。引自科罗廖夫《俄罗斯有免费住房么：当然有，平均每套住 50 平方米！》, http://mini.eastday.com/mobile/170824132236824.html#, 2018 年 12 月 4 日。

显社会主义制度的优越性。为此，从50年代下半期起，国家开始采用大工业方式，生产预制板装配式房屋建筑，来解决"量"的问题。当时以30平方米的一居室、44平方米的两居室以及60平方米的三居室户型为主。① 这些单元式住宅虽极其简易经济，却使长期居住在合住房中的人们实现了住房类型的质变。勃列日涅夫及以后的领导人虽略为改进了风格，住宅变得宽敞舒适一些，但求"量"的本质未变。1976—1980年，国家建造的住房平均面积是51.6平方米，1981—1985年54.3平方米，1986年55.4平方米。② 由于追求多快好省，这些面积小、设施少的公寓楼，许多都是突击建造的，质量欠佳，磨损快。

其次，因国家补贴不足，住房公用事业长期不兴。国家化体制下，住房公用事业的运转主要依靠政府补贴。由于资金不足，住房和各种管道系统往往多年没有修理，设备老化非常严重，经常发生事故。尤其是1988年以后，随着经济滑坡、投资减少，住房公用事业坠入低谷，固定资产磨损率高达70%—80%。③ 1980年大修的住房面积为5570万平方米，1990年仅为2910万平方米，④ 减少了48%。所以，苏联解体时，俄罗斯继承的住房遗产主要就是这些面积小、质量差、设施少且疏于维护的公寓楼。

时至今日，旧住房体制遗留下来的三个问题，在新体制下仍然未获妥善解决。一方面，新住房体制有效运行时间短。独立后的新旧住房体制交替期，俄罗斯经历了近十年的经济衰败，国家对房屋建设和维护的投资严重不足。私有化运动后，对数量最多的私有住宅连同公寓楼的管理，又由于业主的依赖心理未改而拖延。更何况，对于大修房产这样的事情，如果没有政府的财政支持，房主是没有大笔资金投

---

① 科罗廖夫：《俄罗斯有免费住房么：当然有，平均每套住50平方米！》
② *Средний размер квартир построенных за счет государственных капитальных вложений и средств жилищно-строительных кооперативов*, http://www.great-country.ru/content/library/knigi/, 2018年11月3日。
③ Бессонова О. Э. *Жилищный раздаток и модернизация России*, М.：РОССПЭН, 2001, С. 16.
④ *Структура жилищного фонда и обеспеченность жильем.*

入的。而住房公用事业收费进度迟缓,也不利于住房维护。这些因素的叠加,导致存量住房一直没有进行有计划的大修,欠账甚多。由于维修拖延,设施的剩余耐用性降低,因此必将花费更多的金钱来维护。

2004年以后,随着入股参建法的规范、房地产市场和抵押贷款市场的活跃,市场化的住房体制平稳运转起来。新房年均投入量不断增加,对公寓楼的管理开始步入正轨,住房公用服务收支也渐趋平衡。但显然,新住房体制还不能在短短15年的时间里,全部偿还新旧制度下几十年的欠债。目前来看,破危房的大修和拆迁速度远远落后于破危房增长速度,重新安置工作也有待改进。

另一方面,新房建设虽设施齐全,但未跳出求"量"的圈子。表现为年投入量增加的同时,居室数量和面积不断缩小。从居室数量来看,2000—2018年的18年间,一居室呈直线上升态势,由占比20%上升到47%;两居室发展平稳,保持在29%—32%的水平;三居室直线下滑,由2000年的34%下降到2018年的16%;四居室及以上的住宅占比始终不大,最高比例是2000—2002年的17%,而后呈下降态势,2018年仅为8%。18年间,三居室和四居室及以上的户型数量不断缩减,一居室和两居室已占主导地位。再从每套住房的平均面积来看,18年间的变化情况如下:2000—2010年在81.1—86平方米之间;2011—2015年跌到71.4—79.3平方米之间;2016年以后继续下滑,2016年和2017年分别为68.7平方米和69.6平方米,2018年略有上涨,为70.3平方米。总体而言,2000—2018年俄罗斯新建住房的平均面积缩小了至少10平方米。这无论在欧洲还是亚洲都是最低的指标。

总之,旧体制残留下来的问题在新体制下改观较少,亟待解决。

通过对俄罗斯住房体制转型及居民住房条件的描述,本文得出以下结论。

第一,俄罗斯住房体制转型基本完成。如果以市场化体制的各项机制均已建立且能够保证顺利运转为标准,可以认定,转型在2004年基本完成。美中不足的是,住房公用事业直到2017年还未彻底实现收支平衡,所以,缴费比例达到100%应该是转型告竣的标志。

第二，住房体制转型的实质是权力的重新分配。体制转型的过程，就是国家权力从住房所有制、管理、建设和分配领域逐步退出，由市场和社会取代的过程。但政府并非全身而退，它通过制定法律法规，对市场宏观调控，并补充其短板。总之，转型后的住房体制是国家宏观调控下"市场为主、政府为辅"的新体制。

第三，新住房体制下，俄罗斯人民的居住条件确实得到了改善，但程度有限。

第四，俄罗斯继续改善住房条件的方向在于建造新房和改造老房并行。其中新建住房需适当向大面积户型倾斜，而破危住房和公用设施改造必须提速。基于政府抑制破危住房增长速度不力，说明这是一个仅靠政府渠道难以解决的问题，需要联合社会力量，甚至吸引国外资金和技术，共同开展工作。此外，应该在管理机制上加强对破危住房改造资金流向的监督，预防腐败。还应该看到，对购置新房及改造老房的巨大社会需求将有可能成为刺激俄罗斯经济增长的动力。

（原载《俄罗斯学刊》2019 年第 6 期）

基辅罗斯外交浅析[*]

国春雷

基辅罗斯外交是俄国古代史的重要内容,具有重大学术意义和现实意义。俄罗斯学者从19世纪便已着手这方面的研究,但仅限于分析基辅罗斯的单边外交,且多以论文形式出现。[①] 苏联学者开始系统研究基辅罗斯外交,其中 В. Т. 帕舒托的专著水准较高。[②] 据笔者观察,国内学界除林军先生在《俄罗斯外交史稿》第一章第二节中谈及基辅罗斯外交[③],尚无学者对该问题进行专门研究。本文尝试对基辅罗斯外交的相关概念进行解读,并在此基础上探悉其影响因素、总结出基辅罗斯外交的特征及其在各个方向的概况。

一 廓清两个基本概念

(一) 基辅罗斯的起始年代

国内学者在描述基辅罗斯起源时,常常从东斯拉夫人、古罗斯讲起,这便很容易使人混淆古罗斯、罗斯贵族于862年建立的基辅

---

[*] 本文是教育部人文社会科学基地重大项目《文明模式与俄罗斯外交》(项目批准号08JJDGJW260)的阶段性成果。

[①] Васильевский В. Г. Варяго-русская и варяго-английская дружина в Константинополе XI и XII веков//Труды. Т. I. СПб.: 1908, С. 176 – 378; Успенский Ф. И. История Византийской империи (Период Македонской династии. 867 – 1057). Глава. XIV. XXII, М.: Мысль, 1997.

[②] Пашуто В. Т. Внешняя политика Древней Руси, М.: Наука, 1968.

[③] 林军:《俄罗斯外交史稿》,世界知识出版社2002年版,第15—18页。

罗斯与奥列格王公于882年所建基辅罗斯这三个概念。①

其实,古罗斯、862—882年间的基辅罗斯、882年之后的基辅罗斯都是后世学者在历史研究中所使用的术语,其时代划分在国际学界尚无统一标准。笔者认为,古罗斯存在的时间显然要比基辅罗斯长久,"罗斯"一词早于839年便见于史书。② 诺夫哥罗德王公奥列格于882年南下,吞并罗斯贵族阿斯克里特、季尔在862年创建的基辅罗斯,建立了一个全新的基辅罗斯。③ 需要说明,这两个基辅罗斯有本质上的不同。862—882年间的基辅罗斯由罗斯贵族建立并治理,而从882年开始并延续了3个半世纪的基辅罗斯则始终由留里克王族统治。奥列格王公占领基辅后,立即宣布这座城市为首都,并将辖下领地居民统一命名为"罗斯人"④,这些都是一个崭新国家诞生的标志。所以,基辅罗斯的上限应该划在882年。

至于基辅罗斯的下限,部分学者认为应该划在基辅大公姆斯季斯拉夫·弗拉基米罗维奇去世的1132年。⑤ 笔者则认为,基辅罗斯虽然从1132年开始全面陷入封建割据时期,但所有罗斯公国在蒙古入侵之前都坚守着统一的基辅罗斯国家观念。这种观念主要体现在以下三个方面。

政治层面。基辅大公即使不被认为是诸罗斯王公的现实首领,也享有罗斯地区最高统治者的荣誉地位⑥,这也是所有要称霸罗斯地区的王公总是觊觎基辅公位的根本原因。基辅罗斯统治阶层广泛认可同一个权力中心,是国家政治统一的重要标志。

意识形态方面。罗斯都主教在蒙古入侵前始终没有离开过基辅,

---

① 朱寰、马克垚:《世界史》(古代史编:下卷),高等教育出版社1994年版,第186—188页;孙成木、刘祖熙、李建主编:《俄国通史简编》,人民出版社1986年版,第14—15页。

② Бертинские анналы. См.: Литаврин Г. Г. Византия, Болгария, Древняя Русь (Ⅸ - начало Ⅻ в.), СПб.: Алетейя, 2000, C. 37 - 38.

③ 王钺:《往年纪事译注》,甘肃民族出版社1994年版,第45、52—53页。

④ 王钺:《往年纪事译注》,第53页。

⑤ Большая советская энциклопедия. третье издание. Том 12, М.: изд. Советская энциклопедия, 1973, C. 218.

⑥ 于沛:《斯拉夫文明》,中国社会科学出版社2001年版,第19页。

与罗斯各地教区保持着紧密的联系。① 东正教会竭力维护基辅罗斯的统一与完整，在 1160 年拒不支持苏兹达利—罗斯托夫王公安德烈·尤里耶维奇增设罗斯都主教区的请求②，而罗斯都主教自君士坦丁二世（1167—1169 年在任）以来开始使用"基辅及全罗斯都主教"的称号。罗斯民众坚守同一宗教信仰，为保证共同的国民身份奠定了思想基础。

疆域方面。基辅罗斯分裂后的各公国主权仍牢牢控制在地方王公手中，全罗斯疆域也未曾被外族侵占。如果没有外界干扰，基辅罗斯可能会继续分裂，但也不排除再次整合的可能。③ 罗斯人拥有领土主权，是基辅罗斯依然存在的重要依据。

结合上述分析，蒙古入侵中断了基辅罗斯历史发展的自然进程，各罗斯公国主权丧失，罗斯疆域不断为外族侵占，基辅大公的最高政治地位让位于金帐汗国大汗，唯一体现着基辅罗斯完整性的东正教会也被迫向大汗俯首称臣。因此，基辅罗斯的下限应该划在基辅被蒙古人攻陷的 1240 年。

（二）中世纪的外交

所谓外交，即"国家以和平手段对外行使主权的活动。通常指由国家元首、政府首脑、外交部长和外交机关代表国家进行的对外交往活动"④。可见，外交的主体是主权国家，实施者是外交机关及其代表，显著特征是和平的、非暴力的。以今日之外交定义比照中世纪欧洲各国的对外关系，显然不能等同视之。

首先，"近代以前的欧洲，民族国家尚处于形成的过程，国家的概念十分淡漠，诸如日耳曼、斯拉夫等不同民族的群体长期处于流动

---

① 乐峰：《东正教史》，中国社会科学出版社 1999 年版，第 99 页。
② Лаврентьевская летопись//Полное Собрание Русских Летописей. Том первый, М.: изд. Языки русской культуры, 1997, С. 351 – 352.
③ 穆立：《欧洲民族概论》，中国社会科学出版社 1998 年版，第 83 页。
④ 《中国大百科全书》（政治学），中国大百科全书出版社 1992 年版，第 366 页。

状态，既无固定明确的疆界，也无稳定的都城"①。9—12世纪的基辅罗斯正处于民族国家形成的阶段，并不具备当今世界外交主体的标准。

其次，中世纪欧洲国家的外交机关还没有形成，也没有固定的外交官员。"基辅罗斯对外交涉的主要参与者和决策者是大公。大公与少数近臣或亲宠商定对外决策。"② 基辅大公有时派遣使者出使别国，有时则亲自出马。所以，基辅罗斯并不具有今日外交意义上的外交机关及外交官。

最后，中世纪欧洲各国的外交活动多是军事对抗的补充手段，主张为达目的不择手段，因此欧洲中世纪的外交"同虚伪、欺骗、阴谋、诡计等联系在一起，留下了不光彩的名声"③。基辅罗斯外交的主要宗旨是为缓和外敌入侵或与他国建立军事同盟，其实是一种与战争相关的对外交往活动，并不总是和平性质的。

二 影响基辅罗斯外交的因素

（一）空间因素对基辅罗斯外交的影响

基辅罗斯的疆域经常处于不断的变动之中，大体上相当于今日乌克兰、白俄罗斯和俄罗斯的欧洲部分，位于欧亚两洲交界地带。广袤的东欧平原地势平坦，与中业草原连接在一起，以至于"游牧的亚洲人，自古以来把自己的篷车和畜群充斥于现在的南俄罗斯的时候，似乎很少感到自己已经到了欧洲"④。从地缘政治学的角度看，这种空间因素对基辅罗斯政治文化影响甚深："一方面，广阔的平原使其缺乏防御外敌入侵的天然屏障，从而总是觉得缺少安全感；另一方面，没有地理上的障碍又使其对外扩张能够不受限制，从而膨胀了其扩张的欲望。"⑤

---

① 陈志强：《拜占庭学研究》，人民出版社2001年版，第291页。
② 林军：《俄罗斯外交史稿》，第17页。
③ 杨公素：《外交理论与实践》，四川大学出版社1992年版，第16页。
④ ［俄］瓦·奥·克柳切夫斯基：《俄国史教程》第一卷，张草纫、浦允南译，商务印书馆1992年版，第40页。
⑤ 刘雪莲：《地缘政治学》，吉林大学出版社2002年版，第175页。

上述空间因素对基辅罗斯的影响表现在对外关系上，便"不是邻人经常去冲击它，就是它紧密团结起来向四面扩张"①。相应的，基辅罗斯外交也便具有了以下三个特征：

——被动性。基辅罗斯常年遭到周边国家的威胁，基辅大公顾此失彼、穷于应付，只能被动地与这些国家进行各种性质的外交活动。当基辅罗斯实力较弱时，其统治阶层只能被迫接受周边国家的各种要求。

——扩张性。持续受到四邻冲击，缺乏安全感的罗斯人必然会爆发出强烈的应激反应。表现在军事领域，便是基辅罗斯不断向外开疆辟土，其外交活动也常常成为基辅大公军事扩张的辅助手段。

——复杂性。表现在两个方面：一方面基辅罗斯邻国众多，基辅大公进行单边或多边外交之前总要深思熟虑，认真分析该外交活动的连锁反应；另一方面，基辅罗斯地域辽阔，基辅大公不能时刻监督各公国的外交活动，特别是进入封建割据时期后，诸罗斯公国自行与外国交往的情况相当普遍。

（二）东正教与基辅罗斯外交

著名拜占庭学者 Д. Д. 奥博连斯基指出，拜占庭帝国凭借雄厚的文化底蕴和高超的外交艺术在同一信仰、文化相近的国家间创建了一个特殊的国际关系体系，即"拜占庭国家共同体"（Византийское сообщество государств）。此体系中各国、各民族皆以拜占庭帝国为中心，象征性地由拜占庭皇帝和君士坦丁堡牧首领导。② 988—989 年的"罗斯受洗"标志着基辅罗斯正式加入"拜占庭国家共同体"，东正教为罗斯王公划出了明确的外交阵线，使罗斯人意识到，自己不仅与东方的游牧民族和伊斯兰国家大不相同，而且有别于西方和北方的天主教国家。尽管苏联学者宣称，基辅罗斯在基督教 1054 年

---

① 曹维安：《俄国史新论：影响俄国历史发展的基本问题》，中国社会科学出版社 2002 年版，第 3 页。

② Литаврин Г. Г. *Византия между Западом и Востоком*，СПб. : Алетейя，1999，С. 46.

大分裂后仍然与西方天主教国家保持往来①，以此证明拜占庭对基辅罗斯的宗教外交政策影响有限，并大力赞扬罗斯王公外交的"聪颖与灵活"。但实际上，东正教深刻地影响了基辅罗斯的外交，它将罗斯人的意识形态牢牢限制在欧亚交界地带，强化了基辅罗斯基于空间因素形成的三大外交特征。

首先，罗斯人固守东正教徒身份，这便在思想上无法融入周边任何一股宗教—政治势力，也给东西方国家攻击、兼并罗斯地区以口实。基辅罗斯外交常因宗教因素而陷于被动。例如，罗斯都主教约翰二世于1089年坚决反对教皇克利门特三世关于教会合并的提议，并被迫以开除教籍的极端方式来阻止弗谢沃洛德·雅罗斯拉维奇王公女儿与德国皇帝亨利四世联姻②；13世纪初，罗马教廷趁基辅罗斯内乱加剧，对其实施贸易封锁，筹划瑞典十字军入侵罗斯，并给圣剑骑士团和条顿骑士团以经常性的帮助。③

其次，基辅罗斯的扩张与东正教的推广相得益彰，强娶拜占庭公主的弗拉基米尔王公及其子孙"把北方征服者的军事统治同拜占庭皇帝后裔的神权专制制度合为一体"④。需要指出，基辅罗斯时期的宗教扩张行动并不十分强烈，主要发生在国内边远地区和非斯拉夫部族中，但罗斯人的宗教活动为日后莫斯科公国、俄罗斯帝国的猛烈扩张奠定了所谓"第三罗马"的宗教基础。汤因比曾生动地描述过东正教的传播动向："它的摇篮或故乡是在拜占庭安那托利亚，几百年来局促于伊斯兰教社会的敌对势力的扩张之下，终于在北方和东方的俄罗斯和西伯利亚土地上得到了广阔的扩张，不但绕过了伊斯兰教世界而且还直抵远东。"⑤

---

① [俄] М. Р. 泽齐娜、Л. В. 科什曼、В. С. 舒利金：《俄罗斯文化史》，刘文飞、苏玲译，上海译文出版社1999年版，第9—10页。

② Левченко М. В. Очерки по истории русско-византийских отношений, М.: изд. АН. СССР, 1956, С. 421–422.

③ Пашуто В. Т. О политике папской курии на Руси (XIII век) // Вопросы истории, №5, 1949, С. 56.

④ 马克思：《十八世纪外交史内幕》，中共中央马克思恩格斯列宁斯大林著作编译局编译，人民出版社1979年版，第65页。

⑤ 汤因比：《历史研究》上册，曹未风等译，上海人民出版社1997年版，第19页。

最后，东正教加剧了基辅罗斯外交的复杂性，尤其是在封建割据时期。罗斯教会在封建割据时期分裂成许多小教会，隶属各罗斯公国，地方主教受到地方王公和罗斯都主教的双重管辖①。这种政教关系使得基辅罗斯与其他国家间的外交越发复杂②。例如，罗马教廷和拜占庭帝国在12世纪60年代都企图将匈牙利列为自己的附庸③，基辅罗斯诸公国纷纷介入这场国际纷争，在东正教、天主教势力间游走谋利④；12、13世纪之交，有些罗斯公国常受罗斯都主教之请清剿骚扰拜占庭边界的保加利亚人和波洛伏齐人⑤，而有些罗斯公国却支持保加利亚人反对拜占庭的压迫。⑥

（三）社会经济、政治结构决定基辅罗斯外交的宗旨

基辅罗斯在自身经济、政治结构的发展过程中，不断调整外交宗旨。通常，当社会经济、政治结构相对稳定时，基辅罗斯的外交旨在维护和平；反之，基辅罗斯的外交宗旨或委曲求全，或以战争转化国内危机。

从奥列格到弗拉基米尔，基辅罗斯经历了社会经济、政治结构的反复变化。其时，基辅罗斯是以基辅公国为政治中心的松散联合体。普通民众与统治阶级的经济来源是不同的：广大人民生活在数量众多的农村公社，以经营农业为生⑦；基辅王公则带领卫队定期巡行各罗

---

① 乐峰：《俄国宗教史》上册，社会科学文献出版社2008年版，第86页。
② [苏]约·阿·克雷维列夫：《宗教史》上册，王先睿、冯加方、李文厚等译，中国社会科学出版社1984年版，第337页。
③ [匈]温盖尔·马加什、萨博尔奇·奥托：《匈牙利史》，阚思静、龚坤余、李鸿臣译，黑龙江人民出版社1982年版，第25页。
④ Иоанн Киннам. *Краткое обозрение царствования Иоанна и Мануила Комнинов* (1118 – 1180). перевод под редакцией профессора Карпова В. Н. СПб.：1859，Книга 5. 10. 257. 12. 260. 261. 262.
⑤ Никита Хониат. *История со времени царствования Иоанна Комнина*, пер. под редакцией про. Чельцова Н. В. СПб.：1862, Книга 3. 5. 245. 246.
⑥ Каждан А. П. Освобождение Болгарии из-под византийского ига//*Вопросы истории*, №11, 1973, С. 128.；Тихомиров М. Н. О некоторых болгарских исторических трудах//*Вопросы истории*, №6, 1948, С. 94.
⑦ [苏]安·米·潘克拉托娃主编：《苏联通史》第一卷，山东大学翻译组译，生活·读书·新知三联书店1978年版，第92页。

斯公国收取贡赋，但他们更习惯于征战掳掠和对外贸易。① 这一时期，基辅罗斯统治阶层摇摆于两种发展道路之间。一种是热衷于劫掠远征的军事—奴隶制（Военно-рабовладельчество），另一种是注重发展本国经济的封建—农奴制（Феодально-крепостничество）。② 奥列格、伊戈尔、斯维亚托斯拉夫和弗拉基米尔前期走的是第一条道路。当时，基辅罗斯社会经济、政治结构不稳，故其外交旨在挑起战争，具有强烈的扩张性。例如，罗斯人曾在907、941、944、970—971和988—989年连续进攻富庶的拜占庭帝国，掠夺巨额财富之余还通过签订条约为罗斯商人牟取贸易特权，甚至逼迫拜占庭皇帝瓦西里二世将妹妹许配给弗拉基米尔王公。奥莉佳、斯维亚托波尔克和弗拉基米尔后期选择的是另一条发展道路。其时，基辅罗斯社会经济、政治结构都比较稳定，因此其外交宗旨转化为寻求和平。奥莉佳在与拜占庭皇帝君士坦丁七世的外交角逐中取得良好成果，更重要的是，她突破了罗斯人必须用刀剑与拜占庭谈判的外交惯例③；斯维亚托波尔克执政期间，与东方佩彻涅格人、南方拜占庭帝国、西方罗马教廷都建立了友好联系④；弗拉基米尔王公临终下令，让罗斯军队在1016年协助拜占庭帝国镇压两国边境爆发的武装骚乱。⑤

　　沿着封建—农奴制道路前行，基辅罗斯封建制度从雅罗斯拉夫时代开始稳定而快速地发展起来。随着大土地所有制的出现，罗斯诸王公、贵族、教会占有土地、经营田庄成为普遍现象。⑥ 雅罗斯拉夫还仿效弗拉基米尔，派遣子嗣管理罗斯各地。在经济、政治结构相对稳定的前提下，他积极与欧洲各国展开和平友好的王室联姻，为基辅罗斯博得了广泛声誉。⑦ 但封建制度的进一步发展加速了基辅罗斯的阶层分化与分裂

---

① 罗爱林：《俄国封建晚期农村公社研究（1649—1861）》，广西师范大学出版社2007年版，第38页。
② Левченко М. В. *Очерки по истории русско-византийских отношений*, С. 236 – 237.
③ Сахаров А. Н. *Дипломатия княгини Ольги // Вопросы Истории*, №6, 1981, С. 51.
④ Летописный сборник, именуемый Париаршей или Никоновской летописью // *Полное Собрание Русских Летописей*. Том IX, М. : Языки русской культуры, 2000, С. 39.
⑤ Ioannis Scylitzae Synopsis historiarum, ed. J. Thurn. Berlin. New York：1973, p. 354, 88 – 94. См. : Литаврин Г. Г. *Византия, Болгария, Древняя Русь (IX - начало XII в.)*, С. 215 – 216.
⑥ 尹曲、王松亭：《基辅罗斯》，商务印书馆1986年版，第31、34页。
⑦ 尹曲、王松亭：《基辅罗斯》，第30页。

割据。11—12世纪，农村公社自由农民日益丧失自由，沦为各类封建依附者，农民起义此伏彼起。① 同时，由对外征战转向经营领地经济的罗斯王公们希望取得对领地的永久占有权，不断挑战基辅大公的权威地位。1097年，罗斯诸王公举行柳别奇会盟，以家庭世袭领地分配原则取代了传统的长子继承制。② 1132年后，基辅罗斯更是全面陷入封建割据。在社会经济、政治结构渐趋不稳的情形下，基辅罗斯实力大大萎缩，其外交宗旨仅求自保。例如，波洛伏齐人于1055年首次侵入罗斯南部，弗谢沃洛德王公只能与之缔结和约。③ 有时，罗斯王公们也会为摆脱危机发动反攻。例如，北诺夫哥罗德王公伊戈尔·斯维亚托斯拉维奇于1185年率罗斯联军远征波洛伏齐人。④ 更有甚者，部分地方王公为一己私利还勾结外国入侵祖国。例如，基辅大公伊贾斯拉夫·雅罗斯拉维奇于1073年被自己的两个弟弟驱逐，就先后求助于波兰、德国和罗马教皇，并在波兰军队庇护下于1077年夺回基辅公位⑤；切尔尼戈夫王公奥列格·斯维亚托斯拉维奇也曾在11世纪末三次勾结波洛伏齐人入侵罗斯本土。⑥

三 基辅罗斯在各个方向的外交概况

（一）东方威胁

罗斯商人自古便从拉多加城沿伏尔加河前往里海、外高加索和中亚地区贩卖毛皮和奴隶，这条商路被称为"从瓦里亚基人到波斯人之路"。⑦ 可是，游牧部落布加尔人、马扎尔人、佩彻涅格人、托

---

① 王钺：《罗斯法典译注》，兰州大学出版社1987年版，第133页。
② 王钺：《往年纪事译注》，第412—413页。
③ 王钺：《往年纪事译注》，第280页。
④ 孙成木：《俄罗斯文化一千年》，东方出版社1995年版，第6页。
⑤ Левченко М. В. Очерки по истории русско-византийских отношений, C. 405.
⑥ 王钺：《往年纪事译注》，第357—358页。
⑦ [苏] В. П. 波将金等：《外交史》第一卷，史源译，刘丕坤校，生活·读书·新知三联书店1979年版，第150页。此外，罗斯人还开通了从布拉格到基辅、越过顿河至伏尔加河流域、再到外高加索和亚洲的陆上商路。

尔克人、波洛伏齐人走马灯一般自东方涌入,沿途骚扰该商路直至威胁基辅罗斯国土安全。

为保障商路安全和拓展疆域,基辅罗斯于10世纪60年代对伏尔加河中游的保加尔人、伏尔加河下游至第聂伯河之间的哈扎尔汗国予以致命打击。① 哈扎尔汗国是农耕、牧业、贸易三合一的强国②,300年间有力地拦截东方游牧部落西侵和阿拉伯人北上,为基辅罗斯创造了安全的成长环境。③ 罗斯人夺取东方商路的代价是沉重的,其东部门户从此完全向游牧部落敞开,托尔克人在11世纪上半期轻易冲入南俄草原便是哈扎尔汗国崩溃的直接后果。④

继佩彻涅格人、托尔克人之后,彪悍的波洛伏齐人于1068年打败罗斯大军,150年间成为悬在罗斯人头上挥之不去的巨大威胁。⑤ 一股接一股扑来的游牧部落,除劫掠基辅罗斯外,有时也和罗斯人结成战略同盟。例如,斯维亚托斯拉夫就曾联合佩彻涅格人于970年攻打拜占庭。⑥ 但是,游牧部落经常在外交方面背信弃义,斯维亚托斯拉夫就是被盟友佩彻涅格人截杀于归途中的。⑦ 另外,东方游牧部落还对基辅罗斯的外事活动造成干扰。例如,基辅王公之子维亚切斯拉夫·弗拉基米罗维奇于1116年率大军抵达多瑙河畔,意欲夺取当地的拜占庭城市,却因佩彻涅格人、托尔克人和波洛伏齐人在基辅罗斯边境爆发激战而被迫撤军。⑧ 总之,东方游牧部落始终对罗

---

① 尹曲、王松亭:《基辅罗斯》,第17页。

② Плетнева С. А. *Очерки хазарской археологии*, М.: Гешарим, 1999, С. 11.

③ Артамонов М. И. *История Хазар*, Л.: Издательство государственного Эрмитажа, 1962, С. 37.; Новосельцев А. П. Хазарское государство и его роль в истории западной Евразии. См.: *Славяне и их соседи. Славяне и кочевой мир.* выпуск 10. отв. ред. Литаврин Г. Г., М.: Наука, 2001, С. 60.

④ Плетнева С. А. *Хазары*, М.: Наука, 1976, С. 70.;[美]艾伦·F. 丘:《俄国历史地图解说——一千一百年来俄国疆界的变动》,郭圣铭译,商务印书馆1995年版,第4页。

⑤ Плетнева С. А. *Половцы*, М.: Наука, 1990, С. 42.

⑥ 陈志强:《巴尔干古代史》,中华书局2007年版,第427页。

⑦ Иоанн Скилица. Обозрение историй, О войне с Русью императоров Никифора Фоки и Иоанна Цимисхия//Лев Диакон. История. Пер. Копыленко М. М. Комментарий Сюзюмов М. Я., Иванов С. А., М.: 1988, С. 133.; отв. ред. Удальцова З. В. *Культура Византии. вторая половина VII – XII в.*, М.: Наука, 1989, С. 268.

⑧ 王钺:《往年纪事译注》,第361页。

斯人构成巨大威胁。这种情况一直持续到 1240 年,基辅罗斯被来自东方的最大威胁——鞑靼蒙古人摧毁。

(二) 威胁南方

罗斯商人在 9、10 世纪之交开辟了著名的"从瓦里亚基人到希腊人之路",商路从波罗的海南岸经涅瓦河到拉多加湖,再经沃尔霍夫河、伊尔门湖、洛瓦特河、西德维纳河到第聂伯河,顺第聂伯河辗转出黑海,最后沿黑海西岸直抵君士坦丁堡。[1] 富饶的拜占庭帝国不仅吸引着远方的罗斯商人,也引来了穷兵黩武的罗斯王公们。马克思指出,留里克王朝的王公们把都城从诺夫哥罗德迁到基辅,再迁至多瑙河畔的佩列雅斯拉维茨,如果不是拜占庭在 970—971 年顶住了基辅罗斯的进攻,罗斯人还会继续南下。[2] 其实,基辅罗斯始终觊觎富庶文明的南方国家,罗斯人在 971 年后并未停止南侵的步伐。

基辅罗斯南侵的军事行动主要在巴尔干半岛和黑海北岸展开。罗斯人对巴尔干半岛最猛烈的进攻发生在 970—971 年。斯维亚托斯拉夫王公识破拜占庭外交骗局后领军侵占巴尔干半岛中北部,祸及保加利亚王国。[3] 罗斯人最深入拜占庭领海的军事行动发生在 11 世纪初,弗拉基米尔王公亲信赫里索希尔带领 800 名罗斯战士打败拜占庭海军,穿越马尔马拉海进入爱琴海,由于孤军深入被全数歼灭。[4] 1043 年,雅罗斯拉夫王公命令罗斯海军攻打君士坦丁堡,因部队号令不一惨遭失败。[5] 此后基辅罗斯进入封建割据时代,基辅大公很难再集中全罗斯之力南下。基辅罗斯在 1116 年对多瑙河畔发动

---

[1] [苏] 索诺夫主编:《苏联简史》第一卷,武汉大学外文系译,生活·读书·新知三联书店 1977 年版,第 38 页。

[2] 马克思:《十八世纪外交史内幕》,第 66 页。

[3] [南] 伊万·博日奇、西马·契尔科维奇、米洛拉德·埃克梅契奇等:《南斯拉夫史》,赵乃斌译,商务印书馆 1984 年版,第 46 页。

[4] Литаврин Г. Г. Византия, Болгария, Древняя Русь (IX - начало XII в.), C. 224.

[5] Михаил Пселл. Хронография. пер. и прим. Любарский Я. Н., М.: Наука, 1978, C. 96 – 97.

的毫无成果的远征,大概是罗斯人最后一次谋求巴尔干地域。

如果说基辅罗斯在遥远的巴尔干半岛没有取得太大战绩,那么在邻近的黑海北岸则成就斐然。弗拉基米尔王公在988—989年趁拜占庭内乱占领了克里木半岛上的重要城市赫尔松。罗斯人自此大量进驻该半岛,动摇了拜占庭在黑海北岸的牢固统治地位。11—12世纪期间,拜占庭在克里木半岛的威信不断降低,可能已丧失了对东克里木的控制。① 1066年,拜占庭皇帝密令赫尔松将军毒死克里木半岛以东的特穆塔拉坎罗斯王公罗斯季斯拉夫·弗拉基米罗维奇,就是担心这位塔曼半岛上的罗斯王公对东克里木施加影响。② 11—12世纪之交,刻赤海峡、塔曼半岛又成为拜占庭与基辅罗斯的角力之所。③

纵观基辅罗斯的南方外交,罗斯王公始终把掠夺财宝和土地作为第一要务。基辅罗斯的南侵因国内陷入封建割据而有所减弱,但贪婪残暴的罗斯人一直是巴尔干半岛诸族心中挥之不去的梦魇。

(三) 西方较量

基辅罗斯的西邻由南到北依次是匈牙利人、捷克人、波兰人、普鲁士人、立陶宛人等波罗的海南岸民族,再往西是德意志王国、教皇国等西方天主教国家。与基辅罗斯西部接壤的国家是东正教与天主教的争夺地带,几乎都经历过从东正教国家向天主教国家的转变。而且,基辅罗斯的西邻与其东部居无定所的游牧部落不同,都是疆域相对稳定的农耕国家。所以,基辅罗斯与这些国家的领土纠纷显得十分复杂。

刚刚登上欧洲历史舞台的基辅罗斯,迫不及待地要融入先进的基督教世界,积极向西方基督教国家靠拢。奥莉佳在君士坦丁堡受

---

① Якобсон А. Л. *Крым в средние века*, М.: Наука, 1973, С. 78 – 79.
② 王钺:《往年纪事译注》,第287页。
③ Литаврин Г. Г. *Византия, Болгария, Древняя Русь* (IX – начало XII в.), С. 289.; Татищев В. Н. *История Российская*. Т. 2, М. – Л.: 1963, С. 138 – 139.; Мавродин В. В. Тмутаракань//*Вопросы истории*, №11, 1980, С. 182.

洗后，于 959 年遣使请求德意志国王帮忙创建基辅教会组织。①"罗斯受洗"后，基辅罗斯更是频频以王室联姻的外交手段与西方国家建立友好关系。② 捷克是西斯拉夫人国家，前身大摩拉维亚国具有浓厚的东正教传统，基辅罗斯在 10 世纪下半期与其交好，保持着活跃的贸易往来。③ 尽管匈牙利王国在 1054 年基督教大分裂中转向天主教，基辅罗斯当时依然与其维持着友好联系，还进行了王室联姻。④ 波兰为免于德意志王国的入侵，在 966 年从捷克王国接受了基督教，基辅罗斯也与其保持着睦邻关系。但是，波兰国王在 1018 年出兵干涉基辅内政导致两国一度交恶。⑤ 面对德意志封建主的步步紧逼，基辅罗斯与波兰在 11 世纪后半期再次走到一起。⑥ 对于西北方尚未接受基督教的普鲁士人、立陶宛人等波罗的海民族，基辅罗斯采取的是较为温和的封建殖民政策，常常远征该地区并收取贡赋。⑦

随着封建割据的加剧、东正教与天主教分歧的加大，欧洲时局风云变幻，衰落的基辅罗斯不得不与西方国家展开纵横捭阖的外交战。在这一时期，德意志王国加紧入侵东方，罗马教皇支持骑士团在波罗的海沿岸拓殖。基辅罗斯及其西邻尚未意识到德意志威胁，反而趁乱互相攻伐，拓展领土。基辅罗斯内乱日甚，西部罗斯公国间缺乏战略配合。以上便是中东欧局势在 11 世纪末至 13 世纪初日趋复杂的主要原因。基辅罗斯正是在这样的局势下与西方国家进行较量。

12 世纪 50、60 年代，基辅罗斯为保障西南边境安全，参与了拜

---

① Адальберт. Продолжение Хроники Регино из Прюма//Немецкие латиноязычные источники IX - XI веков. Назаренко А. В., М.: Накуа, 1993, С. 107 - 108.
② Пашуто В. Т. Внешняя политика Древней Руси, С. 419 - 422.
③ ［捷］瓦·胡萨：《捷克斯洛伐克历史》，陈广嗣译，东方出版社 1988 年版，第 29 页。
④ 陈志强：《巴尔干古代史》，中华书局 2007 年版，第 332 页。
⑤ ［波］斯坦尼斯瓦夫·阿尔诺耳德、马里安·瑞霍夫斯基：《波兰简史：从建国至现在》，史波译，商务印书馆 1974 年版，第 13—14 页。
⑥ 刘祖熙：《波兰通史简编》，人民出版社 1988 年版，第 17 页。
⑦ Пашуто В. Т. Образование Литовского государства, М.: Изд-во АН СССР, 1959, С. 11 - 12.

占庭与匈牙利的争霸战争。在基辅公国和加利奇公国的大力支持下，拜占庭取得了1251年、1265年拜匈大战的胜利。① 从11世纪中叶到12世纪末，捷克国内割据势力纷争连连，波兰伺机入侵。捷克被迫向德意志王国求助，不料成为后者的附庸。② 控制捷克后，德意志封建主进一步威逼波兰，东侵的脚步离基辅罗斯越来越近。然而，波兰却在入侵北方普鲁士地区失败后，向条顿骑士团求助。得到教皇和德意志王国支持的骑士团于1230年开始征服普鲁士人，并逐渐将当地日耳曼化。③ 波兰此举不仅使自身在西方、北方陷入德意志的包围，也使基辅罗斯、立陶宛等波罗的海国家受到巨大威胁。④ 在骑士团冲击下诞生的立陶宛公国没有立即认清局势，一面反击西方入侵者，于1201—1214年间数次袭击骑士团据点⑤；另一面却从12世纪80年代起持续进攻东南方的普斯科夫和诺夫哥罗德地区，于13世纪30—50年代占据白俄北部一带。⑥ 在基辅罗斯力量薄弱的西北地区，罗马教皇也积极参与进来，贪婪地从德意志封建主东扩成果中分得一杯羹。⑦ 他还在1237年将条顿骑士团与圣剑骑士团合并，从而大大加强了攻击立陶宛和基辅罗斯的力量。⑧ 此外，骑士团千方百计离间立陶宛和基辅罗斯，缺乏战略配合的诸罗斯公国面对立陶宛的现实威胁只能妥协，分别在1207年、1212年、1228年和1229年与德意志建立反立陶宛同盟。⑨

---

① Бибиков М. В. *Византийский историк Иоанн Киннам о Руси и народах Восточной Европы*, М.: Ладомир, 1998, С. 62.; Иоанн Киннам. *Краткое обозрение царствования Иоанна и Мануила Комнинов* (1118 – 1180), Книга. 5. 15. 268.
② [捷] 瓦·胡萨：《捷克斯洛伐克历史》，第31—32页。
③ [波] 斯坦尼斯瓦夫·阿尔诺耳德、马里安·瑞霍夫斯基：《波兰简史：从建国至现在》，第24—26页。
④ 刘祖熙：《波兰通史简编》，第34页。
⑤ Пашуто В. Т. *Образование Литовского государства*, С. 369.
⑥ Пашуто В. Т. *Образование Литовского государства*, С. 367.; Алексеев Л. В. *Полоцкая земля. очерки истории северной Белоруссии. в IX - XIII вв*, М.: Наука, 1966, С. 288.
⑦ 丁建宏：《德国通史》，上海社会科学院出版社2002年版，第37页。
⑧ [苏] 安·米·潘克拉托娃主编：《苏联通史》第一卷，第172—177页。
⑨ Пашуто В. Т. *Образование Литовского государства*, С. 372 – 373.

（四）善待北方

与基辅罗斯发生外交关系的北方国家主要有挪威、瑞典、丹麦和芬兰。整体上，罗斯人对待这些国家是友善的。究其原因，首先要分析基辅罗斯与北方国家的渊源。

关于基辅罗斯国家起源问题的争论由来已久，但多数学者都承认北欧国家与基辅罗斯存在血缘关系。[①] 800—1050 年是北欧历史上的"海盗时代"，即斯堪的纳维亚半岛和日德兰半岛上的日耳曼人大举南下的历史阶段。其中瑞典人主要构成"维京人"（时人对北欧海盗的统称）的东支，自今斯德哥尔摩地区驶向波罗的海东南沿岸，沿第聂伯河向黑海、里海挺进，从事贸易和掠夺。[②] 东欧平原上的东斯拉夫人称这些"维京人"为"瓦良格人"（又称罗斯人），意即"商人"或"来自北方国家的各种语言的雇佣军"。[③] 据《往年纪事》记载，古罗斯国家的建立者正是这些瓦良格人（罗斯人）。[④] 基辅罗斯的少量北欧统治者很快被斯拉夫化，而留里克王朝在 1240 年前不断与北欧国家联姻，大概就是为了保证基辅罗斯王族的北欧血统。[⑤]

至于维京人缘何南侵，学术界目前还没有一致答案。[⑥] 但瓦良格人在基辅罗斯的所作所为却有明确记载，即从事过境贸易、做基辅罗斯的雇佣军。瓦良格人做基辅罗斯雇佣军主要执行两种职能：对外实施抢劫贸易；对内参与诸王公争夺基辅公位的斗争。大概是在北欧海盗的影响下，基辅罗斯王公率领东斯拉夫人军队和瓦良格雇佣军频繁进行劫掠远征。据 Г. С. 列别杰夫分析，基辅王公以允许瓦良格人在海外和沿伏尔加河行动的自由换取他们对自己的效忠。[⑦] 显

[①] 曹维安：《俄国史学界关于古罗斯国家起源问题的争论》，《世界历史》2008 年第 1 期。
[②] 孙晓华、玉彪：《北欧各国》，北京语言文化大学出版社 1998 年版，第 2 页。
[③] Пашуто В. Т. *Внешняя политика Древней Руси*, С. 21.
[④] 王钺：《往年纪事译注》，第 44—45 页。
[⑤] Лебедев Г. С. *Эпоха викингов в Северной Европе*, Ленинград：Изд. Ленинградского университета，1985，С. 261-262.
[⑥] 敬东：《北欧五国简史》，商务印书馆 1987 年版，第 12 页。
[⑦] Лебедев Г. С. *Эпоха викингов в Северной Европе*, С. 256.

然，享有三分之一战利品的惯例，也是促使瓦良格人积极参与基辅罗斯对外战争的重要推动力。① 奥列格、弗拉基米尔、雅罗斯拉夫皆从罗斯北方城市诺夫哥罗德出发夺得基辅王位，在每次内战中都少不了瓦良格人的身影。② 故而，历任基辅王公都十分重视诺夫哥罗德，而诺夫哥罗德与北欧始终保持着密切的关系。瓦良格雇佣军是何时退出历史舞台的至今尚无定论，不过多数学者认为是在11世纪中期。③

瓦良格人的过境贸易主要集中在3个地区，即波罗的海沿岸、拜占庭和哈扎尔汗国。繁荣的"瓦—希商路"是如此令人瞩目，以致拜占庭皇帝君士坦丁九世亲自记述了瓦良格人如何利用这条"大水路"运输货物。④ 阿拉伯作家伊本·霍尔达德别也在《道路与国家》一书中记载了瓦良格人怎样在哈扎尔汗国、东地中海沿岸进行贸易活动。⑤ 随着哈扎尔汗国的消亡、基辅罗斯转向发展本国农业、英格兰人于1066年后逐渐取代拜占庭的瓦良格雇佣军⑥，波罗的海成为北欧国家进行国际贸易的主要市场。北欧国家与基辅罗斯的波罗的海贸易不知是否规范⑦，但12世纪初的斯堪的纳维亚史料证实双方关系良好。⑧

北欧国家与基辅罗斯的文化关系也十分紧密，主要体现在器物文化、语义—符号、社会政治和意识形态4个方面。⑨ 学术界对这方

---

① Пашуто В. Т. *Внешняя политика Древней Руси*, С. 25.
② 王钺：《往年纪事译注》，第52、144、147、248页。
③ 穆立立：《欧洲民族概论》，第69页；Лебедев Г. С. *Эпоха викингов в Северной Европе*, С. 258.
④ Константин Багрянородный. Об управлении империей. См.：*Древнейшие источники по истории народов СССР*. Глава 9. Коммен. Мельникова Е. А., Петрухин В. Я., Зализняка А. А., Литаврина Г. Г., М.：Наука，1991.
⑤ Ибн-хордадбе. Книга путей и государств. См.：*Сказания мусульманских писателей о славянах и русских*. абзац. 5. Гаркави А. Я.，СПб.：1870.
⑥ [英]格温·琼斯：《北欧海盗史》，刘村译，商务印书馆1994年版，第231页。
⑦ Кулишер И. М. *История русской торговли и промышленности*，Челябинск：Социум，2003，С. 54 – 55.；Лебедев Г. С. *Эпоха викингов в Северной Европе*，С. 260.
⑧ Пашуто В. Т. *Внешняя политика Древней Руси*，С. 146.
⑨ Лебедев Г. С. *Эпоха викингов в Северной Европе*，С. 258 – 259.

面的研究比较薄弱。已故俄罗斯国学大师 Д. С. 利哈乔夫曾宣称："斯堪的纳维亚北方的意义对于罗斯国家制度的精神影响远比拜占庭从南方的影响要复杂"、"拜占庭文化给了罗斯基督教精神的性质，而斯堪的纳维亚大体上给了它军事部落的体制"。他还大力宣扬"斯堪多斯拉维亚"（Скандославия）这一概念，意即斯堪的纳维亚和斯拉夫在地理、文化方面不可分割。① 笔者认为，我国学界应加强关注北欧天主教对基辅罗斯的影响。丹麦和瑞典在 9 世纪上半期便已从查理曼帝国传教士那里接触到了基督教，此两国与挪威的基督教都在 9 世纪后半期取得了国教地位。② 可见，基辅罗斯从北方接触天主教的时间并不比从南方接触东正教晚很多。

最后要指出，基辅罗斯与北欧国家的友善关系到 12 世纪末渐渐终止。原因大致有二：第一，瑞典、丹麦和挪威的封建化进程在 12 世纪末发展迅速，纷纷走上对外扩张的道路③，同时基辅罗斯北部公国也积极展开海外拓殖，双方争夺波罗的海出海口和商路，必然引发冲突。这场冲突首先在瑞典和诺夫哥罗德之间爆发，诺夫哥罗德于 1186 年征讨了瑞典在芬兰南部的殖民地，次年又支持卡累利阿人远征瑞典最富有的城市锡格杜纳，结果导致两国关系直到 1201 年才恢复。④ 第二，罗马教皇和德意志王国发动十字军东征引发了"波罗的海危机"。例如，教皇格列高利九世于 1229 年以革除教门威胁瑞典等国对基辅罗斯进行经济封锁，在 1238 年又与骑士团密谋将丹麦拉入反基辅罗斯的军事同盟；瑞典、挪威和芬兰于 1240 年联合攻打诺夫哥罗德，骑士团则辅攻普斯科夫等地。⑤

综上所述，基辅罗斯地处欧亚交界地带，深受周边各种政治力量的威胁，这使得罗斯统治者逐渐习惯于被动地应付外来挑战，并

---

① ［俄］Д. С. 利哈乔夫：《解读俄罗斯》，吴晓都等译，北京大学出版社 2003 年版，第 21—22 页。
② 敬东：《北欧五国简史》，第 15—16、71—72、122 页。
③ 敬东：《北欧五国简史》，第 19、75、123 页；Пашуто В. Т. *Внешняя политика Древней Руси*, С. 30.
④ Пашуто В. Т. *Внешняя политика Древней Руси*, С. 148 – 149.
⑤ Пашуто В. Т. *Внешняя политика Древней Руси*, С. 238 – 240, 292 – 293.

在常年的反击战中养成了强烈的扩张传统。同时，特殊的地理位置加剧了基辅罗斯的内外矛盾，导致其外交活动异常复杂。罗斯人选择不同于东西方国家的东正教信仰，又在一定程度上加强了基辅罗斯外交的被动性、扩张性与复杂性。实质上，在基辅罗斯三大外交特征的表象下，社会经济政治结构才是决定其外交宗旨的根本因素。882—1240年间，基辅罗斯与周边各国展开形形色色的外交活动，形成了独特的外交理念与外交手段，这些传统都深刻地影响了日后莫斯科公国和俄罗斯的外交。

（原载《俄罗斯研究》2010年第4期）

克柳切夫斯基论波雅尔杜马在国家政治体制发展史中的历史地位

朱剑利

瓦西里·奥西波维奇·克柳切夫斯基是帝俄时期的史学大师，著作等身，桃李满天下。在今天，他对俄国历史及其发展趋势的看法仍然受到各国学者们的高度重视。本文将就其关于波雅尔杜马在俄国政治体制发展史中历史地位的观点做一探讨，希望能够抛砖引玉，引起学界对波雅尔杜马这一在国内外研究都不太多但又十分重要的机构的重视。

一 问题的研究概况

在俄苏史学中，相对于其他问题的研究来说，对波雅尔杜马①的研究一直是个"冷门"。

在克柳切夫斯基之前，关于波雅尔杜马的问题极少有人专门研究。一些历史学家、法学家，如索洛维约夫、波戈金、别斯图热夫—留明、别里亚耶夫、尼基茨基、К.С.阿克萨科夫等在各自的著作中，间或会提到波雅尔杜马，但仅是一带而过；他们并不认为波雅尔杜马是中央政权中一个起了很大作用的机构，对其性质、特点、历史命运等问题也很少关注。

---

① Боярская дума。国内学者有的将其译为"领主杜马"，有的译为"大贵族杜马"，有的直接采取音译的方法译为"波雅尔杜马"。本文将采用最后一种方法。

史学家涅沃林（1806—1855）在《自伊凡三世到彼得大帝的俄国统治之形成》这篇论文中以两页纸的篇幅谈到了波雅尔杜马。涅沃林区分出了两个杜马：沙皇杜马和波雅尔杜马。涅沃林认为，沙皇杜马是附属于沙皇的一个常设性会议，讨论各种重大事务，而波雅尔杜马则是临时性的，仅在王位空虚的时期或者是在王公未成年时期才出现并获得统治权，一旦有了王公或者王公成年，波雅尔杜马也就要交权并消失了。涅沃林只是提出了这种论点，并没有提出什么证据来加以支持。

第一个真正意识到波雅尔杜马重要作用的应该是谢尔盖耶维奇，他在1867年出版的《谓彻与王公》第一卷里指出，涅沃林的表述教条、武断，并且弄混了诉讼院与杜马。谢尔盖耶维奇认为，波雅尔杜马是中央政权的一个常设性机构，在历史上发挥了重要作用。他的这个观点遭到了法学家们的反对，在他们的眼里，波雅尔杜马是绝对不能被算作一个统治机构的。[①]

此后，关于波雅尔杜马的问题依然不为人瞩目，学者们干脆"忘记"了它的存在。

1879年，喀山大学教授、俄国法律史家扎戈斯金（1851—1912）在喀山出版了《莫斯科国家法律史》的第二卷，通篇来谈关于波雅尔杜马的问题。扎戈斯金认为，"波雅尔杜马"这个术语在杜马存在的时期是没有的，它是由后人造出来的。在这一卷的导言中，扎戈斯金谈了他对莫斯科国家中央政权各机构的总的看法，指出在封邑—谓彻的罗斯不可能形成中央统治机构。这本书分析了波雅尔杜马组织的基础、成员组成、架构等方面的特点，讨论了"杜马各委员会"、杜马会议举行的时间和地点、杜马中公文处理方式、会议程序、杜马如何参与政府的行政和司法活动等问题。扎戈斯金最后的结论是，波雅尔杜马是"附属于国君的"常设性咨议机构，而作为莫斯科国家唯一立法权力主体的沙皇则是立法的首创者；杜马中

[①] 参见 М. В. 涅奇金娜《瓦西里·奥西波维奇·克柳切夫斯基》，莫斯科：科学出版社1974年版，第175页。

没有设办公厅；秘书（дьяк）是杜马中享有充分权利的成员。①

据笔者目力所及，扎戈斯金的这部著作与克柳切夫斯基的《古罗斯波雅尔杜马》是沙俄时期学界仅有的关于波雅尔杜马的两部专著。

十月革命后，苏联史学界对波雅尔杜马的问题是长期忽视的，直到20世纪50年代才开始有较多文章（或专著中的章节）出现。苏霍京、济明、阿列夫等人研究了16世纪波雅尔杜马的成员组成，济明、科布林、布加诺夫、纳扎罗夫、贝奇科娃、莫尔多温娜、斯坦尼斯拉夫斯基等人研究了伊凡雷帝的"宫廷"。②

不过，客观地说，苏联时期关于波雅尔杜马的研究还是远远不足的，一个原因是技术层面的，即史料的严重缺乏（稍后我们将谈到这一点）；另一个原因则来自政治层面的风险。在苏联时期，政府强调中央集权的作用，"民主"的话题极为敏感，因此学者们尽量避免研究波雅尔杜马这个与"民主制度"有着密切联系的课题。这里我们举出一个侧面的例子以为佐证：也许是因为波雅尔杜马这个问题本身比较敏感，也许是因为克柳切夫斯基在苏联长期受到批判性的忽视，或者二者兼而有之，《古罗斯波雅尔杜马》仅在苏俄建立初期再版过一次（1919年），此后，甚至在50年代和80年代两次出版克柳切夫斯基文集的时候，《古罗斯波雅尔杜马》也并没有被收入，编者给出的理由是它"印刷的困难和计划用纸量不够"。③ 这种理由对于一个出版大国来说显然是很牵强的，政治方面的考虑才是根本原因。苏联解体后这本书才得以再版（1994年以后，有若干种版本）。

苏联解体后，学界研究波雅尔杜马的热情稍稍有所增长，但专门性的研究仍看不到，仍需等待时日。④

---

① 参见涅奇金娜《瓦西里·奥西波维奇·克柳切夫斯基》，第189—190页。
② 参见施密特《俄国绝对君主制的来源》，莫斯科：进步出版社1996年版，第392页。
③ 涅奇金娜：《瓦西里·奥西波维奇·克柳切夫斯基》，第46页。
④ 参见施密特《俄国绝对君主制的来源》，第388页。

克柳切夫斯基的《古罗斯波雅尔杜马》一书出版于1882年,[1]其中对波雅尔杜马的产生、发展、衰亡作了细致的研究,对各个时期波雅尔杜马的组成、职能和在行政体系中的作用作了比较详尽的分析。但是,对于现代的研究者来说,要赞同或者反对克柳切夫斯基的观点却是很困难的。这个困难主要来源于致命性的史料的不完全。克柳切夫斯基自己就提到:"……研究者被剥夺了在原始文件的基础上还原杜马的政治意义以及它的公文处理程序本来面目的可能性。在本文中读者(势必)在很多涉及这样和那样的问题上找不到令人满意的答案,遇到推测与猜想(догадки),作者正是试图用这些推测与猜想来弥补直接的历史指示的不足。"[2] 直到今天,关于16世纪以前各公国波雅尔杜马的史料仍然很少得见,且难以形成体系。16世纪之后,随着俄罗斯中央集权国家形成的步伐加快,这方面的史料保存得要多些,但依旧是残缺不全的。关于瓦西里三世统治时期(1505—1533)的情况,济明在《处于新时代门槛上的俄国》一书中指出:"在我们研究的这个时代,波雅尔杜马的历史只能根据一些最为主要的线条来研究,这可以由现存资料的缺失来解释。"[3] 俄罗斯统一国家形成之后,关于伊凡四世统治时期(1533—1584)波雅尔杜马的活动,我们知道的材料要更多些,但关于波雅尔杜马日常工作的基本史料却早已丢失,所以今天的研究者只能满足于依靠现存的一些资料(如外交文书汇编、各种法律、时人的记述等)来进行研究。因此,从学术研究所要求的严谨角度来看,研究波雅尔杜马、分析克柳切夫斯基在具体问题上的观点是要冒很大风险的,本文将不以这样的研究为主要任务。

---

[1] 学者之间的竞争在这里是很明显的:克柳切夫斯基是在1872年开始写作《波雅尔杜马》的,用了10年的时间才最终完成这部500多页的著作;扎戈斯金在这个问题上起步晚,赶得匆忙,只写了156页。然而,扎戈斯金作品的发表(全文,以书的形式)比克柳切夫斯基的(部分,在杂志上)要早半年左右。因此,谁是第一个专门研究波雅尔杜马的人就成了一桩很有意思的公案。参见涅奇金娜《瓦西里·奥西波维奇·克柳切夫斯基》,第188—191页。

[2] 克柳切夫斯基:《古罗斯波雅尔杜马》,彼得堡:人民教育委员会文献出版分部1919年版,第3页。

[3] 转引自施密特《俄国绝对君主制的来源》,第392页。

克柳切夫斯基在《古罗斯波雅尔杜马》中提出了一个极为重要也是颇受争议的观点，即在俄国历史发展进程中政治因素和经济因素各有影响、互相补充，决定俄国历史发展的并非单个因素，而是政治和经济因素的共同作用。这个观点一直是有争议的。普列汉诺夫就与克柳切夫斯基有不同的看法，他在《俄国社会思想史》中针对克柳切夫斯基在《古罗斯波雅尔杜马》中的观点提出了异议，认为经济因素是人类社会发展中根本性的因素，政治因素是处于第二位的，经济因素处于决定性的地位。[①] 在今天，史学界关于历史发展的一元性或者是多元性、经济因素与政治因素何者是历史发展中的决定性因素这样的问题仍然分歧不小，而要一劳永逸地彻底解决这些问题看起来又是遥遥无期的，因此，本文将不以这方面的讨论为自己的任务，而把它留待今后。[②]

如果我们仔细地看一下克柳切夫斯基的《古罗斯波雅尔杜马》就会发现，它与其说是一部俄国贵族的"政治史"，毋宁说是一部俄国"社会史"：全书的基本问题架构实际上就是社会史。19世纪俄国最好的国家法律史学家之一弗拉基米尔斯基—布达诺夫在评论它时曾指出："他这部关于杜马的著作的第一部分的真正标题应该是：'自古以来的俄国史'"，他认为克柳切夫斯基把杜马看成了"与俄罗斯国家史全部进程相关的一个现象"。[③] 而克柳切夫斯基在回应弗拉基米尔斯基—布达诺夫的时候自己也承认，正是"杜马的社会组成……成了自己研究的主要对象"，而把"对'技术性'的机构和政府制度与政府行为的描述放在第二位"，它们的历史以其"大量的纯粹的法律问题"[④] 使他感到困窘。苏联史学家涅奇金娜也认为，克

[①] 不过，普列汉诺夫是从宏观上来把握问题的，主要探讨人类历史发展的规律、俄国发展是否特殊等方面，议论近于哲学上的思辨过程，而对于波雅尔杜马问题研究本身并无专门涉及。

[②] 笔者并不否认历史规律的存在，但是同时认为它是有条件的，需要在适当的历史背景下才能适合于不同的社会集团。在笔者看来，硬要把某种规律搬套到我们这个纷繁芜杂的世界将是机械而不可靠的做法。

[③] 转引自施密特《16世纪中叶的俄罗斯国家》，莫斯科：科学出版社1984年版，第91页。

[④] 克柳切夫斯基：《回声与回应》，彼得堡：人民教育委员会文献出版分部1918年版，第352、353页。

柳切夫斯基后来的 5 卷本《俄国史教程》，其构思实际上"产生于《波雅尔杜马》及不断的课堂创作"①。考虑到我们将另外作文，集中讨论俄国社会阶层史方面的问题，本文也将略过对这方面问题的探讨。

不过，尽管我们遇到了史料缺失、若干具体观点有分歧、缺乏全面研究等方面的困难，我们还是要讨论一个非常令人感兴趣且有可能做出有根据的立论的问题：波雅尔杜马作为一个政治性机构在俄国政治历史发展进程中到底有什么样的地位，这种地位与克柳切夫斯基的看法是否相符，抑或有所不同。无论是对于理解俄国政治史的发展来说，还是对于理解今日俄国的政治态势来说，这项工作都将是不无裨益的，它将使我们了解俄国政治制度发展的一般性特征。

二 关于波雅尔杜马历史地位问题的论述

总体而言，克柳切夫斯基认为，从 10—18 世纪，"波雅尔杜马一直居于古罗斯行政机关的首位，充当着推动整个政府机制的飞轮；它在很大程度上创建着这个机制，制定法律，调整所有的关系，回答向政府提出的各种问题"②。波雅尔杜马的渊源是古代军事—民族社会中存在的风俗：社会分为服役人员与非服役人员；君主与服役人员是人民的军事头领，君主与服役人员之间的关系是同志式的战友，他们共同治理、保卫这个社会；服役人员之间的关系由门第制（местничество）来确立，而门第制正是这种风俗的支柱。在理论上，波雅尔杜马主要是一个附属于大公（沙皇）的立法机构，执行后者的意志，并受后者的委托处理各项具体事务；而在实际操作中，波雅尔杜马"实际上是国君的合作者，最高权力的参与者"③。

克柳切夫斯基的大致观点如下：

---

① 涅奇金娜：《瓦西里·奥西波维奇·克柳切夫斯基》，第 248 页。
② 克柳切夫斯基：《古罗斯波雅尔杜马》，第 1 页。
③ 克柳切夫斯基：《古罗斯波雅尔杜马》，第 499—502 页。

在 11 世纪中叶以前，征服东斯拉夫人社会的王公身边有一个由其亲近的人员组成的集团，他们被称为波雅尔或者王公的亲兵队（дружина）。这些人组成王公身边的经常性会议（совет），王公和这个会议一起"考虑军事事务和土地制度"①，而他们做出的决定就是法律。这就是最初的波雅尔杜马。

自 988 年罗斯接受基督教以后，主教（епископ）进入波雅尔杜马之中去。他们与王公不仅共同商量制定教会法律方面的问题，也参与讨论国家立法的一些极为重要的问题。另外，在波雅尔杜马中还有第三类人员，那就是城市长老（старцы градские）。城市长老是在外来的王公统治罗斯之前各个部落或部落联盟的首领，他们与王公一起讨论公国管理中出现的一般性问题，不过，在弗拉基米尔统治时期（978—1015）他们逐渐退出了杜马。

在这一时期，王公及其杜马还被认为是一个立足不久的外来政权，他们与地方社会的联系还带有流动性的特点，因此，他们需要与被征服各部落的原先统治者一起共同分享统治权。然而，从 11 世纪中叶开始，随着罗斯政治、经济形势的变化，"在行政和军事关系中得到建立和巩固的公国政府开始越来越少地需要城市管理和城市团队的合作"②，而战争和贸易又需要更多的军人，因此执政集团发生了分裂。杜马与由城市显贵组成的谓彻（вече）成了"互相竞争的两个阶级，两种不同的政治力量"③，而杜马日益"成为纯粹的波雅尔贵族的、服役人员的会议"，是罗斯社会中的第三种政府形式（另外两种是大公与所有亲兵队成员的会议以及城市市民大会），它几乎每天召开，成为"同那些占统治地位的社会力量（每一位王公都必须考虑到这些社会力量）并列的、同各王公、最高神职人员、各'长城'（старшие города）并列的一种力量"④。

这一时期的波雅尔杜马在社会上享有很高的声望，时人认为

---

① 克柳切夫斯基：《古罗斯波雅尔杜马》，第 13 页。
② 克柳切夫斯基：《古罗斯波雅尔杜马》，第 36 页。
③ 克柳切夫斯基：《古罗斯波雅尔杜马》，第 44 页。
④ 克柳切夫斯基：《古罗斯波雅尔杜马》，第 48—49 页。

"它是一个好大公进行管理所需的必要条件";如果大公不同自己的波雅尔杜马商议问题,那么人们将认为这是一个不好的大公;王公的政治成功,他对其他王公的态度是友善还是敌对,"取决于该王公谋士们的特性";在王公之间发生纠纷的时候,杜马还可以成为一个裁判力量,支持或者反对自己的王公。甚至当时的一个政治警句也提到:"好的杜马(谋士)可以使王公登上最高的王位,而坏的杜马(谋士)会使王公就连小的王位也难保。"①

在13—15世纪中叶,罗斯社会生活中发生了如下的重要变化:王公及其波雅尔之于罗斯大地的关系,以及相应的王公之于波雅尔贵族的关系发生了很大的改变。在以前的基辅罗斯时期,王公及其波雅尔是罗斯大地上的一个凝聚力量,他们在各处流动、执政,把互不统属、关系混乱的各个地方统归于自己的管辖之下,完成了早期罗斯政治经济上的统一;现在则相反,王公们各定居于某一公国并将其传给自己的直系后代,反对旁支王族对自己公国的觊觎,因此他们又造成了罗斯大地的分裂态势。为了吸引住服务自由的波雅尔,王公们改变了以往对波雅尔贵族给予财物封赏的习惯,而代之为土地的封赏,以此将波雅尔留在身边。由于这种利益获得方式的改变,波雅尔贵族也日益倾向于为某一固定王公服务而不是任意改变服务对象了。

在13和14世纪,随着罗斯社会的政治、经济形势发生变化(克柳切夫斯基认为大量移民、商业的衰落是主要的原因),基辅大公地位下降,王公愈来愈固定于其封邑,各公国日益孤立化,居民整体上变穷,罗斯社会变得"贫穷而简单"②,波雅尔贵族的政治经济地位也在发生改变,他们逐渐开始定居下来,获得私人土地,将空地清理干净并在其上安置居民,建立村庄,并争取到土地耕种方面的各种优惠,成了农业主;与此相应,"公国经济行政的琐碎日常

---

① 克柳切夫斯基:《古罗斯波雅尔杜马》,第50页。
② 克柳切夫斯基:《古罗斯波雅尔杜马》,第96页。

事务，就变得对他们来说比先前的军事事务和家谱考虑更为重要"①。

这一时期组成波雅尔杜马的是宫廷行政的独立主管部门的负责人，即主要的宫廷管家（дворцовые приказчики），他们被称为内务波雅尔（введённые бояре）。杜马的组成人员并不固定，由王公根据当时的实际需要指定，偶然性较大。他们要完成王公委托的各种"非常"事务，有时这种事务甚至与其职位毫不相关："比如说：宫廷书记（дворцовый дьяк）被派作觐见德国皇帝的使者，而司库（казначей）被指令'去答复'那些前来谈判并觐见莫斯科国君的外国使臣们，或是同梁赞宫廷的书记一起被派去同瑞典大使们签订和平协议。"②

可以说，这个时期的波雅尔杜马是"一个正处在原始的、还没有硬化、完全定型状态的杜马"，它正处于"从一个王公会议（其人员的组成和事务的范围都是偶然而多变的）转变为一个具有固定的形式和确定的主管部门的机关"③ 的变动过程中。

在13—15 世纪，特别是15 世纪以来，各公国内部中央集权的过程在加强，杜马的活动开始"更为准确地确定中央政府对地方管理机构的关系，削弱后者的封邑地方化趋势"④。在莫斯科公国，这种情况比别的公国发生得要早，其规模也来得大。除了每日处理宫廷管理部门的各种事务，莫斯科的杜马还逐渐开始处理一些全国性的事务，其中最重要的是为土地占有立法，发出或确认关于买卖、分界、赏赐等方面的文件；同时，随着那些"不进入地方行政者的主管部门的、新的土地事务的出现，一些老的、同土地占有有关的、先前在县里解决的事务也通过呈报而转归中央政府管理"，即进入王公或其内务波雅尔的司法管辖之下。这些事务包括解决重要的非特权者的土地诉讼，以及解决发生在某些地区的 [当地行政长官"没

---

① 克柳切夫斯基：《古罗斯波雅尔杜马》，第117 页。
② 克柳切夫斯基：《古罗斯波雅尔杜马》，第129 页。
③ 克柳切夫斯基：《古罗斯波雅尔杜马》，第131 页。
④ 克柳切夫斯基：《古罗斯波雅尔杜马》，第152 页。

有波雅尔法庭"[①] 而持有食邑（кормление）] 关于霍洛普的事务等。

这样，由于开展公务的目标逐渐明确，组成人员渐渐固定，莫斯科的波雅尔杜马转变成了"处理非宫廷事务的、由宫廷高级官员构成的会议"[②]，其政治活动的性质也发生了很大的变化。原先它所要解决的主要是王公的对外事务，该王公对其他王公、其他乡—城、外部敌人或联盟的关系，现在它则主要致力于解决王公的家庭经济事务、对领地的管理、同居民的关系等。

自15世纪中叶开始，莫斯科公国逐渐转变为俄罗斯国家，这个重大的历史事实使得莫斯科大公对自己的权力产生了新的看法，认为现在自己是全民族的统治者而不再仅仅是某一公国的君主，而人民对他和他的权力的看法也在朝着同一个方向变化。相应的，新的政治关系也在建立。在涉及波雅尔贵族及其杜马方面，克柳切夫斯基认为，随着各公国王公及其波雅尔离开自己原先的公国到莫斯科服役，进入当地的统治秩序之中去，莫斯科波雅尔贵族的组成发生了很大的变化，其利益、职权等也与以往大不相同。新的成分使得莫斯科波雅尔杜马关注"全俄"的利益，考虑所有的利害关系，管理全部的地面，而由于在组成波雅尔杜马的人员中超过一半是先前独立执政的王公，由于"门第制"的形成，大公也不能再像以前那样任意任命杜马的成员，杜马的权限却比以前大大加强了。

来到莫斯科的前王公们希望与君主分权，他们人数众多，且大都带来了自己原先公国的政治力量，因此这种希望是有着现实的基础的。莫斯科的大公当然不能容忍这股违反自己利益的政治情绪，因此，统治阶级上层之间的利害冲突不可避免。这种冲突历经反复，以王权的全面胜利告终。

在莫斯科的君主仍然强有力的时候，他与波雅尔贵族之间保持了某种暂时平衡的权力分配，但是一旦王位虚空，或是新君年幼软弱，则波雅尔贵族就趁机为自己攫取更大的权力，甚至置君主的权

---

① 克柳切夫斯基：《古罗斯波雅尔杜马》，第154页。
② 克柳切夫斯基：《古罗斯波雅尔杜马》，第152页。

威于不顾。

君主与波雅尔贵族的矛盾实际上是国家权力设置中的矛盾，前者坚持认为后者是自己的臣仆，希望由自己独揽全部权力，而后者则认为自己是前者的执政顾问，可以在很多方面抵制甚至反对前者的权威。不过，双方都不能也不愿意把对方排斥出国家的政治生活，在这样的背景下产生了伊凡雷帝（1533—1584年在位）的沙皇特辖制（опричнина）。

伊凡雷帝最初依靠"近臣杜马"①（ближняя дума）进行统治。由于在童年饱受波雅尔贵族"肆虐"之苦，他很早就开始抓权，在波雅尔杜马中设立了一个顾问班子，聚集了一些听话能干的人，他们实际掌握了杜马的领导权，②并在以下事件中全力协助伊凡雷帝：作为分散波雅尔贵族权势的一个措施，伊凡雷帝于1550年首次③召集了等级代表会议——缙绅会议（земский собор），在波雅尔贵族之外，还邀请了服役贵族、僧侣、城市商人的代表来共同商讨如何治理地方事务，修改法典；1552年，在征服喀山汗国之后，他立即指定了一系列关于地方行政机构问题的计划，希望用这些新的机构取代现行的贵族食邑制。

克柳切夫斯基认为，主要是出于一些心理方面的原因，伊凡雷帝突然采取了一些行动，最终导致在国内建立了特辖制：全国分为沙皇特辖区和波雅尔辖区，特辖区由沙皇亲自领导，波雅尔辖区由波雅尔杜马领导，同时沙皇并不放弃对杜马的最高领导权。克柳切夫斯基认为，特辖制并没有从根本上解决国家制度上的困难，因为在具体实行过程中特辖制针对的是个人而非制度；解决困难的办法是以新的、更加听话的统治工具取代波雅尔贵族及其杜马。这个工

---

① "近臣杜马"的称呼在伊凡雷帝时正式出现于外交文件当中。克柳切夫斯基：《古罗斯波雅尔杜马》，第318页。

② 克柳切夫斯基指出，伊凡雷帝的父亲瓦西里三世在世时就曾被人抱怨，说他绕开杜马，只与几个亲近的人商议事务。克柳切夫斯基：《古罗斯波雅尔杜马》，第314—315页。

③ 由于史料的限制，克柳切夫斯基只知道在16世纪末以前召开了4次缙绅会议：1550年、1566年、1584年、1598年。据现在我们掌握的史料显示，第一次缙绅会议召开于1549年2月。

具主要是服役贵族和缙绅会议。

在克柳切夫斯基看来，16世纪的缙绅会议不是西欧常见的代表机构，而是中央政府（即波雅尔杜马）的扩大，即在特别重大的场合（如制定法典、讨论和战、推选王位继承人等）使那些并不来自政府却又负有政府使命的社会人士参加到波雅尔杜马中去，平等地参政议政，申述社会各等级的愿望与要求。这样，在摆脱原来狭隘而不听话的波雅尔贵族的同时，国家的统治基础扩大到了渴望政治权力和各种经济特权的中小贵族（服役贵族），政府面目因之而焕然一新。缙绅会议实质上是波雅尔杜马与某些重要的半政府力量举行的联席会议。

在伊凡雷帝死后的俄国，原先的波雅尔贵族已经受到了肉体上很大程度的毁灭，同时还受到新崛起的政治力量的竞争，其政治经济地位大为下降[①]，但是，新沙皇费多尔（1584—1598年在位）的软弱、鲍里斯·戈杜诺夫与舒伊斯基为争夺王位的斗争、几个僭王和外国干涉的存在、整个混乱时期国家在政治经济上的分裂等原因使得他们重新恢复了力量，但只是部分且暂时的。

来自波雅尔贵族的鲍里斯·戈杜诺夫在被选为沙皇时，他以前的同侪吸取了伊凡雷帝时代的教训，希望他的权力能被某种"条约"确定下来而不至于被滥用。鲍里斯成功地拒绝了这种要求，但却使自己的地位更加不牢固。政治上的各种反对派（主要是波雅尔贵族）联合起来，以僭王伪季米特里取代鲍里斯，又以瓦西里·舒伊斯基取代了伪季米特里。舒伊斯基在登基时不得不限制了（尽管是虚伪的）自己的权力，包括答应要通过"真正的法庭"[②]，按照法律而非个人的专断来进行审判，不无故贬黜其臣属，对重罪的处理须与波雅尔杜马共同作出等。不过，瓦西里沙皇却向人民提出"我谨向全国宣誓：没有缙绅会议的参与，我决不会对任何人干任何坏事"[③]。

[①] 门第制在这种混乱中难以保持原先由波雅尔贵族把持的垄断，逐渐开始解体。
[②] 克柳切夫斯基：《古罗斯波雅尔杜马》，第354页。
[③] 克柳切夫斯基：《古罗斯波雅尔杜马》，第360页。

这就提高了波雅尔杜马的竞争对手的力量。

到了米哈伊尔沙皇（1613—1645年在位）继位时，波雅尔杜马的地位受到了缙绅会议的严重挑战：它不再是沙皇属下的唯一一个最高的执政、立法机构，缙绅会议在这方面与它的地位几乎相当。在米哈伊尔统治时期缙绅会议频繁召开，而波雅尔贵族又在其中起领导作用，它审议此前只有波雅尔杜马才有权审议的重大事务，例如税收，从而使之进入了缙绅会议的权限范围。

在17世纪中后期，俄国中央管理机构逐渐集中，国家管理的成分中逐渐引入了法律，较为明确的立法开始取代统治惯例以确定国内统治的秩序；这时波雅尔杜马仍然是沙皇属下的最高立法、行政机构，它的权力却大为分散：各类衙门（приказ）权限增大，逐渐取代了波雅尔杜马在日常事务上的功能（而同时波雅尔杜马也无法再像过去莫斯科公国时期那样事事管理了），而缙绅会议则逐渐分享了杜马在立法方面的权限①；沙皇又极力摆脱波雅尔杜马的监督，采取措施分化本来在人数和影响上已大为降低的波雅尔贵族，②包括吸收大量不够显贵的贵族进入波雅尔杜马，在决策和执行决议时对一些人委以重任而较少召开杜马会议讨论，在重要事务上排斥波雅尔杜马的参与，设立一些不受波雅尔杜马监督的机构［如机要事务衙门（приказ тайных дел）］等，而作为波雅尔贵族统治基础之一的门第制在长期的混乱中最终被废除了（1682）。

随着中央管理机构的集中化，俄罗斯的社会也在集中化，农奴制的最终确立、一个封闭而具有继承性的服役阶层的建立等因素使得社会各成分比以前更为简化和稳定。从沙皇的观点来看，社会分为几个在权利、义务上大不相同（甚至互相排斥）且互不流通的集团是有利的，这使得沙皇能够更好地控制各个阶层（等级），获得稳定的财源、兵源和管理者。

这样，贵族统治阶层的分权、国内对恢复和维持秩序的迫切需

---

① 克柳切夫斯基：《古罗斯波雅尔杜马》，第412—417页。
② 克柳切夫斯基：《古罗斯波雅尔杜马》，第395—396页。

要、波雅尔贵族限制君主权力的减弱、社会各阶层的固定化、沙皇加强自己权力的努力等原因，促使17世纪俄国的皇权进一步得到加强，最终成了凌驾于各种势力之上的政治力量。

在加强皇权的过程中，缙绅会议首先遭到排斥。克柳切夫斯基指出，缙绅会议最初是新王朝（罗曼诺夫王朝）的基石和行政管理的辅助机构，随着王朝的巩固，政府机构特别是衙门官僚体系的完善，政府就越来越不需要它了；在权力感普遍受到压制的情况下，被等级义务和阶级的不和弄得四分五裂的社会不能做到齐心协力，把缙绅会议变成一个在政治上有保障且为国家制度所必需的常设立法机构。这样，缙绅会议的制度垮台了。

波雅尔杜马在同样的政治条件下也不能独存。克柳切夫斯基指出，彼得一世在母亲在世时几乎很少干预管理事务，在亲政后，彼得长期不在首都莫斯科，这时他与杜马的联系人就在杜马中占据了很重要的地位；杜马也空虚了：北方战争（1700—1721）开始后，几乎所有的杜马要人都离开了莫斯科，去统率军队、管理各州及监督造船等；同时，由于新都彼得堡的建立，政府的中心也变成了两个；最后，政府法律的形式和语言都在变化，各机构都获得了新的名称。这样，杜马的活动就与这些新环境一起发生了变化：杜马由一个"或在国君的领导下或根据国君的委托研究国家社会形式的立法机构"，变成了一个"管理性的、必须采取措施完成立法者意志的机构"①。

1699年彼得一世建立了"近臣办公厅"（ближняя канцелярия），作为杜马的办事机构，它监督财政和行政的实施情况，握有实权，实际上是一个"特殊的衙门"②，在莫斯科各衙门中占据首位。这样，波雅尔杜马的大部分功能就归近臣办公厅了。

由于彼得一世长期不在莫斯科，无法监督留在莫斯科的杜马的活动，因此杜马的活动中增加了两个特点：杜马成了一个管理内部事务的会议，在国君面前要为自己的行为负责；在杜马中引入了有

---

① 克柳切夫斯基：《古罗斯波雅尔杜马》，第435页。
② 克柳切夫斯基：《古罗斯波雅尔杜马》，第440页。

秩序的公文处理，这样可以检查杜马的行动。

由于无须每日去朝见沙皇，杜马会议的召开也不再每日进行了，1708年的一项指令要求，参加近臣办公厅的人每星期一、三、五去克里姆林宫；由于什么原因没能去的，要自己去吏部备案。

这样，在彼得一世统治时期，杜马的组成和活动的性质发生了改变，其原因有二：先前的波雅尔贵族阶层遭到了破坏，而剩下的波雅尔由于服务在首都之外分散开了；沙皇离开都城在以前是特例，现在成了常情。杜马现在的实质性特点是：它远离沙皇而活动，领导内部事务的管理，完成国君的各种特别委托，向沙皇负责，但它不干涉战争与外交事务。

1711年组建的参政院（сенат）继承了杜马的以上特点，并明确负有以下任务：征兵、发展贸易特别是国家的收入。这样，在没有专门下令撤销的情况下，波雅尔杜马被参政院取代了，结束了其历史使命。

三　分析与评价

克柳切夫斯基关于波雅尔杜马实质上是一个立法机构、同时又是首要行政机构的观点已被大量事实确认，并得到了当代史学界的认同，不过，对于今天的读者来说，这样的结论显得过于一般性——我们没有看到他对在俄国历史存了8个世纪之久的这一重要的立法、行政机构做更为细致的总结性评论，而这方面的问题正是我们今天所加倍关注的。

（一）早期封建君主制时期

在克柳切夫斯基对波雅尔杜马历史发展的记录中，我们可以看到几个重要的历史事实：一是王公在统治集团中地位逐渐加强，由"第一武士"变为其他人都必须为之服务的君主，最终成为享有无限权力的专制君主；二是随着各国兼并过程的发展，莫斯科国家逐渐完成了罗斯土地的统一，一个统一的、中央集权的俄罗斯国家形成了；三是随着统治集团内部利益分配的调整，各阶层贵族的权利和义务渐渐平均化，其政治利益、情绪趋向一致；四是社会成分逐渐简化和稳定下来，个人的身份由原来根据变动的财产或职业而定变为依据固定的出身而定，社会分化为封闭的各个等级。以上的这些事实使得国家通过王权，靠牺牲包括贵族在内的全体居民的自由的方式奴役了社会——这一发展实质上就是俄罗斯国家由早期封建君主制，经由等级代表君主制，走向绝对君主制的过程。

早期封建君主制是封建国家的一种政治形式，它存在到等级代表君主制的出现。作为一个较为普遍的规律，它在各国历史上占据的时间或长或短，在社会制度、国家制度、统治机构体系上也有一些差异，不过，早期封建君主制时期国家制度总的特点是依据分封制度—宗主权来决定各种关系，其存在的前提是某一国家经济、政治上的分裂（分散），其权力结构的特点总的来看是二元制的。

在7—8世纪，东斯拉夫人国家组织开始出现。应该说，这时候的"国家"是简单的、尚未成熟的：这个国家地域辽阔，人口稀少，各部落之间在种族、民族方面还存在较大差异，他们的经济、政治发展水平也很不协调，在经济、政治利益上要求并不一致，而且，由于移民运动的经常存在，单位区域内的居民常常是不固定的，这使得社会各阶层的面目并不清晰；与此同时，维系各社会集团的纽带，包括贸易、战争等因素相对来说又比较薄弱，由于上面的种种原因，相应的，加在这个社会之上的国家组织（它甚至是外来的）就显得机械，在较长的一段时间内尚不是社会中的一个有机的成分。

这个时期罗斯社会中的国家组织正处于逐渐成长的阶段：当时政府的职能主要是对外进行战争和贸易，对内实现有秩序的统治（其中立法和收税是最重要的），而由于统治阶级获利的方式逐渐向农业靠拢，土地的分配和管理也开始进入政府管理的视野。

"粗放式"的政府职能划分造成了统治权的分散，使得政府机构并无定型。如果不算宗教界成分的话，一个有力的中央政权还不存在，王公依据长幼的次序轮流在各地统治（顺序制）；波雅尔贵族可以依据其个人的愿望为王公服务（可更换主人）；精细而分工明确的政府机构不曾出现。国家由各王公与其波雅尔贵族、城市上层代表等共治,政权的主要机构是王公、波雅尔杜马、城市谓彻等,其中中央统治机构是所谓的宫廷—世袭领地的机关,地方统治机构是封邑的机关(封建主享有广泛的、有时是无限的豁免权),它们之间很少有统属关系。政府机构管理的触角尚未涉及每一个个人(这在现代政府管理中则是一个基本的前提)而停留在某些社会集体层面(如村社),带有很强的封建性色彩。

在这样的经济、政治、社会形势下,作为王公的主要助手、社会主要军事、警察力量的波雅尔贵族及其杜马自然在政府机构的设置中占据极为重要的位置,具有极大的政治影响:它与王公分享着统治全部社会的权力(政治、经济、军事、立法、治安等),为整个统治阶级获取、保卫各种利益,保持整个社会的稳定与团结,是使原先分裂的社会凝聚在一起的重要力量,是抗衡各种离心力量的一支向心力量。[1]

在11世纪末12世纪初,基辅罗斯出现了衰败的迹象,[2] 表面上的国家政治中心(基辅大公国)渐渐不再产生重要影响,政治权力进一步分散到各个公国,由基辅(第聂伯河流域)向伏尔加河流域和东北罗斯转移。蒙古人的入侵和长达240年的统治更使得国家民生凋敝,四分五裂,统一的基辅罗斯分成了众多独立的公国。[3] 这种公国由于王位继承制的发展而在数量上一度相当多,但规模往往很

---

[1] 以上情况请参见季亚科诺夫《古罗斯社会与国家制度概要》,圣彼得堡:"真理"法律书库出版社1910年版;格列科夫:《基辅罗斯》,莫斯科:国家政治文献出版社1953年版;雷巴科夫:《俄国史的最初几个世纪》,莫斯科:青年近卫军出版社1987年版;托洛奇科:《古代罗斯·社会—政治史纲》,基辅:科学思想出版社1987年版。

[2] 如基辅大公国作为政治中心的地位下降,各公国逐渐独立;王公统治的顺序制不再发生作用,为世袭制所取代;王公之间互相攻伐,削弱了原先抗拒异族入侵的力量,从而使得社会财富更容易遭到破坏;人口中心发生变化——原来人口密集的第聂伯河流域的被统治阶级的政治、经济自由受到越来越多的侵犯,在反抗越来越难以奏效的情况下很多人选择离开原地,投奔伏尔加河流域和东北罗斯那些相对来说条件不那么苛刻的主人等。

[3] 马克思曾精辟地指出:"这个鞑靼人(指蒙古汗)的一贯政策是使俄罗斯王公们互相遏制,助长他们的纠纷,使他们彼此势均力敌,而不让任何一个得以壮大。"(马克思:《十八世纪外交史内幕》,人民出版社1979年版,第69页)

小，边界并不明确；它们自己之间常常互相吞并，可新的公国仍然会产生出来。

在这样的政治形势下，波雅尔贵族和大多数东北罗斯的居民一样是支持统一的。除了联合抗击外来压迫的需要外，他们还有其他一些更为现实的理由：波雅尔贵族的领地往往分散处于几个不同的、甚至互相仇视的公国；在当时的服役和食邑制度下，波雅尔贵族虽然可以自由地为不同的王公服务，但是作为土地所有者他又必须服从其领地所在地的王公的司法裁决，并向后者缴纳税赋，这样，在王公内讧的时候，他往往陷入不知听从谁的尴尬境地。另外，从私人利益的角度考虑，波雅尔贵族更愿意为较为富有、强大的王公服务，这样他们获得的领地更多，官职更显，而且更可靠。最后，将农民固定于个人和土地、获取更多稳定的财源的要求也使得波雅尔贵族倾向于国家在政治上的统一，因为只有强大、稳定、统一的政权才有可能帮助他们实现自己的目标。

波雅尔杜马在这一时期的职能和组成在细节上有些变化，如分出了波雅尔贵族之中的上层"内务波雅尔"，他们是常在王公身边的谋臣，监管王公的仆役和家庭事务，执行王公的一些重要委托，并为自己获得更多的赏赐；"布季波雅尔"（путные бояре），管理王公某一经济或管理部门[①]，但基本职能和地位没有发生很大的变化，仍然是王公在行政、立法、军事、外交等方面的主要助手。

波雅尔贵族的政治态度（反对分裂和外来压迫，要求统一）、经济需要和其手中握有的巨大实力使得他们在建立一个统一的俄罗斯民族国家的过程中发挥了重要的作用，是罗斯社会在由早期封建君主制向等级代表君主制过渡过程中一支重要的力量。

有必要提出注意的是服役贵族的兴起。普通的宫廷仆役和侍卫执行一些较为"低级"的政治、经济任务，但主要还是服军役，要为王公作战。王公付给他们酬劳的方式主要是赏赐土地，这份土地

[①] 参见《苏联史纲·9—15世纪封建主义时期·第二卷》，莫斯科：苏联科学院出版社1953年版，第152—156页。

既不能出卖，也不能作为遗产被转让或继承；如果离开自己原先的主人去为他人服务，或者停止服务，他们将丧失这块土地。这种有条件的土地占有制就是封地制，占有这种土地的这些服役人员就是服役贵族。服役贵族暂时还没有形成很强大的政治和经济势力，虽然他们很愿意分享更多的政治权力；不过，随着国家政治生活中发生的一系列变化，他们注定要在历史发展的下一阶段发挥更大的作用。

（二）等级代表君主制时期

15世纪末16世纪初，罗斯社会的分裂状态结束，手工业与商业进一步分工，商品货币关系持续成长，中小封建主和市民开始走向社会舞台，[①]这在俄国的社会关系、政治关系和统治机构的体系中带来了众多变化，国家的权力结构也逐渐由二元制向一元制发展。

在社会关系方面，16—17世纪的罗斯社会处于一个各种社会关系重新调整的时期，在这个"新"国家中，等级（阶层）开始形成并确定下来。在统治阶级方面，这时尚没有一个统一的、权利同等的贵族阶层，有的仅仅是服役人员的各个集团，如波雅尔贵族、服役贵族等。俄国各阶层的最终形成，即单个的阶层集团联合起来成为真正的阶层，成为"主要的四种人"——贵族、商人、神职人员和农民，要到17世纪下半叶。

早期封建君主制存在的基础——国家分裂既不复存在，过去根据分封制度—宗主权来决定的各种政治关系也开始由一种人们尚不很熟悉的国籍关系代替：原先的封地王公现在变成了服役的公爵，波雅尔贵族失去了自由服役、自由更换主人的权利，一个新的封建主集团——服役贵族（联合了商人和手工业者）开始走向政权，同时大公的权力开始加强——大公已经不能再被称为"同等人中之首"了，1484年，伊凡三世正式被称为"全罗斯君主和大公"[②]，而在有

[①] 参见《苏联史纲·9—15世纪封建主义时期·第二卷》，第25—68页。
[②] 参见塔季谢夫《俄国史》，第6卷，莫斯科—列宁格勒：科学出版社1966年版，第73页。

些文件里甚至称他为"全罗斯沙皇"。①

在为自己争取更大利益②、抗衡波雅尔贵族的斗争中，服役贵族和城市居民需要在国家机构中拥有自己的代理人，同时要求加强沙皇的权力，坚决改革中央和地方的机构并力图在改组后的国家机构中起到决定性的作用；而沙皇为了反对波雅尔贵族对自己权力的限制，也需要借助统治阶级中下层的力量。这两种需要的结合导致了一系列缙绅会议的召开，通过缙绅会议，沙皇扩大了自己的权力基础，其"代理人"的范围由波雅尔贵族扩展到了服役贵族，而从服役贵族方面来说，他们也在国家权力结构中找到了更为显要的位置，愿意而且能够成为自己等级的代理人（尽管这种能力并不十分强大和牢固）。

在权力结构调整的过程中受损的一方是波雅尔贵族。在国君、服役贵族以及其他统治者要求越来越大的权力、并且他们彼此之间互相需要的程度越来越加强的时候，原先掌握了巨大权力的波雅尔贵族不得不在对这种趋势抵抗无效的情况下让出自己的部分权力，这表现在两个方面，一是新的、出身较低的成分进入波雅尔杜马中去③，二是波雅尔杜马开始失去自己在封建分裂时期享有的那种政治作用：由于封邑管理体系不能很好地适应新时期的变化，衙门的数量在不断增长，于是宫廷—世袭领地统治体系开始为衙门体系取代，国家机器进一步官僚化；而采用了代表制原则的各地方机构也逐渐建立起来。

这样，在这一时期俄国国家权力结构的变化中，我们看到，皇权靠服役贵族的支持逐渐凌驾于其他权力之上；波雅尔贵族（及其杜马）的权力下降，开始渐渐丧失其与国君共治天下的地位，与服

---

① 《苏联史纲·9—15世纪封建主义时期·第二卷》，第145页。
② 就服役贵族的利益与兴趣来说，他们急需获得新的土地，要达到这个目的可以有以下途径：剥夺波雅尔贵族的领地，或者攫取农村公社的土地，或者侵占相邻民族的领土。另外，服役贵族希望把农民完全农奴化。城市居民则渴望扩大市场，攫取商路。
③ 参见本文附表。从这个表中我们可以看到，总体看来，非"名门望族"出身的人在波雅尔杜马的组成中逐渐增多，而原先出身于"名门望族"的人数量明显减少。

役贵族一起变为沙皇意愿的代理人;等级代表的原则逐渐形成(波雅尔贵族和服役贵族都是自身等级利益的代理人,他们对自身利益的关注远远超过了对"全国"利益的关注);国家机器官僚化程度加深。由于上面发生的种种变化,俄国等级代表君主制建立了起来。①

相比于早期封建君主制,等级代表君主制的一个典型特点是皇权强大,但受到一定的限制。波雅尔贵族(杜马)在这一时期的地位很好地反映了这一特点。

关于伊凡雷帝的强横我们知道得已经很多了,他以武力和屠杀为后盾的"特辖制"以及他对波雅尔贵族犯下的种种罪行使他成为俄国历史上有名的暴君,但是,即使是这样,我们还是不能说他已经掌握了一个专制君主所拥有的无限的权力;必须看到,伊凡雷帝仍然受到波雅尔杜马的很大限制,其权力在事实上(有时是形式上)仍然束缚重重。②

在伊凡雷帝写给叛臣库尔布斯基的信中,这位暴君不得不为自己屠戮波雅尔贵族的行为辩护,伸张自己"应该"拥有专制君主的权力:"我可以自由地赏赐我的奴隶,也可以自由地杀戮他们"③;伊凡雷帝还指控"近臣杜马"的首领西尔维斯特和阿达舍夫,说他

---

① 关于俄国等级代表君主制存在的时间问题,俄苏史学家存在着一些意见分歧。如巴甫洛夫—西尔万斯基和瑟罗米亚特尼科夫认为它开始于1566年(巴甫洛夫—西尔万斯基当时认为这是俄国第一次召开缙绅会议的时候),结束于彼得大帝统治时期;尤什科夫指出了它存在时期的上限(1550),关于下限却没有给出明确的时期,只是认为,从1653年起,由于缙绅会议作为一个真正的代表机构不再被召集,因此等级代表君主制就衰退了,它的"残余"在彼得大帝时代被摧毁。我国学界认为,俄国等级代表君主制肇始于1549年俄国第一次缙绅会议的召开,从1649年开始"俄国政治制度已由等级代表君主制向绝对君主制,即君主专制制度过渡",彼得大帝时期完成了绝对君主制的建立。根据笔者掌握的材料及对材料的分析,本文采取最后一种时段的划分。参见巴甫洛夫—西尔万斯基《俄国封建主义》,商务印书馆1998年版;瑟罗米亚特尼科夫《彼得一世的正规化国家及其意识形态》,莫斯科—列宁格勒:苏联科学院出版社1943年版;尤什科夫《论俄国等级代表君主制问题》,《苏联国家与法》1950年第10期;刘祖熙《改革和革命——俄国现代化研究》,北京大学出版社2001年版。

② 参见萨季科夫《特辖制史纲》,莫斯科—列宁格勒:苏联科学院出版社1950年版;斯克伦尼科夫《伊凡雷帝传》,商务印书馆1986年版。

③ 转引自普列汉诺夫《俄国社会思想史》,第1卷,商务印书馆1999年版,第101页。

们使他脱离权力，背着他秘密议事（直到 1560 年）。而库尔布斯基在抨击伊凡雷帝的时候也指出，后者不与"近臣杜马"商量就"什么也不能安排，什么也不能思考"①。

除了上述的间接证据，我们还可以看到对皇权受到波雅尔（杜马）限制情况的直接证明：沙皇的一项主要职能是立法，不过这项职能要与波雅尔杜马（或其主要成员）共同实行。在 1550 年法典的标题上，我们看到如下的文字："……全罗斯的沙皇和大公伊凡·瓦西里耶维奇与自己的兄弟和波雅尔一起确立本法典……"；在详编 1589 年法典的标题上，类似的话语继续存在："……全罗斯的沙皇和大公费多尔·伊万诺维奇与自己的神父、莫斯科大牧首约夫、诺夫哥罗德都主教亚历山大、所有的王公，还有波雅尔和普世会议共同判决并确立本法典。"② 直到 1649 年法典颁布时，波雅尔贵族仍然是参与立法的重要成分。③

这样，我们看到，沙皇只是波雅尔贵族（后来还有服役贵族）集体的代表，没有这个集体的同意不可能制定、颁布新的法律。另外，在实际上，波雅尔杜马在没有任何沙皇权力的参与下也颁布了许多判决，它们也被算作法律。④

尽管伊凡雷帝以其个人的力量达到了他那个时代君主能获得的全部权力，但是我们看到，在他死后，君主的权力立即下降而波雅尔贵族（杜马）的权力快速增长（准确说来，是恢复）。伊凡雷帝的儿子费多尔·伊万诺维奇软弱无能，大权旁落，自不消说，即使是精明强干的鲍里斯·戈杜诺夫在被选举为沙皇时也不得不屈从波雅尔贵族限制皇权的压力："波雅尔希望国君根据命令文书亲吻十字架，他这么做了，显然并不愿意，而是希望普通人民选举他，（他）

---

① 转引自尤什科夫《论俄国等级代表君主制问题》，第 46 页。
② 《15—17 世纪俄罗斯中央集权国家法律文献》，莫斯科—列宁格勒：苏联科学院出版社 1952 年版，第 141、366 页。
③ 当然，这时缙绅会议和服役贵族的参与也是极其明显的。参见季霍米罗夫、叶皮凡诺夫《1649 年法典》，莫斯科：莫斯科大学出版社 1961 年版。
④ 参见弗拉基米尔斯基—布达诺夫《俄国法律史选》，第 3 分册，圣彼得堡：1875 年，第 50、52、55、59、67 页。

不需要被迫与波雅尔达成的协议。"①

在早期封建君主制时代，波雅尔杜马的权力是"天然的"，人所共知，无须定出细则。随着俄国沙皇的权力开始增加，特别是经历了伊凡雷帝的残酷统治之后，波雅尔杜马开始试图得到书面形式的关于沙皇和其自身权力和权利的细则。

正式以书面形式限制皇权的是沙皇瓦西里·伊万诺维奇·舒伊斯基，他的"限制文书"（ограничительная запись）在政治上没什么建树，但在人身上保证了个人的某种不可侵犯性，保护人们（其中包括波雅尔自身）免遭沙皇滥用权力的侵害：（1）除非根据沙皇与波雅尔的法律判决，不可处任何人以绞刑，（2）不能没收罪犯的无罪过的亲属的产业，（3）不能信赖告密并据此进行审讯。② 在这样的情况下，波雅尔杜马成员可以不受惩罚地反对瓦西里·舒伊斯基沙皇，因为他们可以指望从自己的同僚那里得到支持。

在波兰干涉俄国、试图将波兰国王西吉蒙特的儿子瓦迪斯瓦夫扶上俄国皇位的时候，俄国贵族代表在签订关于选举瓦迪斯瓦夫为皇的条约中对沙皇权力作出了极为严格的限制。根据这个条约，沙皇无权不经过杜马的同意就决定关于以下问题：征收新的税，服役人员的呈请，关于他们的领地和世袭领地，关于官职的晋升。在未经与自己的波雅尔们一起侦讯和审判的情况下，沙皇不得惩处任何一个人，不得剥夺其荣誉，不得将其流放，不得降职。③ 这些条约当然在事实上并没有实现，但它们却毫无疑问地反映了一个事实，即在当时的俄国，各种问题都应该事先得到波雅尔杜马的完全同意才能决定。

在罗曼诺夫王朝建立以后，波雅尔杜马在权力方面遭到了缙绅

---

① 参见塔季谢夫《俄国史》，第 6 卷，第 288—289 页。关于这一时期沙皇与波雅尔贵族的斗争，请参见普拉托诺夫《16—17 世纪莫斯科国家混乱时期史纲》，莫斯科：国家社会—经济出版社 1937 年版，第 168—188 页。

② 参见塔季谢夫《俄国史》，第 6 卷，第 300—301 页。关于对这一限制文书的详细分析，请参见普拉托诺夫《16—17 世纪莫斯科国家混乱时期史纲》，第 226—232 页。

③ 参见塔季谢夫《俄国史》，第 6 卷，第 343 页。关于波兰人在这件事情中的影响，请参见普拉托诺夫《16—17 世纪莫斯科国家混乱时期史纲》，第 321—325、350—352 页。

会议和沙皇的侵犯，其自身组成也在发生重大的变化，逐渐"和平地"交出了自己的权力，直至默默无闻地消失。这一发展在上述克柳切夫斯基的描述中已有具体介绍，而且，由于苏联时期史学界对此发展多从克柳切夫斯基所说（尽管很少提及克柳切夫斯基的名字），[1] 故本文就不再赘述。[2]

（三）波雅尔杜马、缙绅会议与人民代表制度

波雅尔杜马的名称很容易使人想起沙俄末期的国家杜马、今日俄罗斯的国家杜马和西方的议会，其后来逐渐采用的某些代表制原则也会让人认为它们是一脉相承的。它们之间是否有什么渊源呢？克柳切夫斯基虽然也谈到了16、17世纪俄国存在过"代表制"，但却倾向于认为，波雅尔杜马和缙绅会议是沙皇与其代理人的会议，"人民代表制产生在我们国家不是为了限制政权，而是为了找到一个政权和巩固这个政权：这就是它同西欧代表制的区别"[3]。

苏联时期史学界对这一论述是有分歧的。例如，巴济列维奇同意克柳切夫斯基的看法，认为西欧等级代表君主制的特点是为了各统治等级的利益而限制最高权力（如法国、德国、波兰等），在俄国情况则相反，各等级非但没有限制沙皇的权力，反而成了加强沙皇权力、使国家体系统一化的工具。而尤什科夫则认为，西欧与俄国的情况相同，等级代表君主制的产生都是为了限制君权："在俄国和在西欧的许多国家一样，作为一种普遍原则，等级代表君主制是一种作为封建王朝政权的巩固和加强的前提条件的政治形式。"[4]

笔者认为，在等级代表君主制时期，俄国政治权力结构中限制皇权和加强皇权两种倾向实际上是同时存在的，只是由于俄国当时

---

[1] 参见施密特《俄国绝对君主制的来源》；叶尔莫申、叶夫列莫娃等：《15—17世纪上半叶俄罗斯法律的发展》，莫斯科：科学出版社1986年版。

[2] 本文并没有怎么提到关于僧侣和商人这两个等级的情况，这一方面是由于在世俗政权权力结构的变化中他们的作用不如贵族那么明显，另一方面也是囿于史料的不足而无法做详尽的论述。姑且从略。

[3] 克柳切夫斯基：《俄国史教程》，第211页。

[4] 尤什科夫：《论俄国等级代表君主制问题》，第49页。

社会力量的对比情况与西欧等级代表君主制时期的情况大不相同，最后，绝对君主制在俄国胜利了，而在西欧各国近代民主制度却最终占了上风。我们来看一下造成这种差异的一些主要原因。

俄国在存在等级代表君主制时期，社会制度发展的一个基本特点是封建主阶级力图将农民固定在土地上，固定于个人，将关厢居民固定于关厢，以人为的方式确立个人的身份（农奴制），而封建主自身也被各种服务的义务固定住，社会日益划分为几个大的、相差悬殊的等级。而西欧各国，在等级代表君主制时期，农民却在逐渐脱离农奴制，资产阶级兴起，与王权一起反对封建割据势力，个人的自由得到伸张，社会分层进一步"细化"，社会成员身份之间的界限渐渐消失。

在反对大封建主——波雅尔贵族权力的时候，与沙皇结盟的阶层主要是服役贵族和城市工商居民的上层，沙皇必须保证这些阶层的利益，甚至不惜侵犯波雅尔贵族的利益（例如，在对逃亡农民的态度上支持服役贵族），因此，服役贵族是沙皇的代理人，而沙皇也是他们利益的守护者。[①] 等级代表机构——缙绅会议是沙皇一手组建和巩固起来的，是沙皇的得力助手，他们之间的基本关系是合作而非对抗。[②] 随着波雅尔贵族与服役贵族的"合流"，沙皇的结盟对象逐渐变成了整个贵族阶层。这时，随着俄国内部阶级矛盾的激化（农奴制的推行和剥削的加强），民族矛盾的加深（这是俄国一贯推行扩张主义政策的必然结果），对外军事斗争由防卫转为侵略，贵族为了维护自己的利益，必须联合起来，需要一个牢固而团结的统治机制，需要一个强大的政权，这样，他们"心甘情愿"地接受了皇权的扩张。俄国的"资产阶级"上层（大客商、巨商会和呢绒商会）早已参与到了俄国的国家机构中去，占据了财政等方面的要职，他们是这个政权体系中的既得利益者，自然不会反对皇权的加强。至于说城市下层和农民阶层，那么他们基本上被排

[①] 另外，戈杜诺夫和罗曼诺夫家族都不属于旧的有爵位的显贵。
[②] 例外的情况是瓦西里·舒伊斯基短暂的执政时期，因为他是由波雅尔贵族奉为沙皇的，缙绅会议并未参与，因此他不得不在很多时候维护波雅尔贵族的利益而牺牲服役贵族。

斥在权力之外，更不用说形成一个能够为自己谋取利益的集团，而他们的反抗从某种意义上来说反而使得统治阶级内部利益协调一致起来了——这一切都与西欧各国王权联合市民阶级反对封建贵族，普通人民则经济、政治力量强大因而可以限制君主专权的情况大相径庭。

在这样的背景下，俄国和西欧（以法国的三级会议和英国的议会为参照）等级代表君主制主要机构在政治作用和组织结构上的区别当然是明显的，我们稍微详细地看一下。

在政治作用方面，1. 代表制度的原则在法国的三级会议和英国的议会之中表现得很清楚，各等级在这些人民代表机构中都有足够的发言权和决定权来维护自己的利益，而在俄国的缙绅会议中这种原则的体现较弱：缙绅会议的两个主要组成部分是波雅尔杜马和东正教的圣主教公会，它们都是独立的机构；真正能体现"代表制度"原则的只有缙绅会议的第三个组成部分，即从服役人员和关厢居民之中选出的代表（农民代表仅仅召集过一次，是在1613年）。

2. 在等级代表君主制时期，俄国各等级刚刚开始形成，还没有一个特殊的选民单位（如服役贵族的选民单位或者市民的选民单位），"代理"各等级利益的是一个个特别集团，例如御前大臣会议、莫斯科服役贵族会议、射击军会议等，它们基本上是自行决定问题的，很少兼顾整个等级的利益。这样，这些由选举出来的服役人员和市民组成的并不统一的集团就很容易为波雅尔杜马和圣主教公会所压制和左右，或者受沙皇的节制，因此，他们的政治作用比法国的三级会议或者英国议会的下院两个等级（贵族和神职人员）要弱得多。

3. 在俄国没有像在法国和英国那样颁布一些专门的法律条文来规定缙绅会议的职能和关于其组成的原则。在这里，缙绅会议并不是一个常设性机构，其召开并不是定期的，只是在一些必要的情况下才得以进行：（1）在帝位空虚时期，为了选举沙皇（所谓的1584年、1598年、1613年、1645年的选举会议）；（2）为了解决与对外政策有关的问题（1566年、1618年、1621年、1637年、1642年、

1651—1653年);(3)为了解决实行法典问题(1550年和1648—1649年);(4)为了解决对内政策问题,包括关于新税务等问题。

4. 在西欧等级代表君主制那里没有一个像俄国的波雅尔杜马那样有巨大权力的机关。在英国,在等级代表君主制时期,国王的议会分为国王议席法庭、一般诉讼法庭和由高级官员和高级法官组成的国王会议①;在法国,在等级代表君主制时期,国王的议会可以被看成是各种机构的组合:领导审判事务的议会、领导财政的计算院和领导上层统治问题的国王会议。② 应该说,这些司法和行政机构中没有一个可以被称为权力机关。而在俄国,波雅尔杜马却能够和君主一起立法,决定统治中的主要问题,而且是主要的诉讼审级之一。因此,总的看来,俄国的波雅尔杜马比西欧的等级代表机构拥有更大的权力,发挥了更大的政治作用。

在组织机构方面,我们看到,1. 在西欧国家的政权机关中没有出现在俄国发生的情况,即所谓的宫廷—世袭领地统治体系迅速被官僚机构统治体系所取代。我们在上面已经看到,在俄罗斯统一国家形成的过程中出现了一个特别复杂和机构众多的衙门体系,它们负责行政和司法的某些特殊领域。后来,整个体系在彼得一世时期又为委员会(相当于后代的"部")体系所取代,官员划分出级别来,整个国家机器官僚化了。

2. 在地方政权建设方面,俄国不像西欧各国那样有着为数众多的、经济和政治力量强大的城市,更不用说独立性相当大的城市自治机关,城市并不曾发展为特殊的行政单位。俄国的城市要么进入县的管辖,要么进入所谓的"固巴"(ry6a,16—17世纪俄国的行政、司法区域)的管辖,相应的,它们也由固巴办公厅和地方自治办公厅来领导。③

最后,我们必须注意到,俄国等级代表君主制的一个特点,就

---

① 参见克莱登·罗伯兹、大卫·罗伯兹《英国史》,台北:五南图书出版公司1986年版。
② 参见皮埃尔·米盖尔《法国史》,商务印书馆1985年版;让·马蒂耶《法国史》,上海译文出版社2002年版。
③ 城市自治的机关只在诺夫哥罗德和普斯科夫继续存在。

是其存在时间短暂。比起西欧各国等级代表君主制往往长达数百年的情况，俄国的等级代表君主制实际上只存在了100多年（1550—1653年），接下去它就开始向绝对君主制转变了。

俄国社会、政治制度的这些特点决定了人民代表制度在俄国难以成长为西欧多元模式的"代议制"，它的演化只能是朝有利于皇权的方向发展，有利于一元制权力结构、极权主义的发展，最后成为绝对君主制。在这样的历史趋势中，波雅尔杜马和缙绅会议，尽管它们自身可能还没有意识到，但就已经在实际上成了沙皇的代理机构，而没有成为可以限制皇权的人民代议机构。①

四 小结

政治体制是各个国家都极为关注的问题。翻看各国的历史，由它所引发的各种问题由来已久，且各有特点；对于一直在心理上认为自己属于欧洲的俄国来说，看到自己的欧洲"兄弟"已经或者正在进入某种比较稳定的民主政体②，这个问题就显得更为迫切，因为直到今天为止仍有部分俄国人继续在专制政体与民主政体之间摇摆不定。怀有偏见甚至是民族主义狂热的人可能会说，俄国人天生是奴隶，因此注定要遭受专制政体的压迫；也有人因为看到了民主政体的各种弊病，或者认为专制政体"符合"俄国人的"民族性格"等原因而支持专制的想法。③

专制政体果真是俄国人与生俱来的、永远摆脱不了的梦魇？历史事实表明这种表面的印象是错误的：就像俄国人天生不是农奴、农奴制度是在复杂的历史环境下产生的一样，俄国的专制制度既有东方极权主义的特点，又有西方封建分权政治的特点，它的发展经历了一个复杂的历史变迁，而不是想象中陪伴终生的"原罪"：在早

---

① 本文主要是从政治的角度来讨论波雅尔杜马在俄国政治体制中的地位，关于它与经济的原因，特别是土地制度的关系，我们将另外作文讨论。
② 当今主流的政治理论都接受了民主政体，尽管其阶级实质、虚伪程度在各国大有不同。
③ 持续百多年的"斯拉夫派"与"西方派"的斗争，其核心之一就是这个问题。

期封建君主制时期，俄国的政治制度带有较多的类似西方国家政治制度的特点，权力比较分散，"军事民主"留下了大量的残余；经过蒙古人长达240年的统治，俄国政治制度在很大程度上"东方化"了，个人集权的性质显著加强，君主（主要是伊凡雷帝和彼得一世）终于很快粉碎了各阶层的反抗（其中波雅尔贵族的反抗最为激烈），"带领"国家快速走过了等级代表君主制时期，进入专制制度——我们后来熟悉并痛恨的那种政治形式。这是一种介乎东西方两种文明、两种政治制度之间的政体，从某种意义上说，它既是俄国历史发展产生独特性的原因，又是其结果；它既非典型的"西方式"的，又非典型的"东方式"的，它只能是"东西方混合式"的，即"俄国式的"。

克柳切夫斯基哀叹俄国人民政治上的不幸，但是，和他的老师索洛维约夫对待农奴制一样，他以其《波雅尔杜马》（还有后来的《俄国史教程》）令人信服地指出了这一不幸尽管让人愤慨，但却是俄国历史发展的必然趋势，是由俄国特殊的地理、经济、政治、军事、社会等环境所决定的，波雅尔杜马作为古代"军事民主制"的残余不能不逐渐变质，最终为专制主义所吞没。应该指出的是，尽管克柳切夫斯基在自己的著作中没有对俄国政治体制的发展作出明确的预测，但是他以实际行动告诉我们，他是支持俄国人民的民主诉求的：1905年夏天，克柳切夫斯基作为学界专家参加了彼得戈夫会议，参与讨论了布里根杜马的组织原则。在发言中，他说各阶级有着"共同利益"，这应该作为国家制度的基础，他希望政府通过杜马理解"人民的心灵"，并以此获得"立法的土壤"。布里根杜马失败以后，克柳切夫斯基批评政府和资产阶级自由派，责备他们不能实现"立宪代表制度思想"。①

站在今天的角度，我们不能不同意恩格斯在《论封建制度的瓦

---

① В. И. 阿斯塔霍夫：《俄国历史编纂学教程（至19世纪末）》，哈尔科夫：哈尔科夫国立高尔基大学出版社1965年版，第470页。这一年，克柳切夫斯基加入了立宪民主党，参加了第一届国家杜马的选举，不幸落败。

解和民族国家的产生》中谈到的一段话：在"普遍的混乱状态中，王权是进步的因素，这一点是十分清楚的。王权在混乱中代表着秩序，代表着正在形成的民族而与分裂成叛乱的各附庸国的状态对抗"①。波雅尔杜马正是在罗斯大地"普遍的混乱"中与王权既对抗又合作、最终服从于王权的一个政治机构。这也是我们对它在历史上的地位做的一个简单评价。

附录　伊凡雷帝统治时期波雅尔杜马的组成②

官衔 年份	波雅尔			侍臣		
	进入	退出	年末总计	进入	退出	年末总计
1533	–	–	12	–	–	3
1534	4	1	15	1	2	2
1535	–	1	14	–	–	2
1536	–	3	11	1	–	3
1537	1	–	12	–	2	1
1538	2	2	12	2	1	2
1539	–	1	11	–	–	2
1540	2	1	12	1	1	2
1541	2	1	13	–	–	2
1542	1	2	12	2	1	3
1543	2	2	12	1	1	3
1544	4	2	14	1	1	3
1545	–	1	13	–	–	3
1546	2	3	12	1	1	3
1547	10	2	20	5	1	7
1548	2	1	21	1	2	6

---

① 《马克思恩格斯全集》，第 21 卷，第 453 页。
② 转引自济明《15—16 世纪波雅尔杜马的组成》，载《1957 年考古年鉴》，莫斯科：苏联科学院出版社 1958 年版，第 82 页。

续表

官衔 年份	波雅尔 进入	波雅尔 退出	波雅尔 年末总计	侍臣 进入	侍臣 退出	侍臣 年末总计
1549	12	1	32	8	5	9
1550	3	3	32	3	2	10
1551	3	3	32	2	1	11
1552	4	2	34	5	1	15
1553	3	1	36	3	2	16
1554	2	4	34	—	3	13
1555	7	5	36	4	1	16
1556	2	2	36	1	1	16
1557	1	3	34	4	1	19
1558	4	4	34	2	6	15
1559	6	2	38	4	2	17
1560	3	4	37	4	3	18
1561	6	1	42	3	5	16
1562	5	3	44	2	5	13
1563	1	3	42	—	1	12
1564	—	9	33	—	3	9
1565	2	5	30	2	2	9
1566	2	3	29	2	2	9
1567	1	1	29	—	—	9
1568	4	5	28	1	3	7
1569	1	2	27	2	1	8
1570	—	3	24	—	1	7
1571	2	9	17	5	3	9
1572	5	4	18	—	2	7
1573	3	3	18	4	1	10
1574	—	1	17	—	—	10
1575	—	2	15	1	4	7
1576	2	—	17	3	1	9

续表

官衔年份	波雅尔 进入	波雅尔 退出	波雅尔 年末总计	侍臣 进入	侍臣 退出	侍臣 年末总计
1577	2	1	18	4	–	13
1578	1	1	18	–	3	10
1579	–	2	16	–	2	8
1580	1	–	17	–	2	6
1581	–	3	14	1	–	7
1582	–	3	11	1	1	7
1583	1	–	12	1	2	6

（原载《中国社会科学院世界历史研究所学术文集》第4集，江西人民出版社2006年版）

东欧农业集体化与东欧国家
社会稳定问题浅议

刘 凡

关于东欧各国[①]在20世纪40年代末开始的农业集体化进程、特点及各阶段的改革情况等，我国国内已有大量著述，但从社会变革的角度探讨农业集体化及其给东欧国家社会稳定带来的影响，国内论著则着墨不多。本文在梳理国内既有论著与英文论著资料的基础上，力求从社会变革与社会稳定的角度，探讨农业集体化运动对东欧社会稳定产生的深远影响。

一 东欧农业集体化的缘起

第二次世界大战给东欧带来了巨大的灾难和破坏，各国经济几近于瘫痪，人民生活十分困苦，国民经济百废待兴。在二战中及战后登上东欧政治舞台的各国共产党领导人普遍认为，东欧国家从资

---

① 从地理位置来说，东欧可分为三个部分：波罗的海地区、多瑙河地区、巴尔干地区，位于这三个地区中的国家可称为东欧国家。但在实际生活中，所谓的东欧国家，是从地缘政治的角度来划分的，即属于华约集团的东欧八国：波兰、匈牙利、南斯拉夫、罗马尼亚、阿尔巴尼亚、保加利亚、捷克斯洛伐克、民主德国，以及曾为苏联加盟共和国的波罗的海三国：拉脱维亚、爱沙尼亚、立陶宛。在本文讨论的时间段内（二战结束后至东欧剧变前），波罗的海三国为当时苏联的加盟共和国，故不在讨论之列。本文中所说东欧各国指的是上述属于华约集团的东欧八国。

本主义向社会主义过渡，将是一个较长的历史过程。① 面对严峻的形势，东欧各国开始实行土地改革，并采取了工业国有化措施，逐步恢复和发展遭到严重破坏的国民经济。

二战结束前斯大林曾想把东欧纳入自己势力范围，② 但战后他并没有急于把苏联模式强加给东欧，对东欧的人民民主道路也表示支持。③ 其中的原因在于，战后苏联国内经济有待恢复，国力较弱，需要一个相对缓和的国际环境。同时，苏联希望维持与英美等国的战时盟国关系，因此没有在东欧采取过激行为。早在1948年前的土地改革时期，东欧的保加利亚、阿尔巴尼亚、南斯拉夫等国就已经在农村组建了各种形式的合作社。④

---

① 如在1945年12月6—13日召开的波兰工人党第一次代表大会上，以贝鲁特为首的"莫斯科派"认为，波兰的人民民主制度是不同于其他一切资本主义的波兰资本主义，要求按照苏联模式消灭资本主义和小商品经济。以哥穆尔卡为代表的"国内派"则对"莫斯科派"的观点进行了驳斥，认为这种观点是不顾波兰历史传统和民族特点的左倾教条主义观点。哥穆尔卡认为，"马克思主义理论是我们行动的指南，而绝不是教条。因为历史永远不会重复"，"目前我国具有人民国家的性质，最重要的任务是坚定地沿着人民民主的路线走下去"（《瓦·哥穆尔卡的活动》，华沙1985年版，第417—418页，转引自马细谱主编《战后东欧——改革与危机》，中国劳动出版社1991年版，第56页）。"我们选择了波兰自己的发展道路，我们把它称之为人民民主道路。在这条道路上和在这些条件下，工人阶级专政，或者说一党专政，既没必要，也无目的。我们认为，我国的政权应该由……所有民主政党来行使。波兰可以，而且正在走自己的发展道路，我们的党也希望沿着这条道路前进。"（《哥穆尔卡在华沙波兰工人党和波兰社会党积极分子会议上的讲话》（1946年11月30日），《新路》1947年第1期，转引自马细谱主编《战后东欧——改革与危机》，第57页）

② 1945年4月斯大林对南斯拉夫政府代表团的讲话中就曾说过："这次战争与过去不同，谁解放领土，谁就把自己的社会制度推行到他们军队所到之处。绝不可能不是这样。"

③ 捷克斯洛伐克共产党领导人哥特瓦尔德回忆他在1946年7月同斯大林的谈话时说："斯大林同志谈到，希特勒德国在第二次世界大战中失败后，许多国家的统治阶级已经声名狼藉，广大人民群众的觉悟有了提高，在这种历史条件下出现了许多可能性和道路。他列举了南斯拉夫、保加利亚和波兰的例子，也提及我国的例子，指出可以走一条不必经过苏维埃制度和无产阶级专政的通向社会主义的特殊道路。"

④ 1946年11月，阿尔巴尼亚的第一个农业合作社——卢什涅的克鲁蒂亚村"斯大林合作社"成立。1946年2月25日，南斯拉夫通过农民劳动合作社统一的示范章程，随后又颁布了其他一些关于建立农业合作社的条例，规定在南斯拉夫，除国营农场和其他大型农业经济组织外，农业生产合作社的主要形式是农民劳动合作社。1945年为14个，1946年为280个，1947年为638个，1948年为1217个。保加利亚的情况比较特殊，早在1920年，以斯坦伯利斯基领导的农民联盟政府就进行了一场比较激进的平均地权的农民私有制改革，实现了耕者有其田。因此1945年共产党在保加利亚掌权的时候，发现保加利亚的农民土地占有很平均，不存在地主，所以也就没有搞土地改革。1945年4月，新生的保加利亚人民政权颁布了建立农业劳动合作社的法令，主要生产资料入社，但入社土地仍为私人所有，并依照入社土地的数量和质量支付地租。

此时集体化的发展范围比较小，审慎且缓慢，不存在行政命令式的强迫行为，基本上遵照循序渐进的原则。正如南共领导人卡德尔所说，不尊重农民的习惯和意愿，"我们就会犯宗派主义的大错误，我们就会冒进，走到农民的觉悟跟不上的地方，我们就会脱离农民群众"①。

1947年马歇尔计划的出台，使东西方联盟破裂，苏联对东欧的政策发生了大转折，针对美国"控制西欧、分化拉拢东欧、遏制苏联"的战略，苏联开始实行与美国对抗的政策，其中最重要的一点就是要牢牢控制东欧，将其变成苏联的势力范围，增加与美国对抗的力量。而要使东欧国家与苏联变成铁板一块，就必须把苏联模式强加给东欧各国，使之在政治经济上与苏联保持一致。1947年9月，欧洲九国共产党情报局成立。苏联要求东欧各国立即按照苏联模式实行社会主义革命和社会主义建设，不再容许东欧各国采取多种道路通向社会主义，否则一律视为"民族主义道路"。人民民主的概念被更换了，改为"无产阶级专政的一种形式"。东欧各国的人民民主道路被终止。1948年，南斯拉夫被开除出情报局，东欧各国也发生了深刻的变化。此后，东欧国家完全按照苏联模式确立了政治上的一党高度集权，经济上推行社会主义计划经济，突击进行农业集体化运动，消灭资本主义私营经济，逐步建立起单一的社会主义公有制。

二 东欧农业集体化的发展脉络及其特点

东欧各国的农业集体化运动大体遵循了以下发展脉络：1948—1949年发动集体化运动，1953年斯大林去世后有所缓和，甚至出现倒退；1955年前后再度开始，中间也为一些事件所打断，如1956年的匈牙利事件，通常采取不太强制的措施；到1962年，阿尔巴尼亚、保加利亚、捷克斯洛伐克、民主德国、匈牙利、罗马尼亚宣布完成农业集体化。波兰和南斯拉夫也进行了集体化，但没有进行到第二阶段，仍然保留了大量的私人占有土地。保加利亚的集体化最快，也最暴力，

---

① 《卡德尔回忆录1944—1957》，新华出版社1981年版，第251页。

严格以苏联为师，到1958年就宣布完成，最慢的是罗马尼亚，1962年才宣布完成（官方宣布完成，但当时仍有大量农户没有加入集体农庄组织）。

与苏联的农业集体化相比，东欧农业集体化有其自身的鲜明特点：

第一，集体化道路的差别化。整体而言，东欧各国农业集体化道路大致可分为以下三种情况：1. 波兰和南斯拉夫是一类，在农业发展中放弃苏联式道路，不强制推行集体化，重视发挥个体生产者的潜力；2. 阿尔巴尼亚、保加利亚和罗马尼亚是一类，实行苏联式的完全集体化；3. 捷克斯洛伐克、民主德国、匈牙利是一类，他们虽然完成了集体化，但与苏联的集体化有所区别，是一种经过"修正"的集体化。[①]

东欧的农业集体化道路出现差别化主要原因有二：一是各国共产党在农村的影响力大都很薄弱，各国政府对苏联、对本国农民的依赖程度也不一样，因此，在集体化运动中，农民与政府间讨价还价的"余地"各不相同。正是这种"余地"，造成东欧各国农业集体化的千差万别。二是斯大林去世前，所有东欧国家都严格仿效苏联的社会主义农业模式。斯大林去世后，东欧各国农业政策"基本原则"虽未发生变化，但实施情况却千差万别。为克服本国农业的不良运作局面，东欧各国采取了一些新的措施，直接或是间接地改善贸易条件，如对农业进行补贴，提高农业工人工资，对合作社和国营农场进行一定限度的微调，等等。这样一来，原本整齐划一的社会主义国家的农业"景象"就变得更加多样化了。[②]

第二，集体化的实施难度远大于苏联。总体而言，东欧农业集

[①] 道路的差别产生了不同类型的农业发展模式，中国学者金雁曾将东欧各国的农业发展模式概括为四种类型：即以阿尔巴尼亚为代表的纯粹苏联模式；以南斯拉夫、波兰为代表的"个体生产者的合作化"模式；以匈牙利为代表的"二元的集体化模式"，其特点是在集体经济之外又大力发展社员自留经济；以民主德国为典型的"高度集中的托拉斯化农业"模式，介于民主德国模式与传统模式之间的罗马尼亚、保加利亚和捷克也归在此类型中。参阅金雁《战后东欧农业社会主义改造的若干特点》，《外国问题研究》1988年第2期。

[②] Günther H. Schmit, "Agrarian Reform in Eastern Europe after World War Ⅱ," *American Journal of Agricultural Economics*, Vol. 75, No. 3, Aug. 1993, p. 845.

体化要比苏联的难度大,主要原因大致有三:1. 东欧领导人既要贯彻落实农业集体化,还得时时揣摩苏联领导人的意图。斯大林曾告诫保加利亚领导人不要盲目照搬苏联经验,人为地加重农村的紧张局势。为了避免受到斯大林的批评,各国领导人有意放慢了集体化的步伐,而这一放,原来的局面就出现了混乱。因此,东欧各国领导人处于一种两难境地,既要完成集体化,又不能把农村局势搞乱,难度可想而知。2. 东欧农民土地私有历史由来已久,不像苏联的农民有村社传统,不太容易撼动。东欧农民对于自家农田的投入要比俄国农民多得多。在苏联,苏维埃积极分子在村社代表大会上可以用一票就把整个村社集体化,而在东欧,积极分子必须挨村挨户甚至逐一去做每个人的工作,耗时费力,还未必有结果。这也说明了东欧的农业集体化何以进行了十多年才得以完成。3. 斯大林去世后政治氛围的明显变化,包括1955年赫鲁晓夫与铁托的再度修好,使东欧国家误认为从此以后,每个国家皆可以自己的方式搞农业集体化。但1956年匈牙利事件表明,东欧国家想要甩开苏联走自己的路是不太可能的。[1]

第三,东欧农业集体化是一个动态发展过程,各国农业政策一直处在不断调整中。

自20世纪50年代下半期和60年代初开始,东欧国家开始调整农业政策,进行了一系列改革,如减少下达指令性指标,扩大企业自主权,废除义务交售制,提高农产品价格,[2] 允许富农加入合作社等,不断探索合作化的新途径。20世纪60年代末至70年代初,东欧国家的农业开始朝着专业化和农工一体化的方向发展,农业的经营规模也不断扩大。保加利亚、民主德国、匈牙利等国纷纷建立起具有生产、经营性质的农工综合体,农业生产也朝着集中化、专门化方向发展。

---

[1] Gail Kligman and Katherine Verdery, *Peasants under Siege*:*The Collectivization of Romanian Agriculture*,*1949 – 1962*,New Jersey:Princeton University Press,2011,p. 83.

[2] 李仁峰:《苏联东欧的农业改革》,《世界农业》1988年第1期。

三 东欧农业集体化对东欧社会
稳定产生的影响

在个体农民占优势的国家中实行财产所有权的转变，本身就是一场深刻的社会变革，因此，从根本上来说，东欧的农业集体化作为一场深刻的社会变革对东欧的社会稳定产生了深远的影响。

从短期来看，集体化具有一定积极意义，东欧的农业集体化为东欧各国迅速实现工业化提供了资金和劳动力支持，通过集体化方式对农业生产进行计划管理，对组织起来的农民进行集体主义、社会主义教育，通过实践为农村培养了一批管理人才和技术人才。[1] 但从社会持续稳定的长远角度来看，东欧农业集体化伤害了农民的感情，挫伤了农民的生产积极性，没有从根本上提高农业产能，一直到剧变之前，东欧国家都在为粮食增产做出种种努力，但结果并不理想。

第一，恩格斯说："当我们掌握了国家权力的时候，我们绝不会用暴力去剥夺小农（不论有无报偿，都是一样），像我们将不得不如此对待大土地所有者那样。我们对于小农的任务，首先是把他们的私人生产和私人占有变为合作社的生产和占有，但不是采用暴力，而是通过示范和为此提供社会帮助。"[2]

集体化运动伊始，虽然东欧各国都强调要本着自觉自愿的原则，不能搞行政命令强迫农民加入合作社，但在实际执行中，在急躁情绪和冒进思想的影响下，大都犯了"急性病"，违反自愿原则，采取行政命令甚至暴力手段强迫农民加入合作社，严重违背了个体农民的意愿，伤害了农民的感情。罗马尼亚基什拉特斯（Kisiratos）村的一位妇女回忆说，在集体化之初她父亲因"不想在充斥着谎言的文件上签字"，被拔掉了一根手指甲，还被囚禁了3年。[3] 在民主德国，由于地

---

[1] 李仁峰：《苏联东欧的农业改革》，《世界农业》1988年第1期。
[2] 《马克思恩格斯选集》第4卷，人民出版社1972年版，第310页。
[3] Tatjana Thelen, "Violence and Social (Dis) Continuity: Comparing Collectivization in Two East European Villages," *Social History*, Vol. 30, No. 1, Feb. 2005, p. 39.

方干部的过激行为，一位村民甚至在 1953 年 6 月把合作社和集中营联系起来。①

入社使农民丧失了财产所有权。东欧各国在进行集体化的时候，虽然强调财产所有权不变，但实际上只是停留在名义上。德意志民主共和国党中央总书记乌布利希曾强调说，合作社的财产享有特殊的保护，成员的土地、房屋等财产都是有保证的。② 捷克斯洛伐克新的宪法草案规定把土地联合起来进行社会化使用。按照捷共第一书记诺沃提尼的解释，建立合作社的过程中，土地所有权不会发生变化。捷克斯洛伐克和匈牙利都强调合作社成员的财产所有权都是可以继承的（继承权不变）。但实际上，农民一旦入社，就会丧失经济独立性，改变农民的生活方式，他们丧失与自己土地的传统联系。农民是连人带地一块儿被"集中"了。集体化是来自上层的社会革命的不可分割的一部分，是一种国家控制农民的廉价方式。财产所有权或许不会发生改变，但社会关系，包括劳动关系却变了。③

集体化的推行与农民的抵制、反抗、破坏、消极怠工等行为相伴相随，在一定程度上可以说集体化运动也是一场农民的反抗运动。过火的行为必然引起农民的抵制和反抗，自集体化开始，一直到各国宣布完成集体化，农民的反抗行为就没有停止过。总体而言，农民的抵制和反抗分为暴力抵制、破坏行为和消极不合作态度。

在南斯拉夫，当农民知道加入合作社后不能继续保留自己的牲畜和葡萄园时，便开始屠宰牲畜。泽蒙（Zemun）地区发生了五起集体稻草火灾事件，两起向集体牲畜投毒事件。在布里恩贾（Brinj）地区 3 万千克干草被人纵火烧掉，科雷尼察（Korenica）地区合作社

---

① Arnd Bauerkämper, "Collectivization and Memory: Views of the past and the Transformation of Rural Society in the GDR from 1952 to the Early 1960s," *German Studies Review*, Vol. 25, No. 2, May 2002, p. 217.

② Paul Katona, "Collectivization of Agriculture in Central Europe," *The World Today*, Vol. 16, No. 9, Sep. 1960, p. 403.

③ Paul Katona, "Collectivization of Agriculture in Central Europe," p. 404.

的办公建筑被烧毁。① 在罗马尼亚，有些地区农民反抗集体化的行为非常严重，就连尝试建立集体农庄都行不通。人们对宣传队的宣传充耳不闻，派往各村的干部受到人身威胁并被轰出村子，在某些地区，叛乱的威胁已是迫在眉睫;② 农民"袭击、殴打积极分子，手持草叉、长柄镰刀、锄头、手枪和斧头等待'劝说'工作组，写请愿书、抗议书，对党要驱逐的富农加以保护，破坏积极分子召开的劝说他们入社的集会等等"③。在匈牙利，1956 年事件发生后，合作社中的形势也紧张起来。在拉科西五星农场（Rákosi Star Farm），"反革命煽动者"组织了一系列大规模抗议集会并成立了"反革命"委员会，委员会中竟然有 6 人是共产党员，他们摧毁了农场中的苏联雕像并将农场重新命名为"红星农场"。艾吉哈佐什豪劳斯蒂（Egyházasharaszti）的反共组织向合作社成员讲述拉科西集团的"邪恶本质"。面对一系列的破坏行为，合作社的领导也是无计可施，因为农民已经不听他们的话了。除了大规模的抗议集会外，农民也采取了一些过激甚至是犯罪行动，杀害官员、烧房子等事件时有发生，但更多的是进行合作社的内部破坏。④

在进行暴力破坏的同时，农民的消极态度也严重阻碍了集体化的发展。农民采取不合作的态度，对集体工作漠不关心，不愿意从事合作社的劳动。

匈牙利公开承认，集体化初期，有 12% 的合作社社员根本不参加日常劳动。⑤ 1961—1964 年，全匈牙利有将近 1/4 的合作社成员

---

① Desimir Tochitch, "Collectivization in Yugoslavia," *Journal of Farm Economics*, Vol. 41, No. 1, Feb. 1959, pp. 35 – 36.

② David A. Kideckel, "The Socialist Transformation of Agriculture in a Romanian Commune, 1945 – 62," *American Ethnologist*, Vol. 9, No. 2, May 1982, p. 324.

③ Gail Kligman and Katherine Verdery, *Peasants under Siege: The Collectivization of Romanian Agriculture, 1949 – 1962*, New Jersey: Princeton University Press, 2011, p. 77.

④ B. Adair, "The Agrarian Theses and Rapid Collectivization: Accommodation in Hungarian Agriculture, 1956 – 1960," *Journal of Communist Studies and Transition Politics*, Vol. 17, No. 2, June 2001, pp. 135 – 136.

⑤ Paul Katona, "Collectivization of Agriculture in Central Europe," *The World Today*, Vol. 16, No. 9, Sep. 1960, p. 406.

拒绝参加合作社劳动，至少有一半的成员没有尽其全力为合作社劳动，他们宁愿把大部分时间用来在自家地块上劳动。年复一年，合作社不得不招募士兵和小学生来帮助收割作物。① 波兰在集体化停止之前，有将近 100 万公顷耕地被弃种。② 民主德国的情况更为严重，有些农民干脆放弃土地逃往联邦德国。1953 年，有 1802 户农民逃往联邦德国，其中 76% 的农户拥有的土地都超过了 20 公顷。③ 党的政策的突变，引发了农民对其经济资源丧失的不满和对强迫和专制的抱怨。他们认为农业劳动者应该留在"容克地主"的庄园内劳动，而不是耕种自己的小块土地。农民在纳粹专制时期的抵制和反抗记忆，也使得他们对集体化进行抵制，甚至有时直接把集体化等同于国家社会主义的压迫。20 世纪 50 年代，农民认为民主德国政府宣传的合作社如何优越，都是靠不住的，已经加入合作社的人抱怨说他们并不是自愿放弃私人财产，拒绝在自愿入社的声明上签字。有些人还恶作剧地划掉了合作社章程中的"自愿"一词。许多地方的农民暂停或是取消了《自由农民报》的订阅，他们认为自己已经不是自由的农民了，也就不需要再看什么《自由农民报》了。④

行政命令式的集体化运动，虽然能在较短时间内实现生产方式的变革，组织起大规模的人力、物力进行生产，但如果违背了农民的意愿，侵害了农民的切身利益，缺乏必要的激励机制，不能实现公平公正，那些已经组建的合作社、集体农庄等，也只能是一架架缺乏动力的蒸汽机车，动力不足又能跑多远呢？对集体化而言，这个动力就是民心！依赖极端的行政措施，或许能解决农业面临的人

---

① Martha Lampland, "Pigs, Party Secretaries, and Private Lives in Hungary," *American Ethnologist*, Vol. 18, No. 3, Aug. 1991, pp. 464 – 465.

② Paul Katona, "Collectivization of Agriculture in Central Europe," *The World Today*, Vol. 16, No. 9, Sep. 1960, p. 406.

③ Ingolf Vogeler, "State Hegemony in Transforming the Rural Landscapes of Eastern Germany: 1945 – 1994," *Annals of the Association of American Geographers*, Vol. 86, No. 3, Sep. 1996, p. 435.

④ Arnd Bauerkämper, "Collectivization and Memory: Views of the past and the Transformation of Rural Society in the GDR from 1952 to the Early 1960s," *German Studies Review*, Vol. 25, No. 2, May 2002, p. 217.

手问题，但"只要农民既不愿意把财产入社，也不愿意把自己的心加入合作社的话，生产计划就难以完成"①。

第二，剧变前，东欧国家都在为粮食增产做出种种努力，但结果并不理想。

1. 东欧农业集体化并没有真正提高农业产能。东欧国家片面追求集体化速度，追求合作社数量，忽视了生产关系的变革要适应生产力的发展这一规律，揠苗助长，采用行政手段、暴力手段强迫农民加入合作社，结果合作社的数量增加了，但合作社的产能却下降了。限于篇幅，下面仅以南斯拉夫和匈牙利为例来看看东欧农业集体化对生产力的破坏情况。

1948年共产党情报局事件后，南共被迫大搞农民劳动合作化。数据显示，1949年的合作社比1948年（1948年为1217个）增加了4倍，农民劳动合作社被视为在农村建设社会主义的基本形式。但是，这种违背农民自愿原则办社的方式导致严重的后果，农业生产停滞不前，农业合作化没有取得预期效果。②

在1953年放弃集体化之前，南斯拉夫的数据显示，就生产能力来说，合作社部分是领先于私营部分的。然而，考虑到合作社部分在资金投入方面的特权（1952年，南斯拉大农业投资额为100亿第纳尔，其中拨给私营农场的资金不到20亿第纳尔③），它的生产能力是低于私营农场的。④

在集体化初期，匈牙利也实行了强迫集体化，给农业生产带来严重影响。表1给出了集体化期间农业生产情况的对照情况。

通过表1可以看出，与1936—1940年这个时段相比，1952—1956年匈牙利的马铃薯产量有所改善，但细粮、粗粮和甜菜的产量

---

① Paul Katona, "Collectivization of Agriculture in Central Europe," *The World Today*, Vol. 16, No. 9, Sep. 1960, p. 408.
② 马细谱主编：《战后东欧——改革与危机》，第203页。
③ Desimir Tochitch, "Collectivization in Yugoslavia," *Journal of Farm Economics*, Vol. 41, No. 1, Feb. 1959, p. 30.
④ Desimir Tochitch, "Collectivization in Yugoslavia," p. 30.

明显减少。再比较一下不同时期的人均收获量会发现情况更加糟糕（只有甜菜的人均收获量略有提高），具体见表2。

表1　　　　　　　　匈牙利的播种面积、产量和收获量

	1911—1915 年	1936—1940 年	1952—1956 年
细粮			
播种面积（公顷）	223 万	221 万	183 万
产量（公担/公顷）	12.5	13.7	13.3
收获量（公担）	2790 万	3010 万	2440 万
粗粮			
播种面积（公顷）	178 万	187 万	172 万
产量（公担/公顷）	15.1	18.4	17.8
收获量（公担）	2660 万	3440 万	3060 万
马铃薯			
播种面积（公顷）	24.6 万	28.8 万	22.2 万
产量（公担/公顷）	80.1	81.0	85.7
收获量（公担）	1940 万	2310 万	1910 万
甜菜			
播种面积（公顷）	6 万	4.9 万	11.4 万
产量（公担/公顷）	248.5	212.0	174.4
收获量（公担）	1500 万	1040 万	1990 万

资料来源：Bela A. Balassa, "Collectivization in Hungarian Agriculture," *Journal of Farm Economics*, Feb. 1960, Vol. 42, No. 1.

表2　　　　　　　匈牙利人均收获量对比　　　　　　（单位：千克/人）

	1911—1915 年	1936—1940 年	1952—1956 年
细粮	356	328	251
粗粮	350	375	316
马铃薯	248	252	199
甜菜	191	113	204

资料来源：Bela A. Balassa, "Collectivization in Hungarian Agriculture," *Journal of Farm Economics*, Feb. 1960, Vol. 42, No. 1.

2. 农业集体化拉大了东欧在农业生产方面与西欧的差距。以匈牙利为例,早在 20 世纪 30 年代,人们就普遍认为,要提高匈牙利的国家收入和生活水平,一个重要前提就是促进劳动密集型耕作,匈牙利应该把注意力集中在蔬菜、水果、经济作物、乳制品和牲畜生产方面,这个计划意在按照丹麦模式发展匈牙利农业,发挥小型农场占优势以及农业人口高度密集的特点。然而,政治上的考虑却把发展道路引到了不同的方向,集约化农业不得不让位于集体化,强调粗放农业。[①] 通过表 3 可以看出,二战之后,随着作物种植技术的改进,西欧国家在细粮产量上有了显著提高,而匈牙利却几乎停步不前,甚至有所倒退,与西欧国家的差距呈增大趋势。匈牙利在作物种植方面的情况已经大大恶化。

表3　　　　　匈牙利细粮产量与西欧国家同期产量对比

	小麦			黑麦		
	1934—1938 年(公担/公顷)	1951—1955 年(公担/公顷)	指标(1934—1938 年为 100%)	1934—1938 年(公担/公顷)	1951—1955 年(公担/公顷)	指标(1934—1938 年为 100%)
丹麦	30.4	37.5	124%	17.7	24.9	141%
荷兰	30.2	37.7	124%	22.8	28.2	124%
比利时	26.9	33.4	124%	24.0	27.8	116%
英国	23.1	29.2	126%	16.2	22.8	141%
联邦德国	22.0	27.6	125%	18.4	24.2	131%
匈牙利	14.0	13.9(1952—1956 年)	99%	11.5	11.4(1952—1956 年)	99%

资料来源:Bela A. Balassa, "Collectivization in Hungarian Agriculture," *Journal of Farm Economics*, Feb. 1960, Vol. 42, No. 1.

3. 农业对外贸易处于负平衡状态,加剧了东欧国家的外债负担。

[①] Bela A. Balassa, "Collectivization in Hungarian Agriculture," *Journal of Farm Economics*, Vol. 42, No. 1, Feb. 1960, p. 36.

"在这四年当中,集体化终止了农业的进步。"① 由于农业不能向居民提供足够的粮食和食品,也无法保障轻工业的原料供应,迫使南斯拉夫每年花大量的外汇从国外进口粮食。据统计,1951—1954年间,食品进口占南斯拉夫整个进口总额的26%,国家外债负担沉重。② 而这几乎是所有东欧国家在1989年前都无法逃避的梦魇。自20世纪70年代起,由于居民对肉类和畜产品的需求量迅速增长,东欧国家开始大力发展牲畜饲养业。70年代,东欧各国按人口平均的肉类消费量大约增长了1/4,1979年和1965年相比,平均肉类消费量由43千克上升到67千克,增长了近56%。③ 到1989年东欧大多数国家的畜产品生产超过了粮食和饲料生产,家禽和猪肉的生产发展尤为明显(见表4)。为满足需求,必须增加牲畜生产,而饲喂牲畜势必需要更多的饲料。但东欧国家的农业生产发展缓慢,难以提供充足的饲料粮,因此只能靠进口来解决。尽管粮食自给水平也在提高,但在农业对外贸易中,大多数东欧国家始终处于负平衡状态(见表4)。

表4 1989年主要牲畜的生产情况以及与1970年相比所增长的百分比

	肉类总产量	牛肉/小牛肉	猪肉	牛奶	肉类总产量	牛肉/小牛肉	猪肉	牛奶
	千吨				%			
保加利亚	814	121	413	2126	206	155	281	170
捷克斯洛伐克	1635	409	937	7101	157	130	166	148
民主德国	1987	420	1368	9300	156	122	168	131
匈牙利	158	120	1010	2812	170	101	177	167
波兰	2801	660	1753	15700	141	130	136	105
罗马尼亚	1628	235	920	4350	181	109	197	158

资料来源:Csaba Csáki, "Agricultural Changes in Eastern Europe at the Beginning of the 1990s", *American Journal of Agricultural Economics*, Dec. 1990, Vol. 72, No. 5.

---

① Desimir Tochitch, "Collectivization in Yugoslavia," *Journal of Farm Economics*, Vol. 41, No. 1, Feb. 1959, p. 32.
② 马细谱主编:《战后东欧——改革与危机》,第203页。
③ 曾俊伟:《苏联东欧的粮食贸易与价格补贴》,《世界经济》1982年第7期。

表5　　　　　　　　经互会国家的农业外贸情况　　　　　　（单位：亿美元）

	保加利亚	捷克斯洛伐克	民主德国	匈牙利	波兰	罗马尼亚
进口
1981—1983年	7.55	17.66	21.86	8.56	20.85	10.54
1985年	10.10	17.22	16.91	7.21	12.81	5.15
1988年	12.11	22.33	21.87	8.57	17.83	5.29
出口
1981—1983年	13.97	5.92	5.09	21.78	6.98	10.59
1985年	11.25	5.68	4.09	18.47	9.01	8.63
1988年	17.83	7.18	5.40	21.48	12.91	7.64
平衡
1981—1983年	6.32	-11.74	-16.77	13.22	-13.87	0.05
1985年	0.15	-11.54	-12.82	11.26	-3.80	3.48
1988年	5.72	-15.15	-16.47	12.91	-4.92	2.35

资料来源：Csaba Csáki, "Agricultural Changes in Eastern Europe at the Beginning of the 1990s", *American Journal of Agricultural Economics*, Dec. 1990, Vol. 72, No. 5.

通过表5可以看出，民主德国、捷克斯洛伐克、波兰属于净进口国，而匈牙利、保加利亚和罗马尼亚属于净出口国，农产品的贸易和出口的外汇支出回报，对所有国家的支出平衡而言都非常重要。因此，东欧国家纷纷向西方举债，从而背上沉重的债务负担，使国家内外交困。为偿付债务，又不得不依靠出口农产品换取外汇。而农业的产能又不足以应付，因此只能牺牲国内消费，尽可能多地出口农产品，这就使得已经捉襟见肘的国内供应问题雪上加霜。

民以食为天。东欧发生剧变，其中一个重要原因就是农业的低水平徘徊，人民日益增长的需求长期得不到满足，[1] 而造成这一局面

---

[1] 例如在阿尔巴尼亚和罗马尼亚，集体农业完全成为政治信仰和工业化资本积累的工具，受到国家残酷的剥夺和挤压。在这两个国家，农产品实行义务收购制，其价格被国家压得极低。农业生产结构单一，家庭经济被严格禁止，以产品而不是现金支付农民的报酬。这些严厉苛刻的政策不仅造成了农业的萎缩，而且使农民生活水平不断恶化。在阿尔巴尼亚，农民一天的收入在贫困地区只能购买一小片面包，在富裕地区也只能购买三片。在罗马尼亚，从事种植业的农民只能得到其作物产量的10%，很多农民靠偷窃集体农场的食物维生。谭秋成：《中东欧农业转制的内容与效果》，《中国农村经济》2000年第9期。

的根源就在于这些国家僵化守旧的集体化农业发展思路。东欧各国虽然也曾进行了不同程度的调整改革,但都没能彻底解放思想,转变观念,从根本上解放生产力,发展生产力。

(原载《俄罗斯学刊》2016年第6期)

波兰战后初期的人民民主道路之争

刘邦义

有关波兰二战后初期人民民主道路之争,一直是波兰史学界争论的重要话题之一。之所以如此,不仅是因为它涉及战后波兰究竟走什么道路的问题,而且在波兰剧变后又引起一些政治学家和史学家新的思考。

一 落后的工农业经济

二战前,波兰工业十分落后。据1921年的统计,农民占全部人口的64%,农业工人占10%,产业工人仅占17%,其中企业主占2%,自由职业和知识分子占5%。[1] 且贫富差别十分严重。100多万户的贫苦农民只拥有28%的土地,而3万户大地主（拥有50公顷以上土地者）竟占48%的土地。[2] 为了缓和矛盾,从1919年至1938年的土地改革,虽然部分满足了农民对土地的要求,但没有根本改变贫苦农民缺乏土地的严重状况。

二战前,波兰的文盲占20%左右。据统计,1937年波兰人均国民收入为98.3美元,而发达国家为300美元以上。在东欧国家中,波兰的人均国民收入低于捷克斯洛伐克（170美元）、匈牙利（120美元）,高于罗马尼亚（81美元）、南斯拉夫（80美元）和保加利

---

[1] 诺曼·戴维斯:《上帝的游戏—波兰历史》第2卷,克拉科夫1993年版,第509页。
[2] 扬·托米斯基主编:《复兴的波兰（1918—1939）》,华沙1982年版,第411页。

亚（25美元）。①而且随着农业危机的加深和破产农民的增加，农村"过剩人口"的问题更加严重，农村的阶级矛盾日趋尖锐。战前波兰工业的分布和发展极不平衡。重工业集中在西南部地区，轻工业集中在中部地区，首都华沙，是五金工业和机器制造业的中心。东部各省几无工业。工业发展十分缓慢。如煤和钢的产量，1932年比1928年的还低。当多数国家在1935年的工业生产指数已超过100的时候，波兰还只有85。直到1937年才达到111。工业危机的直接后果是失业的增加，人口失业率1933年高达30.4%。为了转嫁危机，资本家大量延长工作时间，降低工资，使得大部分工人得不到温饱，甚至沿街行乞。许多工人离开祖国，到西欧各国和美国寻找工作，以求生存。失业、贫困和饥饿的工人，提出了提高工资、缩短工作日的强烈要求。在波兰共产党的号召下，全国各地的罢工浪潮风起云涌，连绵不断。

作为萨纳齐②政权的主要打击对象的波兰共产党，是在极其困难的环境下，从事秘密活动的。1937年，波兰人民面临着日益逼近的德国法西斯威胁。波共着手准备制定保卫国家独立的统一战线。正值此时，共产国际执委会以"莫须有"的罪名，指责波兰"毕苏茨基分子钻进了波共领导机构"，波共领导人是"内奸"，无端解散波共。用斯大林的话说，"解散是必要的"，而且"解散延迟了两年"。③接踵而至的是，共产国际执委会把在波兰国内和国外活动的波共领导人召到莫斯科，立即拘捕，先后于1937年和1938年加以杀害，波共政治局委员中唯有阿·兰普因被关在波兰资产阶级监狱里幸免于难。有材料估计，1937—1938年经斯大林批准被杀害的波兰共产党人（包括苏籍波兰人）比沙皇俄国和地主资产阶级时期所杀的还要多。波兰人常不无讽刺地说，无产阶级的苏联大批杀害波兰共产党人，而资产阶级的波兰监狱却救了他们的生命。波共领袖

---

① 罗宾·奥基：《东欧（1940—1980）从封建主义到共产主义》，明尼苏达1982年版，第99页。
② 萨纳齐：波兰语的音译，原意为"健康化，改善、整顿"，后被用来称呼毕苏茨基政权。
③ 《新路》1987年第7期。

们（包括绝大多数中央委员）命丧于他们向往的无产阶级的祖国——苏联。① 1956年2月19日，苏共二十大前夕，苏、意、保、芬兰和波兰统一工人党发表联合公报称，1938年解散波共是"没有根据的"。② 但决议是在什么情况下作出的，其内容是什么，波党仍一无所知。直到1987年，苏波领导人戈尔巴乔夫和雅鲁泽尔斯基商谈消除波苏关系中的"空白点"后，苏方才把有关材料交给波方。但当年指控的"内奸"是什么人，他们为什么蓄意"捏造"，是谁把波共领导人骗到莫斯科的等，至今仍是未解之谜。

波共被解散及其大批波兰共产党人被害的后果是严重的。它不仅使波党失去了一批有才华的、经过考验的波兰民族的优秀儿女，而且使波兰共产主义运动中断3年之久，使波兰抗德初期，没有一个马列主义政党的领导，致使抗战运动的领导权落到资产阶级政党手中，而二战中重建的工人党长期处于少数派的地位。

二 人民民主政权的建立

1943年底以波兰工人党为首建立了全国人民代表会议，工人党领导人波·贝鲁特当选为该代表会议主席，其宗旨和任务是："打败占领者，为建立自由、独立和主权的波兰而斗争"③，并宣布将要建立人民军队和临时政府。波兰工人党选择这一时间建立自己的"地下议会"——全国人民代表会议，并非偶然，因为苏军（及与其并肩战斗的波军）即将越过波苏边界进入波兰，波兰解放指日可待，必然产生政治权力问题，波兰工人党以此作为实现其将来控制波兰的目的。全国人民代表会议的群众基础面较狭窄，除工人党外，还有农民党和农民营、波兰教师联合会、工会和脑力劳动者联合会等。人民代表会议在其宣言中宣称：它是波兰"民族的唯一民主代表，

---

① 亨·齐梅克：《艰难的道路》（波兰），《人民论坛报》1988年12月12日。
② 布·希日德克：《变革年代》，华沙1980年版，第224页。
③ 《波兰工人党纲领文献（1942—1948）》，第525页。

它保证进行广泛的社会改革，赞成以1921年的宪法取代1935年的宪法"①，保证同苏联的密切关系，以"寇松线"为界线划分波苏边界。全国人民代表会议还分别在解放区建立了第一批人民代表会议。

全国人民代表会议是最高立法机关，其执行机关为主席团。代表会议发布的第一个法令是组建人民军。第二个法令是关于人民军的统率：设立了人民军总司令和参谋长，将军权由人民代表会议任命。第三个法令是任命米·日米尔斯基将军为总司令，弗·尤日维亚克为参谋长。由于全国人民代表会议的政治基础薄弱，工人党总书记哥穆尔卡曾试图说服其党内的同志们，应同与流亡政府有联系的左翼达成某种谅解和妥协，以扩大人民代表会议的代表性。哥穆尔卡的这一意见得到了泽农·克利什科和伊·洛加—索文斯基等人的支持，但遭到从苏联回国的贝鲁特等人的反对，认为这是"机会主义"的让步，这样，"国内派"和"莫斯科派"之间的分歧这时已经产生。

1944年7月22日，根据全国人民代表会议的法令，在被苏军及波兰军队刚刚解放的波兰东部重镇赫乌姆建立了波兰民族解放委员会，向全世界宣告波兰新的人民政权的诞生，并将7月22日定为人民波兰国庆节。② 波兰民族解放委员会由波兰工人党、波兰社会党左派、农民党中的激进分子和进步知识分子代表组成。主席兼外交部长是左翼社会党人爱·奥苏布卡—莫拉夫斯基，副主席兼农业和土改部长安·维托斯，国防部长米·罗拉—日米尔斯基，副部长西·贝林格，情报和宣传部长斯·莫德里霍夫斯基。

波兰民族解放委员会在《告波兰人民书》（史称"七月宣言"）中宣称："全国人民代表会议是波兰政权唯一合法的源泉"，"伦敦流亡政府及其在国内的代表机构是欺世盗名和非法的政权"，"波兰

---

① 否定1935年宪法，一方面是否定在伦敦的波兰流亡政府的合法基础，另一方面是1921年宪法规定，在某些情况下，可将总统的权力转移给议会议长。既然全国人民代表会议相当于议会（最高立法机关），那么它的议长贝鲁特也就可合法地成为代理国家元首。

② 波兰剧变后，1990年4月5日，波兰议会决定，把波兰的国庆节由7月22日改为5月3日。

民族解放委员会代表全国人民代表会议执掌解放区的政权"。宣言把彻底打败德国法西斯定为人民波兰当前的首要任务。宣言提出了通过土地改革消灭地主阶级，没收德寇在波兰的财产，接收大中企业、银行、交通运输业等民族民主革命的纲领。在对外政策上，宣言提出东部以民族分界划定波苏边界，西部以奥得尼斯河为波德边界，同苏、捷结成永久同盟，同英美法等盟国友好相处。

波兰民族解放委员会成立后，立即得到苏联政府的承认。直到1945年2月，雅尔塔会议之后改组的波兰政府，才得到英美等国的承认。

三 人民民主道路之争

波兰工人党在1944—1945年掌权的过程中，遇到的任务要比其他东欧共产党国家艰难得多。首先，波兰在二战中按人口比例遭受的损失是欧洲乃至世界上最为严重的国家。它丧失了603万人，约占总人口的1/6；每1000人牺牲220人；苏联死亡2000万人，每1000人牺牲115人；南斯拉夫死亡170万人，每1000人牺牲108人；法国死亡65万人，每1000人牺牲15人；英国死亡37.5万人，每1000人牺牲8人。二战中，波兰的许多城乡被破坏和捣毁。仅华沙就有约85%的建筑物和城市公用设施被纳粹分子摧毁。波兰物质损失达1000亿兹罗提（波兰币），比一战时损失总额增加7倍。其次，历尽战争磨难的波兰民族，在宗教意识和感情、民族意识上较过去增强和加深了。绝大多数波兰人有反俄反共情绪。他们对1939年9月17日苏军的入侵并占领波兰东部、卡廷事件、华沙起义等耿耿于怀、记忆犹新。尽管波兰工人党竭力否认它，并大力宣传苏军对解放波兰的重大贡献、波苏友好的重大意义等，但血的历史是无法抹杀的。当时，波兰工人党力量很小，到1945年1月才仅有3万名党员。1945年下半年，波兰各地举行了工厂代表会议选举，波兰工人党在许多地方遭到屈辱性的失败。最后，德国法西斯对波兰知识分子的大量屠杀，使得波兰新政权缺乏训练有素的人才。土生土长的共产党员数量少，且缺乏担当公职的训练。因此，在战后初期，新政权机关里充塞了不少随意找来的人，当局不太信任这些人但工作又是不可缺少的。

尽管有上述情况，但新政权还是获得了民心。因为，人们对德国法西斯的暴行记忆犹新，任何反德政权都会受到人民的拥护。与此同时，波兰工人党还面临着两个对手：一个公开的即复活的农民党，另一个是潜在的即复兴的社会党。此外，波兰工人党内部也由于经历不同而不很团结。它分成了几乎势均力敌的两派："莫斯科派"和"国内派"。"国内派"主张对左翼社会党人和农民党左翼妥协；而"莫斯科"派则主张主要依靠苏联的武力和警察手段，反对任何形式的妥协和退让。两派之间的冲突，较明显的有两次：一次是1944年春，"国内派"占上风；另一次是1948年夏，"莫斯科派"取得彻底胜利，把"国内派"赶出政治舞台。这是后话。

战后初期，波兰工人党的主要目标之一是扩大党员人数。因为一个具有2000多万人口国家的执政党，只靠仅有的3万名左右党员是无法完成任务的。为此，工人党提出了"大发展"时期。到1945年12月党的第一次代表大会时，在不到1年的时间里："党员人数增加了近10倍，这些党员包括从苏联回国的成千上万的原波共党员。他们中的一部分人走上了一些省市的领导岗位，一部分人当选为中央委员。波兰工人党已经成为劳动人民的群众性的党。它有党员23.5万名，61%是工人，28%是农民，11%是脑力劳动者。"

波兰工人党没有像其他东欧人民民主国家那样提出无产阶级专政的口号，而提出了全面建设民主的国家是党的主要任务，也就是哥穆尔卡提出的所谓的"波兰道路"。在谈哥穆尔卡的"波兰道路"之前，这里有必要简单回顾一下另一位把马列主义的普遍真理同波兰的革命实践相结合的先驱人物——阿·兰普。如上所述，他是原波兰共产党政治局委员，是苏联30年代大清洗运动中、波共被解散、大多数领导人被屠杀后唯一幸存的波共政治局委员。1943年12月12日，由于心脏病突发，逝世于莫斯科。他在去世前，谈到波兰未来发展时，曾撰文认为，战后波兰不能照搬别国的模式，应走自己的发展道路。史学家把它称之为"兰普的政治遗嘱"。其中谈道："一旦获得独立，波兰立即面临重建国家的道路问题。"我们的立场是："1. 资本主义经济会使我们国家重新沦为外国资本剥削的场所，并会使我们的独立成为一种虚构的东西。……这就是波兰的落后和不强大。2. 社会主义革命的道路不应是一条超越波兰现状的道路。由于德国人在经济和人口方面给波兰造成了巨大损失，波兰需要的不是内战，而是共同奋斗，重建国家。1917年俄国的道路不是波兰1943年要走的道路。3. 波兰需要走自己的发展道路，不要抄袭东方或西方的模式。"① 兰普设想的波兰，不是"共产主义的"和"苏维埃的波兰"，而是"马克思列宁主义领导下的多党制、议会民主制的波兰"。它不是通过国内战争而是通过"和平和渐进的道路"走向社会主义。可惜，兰普不仅没有看到波兰的解放，过早地离开了人世，而且更没有想到他倡导的波兰道路会是一条曲折坎坷之路。

哥穆尔卡作为土生土长的波兰共产党人、"国内派"的代表人物，他根据对波兰历史传统、民族特点、国情和当时的国际环境，提出了一条"波兰道路"。哥穆尔卡认为，在战后不同的国际环境下，社会主义已经超出一国范围，而成为世界体系。波兰和东欧其他国家在苏联帮助下建设新社会，但不应盲目照搬苏联的模式——即十月革命后所走过的道路，应当走一条独特的道路。这条道路就是"人民民主道路"或"通向社会主义的波兰道路"（简称"波兰道路"）。1944—1948年间，波兰工人党内部的争论，其实质就是战后波兰走什么样的道路问题，是根据波兰特点走"波兰道路"呢，还是盲目照搬苏联模式建设社会主义呢？

哥穆尔卡的"波兰道路"，是在1945年12月波兰工人党第一次代表大会上提出的。作为党的总书记，哥穆尔卡在"一大"上作了题为《通向新波兰之路》的政治报告。报告分三部分：第一部分为"历史哲学"；第二部分为经济问题；第三部分为"通向社会主义的道路"。他在报告中强调了党为人民政权迄今为止政策的正确性后，

---

① 亚当·沙夫：《论共产主义运动的若干问题》，人民出版社1983年版，第166—167页。

根据别国的经验和波兰的实际,提出波兰将作为一个独立国家而发展,其目标是逐步地、循序渐进地建设社会主义,通过和平方式"自人民民主过渡到社会主义民主"。朝这个方向迈出的第一步就是同波兰社会党一起向议会提出把大、中型工业国有化的法令草案。在大规模的社会主义建设开始之前,需要恢复并发展国民经济,开发西部地区,提高劳动人民的生活水平,普及教育和文化。[①] 实现这些迫切任务的方法和途径是提出恢复和发展国家 3 年(1947—1949)计划草案。实现这一任务是全民的事业,因此,波兰工人党努力把全国人民的一切创造力聚集在人民民主阵线中。哥穆尔卡的正确观点遭到了"莫斯科派"代表人物的反对。如上所述,实际上两派之间的争论和冲突自 1944 年春即全国人民代表会议成立后不久就开始了。夺取政权之后,"国内派"继续同"莫斯科派"展开控制国家和党的机构的竞争。哥穆尔卡在继续担任党的总书记的同时,后来还兼任副总理和收复地区部部长,斯彼哈尔斯基任国防部副部长和副总司令,主管部队政治事务。科瓦尔斯基被任命为青年斗争联盟的领导人。瓦·宾科夫斯基则为党的教育部门的领导人。"莫斯科派"也设法控制国家行政机关的一些最高职位。作为全国人民代表会议及其主席团主席的贝鲁特成了国家元首。贝鲁特的亲密朋友雅库布·贝尔曼牢牢地控制着部长会议主席团,密切注视着总理的继任者。受到苏联内务部训练的拉德凯维奇被派到公安部任部长。希拉里·明兹被委任主管工业和商业,不久成为国家经济部门的主要领导人。在讨论哥穆尔卡的政治报告中,贝鲁特、明兹等人提出了教条主义和照搬苏联经验的主张。他们主张结束民主革命阶段,立即在波兰改造小农经济、推行农业集体化、按苏联模式向社会主义过渡、消灭资本主义、建立单一的社会主义经济。明兹指责"波兰的人民民主制度"是不同于"其他一切资本主义的 1944 年的波兰资本主义",是"没有资本家、没有托拉斯、没有卡特尔、没有康采恩

---

① 哥穆尔卡在波兰工人党"一大"上的讲话,见《我们的历史文献》,华沙 1982 年版,第 133—147 页。

的资本主义……没有资本家的资本主义"①。他要求按苏联模式消灭资本主义和小商品经济。萨瓦茨基则认为:"民主主义人民波兰阶段正在结束,我们正处在社会主义前夜,我们将用苏联的解决方法来解决包括农业在内的问题。"

上述意见遭到大多数代表的反对。他们认为,目前波兰的政权,不是俄国的苏维埃政权,更不是西方国家的资产阶级民主政权,而是人民民主政权,应当通过波兰的特殊道路走向社会主义。哥穆尔卡在批驳上述不顾波兰民族特点的"左"倾教条主义和宗派主义观点时指出:"我在政治报告中已经指出,目前我国具有人民国家的性质,最重要的任务是坚决地沿着人民民主的路线走下去。"要为所有的工人、农民建设没有饥饿、痛苦、剥削和失业的家庭,为知识分子和科学文化的发展创造顺利的条件。最后"一大"的决议被顺利通过。"一大"是波兰工人党富有创造性的探索社会主义道路的一次代表大会,也是哥穆尔卡把马列主义的普遍原理与波兰实际相结合提出的"波兰道路"的胜利。

"一大"以后,哥穆尔卡对"波兰道路"作了更明确、更具体的阐述。1946年11月30日,在华沙波兰工人党和波兰社会党积极分子大会上,哥穆尔卡在讲话中指出:有些人经常重复地说,波兰工人党力图实行无产阶级专政,打算沿着苏联走过的道路在波兰走向社会主义。无须证明,这些人这样说,不仅表明他们根本不懂马克思主义,不会从不同的历史时代和具体的历史形势中得出正确的结论,而且他们的目的首先是为了歪曲政治现实和更好地同我们党进行斗争。……我想首先提请你们注意苏联和波兰所特有的三个根本的明显的区别:"第一个区别是,社会政治制度的改变在俄国是通过流血的革命道路实现的,而在我国是和平实现的。""第二个区别是,苏联必须通过无产阶级专政的阶段,在我国则没有这个阶段,并且可以避免这个阶段。""表明两国发展道路不同的第三个区别是,苏联的政权是由代表会议,即苏维埃来行使,它把立法和执行职能

---

① 耶日·雅盖沃:《通向社会主义的波兰道路》,华沙1984年版,第118、111页。

联结起来,苏维埃是社会主义政府的一种形式。我们立法和执行是分开的,国家政权建立在议会民主基础上。"

"我们选择了波兰自己的发展道路,我们把它称之为人民民主道路。在这条道路上和在这些条件下,工人阶级专政或者说一党专政,既没必要,也无的放矢。……我国的政权应该由彼此一致密切合作的所有民主政党来行使。"

"我们的民主不同于苏维埃民主,正像我们的制度不同于苏维埃制度一样。""在解决了阶级对抗问题的苏联,只有一个党——共产党,在我国则有几个民主政党在活动。""波兰的民主,是通过多党议会制来行使政权,目前的形式是全国人民代表会议,而以后将通过选举产生议会。""我们的民主具有许多社会主义民主的因素,也具有许多资产阶级自由民主的因素。就如同我们的经济制度具有许多社会主义和资本主义经济特点一样。我们把我们的民主称之为人民民主,我们的社会制度称之为人民民主制度。""在波兰通向社会主义的道路,不必通过工人阶级专政,在社会主义制度下劳动群众行使政权的形式不一定仅仅体现在代表会议制度上。""我们想再次强调指出,我们两党行动一致,工人阶级的统一战线,整个民主阵营的统一和行动协调,是这一概念的基础。"[1]

诞生不久的波兰人民新政权面临着大选问题。但是新生的波兰与战前的波兰大不相同。由于战争的破坏以及三巨头德黑兰会议和雅尔塔会议的决定,波兰失去了1000多万居民和7.7万平方千米的领土。波茨坦会议决定,波兰国家的边界西移了约240千米,东普鲁士和奥得河以东地区划给了波兰,从而减少了内陆国和农业的成分,增加了沿海国成分和工业国成分。由于民族的"迁移",战前多民族的波兰,变成现在单一民族的波兰。[2] 同时,由于战争、德国的

---

[1] 《新路》1947年第1期。
[2] 据1931年的统计,波兰人口为3199万,其中波兰人占69%,约2110万人,乌克兰人占15%,约480万人,犹太人占8.5%,约270万人,白俄罗斯人占4.7%,约150万人,德国人占2.2%,约70万人,俄罗斯人占0.25%,约8万人,立陶宛人占0.25%,约8万人,捷克人占0.09%,约3万人,现波兰人占98%。

种族灭绝政策和苏联的放逐政策，波兰的社会结构也大为改变。为了进一步削弱反对派，为了实行诸如工业等的国有化和土地改革，为了加强新政权对国家的控制，拖延选举显然是必要的。在关系到人民政权巩固和发展以及未来波兰前途的 1947 年 1 月大选前，全国人民代表会议提出了全民投票的法令草案，决定在 1946 年 4 月 30 日举行一次全民民意测验和咨询，就下列三个问题作出回答：1. 你是否同意取消上议院？① 2. 你是否同意在将来的宪法中保持土地改革和国家经济部门国有化建立起来的经济制度，同时保留私营企业的合法权利？3. 你是否同意把波兰国家的西部边界定在波罗的海、奥得河和乌日茨—尼斯河上？② 苏联支持的民主阵线呼吁波兰人民表示三个"同意"，并举行了群众大会和集会；英、美支持的波兰农民党及其领袖米科瓦伊奇克则鼓动人民表示一个"不同意"，"两个同意"；而非法的反对派则主张两个或三个"不同意"。1946 年 7 月 11 日，根据官方数字即投票总秘书处发布的公报：对第一个问题回答"同意"者占 68.2%，"不同意"者占 31.8%；对第二个问题回答"同意"者占 77.3%；"不同意"者占 22.7%；对第三个问题回答"同意"者占 91.4%，"不同意"者占 8.6%。③ 以往的波兰资料和书刊均是这样的结论。

但对上述结果，近几年波兰史学界提出了不同甚至相反的观点。认为那次公民投票是在压力和恐怖的气氛中进行的。在公民投票中，甚至一些支持农民党意见的村民的房屋被烧毁。"秘密警察和民警来到翁沃尔尼查村……用手榴弹炸毁或用火焚烧一些建筑物……有 101 座房屋、121 个牛棚和其他建筑被捣毁。"在大选投票时，苏联派了一些训练有素的专职人员来到波兰，他们同自己的追随者一道在一些地方选举委员会，弄虚作假，伪造选举结果。"内务部的专职人员把投票箱取走，两周后才把伪造的、准备好的结果公诸于众。"大选

---

① 1989 年 4 月 7 日，波兰议会通过一项宪法修正案，决定恢复"经民主选举产生的"参议院（即上议院）。
② 约·里·萨夫里克：《波兰历史（1937—1947）》，华沙 1987 年版，第 203 页。
③ 安东尼·楚宾斯基：《波兰现代史（1919—1983）》，华沙 1987 年版，第 333 页。

之后，"农民党的一些地方党部被关闭，农民党的唯一机关报《人民报》编辑部全体成员被秘密逮捕"。尽管如此，农民党在14个省的2800多个投票区（那里设法使投票箱摆脱了警察的控制），所得到的结果是：83%的票反对取消参议院，这表明对政府投了不信任票。[①] 在上述背景下，1947年1月举行议会选举，波兰工人党取得了胜利。全国有89.9%的选民参加了这次选举，四党（波兰工人党、波兰社会党、农民党和民主党）获得选民总数的80.1%的选票，444个议席中的394个议席；波兰农民党获得约10.3%的选票和28个议席；劳动党获得4.7%的选票和12个议席；波兰农民党——"新的解放"获得3.5%的选票和7个议席；其他社会团体（包括天主教会）获得1.4%的选票和3个议席。[②] 农民党人瓦·科瓦尔斯基当选为议会议长。波兰工人党领导人贝鲁特作为唯一候选人当选为共和国总统。波兰社会党总书记约·西伦凯维兹为部长会议主席，波兰工人党总书记哥穆尔卡任第一副主席；农民党总书记安·科日茨任第二副主席。在24名政府成员中，波兰工人党和波兰社会党各占7名，农民党占5名，民主党占3名，劳动党占2名。[③] 2月22日，议会颁布了大赦令，有6万人得到赦免。2月19日，通过了《关于波兰共和国最高机构的体制和活动范围的基本法规》，史称"小宪法"。1952年正式宪法通过以前，"小宪法"一直起临时宪法的作用。1947年上半年，波兰农民党虽在议会行使着职权，"但1947年6月，波兰工人党政治局已作出逮捕议员斯·米科瓦伊奇克的秘密决定"，这位农民党领袖于1947年10月秘密逃离波兰定居美国。"他的最亲密的同事也纷纷秘密离开波兰，从而造成了更大的政治流亡。"[④] 国内的波兰农民党党员纷纷退党。从此，波兰工人党的执政地位得以巩固和加强。

小宪法最大的特点是设立国务委员会。该委员会由下列人员组

[①] 杨·扎林：《自独立至今（1918—1998）》，华沙1998年版，第70—71页。
[②] 约·布什科：《波兰史（1864—1948）》，华沙1979年版，第522页。
[③] 耶日·托波尔斯基：《波兰通史》，华沙1981年版，第851页。
[④] 杨·扎林：《自独立至今（1918—1998）》，华沙1998年版，第71页。

成：共和国总统（任主席），议长和副议长以及最高监察院院长。国务委员会7名委员中，波兰工人党占3名，另4名为"自愿与党合作的人"。国务委员会被赋予监督地方人民代表会议的权力，再由地方人民代表会议检查地方当局的工作。议会每年召开两次例会，全年其余时间均由国务委员会通过法令进行统治。国家经济由三个不平衡的成分即私人、合作社和国营经济混合组成。至1947年底，波兰在政治上、自由程度上与其他东欧国家相比还是比较宽松的。它存在着四种自由：信仰自由（对天主教的干涉比其他人民民主国家要少些），迁徙和选择职业的自由、收听广播甚至收听外国广播的自由和私人批评的自由。波兰虽不再是资本主义世界的一部分，但也不是完全的社会主义国家，而是人民民主国家。正当波兰人民沿着"波兰道路"乘胜前进时，却发生了1948年的重大转折。

四 被迫接受斯大林社会主义模式

如上所述，全国解放后，随着大批旅苏波兰共产党人陆续回国，波兰工人党内部逐步形成了"国内派"和"莫斯科派"。"国内派"主张根据波兰的国情和特点，走人民民主道路；而"莫斯科派"则片面强调苏联模式的普遍意义，要求在建国后迅速消灭资本主义、改造小商品经济，建立单一的社会主义经济。两派之争集中表现在1945年12月的波兰工人党第一次代表大会上。"一大"接受了哥穆尔卡代表中央委员会所作报告的观点，人民民主道路为全党所接受。但是，到1948年夏，政治风云突变，"国内派"和"莫斯科派"之争再起，最后达到白热化程度，使党内发生了危机，改变了党的政治路线。1948年的转折是人民波兰政治生活中的第一次转折，它深深地影响着人民波兰的历史。经过大选后短暂的缓和时期后，在内外形势的压力下，波兰开始向苏联极权模式演变。

波兰工人党的危机始于1948年6月3日召开的中央全会。鉴于波兰工人党和波兰社会党决定实行合并，需要对波兰工人运动和两党的历史传统进行总结。这项任务历史地落在波兰工人党总书记哥穆尔卡的肩上。他在这次全会上作了关于波兰工人运动传统的报告，对历史上的各个政党进行了分析和评价。他说："对于波兰社会党和波兰工人党来说，波兰的独立是至高无上需要考虑的问题，其他一切都是从属的。"① 他认为："争取独立的斗争是波兰社会党的最优秀传统，应当作为统一党的基础。"但他同时批评波兰社会党在提出波兰独立口号时，没有把民族解放同社会解放结合起来。哥穆尔卡对波兰社会党的评价被认为是右倾民族主义的重要表现，他的报告遭到以贝鲁特、贝尔曼和明兹为首的政治局多数人的反对，被指责为是"对资产阶级民族主义和改良主义传统的重大让步"。② 波兰工人党党内危机随着苏南冲突的发生而加剧。早在1947年，美苏之间出现了"冷战气氛"，国际形势开始紧张，为了协调欧洲共产主义运动，斯大林决定建立欧洲共产党和工人党情报局。鉴于波兰共产党的不幸命运和共产国际的经验教训，哥穆尔卡对成立情报局持反对态度。

后来的历史事实证明，情报局变成了苏联控制年轻的人民民主国家的工具。1948年7月6日，波兰工人党召开中央全会，哥穆尔卡因身体不适没有参加这次全会，但对情报局的两个决议《即关于南斯拉夫共产党形势的决议》和《东欧各人民民主国家开展农业集体化运动的决议》持怀疑和反对态度。斯大林获悉这一点后，哥穆尔卡的问题加重了，错误也升级了，即由党内的意见分歧变成了对联共（布）和苏联的态度问题。

1948年8月31日至9月3日，波兰工人党召开中央全会（后称之为8—9月全会）。会上，贝鲁特在苏联共产党的授意下，作了题为《关于党的领导右倾民族主义倾向及其克服办法》的报告，错误地给哥穆尔卡加上"右倾民族主义"的罪名，加以批判。贝鲁特指责哥穆尔卡"不懂得联共（布）的领导作用"，"由于对国际形势的

---

① 《我们要建立什么样的统一》，《新路》1948年5—6月。
② 杨·普塔辛斯基：《三次转折中的第一次转折或关于哥穆尔卡的轶事》，华沙1984年版，第95页。

估计不足而表现出立场动摇"。在贝鲁特的带动下，全会群起而攻之，纷纷指责哥穆尔卡"试图同其他党派妥协"，"强调波兰的社会主义道路不同于俄国道路"，主张"对南斯拉夫和解和对苏联采取无理态度"，是"民族主义异端分子"，说什么他想使波兰工人党变为"民族共产党"，还指责他"企图破坏波兰的农业集体化"，说他渴望获得"党内的绝对权力"。全会根据贝鲁特的报告，通过了《关于党的领导的右倾民族主义倾向及其克服办法的决议》，解除了哥穆尔卡的总书记职务（实际上此前已暂停了他的总书记职务），选举贝鲁特为总书记。哥穆尔卡的四个追随者克利什科、洛加—索文斯基、科瓦尔斯基和科尔钦斯基从中央委员降为候补委员，当时领导党的教育的瓦·平科夫斯基被完全赶出中央委员会。

1949年11月，哥穆尔卡被解除了党内一切职务，同时被解职的还有"国内派"的克利什科、洛加—索文斯基和国防部副部长兼总政治部主任斯彼哈尔斯基。

1948年12月14日，波兰工人党和波兰社会党在华沙同时举行代表大会，第二天即12月15日，两个代表大会的代表在华沙工学院礼堂举行波兰统一工党第一次代表大会。此前，波兰工人党通过突击发展已成为百万党员的大党，而波兰社会党为了在合并中取得平等地位，也提出了建立一个百万党员的口号，大规模地发展新党员。两党统一代表大会历时1周，到会代表1526人，[①] 其中来自波兰工人党的1013人，来自社会党的526人，[②] 还有两位贵宾，一位是全俄肃反委员会的组织者和第一任主席费·捷尔任斯基的遗孀索菲亚·捷尔任斯卡，另一位是波兰爱国者联盟的创建人万达·瓦西列夫斯卡。亚·萨瓦茨基宣读了12月20日致"天才领袖斯大林"69岁生日的贺电，与会代表们齐声高呼："斯大林，斯大林！"

大会通过了《波兰统一工人党思想宣言》、波兰统一工人党党章和《发展和改造波兰经济的六年计划的指令》。12月21日，选举了

---

① 另有资料为1539人。
② 《人民论坛报》1948年12月21—22日。

波兰统一工人党中央委员,由 72 人组成,其中 49 人为原波兰工人党党员,23 人为原波兰社会党党员。合并前两党都进行了审党工作,凡反对合并,反苏和敌视社会主义、犯有严重右倾民族主义错误的均被开除出党。为此,波兰社会党减少了 19 万党员,占全党人数的 14%,工人党减少了 2.2 万党员,占全党人数的 2.2%。当天(即 12 月 21 日),举行一中全会,选举了中央政治局。政治局由 11 名正式委员组成,其中来自原波兰工人党的 8 人,来自原波兰社会党的 3 人,贝鲁特当选为中央委员会主席,西伦凯维兹为总书记。西氏在两党合并中起了重要作用,但事实上看来他也未得到充分信任,因两位"莫斯科派"的人物萨瓦茨基和萨姆布罗夫斯基任书记以限制他的权力。

从后来的历史事实看,合并的实质不言而喻。合并后接着改组了政府,除总理一职外,其他最重要的职位都由共产党人担任。原来政府 60 个副部长以上的职位中,共产党人只占 33 人,而合并以后的 74 个职位中共产党人却占了 53 个。新的波兰统一工人党拥有 151 万党员,其中 98 万是原波兰工人党党员,53 万是原社会党党员。从开始"结盟"起,波兰社会党就被推到从属地位,最终被合并。波兰人称"这种合并如同一个饿汉同一片面包的结合"。

贝鲁特在其政治报告中,强调要"强化阶级斗争和进一步扩大国有化"。他说:"各种经济成分平起平坐的地位不受侵犯是不可能的……工人阶级必须继续开展反对资产阶级分子的无情斗争,必须以完全消灭一切形式的经济剥削及其根源为目标。"[1] 提出要加紧实现农村集体化,"与资本主义残余"斗争,与天主教教会斗争,反对各种各样的政治派别。[2]

1949 年 9 月 25 日,农民党与波兰农民党也依样画葫芦实行合并,成立了统一农民党。该党拥有 26 万名党员。同年,劳动党解散,其党员加入了民主党(主要由手工业者、小店主和自由职业者

---

[1] 鲍·贝鲁特:《波兰统一工人党的思想基础》,华沙 1952 年版,第 52—53 页。
[2] 杨·扎林:《自独立至今(1918—1998)》,华沙 1998 年版,第 73—74 页。

组成），他们制定了与波兰统一工人党思想纲领一致的纲领，承认工人阶级及其政党的支配作用。这样在波兰形成了三党（波兰统一工人党、统一农民党和民主党）长期共存合作，实质是一党集权的政治局面。

1948年转折以后，波兰的政治生活发生逆转。1945年"一大"通过的政治路线被完全摒弃，左倾教条主义和宗派主义在波兰统一工人党内占了统治地位。在阶级斗争日益尖锐化的错误理论指导下，人与人之间关系紧张，彼此猜疑，互不信任，民主和法制遭到破坏。由于对哥穆尔卡的"右倾民族主义"的彻底批判，历史传统、波兰国情和民族特点被否定，对有歧义者，动辄被当成"小资产阶级"或"机会主义"进行批判。1949年11月，贝鲁特在波兰统一工人党三中全会上所作的题为《在当前形势下党在提高革命警惕性斗争中的任务》的报告，再次强调不忘阶级斗争。他说："我们时刻不能从眼皮底下放过阶级敌人及其阴险狡猾的勾当，只要阶级敌人还存在，他们还在活动，我们就应当经常不断地保持革命警惕性。"他号召全党为彻底肃清"右倾民族主义"而斗争。全会把"右倾民族主义"上纲为"人民的敌人"和"外国代理人"。正是在这种错误理论的指导下，造成了大批冤假错案。

在清除"右倾民族主义"的口号下，先后共进行了三次大的清洗：1948年9—12月，1949年1—3月，1949年11—12月，波及1/4的党员，党内的许多"国内派"领导人被撤职并被遣散，或被监禁。哥穆尔卡等人不仅再次受到批判，而且不久锒铛入狱。1949年底斯彼哈尔斯基被撤职不久被监禁，同时，克利什科也被解职。三中全会后，阶级斗争的火药味更浓。公安部被赋予超出宪法和法律规定的权限，凌驾于党和国家之上。新成立的公安部第10厅的任务是同"钻入党内和军队内的敌对分子"作斗争。党中央成立了一个专门委员会指导这项工作。贝鲁特兼任这个委员会的主席，实际工作由"莫斯科派"的贝尔曼和拉德凯维奇负责。镇压的矛头首先指向在二战中对德作战有功的原人民近卫军、原人民军、原农民营特别是原国家军的军官。约有1500人被捕。1951年，其中19人因

"阴谋叛国"罪被法庭判处死刑，70多人被判处无期徒刑。在上述三中全会上，增选了波裔苏联元帅康·罗科索夫斯基①为中央委员会正式委员，这超越了"中央委员应由代表大会选出"的权限，他立即成为波兰武装部队总司令。1950年5月，波党一届四中全会上，罗科索夫斯基被选入中央政治局。1952年11月被任命为国防部长、国务委员会委员，从而成为波兰政府的关键人物，直至1956年10月为止，回苏后任苏联国防部副部长、国防部总监。

为了消灭"阶级敌人"，波党开展了清党工作。经过清党，党员人数由1948年12月的151万减少至1951年12月的113.8万。同时，波兰统一工人党领导人排斥盟党的宗派主义表现愈演愈烈。统一农民党和民主党的活动受到很大限制。两党进行了"反右倾斗争"。仅在1950年4月至12月，统一农民党的人数从26.3万减少到19.5万，1953年民主党人数减少到6万。

在反右倾斗争中，文艺界也深受其害。照搬苏联的社会主义现实主义，写诗只能以马雅可夫斯基为样板，否则被认为是"阶级异己的东西"。加尔斯基、鲁热维奇、诺贝尔文学奖获得者米沃什等著名诗人纷纷受到批判。连无产阶级革命诗人布罗涅夫斯基也受到怀疑。

1948年12月波党"一大"以后，波兰的政治生活很不正常。党和国家的权力集中在少数几个政治局委员手中。他们是"莫斯科派"的贝鲁特、贝尔曼、明兹、拉德凯维奇、萨姆布罗夫斯基。贝鲁特总揽全局，贝尔曼主管安全和意识形态工作，明兹主管经济，拉德凯维奇为公安部长，萨姆布罗夫斯基主管党务和干部工作。他们破坏民主集中制，实行任人唯亲的干部政策。许多正直、有作为、有才干的党员和公民不被信任，有的被开除出党甚至被捕入狱。总之，1948年波党的转折是首次也是最重要的一次转折，标志着"波

---

① 康·罗科索夫斯基（1896—1968），苏联元帅，波兰元帅。原系波兰血统的工人，曾在沙皇军队服务，后加入红军，十月革命的参加者。1919年参加苏联共产党。1936年升任军区司令，1936年被清洗。1941年恢复名誉。二战期间任方面军司令。在苏成立的波军就在他的指挥之下。波兰解放战役参加者。

兰道路"即人民民主道路的中断和苏联模式的开始。所谓苏联模式，是指20世纪30年代苏联在资本主义国家包围中，为了打破这种包围，维护本国独立并迅速赶上发达资本主义国家，通过突进的方式而进行的工业化和农业化，在此基础上形成的高度集中的政治和经济体制。这种体制在政治上高度集权，国家政权、群众组织（如农工、青、妇等）过分地集中于共产党，地方权力过分地集中于中央，而中央的权力又过分地集中于少数几个人或个别领导人。结果在许多行政部门造成了党政不分、以党代政的现象。集权过多，民主太少，致使领导干部官僚主义、脱离群众、谋取特权以至于个人专横、个人崇拜和破坏法制等同共产党宗旨格格不入的现象盛行。在经济上，高度集中的体制，在发展战略上，把重工业放在首位，与一般国家工业化的"农—轻—重"的顺序不同，而是按"重—轻—农"的顺序进行工业化。这种模式在当年苏联的条件下，曾起到迅速增强国力、以保卫国防、保卫社会主义成果的积极作用。但它毕竟有其时代的局限性，而且对国情不同的其他国家未必适用，更不能把那种在特殊历史条件下形成的政治、经济模式普遍化和绝对化。波兰的悲剧正是这样。贝鲁特等人不顾本国国情和条件，而照搬苏联模式按"重—轻—农"的顺序安排国民经济。他们不顾波兰缺乏铁矿资源的实际、要求集中资金建设以钢铁工业为主的重工业。在六年计划（1950—1955）内，工业总产值要增长170%，而农业仅增加19%，工人平均工资仅增加13%。重工业（主要是军事工业）投资过多，造成重工业和轻工业、工业和农业之间比例严重失调和消费品的严重不足，致使人民生活遇到很大困难。最后导致波兰危机事件频频发生。

波兰人民民主之争教训有三点特别重要。第一，把握国家的发展阶段和方向，党的领导是关键。从根本上说，执政党在国家政治经济道路和模式上起着决定性作用。但波党"先天不足，后天又营养不良"。在内外压力面前，表现软弱，没能坚持自己选择的方向和道路。第二，共产党必须时刻牢记党的"为人民谋利益"的性质和宗旨，以不断改善人民的物质文化生活为目标，才能使党不脱离群众，使党的事业不断前进。第三，执政党必须牢记，一切从本国国情和实际出发，建立符合本国历史条件和情况的政治、经济模式。否则，不仅有使国家发生危机，而且有失去政权的危险。这就是波兰人民民主道路之争留给人们的深刻教训和重要启示。

(原载《世界历史》2006 年第 2 期)

苏东剧变后波兰的人口状况及移民趋势

王晓菊

波兰地处欧洲的"心脏地带"和"十字路口",其军事战略地位十分显要。苏东剧变以后,波兰不断加快重返欧洲的步伐。目前,论领土面积、人口数量、经济实力,波兰属中东欧16国之首强,列欧盟28国之前茅。作为中东欧最大国家和欧盟重要成员国,波兰在欧盟事务及中欧关系中发挥着不可忽视的作用。本文依据波兰中央统计局发布的官方资料,借鉴国内外学者的相关成果,以近百年波兰地缘政治演化和经济社会发展为背景,着重对苏东剧变后波兰的人口状况及移民趋势加以探析,以助于深入理解近30年内波兰的国内形势和对外关系,以及中东欧国家纷繁多样的人口过程。

一

由于第一次世界大战的爆发,瓜分波兰的俄罗斯、奥匈、德意志三帝国土崩瓦解。1918年11月11日,沦亡百余年的波兰以独立国家身份重新出现在欧洲版图上。1921年里加条约签订后,波兰第二共和国[①]的疆域大体形成,其面积仅为波兰被瓜分前的52%。[②] 即便如此,波兰仍然是中东欧面积最大的国家,在38.86万平方千米

---

① 波兰共和国因俄罗斯、普鲁士和奥地利的三次瓜分(1772、1793、1795)而灭亡,1918年重建后ísame"波兰第二共和国",1939年因德国与苏联的瓜分而夭折。

② См.: Бухарин Н. И. Российско-польские отношения: 90 - е годы XX века-начало XXI века. - М.: Наука, 2007. С. 21.

领土上大约居住着 2700 万人口，其中农村人口几乎占 75%。根据 1931 年人口普查资料，波兰总人口约为 3192 万，① 其中波兰族占 69%，少数民族占 31%，主要包括乌克兰人（14%）、犹太人（9%）、白俄罗斯人（5%）、德意志人（2%）及俄罗斯人、立陶宛人、捷克人等其他民族（1%）。② 至 1939 年，波兰总人口达 3500 万左右。这一时期，波兰人口增长的一个主要原因是大批波兰人从海外回国。

然而，在恢复独立的短短 21 年以后，孱弱的波兰不幸成为第二次世界大战欧洲战场的首个牺牲品，因德苏两邻的瓜分而再度亡国。至 1941 年 6 月苏德战争爆发后不久，居住在苏联境内的波兰公民获准组建军队，与苏联红军联手抗击法西斯。1944 年 7 月，在苏联红军的帮助下，波兰历史上第一个人民政权在边境小城海乌姆宣告成立。③ 1945 年 3 月，波兰终于获得解放。但是，根据同年 2 月苏美英三巨头签订的雅尔塔协议，波兰疆界西移大约 200 千米，波兰版图缩减为 31.17 万平方千米，相当于二战前领土面积的 4/5。由于"寇松线"以东的西乌克兰、西白俄罗斯并入苏联，加之大批犹太族居民被屠杀或逃往国外，波兰变成了波兰族约占 98% 的单一民族国家。1946 年人口普查（战后波兰第一次人口普查）结果显示，波兰总人口为 2393 万，④ 比战前人口几乎减少了 1/3，退回到 1918 年的水平。⑤ 人口锐减的主要原因显而易见，即二战时期波兰遭受了前所未有的人口浩劫，有数百万人失去生命，其人口减损量居中东欧各国之首；大批波兰党政官员、文学艺术家、军官、士兵等移居国外，难以计数的波兰难民流落于世界各地；几百万波兰公民被德国驱赶至第三帝国境内充当劳工，或被苏联流放到欧俄北部、西伯利亚、

---

① 参见［英］哈莉克·科汉斯基《不折之鹰：二战中的波兰和波兰人》，何娟、陈燕伟译，中国青年出版社 2015 年版，第 54 页。
② *Nowy atlas od pradziejów do współczesności historii Polski*，Warszawa 2016. s. 122.
③ 根据 1952 年宪法，波兰国名由波兰共和国改为波兰人民共和国。
④ Główny Urząd Statystyczny. *Rocznik Demograficzny 2016*，Warszawa 2016. s. 76.
⑤ Norman Davies，*God's Playground：A History of Poland*，Volume Ⅱ：1795 *to the Present*，Oxford University Press，2013. s. 365.

中亚等边远地区从事繁重的劳动,等等。

为了改变一穷二白的落后面貌,波兰于 1950 年开始搞社会主义工业化。至 60 年代,波兰人民的生活水平同西方发达国家尚有相当大的差距。70 年代初,即爱德华·盖莱克当政初期,由于积极利用西方贷款和技术,波兰经济高速增长,居民收入和社会福利显著增加。波兰政府划拨大量资金改善低工资、多子女家庭的生活条件,提高养老金和退休金的最低标准,大幅度增加中小学教师工资、大学生助学金,特别是废除了农民义务交售农产品的制度,还为农民提供养老保险和免费医疗。在此期间,波兰肉蛋奶消费量创历史新高,住房条件明显改观,许多家庭拥有了私人轿车。① 至 1980 年,波兰人均国民生产总值达到 3830 美元,接近现代化国家标准。② 当然,同匈牙利、捷克斯洛伐克等东欧社会主义国家一样,由于苏联的直接干涉、政治压力,加之本国政府的政策失误,波兰的社会主义道路崎岖不平、荆棘丛生。自 50 年代中期起,波兰多次爆发重大社会政治危机。特别是 1980 年反对派组织——团结工会成立之后,波兰社会动荡不安、冲突迭起,并一度陷于岌岌可危的战时状态。1988 年,由于对政府和改革失去信心,波兰工人在团结工会领导下掀起了规模空前的全国大罢工。

1989 年 2 月至 4 月,波兰统一工人党与团结工会为寻求妥协而举行了全球瞩目的圆桌会议。该事件对波兰乃至整个苏东地区影响巨大,是为苏东社会主义国家非共产党执政之先声。8 月,团结工会顾问塔德乌什·马佐维耶茨基正式出任波兰总理,反对派组织在波兰取得执政地位。1990 年 12 月,团结工会主席莱赫·瓦文萨当选为波兰第三共和国③首任总统。波兰历史地成为苏东社会主义链条中最薄弱的环节,催发了苏东剧变的"多米诺骨牌效应":两德统一、经互会与华沙条约组织解散、南斯拉夫瓦解、苏共垮台、苏联解体、

---

① 参见刘祖熙《波兰通史》,商务印书馆 2006 年版,第 523 页。
② 刘祖熙:《夏日堂史集》,人民出版社 2007 年版,第 364 页。
③ 1989 年 12 月 29 日,波兰人民共和国恢复为传统的波兰共和国,史称"波兰第三共和国"。

捷克斯洛伐克分家，等等。

  总体上看，在整个社会主义时期，波兰总人口逐年攀升，其中城市人口几乎与总人口数量平行增长，农村人口则以较小幅度时增时减。1950年总人口为2500.8万，其中城市人口为960.5万，约占38.4%；1960年总人口为2977.6万，其中城市人口为1420.6万，约占47.7%；1970年总人口为3264.2万，其中城市人口为1706.4万，约占52.3%。到1978年，波兰总人口已超过战前水平，达3506.1万。1980年总人口为3573.5万，其中城市人口为2097.9万，约占58.7%。至1989年，波兰总人口已接近3800万（3798.8万），其中城市人口为2338.4万，约占61.6%。[①] 从二战结束到东欧剧变，在40多年内，波兰人口大约增加了1400万，主要原因之一是战后有数百万波兰公民从苏联、法国、德国及其他国家被遣返。

  苏东剧变以后，波兰不断加快"回归欧洲"的脚步。1999年3月12日，波兰（与捷克、匈牙利一起）加入北大西洋公约组织。2004年5月1日，波兰（同波罗的海三国及匈牙利、捷克、斯洛伐克、斯洛文尼亚、马耳他、塞浦路斯等九国一起）加入欧洲联盟。2007年12月21日，波兰（与同时加入欧盟的九国一起）成为申根国家。目前，论领土面积、人口数量、经济实力，波兰属中东欧16国之首强，列欧盟28国之前茅。

  转轨伊始，波兰政府采纳美国经济学家杰弗里·萨克斯的"休克疗法"，取消中央计划、实行市场经济。但是，由于经济衰退、失业率骤增等原因，波兰很快放弃了激进式改革方案。自1992年起，波兰采取适合本国国情的渐进式改革，为经济增长注入了持久活力，与匈牙利、捷克、斯洛伐克等国一起被称为东欧转型的"优等生"。[②] 2004年以后，得益于欧盟的巨额援助资金和大量国外投资，波兰经济更是稳步增长。即使在金融风暴席卷全球之后的2009年，

---

① Główny Urząd Statystyczny. *Rocznik Demograficzny 2016*，Warszawa 2016. s. 76、78.

② См.：Искра Баева. Проблемы стран Восточного блока в период трансформации в начале XXI века.//*Bulgarian Historical Review*. N1－2, 2015. C. 115－116.

波兰仍以 1.7% 的经济增长率成为欧盟内一枝独秀的经济增长国。[①] 2011 年，在欧元区发生危机的情形下，波兰经济依然增长了 4%。[②]

苏东剧变不仅表现在政治制度、经济模式方面，也反映在人口状况、移民趋势等层面。作为东欧转轨的"优等生"，波兰亦遭遇了贫富分化、高失业率、人才外流、人口老龄化等一系列社会问题。这场暴风骤雨式的巨变对波兰的人口状况虽未造成致命的打击，但已产生不小的影响。其中最突出的影响就是，从整体上看波兰人口走势在剧变之年出现拐点，由社会主义阶段的攀升期步入转轨以后的准"平台期"。另外，与大多数原苏东国家相比，波兰的人口变化过程展现出一些鲜明特点：第一，剧变以后的人口萎缩并非"如影随形"，而是"姗姗来迟"。1989 年以后，波兰总人口仍逐年递增，但速度明显放慢，至 1996 年大约仅增加了 30.6 万人。1997 年，波兰人口首次出现负增长。第二，剧变以后的人口走势并非一路下滑，而是增减交替。继剧变初连续七年小幅增长后，波兰人口又连续十一年小幅收缩。2002 年人口普查（波兰加入欧盟以前最后一次人口普查）结果显示，波兰总人口为 3830 万。至 2007 年，波兰人口缩减为 3811.6 万。[③] 2008—2011 年，波兰总人口连年缓慢回升，2012—2016 年则持续下滑。第三，与剧变之年相比较，截至目前的人口数量总体上表现为正增长，但绝对增加量并不大。2016 年波兰总人口为 3843.3 万。[④] 比 1989 年大约增加了 44.5 万。第四，二战结束后的人口峰值出现于转轨时期。2011 年人口普查（波兰加入欧盟以后第一次人口普查）结果显示，波兰总人口增至 3853.8 万，这是二战结束后波兰的人口峰值，也是 20 世纪初波兰独立以来的人口峰值。波兰之所以没有像俄罗斯、保加利亚等国家那样出

[①] 马细谱：《波兰入盟 10 年的成绩与问题》，载《追梦与现实：中东欧转轨 25 年研究文集》，中国社会科学出版社 2016 年版，第 180 页。

[②] 朱晓中主编：《中东欧转型 20 年》，社会科学文献出版社 2013 年版，第 271 页。

[③] Główny Urząd Statystyczny. *Rocznik Demograficzny 2016*, Warszawa 2016. s. 78.

[④] Główny Urząd Statystyczny. *Ludność. Stan i struktura oraz ruch naturalny w przekroju terytorialnym w 2016 r.* Warszawa 2017, s. 30.

现人口危机,① 在很大程度上应归功于其相对良好的经济状况。

二

1989 年剧变以后,大批波兰人移居国外,移民目标国包括世界五大洲的大约 50 个国家。截至 2014 年,在波兰登记的迁出人口总计 60.3 万、迁入人口总计 24.3 万,移民逆差为 36 万。② 同时,暂时居住在国外的波兰人显著增加。2015 年年底,暂时居住在国外的波兰居民为 239.7 万人,比上年增加了 7.7 万人。③ 转轨以来,波兰之所以有大量人口向境外迁徙,国内、国际因素兼而有之,这里试做如下分析:

第一,冷战结束及国内严峻的就业形势使波兰人向海外迁移的规模迅速扩大。

1946 年英国前首相温斯顿·丘吉尔在美国发表的"铁幕演说",拉开了冷战的序幕。苏联、美国分别主导的东西方阵营相互对峙,东西方国家间的人口流动受到极大限制。1961 年东德修建的柏林墙阻断了分属两德的东、西柏林及双方人员的自由往来④,这是冷战时代东西方人口难以相互流动的真实写照。随着柏林墙的坍圮、铁幕的消失,包括波兰在内的东欧国家向海外移民的规模迅速扩大。1989 年,波兰踏上了艰难而曲折的转轨路。在私有化进程中,波兰的失业现象日益加重,贫富差距日渐悬殊。2002 年,波兰失业率高达 19.3%,当时准备加入欧盟的其他国家平均失业率为 12.5%,而

---

① Подробнее о болгарском демографическом кризисе посмотрите: Ван Сяоцзюй. Крупные перемены и демографический кризис в Болгарии: формы проявления и анализ причин. Bulgarian Historical Review. № 1 – 2, 2015.

② 引自波兰中央统计局网站资料: Main directions of emigration and immigration in the years 1966 – 2014 (migration for permanent residence)。

③ Główny Urząd Statystyczny. Ludność. Stan i struktura oraz ruch naturalny w przekroju terytorialnym w 2016 r. Warszawa 2017, s. 43.

④ 1961—1989 年,约有 400 名东德人试图翻过柏林墙但未能成功,其中 170 多人丧生。1989 年,东德政府允许本国公民自由访问西德,柏林墙被推倒。翌年,东德政府正式决定拆除柏林墙。

欧盟国家平均失业率约为 8.5%，[1] 在"去工业化"过程中，由于许多企业宣布破产或被关闭，波兰的就业形势雪上加霜。即使是国际金融危机也没有导致波兰人大量回迁。2008 年，只有 6 万波兰人归国，其中 4 万人返自英国，另有一部分波兰人从英国和爱尔兰转居挪威、丹麦、荷兰等国。至 2009 年春，只有 20 万波兰人归国。但根据波兰国际关系中心的研究，因失业而回国的大多数波兰人在国内仍无法就业。[2] 暂时居住在国外的波兰人大多属于"候鸟式"劳动力，主要从事季节性劳务，通常会在一年之内返回母国。前文提到，2015 年年底，暂时居住在国外的波兰居民接近 240 万人，其中绝大多数人就是去国外找工作或从事某项工作。波兰人在国外主要做保洁员、农工、售货员、餐厅服务员、建筑工等。

第二，加入欧盟和《申根协议》为波兰人涌入西方发达国家大开方便之门。

人员自由流动是欧盟居民的基本权利之一。由于欧盟老成员国陆续向中东欧新成员国开放劳动力市场，大批有技能、有才学的波兰人得以去西欧发达国家谋求生计或追逐梦想。加入欧盟以前，暂时居住在国外的波兰人约有 80 万。加入欧盟后，波兰向国外移民的人数猛然上升。仅 2004 年 5 月至 2006 年 10 月，波兰的移民外流就相当于每个月失掉　个小城镇的人口[3]。波兰向爱尔兰的移民也是个典型例证。地处西欧的爱尔兰是传统的天主教国家，也是欧盟乃至全球最富庶的国家之一，有"欧洲小虎"之美誉。根据波兰中央统计局公布的数字，波兰在入盟前移居爱尔兰者寥寥无几，入盟后移居爱尔兰者迅即增至成百上千，2005 年为 450 人、2006 年为 2307 人、2007 年为 2089 人。[4] 2007 年 12 月，欧盟中东欧成员国加入了

---

[1] Польша в XX веке. Очерки политической истории / Ред. : Г. Ф. Матвеев, А. Ф. Носкова (отв. ред.), Л. С. Лыкошина. М. , Индрик, 2012. С. 882.

[2] Боженко В. В. Демографический фактор расширения Европейского Союза. － М. : Экон-информ, 2011. С. 45.

[3] 参见 [英] 罗伯特·拜德勒克斯、伊恩·杰弗里斯《东欧史》下册，韩炯等译，东方出版中心 2013 年版，第 972 页。

[4] 引自波兰中央统计局网站资料：Main directions of emigration and immigration in the years 1966 - 2014 （migration for permanent residence）。

关于取消欧盟各成员国之间边境检查的《申根协议》，此后中东欧国家的公民仅凭一本护照即可赴申根区内任何一个国家学习、工作或居住，东西方人口的跨国流动更趋活跃。到 2011 年，在国外的波兰人超过 190 万，其中 80% 分布于欧盟国家。①

第三，好迁徙的民族习性决定了波兰海外移民活动较为强劲。

东欧剧变以后，在原东欧地区的众多民族当中，波兰人向国外迁徙的数量明显居多，原因何在？笔者认为，除了波兰人口基数最大之外，还有一个容易被忽视的深层次因素，即民族习性。如果将波兰与捷克的海外移民现象加以比对，便能够清晰明了地寻出一定答案。波兰人与捷克人同根同源（均源于西斯拉夫人）、毗邻而居，语言相近、文化相通（同属拉丁文化圈）。波捷两国在"回归欧洲"之路上几乎步调一致，如同为维谢格拉德集团创始国，同时加入北约、欧盟及《申根协议》等，但波兰人大批流散、捷克人安土重迁，两者形成了强烈反差。波兰人好迁徙的习性同其历史命运和民族性格息息相关。17 世纪中叶以后，波兰由盛转衰，至 18 世纪末被瓜分完毕。在漫长的亡国岁月里，波兰流放者、流亡者似风雨浮萍，四处漂泊。同时，有别于捷克人的实用主义、强烈优越感等民族性格，波兰人团结一心，为自由而战，被马克思誉为"欧洲不死的勇士"。"在 1848 年和 1849 年，德国、意大利、匈牙利、罗马尼亚的革命大军都有很多波兰人。他们无论是士兵还是将军，都表现得出类拔萃。"② 还有大约 400 名波兰流亡者参加过法国巴黎公社的战斗。可以说，波兰人具有悠久的海外移民传统、坚韧的域外适应能力和雄厚的侨民网络资源，波兰移民的足迹遍布全球五大洲。

受地理、历史、经济、宗教、外交等诸多因素的影响，原苏东国家在海外移民流向上各具特点。就波兰而言，苏东剧变以后其人口迁徙范围明显地集中于西欧、北美两大移民圈。

---

① См.：Синицина, Ирина Сергеевна. Итоги системной трансформации в Польше（1989 – 2012）.//Свободная мысль：международный общественный журнал. –2013. – № 4. C. 71.

② 《致日内瓦一八三〇年波兰革命五十周年纪念大会》，载《马克思恩格斯全集》第二十五卷，人民出版社 2001 年版，第 445 页。

西欧发达国家是波兰第一大海外移民圈。因地缘之便，绝大多数波兰移民散居于西欧发达国家，该传统沿袭至今。根据波兰中央统计局的资料，2008年年底有182万波兰公民临时居住在欧盟国家，其中65万人在英国、49万人在德国、18万人在荷兰、8.8万人在意大利。目前，波兰人暂时居住的国家主要有德国、英国、爱尔兰、荷兰、意大利、挪威等国，这里仅就波兰人在位居前两位的德国和英国的相关情况作简要论述。

德国是最富裕、最具影响力的欧盟成员国，对中东欧移民有着强大的吸附力。作为波兰的西部强邻，德国在历史上曾多次侵略和瓜分波兰。二战时期，德国在波兰南部小镇建造了骇人听闻的奥斯维辛集中营，残忍屠杀了110万犹太族（其中大部分为波兰籍）、波兰族、罗姆族（吉普赛人）等居民。20世纪70年代，波德两国跨越了情感鸿沟，实现了民族和解。如今，德国是波兰的最大贸易伙伴，其投资额约占波兰外资总额的1/5，在波兰经济增长中扮演着举足轻重的角色。自1990年两德统一以来，德国成为备受波兰人青睐的移民目标国，在接纳波兰移民的数量上遥遥领先于其他国家。2007年，波兰人位列土耳其人和意大利人之后，为德国第三大外来民族。2016年，德国共迁入4400名波兰移民，[1] 居波兰海外移民国之首位。

英国虽不属于移民国家，但凭借优厚的福利资源，这个悬浮于欧洲大陆之外的岛国令欧盟中东欧成员国及印度、斯里兰卡等国（原"日不落帝国"殖民地）的居民趋之若鹜。仅在2004年5月至2006年10月，刚入盟的几个中东欧成员国就有51.1万劳务移民涌入英国，其中波兰人达30万之多。2016年，有2900名波兰人迁入英国[2]，其数量仅次于德国。目前，英国大约有80万波兰侨民。在苏格兰和威尔士地区，波兰人已超过巴基斯坦人和爱尔兰人，成为

---

[1] Główny Urząd Statystyczny. Ludność. Stan i struktura oraz ruch naturalny w przekroju terytorialnym w 2016 r. Warszawa 2017, s. 43.

[2] Główny Urząd Statystyczny. Ludność. Stan i struktura oraz ruch naturalny w przekroju terytorialnym w 2016 r. Warszawa 2017, s. 43.

仅次于印度人的第二大移民群体，其中有86%的移民是在波兰入盟以后来到英国的。①源源不断的外来移民给英国造成沉重的财政负担，英国社会各界的不满和忧虑与日俱增。2016年6月，英国通过全民公投的方式决定脱离欧盟，其主要诱因之一即是欧盟东扩以后难以抵挡的中东欧移民潮。此前，英国已开始收紧以往相对宽松的移民政策。毫无疑问，英国脱欧之举将对波兰的移民趋势产生一定影响。

北美发达国家是波兰第二大海外移民圈。自15世纪末克里斯托弗·哥伦布发现新大陆以后，北美大陆迅速成为西班牙、葡萄牙、英国等早期资本主义国家开疆拓土的新天地，北美发达国家遂有"第二欧洲"之称。波兰移民在北美大陆主要集中于两个典型的移民国家——美国和加拿大，其中美国居绝对优势。作为世界头号移民大国，美国对波兰移民的大量吸收由来已久。马克思、恩格斯曾指出："一些波兰人在自己的国家遭受第一次瓜分以后，就离开了自己的祖国，远涉大西洋，去保卫刚刚诞生的伟大的美利坚合众国。"②在此后的一百多年里，由于美国大力吸纳海外移民，失去祖国的波兰人纷至沓来，并积极融入当地社会。位于北美大陆中心地带的美国第三大城市芝加哥成为波兰移民的传统聚居地。像其他处于大国"夹缝"里的中东欧民族一样，波兰人怀有根深蒂固的"美国情结"。曾赢得300万张美籍波兰人选票的总统伍德罗·威尔逊对1918年波兰复国给予了巨大扶持，波兰人对此知恩图报，对美国更加倚重。苏东剧变以后，唯有美国被波兰视为军事政治上的安全保障，因此波兰人在美国大量存在的现实毋庸赘言。1993年前后，在西方的波兰侨民逾1000万人，其中约有800万人在美国。③目前，美国大约有1000万波兰人，其中许多人早已被同化。

除了西欧和北美之外，俄罗斯曾是波兰人最多的国家。从历史

---

① 转引自鲍宏铮《英国脱欧对欧盟中东欧成员国经济的影响》，《欧亚经济》2016年第6期。
② 《致日内瓦一八三〇年波兰革命五十周年纪念大会》，第444页。
③ 刘祖熙：《夏日堂史集》，人民出版社2007年版，第366页。

上看，分布于俄罗斯境内的波兰人不计其数，其中包括 17 世纪末以来历次俄波战争、波兰民族起义之后的大量波兰流放者。20 世纪初，波兰人位居俄罗斯人、乌克兰人、白俄罗斯人之后，为俄罗斯帝国第四大民族。1924 年，即根据里加条约对波兰人的大规模遣返活动结束后，至少有 150 万波兰裔苏联公民滞留于苏联。① 后来，波兰人陆续被遣返或迁往其他国家，苏联境内的波兰人急剧减少。1959 年，苏联境内约有 11.84 万波兰族居民。到 1989 年，苏联境内的波兰族居民大约减少为 9.46 万。② 苏东剧变以后，因"卡廷惨案"、斯摩棱斯克危机等问题，波俄关系一波三折。21 世纪初，两国关系曾一度回暖，尤其是在学术研究、文化艺术等领域开展了友好而成功的交流合作，在对复杂历史问题的认识上亦取得明显突破。但是，波兰向俄罗斯的移民数量很少。根据俄罗斯人口普查资料，2002 年、2010 年俄罗斯境内波兰族人口数量分别为 7.3 万、4.7 万。③ 波兰人主要分布在莫斯科、圣彼得堡及西伯利亚一些联邦主体的首府城市，包括克拉斯诺亚尔斯克、阿巴坎、巴尔瑙尔、伊尔库茨克等地。2014 年乌克兰危机爆发后，俄罗斯再次被拉入波兰外交"黑名单"，俄波关系坠入制裁与反制裁的旋涡。当前，波兰领导人对俄罗斯实施新东方政策，意在防范俄罗斯对波兰的威胁。俄波关系的历史与现状严重地束缚着双方的人口流动。目前，世界上大约有 6000 万波兰人，居住于俄罗斯境内的波兰人数量微乎其微。

波兰人在中国的历史较为久远，而大规模迁入则始于 19 世纪末、20 世纪初。当时，俄国在中国境内借地修筑中东铁路，大量波兰裔俄国人流入中国东北地区。波兰侨民曾是哈尔滨数十个国外族群中的重要一支，被称作波兰的"哈尔滨人"，其峰值数字约为

---

① Под общ. ред. А. В. Торкунова, А. Д. Ротфельда. Белые пятна-черные пятна: Сложные вопросы в российско-польских отношениях. М., 2010. С. 121.

② Отв. ред. В. Б. Жиромская, Н. А. Араловец. Население России в XX веке. Исторические очерки. В 3 – х т. Т. 3. Кн. 2. 1980 – 1990 гг. М.: РОССПЭН, 2011. С. 110.

③ См.: Российский статистический ежегодник. 2015: Стат. сб./Росстат. М., 2015. С. 69, 79.

7000人。客观而言，波兰侨民对哈尔滨乃至中国东北开发做出了很大贡献。日俄战争（1904—1905）结束后，沙俄在中国东北的势力范围大幅退缩，加之一战结束后波兰复国，居住在中国的波兰人日渐稀少。苏东剧变后，由于各种原因，波兰人流入中国的数量并不多。2013年9月习近平主席提出"一带一路"倡议以来，欧亚非三大洲的联系日益紧密，民间交往、人员流动更趋频繁。波兰是"一带一路"沿线上的重要国家，又是第一个加入亚洲基础设施投资银行的中东欧国家，目前有多条中欧班列途经波兰或以波兰为目的地。2016年6月习近平主席访波之际，与杜达总统达成共识，将中波关系提升为全面战略伙伴关系。崭新的大好形势为中波劳务合作和移民往来营造了十分广阔的发展空间。

需要指出的是，东欧剧变以后，在波兰人大量流向海外的同时，每年都有成千上万的外国公民流入波兰。近年内，波兰的外来移民主要来自英国、德国、乌克兰、法国、意大利、俄罗斯等欧洲国家。2016年，有3300名英国人移居波兰，有1900名德国人移居波兰。[①]与剧变前的20多年相比，在剧变后的20多年内，移居波兰的外国公民大幅度增加。但从总体上看，波兰与其他国家之间的人口流动同剧变以前一样始终表现为逆差，即迁出人口多于迁入人口。

移民逆差给波兰的经济社会带来了深刻影响。一方面，大量有劳动能力和文化知识的年轻人出国谋生，不仅加剧了波兰人口老龄化，而且造成波兰高素质、高技能人才的严重短缺。另一方面，大批波兰人向国外迁移亦有不可低估的积极意义。波人波侨将巨额外汇带回祖国，从而为波兰经济增长做出了卓越贡献。据统计，2014年波兰移民从德国汇入波兰的款额为27.17亿欧元，高居欧盟国家间汇款总额排名之榜首；从英国汇入波兰的款额为8.93亿欧元。[②] 另外，波兰人口的向外迁徙在一定程度上缓解了波兰面临的严重失业问题。

---

① Główny Urząd Statystyczny. Ludność. Stan i struktura oraz ruch naturalny w przekroju terytorialnym w 2016 r. Warszawa 2017，s. 43.

② 转引自鲍宏铮《英国脱欧对欧盟中东欧成员国经济的影响》。

三

从整体上看，东欧剧变后波兰的人口数量徘徊波动并略有增长，但在这一表象背后却潜伏着人口危机。据波兰中央统计局预计，2050 年波兰人口为 3485.6 万，比 2014 年减少 315 万，降幅约为 8.3%。除了出生率降低之外，波兰人口的年龄结构也将发生不利变化，育龄妇女数量减少，65 岁以上人口将占总人口的 31.5%，比 2014 年增加 510 万。[①] 而根据 2015 年联合国的评估数字，2015 年 7 月世界人口超过 73 亿，其中约 10% 的人口分布于欧洲、59.8% 的人口分布于亚洲。预计到 2030 年和 2050 年，除了欧洲之外，亚洲、大洋洲、非洲、美洲等其他四大洲均将呈现人口增长。波兰是欧洲范围内人口状况最不乐观的国家，到 21 世纪中叶（2050 年）其人口可能减少为 3300 万，到 21 世纪末（2100 年）可能减少为 2200 万，不及许多国际大都市。[②]

不同国家和民族对人口增减的承受能力、心理感受各有差异。人口波动对于人口大国而言或可轻描淡写，但对于波兰来说则不容小觑。基于多舛的国家命运、沉痛的民族记忆，波兰人对本国、本民族的人口现状和未来图景不可能无动于衷。19 世纪法国哲学家、"社会学之父"奥古斯特·孔德认为，人口决定命运。的确，对波兰而言，人口无小事，此乃国家安全领域中不可或缺的要素。实际上，东欧剧变后波兰的人口状况，特别是持续多年的人口下滑已引起波兰政府的高度关注。

在某种意义上说，人口领域的主张成为 2015 年 10 月波兰议会选举中的一张牌。2007 年上台的公民纲领党虽然创造了连续组阁、八年执政的历史，但没能兑现竞选时的承诺，推行违背民意的延迟

---

① 中国商务部网站：http://www.mofcom.gov.cn/article/i/jyjl/m/201601/20160101233496.shtml，2016 年 2 月 10 日。

② Ю. Котыньский. Структурные изменения и турбулентности в мире как вызов развитию польской и европейской экономик. Мир перемен. 2016. № 1. C. 27.

退休计划和二胎政策，最终在 2015 年议会大选中失利。民众的不满情绪为拥有广泛群众基础的法律与公正党带来了良机。该党派在大选中提出了增加多子女家庭补贴、降低退休年龄等主张，最终赢得议会半数以上席位，获得单独组阁的权力。可以说，向家庭倾斜的执政理念、对人口领域的重磅关注成为法律与公正党参选成功的重要原因之一，这足以反映出波兰人口现状的严峻性。

波兰新一届政府于 2016 年 2 月出台《负责任发展计划》，其主要目标是从就业、薪酬、住房和家庭等方面提高居民的生活质量，实现该计划的五大支柱包括再工业化、投资、国际合作及社会与地方发展等。《负责任发展计划》指出："波兰是欧盟婴儿出生率最低的国家之一，政府将采取政策提高出生率、增加就业人口。今年启动家庭 500 + 计划，之后将推出儿童照顾、孕妇照顾、入学政策、鼓励海外波侨回国、医疗和养老金体系等政策。"[①] 据悉，《负责任发展计划》已取得一些令人满意的效果。

2016 年 4 月 1 日，波兰政府正式启动"家庭 500 +"补助计划。该计划是一项以家庭为单位的补助政策，其目的在于提高人口出生率、改善家庭生活。按照该计划，波兰政府给予每个家庭的第二孩及更多孩子每月 500 兹罗提补助（约合 850 元人民币），直至其年满 18 周岁为止。该补贴的适用范围还包括：人均月收入低于 800 兹罗提的一孩家庭；人均月收入低于 1200 兹罗提但孩子患有残疾的一孩家庭；与家人共同居住在波兰且有工作的非欧盟国籍外国人；未与家人居住在一起但在波兰工作的欧盟国籍外国人。波兰大多数工人、农民家庭支持"家庭 500 +"计划，因为每年 6000 兹罗提补助金对于寻常百姓家可谓一笔可观收入，有助于改善家庭生活条件。根据波兰家庭、劳动和社会政策部的数据，2016 年财政支出 170 亿兹罗提，使 278 万家庭的 380 万儿童受益，占波兰所有 18 岁以下人口的 55%。[②]

---

① 引自中国驻波兰使馆经济商务参赞处网站 http://pl.mofcom.gov.cn/article/ztdy/201603/20160301282682.shtml，2016 年 4 月 10 日。
② 引自中国驻波兰使馆经济商务参赞处网站 http://www.mofcom.gov.cn/article/i/jyjl/m/201702/20170202520092.shtml，2017 年 3 月 1 日。

"家庭500+"计划从酝酿之日起,一直受到国内外的广泛关注。但迄今为止,波兰社会对该计划仍众说纷纭、褒贬不一。持不同意见者认为,波兰政府不应该将如此巨额的财政资金用在该计划上,而应该投在其他更有意义的地方;该计划对提高出生率无济于事,而且计划本身存在很多漏洞,容易助长弄虚作假之风,等等。波兰不少经济学家认为,"家庭500+"计划难以长期持续,国家财政部也将苦不堪言。的确,"家庭500+"计划出台后不久便遭遇困境,其庞大的财政预算令波兰绝大多数省份不堪重负。那么,该计划究竟能够在多大程度上刺激人口出生率、改善人口结构、刺激经济发展,这一系列问题尚待实践的检验。

另外,与人口状况相联系,女性堕胎问题在波兰社会颇受关注、争议不断。社会主义时期,妇女堕胎在波兰属于合法行为。剧变以后,波兰于1993年1月7日通过了《禁止堕胎法》,对女性堕胎行为采取限制政策。该法案基本上被多数居民所接受,至今已沿用了20余年。但在2016年,堕胎问题再度成为波兰全社会关注的焦点。9月23日,波兰议会以240票赞成、170票反对的表决结果,通过了《反堕胎法》。同时,波兰天主教会还支持通过《全面禁止堕胎法》。根据该法案,孕妇在任何情况下均不得堕胎;如果孕妇去医院要求终止妊娠,医生和孕妇均将被处以五年监禁。这般严苛的法律草案在当今世界实属罕见,因此在波兰很快掀起一场轩然大波,几乎造成剧变以来波兰最大的一次抗议活动。10月3日,在波兰多个城市举行了"黑色星期一"罢工运动,游行示威者身穿黑衣,哀悼即将被剥夺的自主生育权。美国纽约、圣地亚哥及英国伦敦等地的女性也纷纷走上街头,声援波兰妇女大罢工。最终,迫于强大的社会压力,波兰议会不得不暂时让步,于10月6日通过投票否决了《全面禁止堕胎法》。

众所周知,波兰有90%以上的居民信奉罗马天主教。即使在社会主义时期,罗马天主教会对波兰的社会意识和私生活仍颇具影响力。东欧剧变以后,天主教会在波兰政治生活中的地位愈益凸显。波兰天主教会认为,任何人为操控生命的行为(包括堕胎在内)均有悖于基督教的伦理原则，因此坚决主张在波兰全面禁止堕胎。而法律与公正党崇尚保守主义，提倡回归波兰的传统家庭文化，在反对堕胎问题上与波兰天主教会不谋而合。毋庸置疑，法律与公正党的这种态度主要是为了恪守罗马天主教的伦理观，但实际上也含有增加人口生育率的考虑。

以法律与公正党为首的新政府自 2015 年年底执政以来，波兰的对内政策发生了重大转变，一是中央集权进一步强化；二是通过增加税收、利用欧盟资金援助等途径，不断扩大社会福利；三是在文化、教育等领域强调爱国主义，加强对文学艺术作品的管控。波兰政府能否在人口领域施展大作为，尚待进一步观察。但无论如何，鼓励生育、吸引移民，从而刺激人口增长，这一发展目标应该是波兰政府的一项长期而重要的国策。

（原载《俄罗斯东欧中亚研究》2018 年第 4 期）

波美拉尼亚的"格里芬"
——波兰卡舒比人刍议

何 风

美丽的波罗的海南岸、现今波兰的北部以及德国的东北部一带，史称波美拉尼亚（Pomorze/Pomerania，也称波莫瑞）。[①] 这里岛屿林立，湖泊、河流密布，森林辽阔，丘陵起伏，既有多姿多彩的海岸风光，也有巍峨秀丽的山川美景，加之气候宜人，每每吸引着世界各地的游人来此度假观光。千百年来，这里便是多个民族的聚居地，曾受不同的国家所统治，历史文化底蕴可谓累积深厚。

时至今日，波美拉尼亚东北部地区（即现今波兰的北部地区）依然生活着一支富有传奇色彩的斯拉夫民族，他们忠贞不渝地传承着本民族的语言和文化，虽历经千年风雨，却依然历久弥新。他们以古希腊神话中的狮鹫兽"格里芬（Gryf/Griffin）"为图腾，这种寓意基督的神性与人性、果敢与勇气相结合的神兽在其历史上不仅被用于统治王朝的名称，亦化身为整个民族与地区的象征，"它的色彩与盾形的结合意在彰显民族身份及其土地"[②]。他们，就是波兰的卡舒比人（Kaszubi/Kashubians or Cassubians）[③]。

[①] 一说"欧洲东北部的历史地区，在波罗的海滨海平原、奥得河与维斯图拉河之间。从政治上讲，波美拉尼亚还包括奥得河以西的地带，远至施特拉尔松德。现在，波美拉尼亚大部分属于波兰，仅最西部在德国东部，如梅克伦堡—西波美拉尼亚（州）这一地名所示"。详见《不列颠百科全书—国际中文版》（第13卷），中国大百科全书出版社1999年版，第397页。

[②] Aleksander Majkowski, *Historia Kaszubów*, Gdynia: Nakładem Komitetu Wydawniczego, 1938, p. 17.

[③] 有关卡舒比人的身份问题目前在卡舒比人之间以及波兰各界尚存在较大争议。

一 卡舒比人的起源

卡舒比人自古偏居欧洲一隅，较少为世人所知，人们对他们的模糊认识大都来自诺贝尔文学奖得主、拥有卡舒比人血统的德国作家君特·格拉斯（Günter Grass）创作的长篇小说《铁皮鼓》以及基于小说改编的同名电影。现实中的卡舒比人属斯拉夫人种。根据古罗马文献的记载，斯拉夫人的居住地[1]西起奥得河，东至第聂伯河，北濒波罗的海，南抵喀尔巴阡山。"在公元前的最后几个世纪里，斯拉夫人明显地分为东西两大集团。居住在第聂伯河中游的属于东方斯拉夫人，居住在奥得河和维斯瓦河流域的属西方斯拉夫人。"[2] 西斯拉夫人又被细分为三组，即"（1）捷克人和斯洛伐克人（捷克—斯洛伐克组）；（2）波兰人和卡舒比人（莱赫组）；（3）卢日支（也作卢日茨或乌日茨）—塞尔维亚人（塞尔维亚组）"[3]。以此而论，卡舒比人属西斯拉夫人。

语言学的研究表明，卡舒比人的语言"被裁定为一种曾广泛通行于易北河至维斯瓦河地区的原始斯拉夫语的残留"[4]，与波兰语和早已消亡的波拉布方言（Gwara Połabska）近似，它们同属印欧语系斯拉夫语族中的西斯拉夫语支。

卡舒比人的存在鲜为人知，卡舒比人问题并非学术上的热点话题，所以国内学术界此前较少进行过相关的研究。相比之下，国外学术界（以波兰学界为主）很早以前便已涉足这一领域，并展开了

---

[1] 关于斯拉夫人的起源问题学界众说纷纭，"正式见诸文字记载是公元前1世纪—公元2世纪的事情……斯拉夫人就被罗马的作家们记载下来了"。详见孔寒冰《东欧史》，上海人民出版社2010年版，第34—35页。

[2] 刘祖熙：《波兰通史》，商务印书馆2006年版，第3页。

[3] Aleksander Majkowski, *Historia Kaszubów*, Gdynia: Nakładem Komitetu Wydawniczego, 1938, p.7. 注：波拉布人、波拉布部落的奥博德里人（也称奥博特日人）以及瓦格利人也被划归莱赫组，但其语言早已消亡，且关于他们的文字记载有限。

[4] Gregory McDonald, "The Kashubs on the Baltic", *The Slavonic and East European Review*, Vol. 19, No. 53/54, The Slavonic Year-Book (1939–1940), pp.265–275.

较为系统的探讨,相关成果较多。综合部分专家学者的著作以及一些文献资料,就卡舒比人的起源问题,存在下述观点。

(一) 卡舒比人是凡涅特人(Veneti,也作维涅特人或维内德人)的后裔

"凡涅特人"一词源自拉丁语,是外族人对西斯拉夫人的称谓。公元1—2世纪的古罗马作家普林尼(也作普里尼)、历史学家塔西佗以及希腊地理学家托勒密分别在各自的著作——普林尼著《自然史》[①]、塔西佗著《日耳曼尼亚志》[②]、托勒密著《地理学指南》[③] 中,将生活在波罗的海沿岸及其附近地区的斯拉夫人称作凡涅特人。公元6世纪的哥特编年史学家约丹尼斯(Jordanes,也作约尔丹尼斯或乔丹尼斯)亦将斯拉夫人称作凡涅特人,并记述过日耳曼各部落对西斯拉夫人土地的入侵,"他们从斯堪的纳维亚半岛侵入波兰,占领了维斯瓦河下游波莫瑞地区。日耳曼人的侵入遭到凡涅特人的抵抗"[④]。凡涅特人源自何处?普林尼、塔西佗、托勒密所记述的凡涅特人是否就是约丹尼斯所指的凡涅特人?史学界和科学界目前尚无定论。但已知的是,日耳曼人曾将已日耳曼化的斯拉夫人及其后裔称为"文德人"(Wendowie),[⑤] 即指罗马时代的"凡涅特人"。

英国历史和传记作家阿兰·帕尔默(Alan Palmer)也将卡舒比人划归文德人之列,他认为:"西斯拉夫民族有三个,至今,成为欧盟成员国:波兰、捷克共和国和斯洛文尼亚……在他们中间,大多

[①] Gaius Plinius Secundus, *The Natural History*, London: Taylor and Francis, Red Lion Court, Fleet Street, 1855.
[②] Publius Cornelius Tacitus, *The Agricola and Germania*, London: Macmillan, 1877.
[③] Claudius Ptolemaeus, *The Geography*, New York: Dover Publications, 1991.
[④] 刘祖熙:《波兰通史》,第4页。
[⑤] 可解释为"一组斯拉夫部落的统称。这些部落定居于现代德意志东部,其范围东起奥得河,西达易北河和勒萨河"。详见《不列颠百科全书—国际中文版》(第18卷),中国大百科全书出版社1999年版,第173页。维基百科解释为"指生活在日耳曼住区附近的斯拉夫人,并非指同一种人,而是根据应用的时间和地点指代不同的民族、部落和群体"。据条顿骑士团统治格但斯克波美拉尼亚(东波美拉尼亚)时期的史料推测,当时的卡舒比人也被称为文德人。

数是文德人和那些定居在基尔湾与维斯瓦河伸入海中狭长陆地之间的西斯拉夫人……'消失的'文德民族现在仍有两支幸存于世,尽管在人数上非常少,约有 50000 名现在居住在奥得河与易北河之间的卢萨的亚索布人(Sorbowie)①,但仅有比卡斯霍布②更小的社区源自波美拉尼亚'居住在海边者'。"③ 因此,可以推断,卡舒比人与凡涅特人同属一个斯拉夫人共同体,就某种角度而言,可将卡舒比人视为凡涅特人的后裔。

(二) 卡舒比人属波美拉尼亚人(Pomorzanie)的一支

著名的卡舒比作家亚历山大·马依科夫斯基(Aleksander Majkowski)④ 在《卡舒比人的历史》一书中开篇即言明:"卡舒比人即波美拉尼亚人,最初被称作维莱特人(Wieleci),属众多的、在接受基督教以前就已在欧洲大陆定居的斯拉夫部落中的一支。"⑤ 目前,国外学界主流的观点趋向认为,公元 4—6 世纪欧洲民族大迁徙⑥期间出现在波美拉尼亚地区的"卡舒比人属波美拉尼亚当地的土著斯拉夫人,中世纪时居住在介于西部的奥得河和东部的维斯瓦河

---

① "居住在德国东部的斯拉夫少数民族——索布人集中于施普雷河(The Spree)流域的包岑(Bautzen)及科特布斯(Cottbus)两地,他们的聚居地区原系卢萨蒂亚(Lusatia)的一部分。索布人的先辈是斯拉夫人的两个小部落卢日依奇人(卢日支人)和米尔查尼人(Milceni/Milzeni),这两个部落是称作索布人的那两个大部落的支系,索布人则是统称为文德人的许多斯拉夫部落之一。"详见《不列颠百科全书—国际中文版》(第 15 卷),中国大百科全书出版社 1999 年版,第 499 页。另,索布人是唯一保留了其身份和文化的波拉布斯拉夫人(Połabscy)的后裔。

② 应为"卡舒比"。

③ 阿兰·帕尔默:《波罗的海史》,胡志勇译,东方出版中心 2013 年版,第 19—20 页。

④ Wikipedia: *Aleksander Majkowski*, https://en.wikipedia.org/wiki/Aleksander_Majkowski, 2017 年 5 月。(亚历山大·马依可夫斯基(1876—1938),卡舒比作家兼诗人、记者、编辑、活动家及医生。他是二战前卡舒比运动中最为重要的代表人物。)

⑤ Aleksander Majkowski, *Historia Kaszubów*, Gdynia: Nakładem Komitetu Wydawniczego, 1938, p.1.

⑥ 一说 4—7 世纪。这一时期,随着罗马帝国的灭亡而兴起了数十个日耳曼人建立的"民族国家",源于 4 世纪中叶欧亚草原众多游牧部落的侵入,日耳曼人被迫逃离他们的居住地而引发了民族迁徙的大潮。后来,西斯拉夫人入驻日耳曼人曾居住的奥得河至易北河一带,进而占据了易北河地区。

之间的地带，一般等同于'高卢人无名氏'（Gallus Anonymus）[①] 和文森特·卡德乌贝克（Wincenty Kadłubek）[②] 主教在编年史中记载过的波美拉尼亚人"[③]。与"高卢人无名氏"及卡德乌贝克主教约为同时期的基辅洞窟修道院修士涅斯托尔在《往年纪事》一书中亦记述过波美拉尼亚人，"当沃洛赫人进犯多瑙河斯拉夫人，且定居在那里并把他们挤走时，而这些斯拉夫人就迁到维斯瓦河流域居住，成为良霍人（Lechici）（应为'莱赫人'），就是那支良霍人发展成波兰人，另一支良霍人发展成卢季奇（Lutycy）（即'卢日支人'或'卢日茨人'、'乌日茨人'），还有一支发展成马佐维亚人（Mazowszanie），再有一支发展成波美拉尼亚人"[④]。而考古研究亦表明，"至公元前2000年，印欧语系分裂出若干分支，同属印欧人种的波罗的人（Bałtycy）、凯尔特人（Celtowie）和哥特人（Goci）先于斯拉夫人进入奥得河下游和维斯瓦河下游之间的地区。公元600年至900年，斯拉夫人向北迁徙，入驻以波罗的人为主的地区，至公元10世纪，斯拉夫人已遍布该地区，他们被称作波美拉尼亚人……生活在最东边的波美拉尼亚人群体就是卡舒比人，他们居住在维斯瓦河下游的左岸地区，邻近波兰语言区……他们是源自波美拉尼亚人原始栖息地的仅有的幸存者"[⑤]。

上述涅斯托尔言及的良霍人（莱赫人）应该就是已知的古波兰

[①] 即 Gallus Anonymus，又作"无名的高卢人"，1115年以拉丁文创作的《波兰公爵的事迹》（也作《加尔编年史》，Paul Knoll and Frank Schaer, *Gesta Principum Polonorum*, Budapest: Central European University Press, 2003）一书的无名氏作者，通常被认为是首位记述波兰的史学家。

[②] 文森特·卡德乌贝克（约1150—1160年或1223年），1208—1218年间任克拉科夫主教，同时还是政治家、法学家，四卷本《波兰编年史》（也作《卡德乌贝克编年史》，Wincenty Kadłubek, *Kronika Polska*, Wrocław: Zakład Narodowy im. Ossolińskich, 1992）一书的作者，记述了神话时代至1202年的波兰历史，该书被认为是波兰史学史上的第二部编年史类的著作。

[③] Łukasz Grzędzicki and Michał Kargul, *Kaszuby Warte Poznania*, Gdańsk: ZKP ZG, p. 2.

[④] 拉夫连季编：《往年纪事》，朱寰、胡敦伟译，商务印书馆2011年版，第5页。

[⑤] Jan L. Perkowski, "The Kashubs: 'Origins and Emigration to the U. S.'", *Polish American Studies*, Vol. 23, No. 1 (Jan. – Jun., 1966), pp. 1–7.

人的祖先①，此外，另有一种观点②认为，波美拉尼亚人同为波兰人的祖先，对此，波兰历史学家杰勒德·拉布达（Gerald Labuda）教授认为，"波美拉尼亚人"这一称谓最初具备地理特征，指位于"海边"或"滨海国家"的人，原本指代卡舒比人，只是随着时间的推移以及12世纪波兰国内的移民活动和13世纪外民族移民的涌入引发了民族的迁徙和民族成分的变化③，从而逐渐丧失了地理特征并兼备了多人种的含义。波兰历史学家弗朗齐歇克·杜达（Franciszek Duda）指出，涅斯托尔当时只知"波美拉尼亚人"，而不知有"卡舒比人"的称谓，中世纪时期的文献似乎也有所印证，因"13世纪的波美拉尼亚地区尚无法确定存在卡舒比人这一称谓，这里的居民被称作波美拉尼亚人，卡舒比人这一称谓的出现相当滞后，是自西部的吕贝克（Lübeck）、梅克伦堡（Mecklenburg）、什切青（Szczecin）和斯瓦夫诺（Sławno）传入的，于14世纪止于帕赛塔河（Parsęta/Parseta）沿岸……且波美拉尼亚人更倾向于视此称谓为一种绰号"④。

（三）其他观点

关于卡舒比人的起源问题曾在国外学术界引起广泛的争论。不同学科、不同领域的专家学者各抒己见，如提出卡舒比人与普鲁士

---

① 高德平：《列国志·波兰》，社会科学文献出版社2005年版，第33页。
② V. Polyakov, "The Valley of the Vistula", *The Slavonic and East European Review*, Vol. 12, No. 34 (Jul., 1933), pp. 36–62. 即根据涅斯托尔《往年纪事》中的记载，定居在维斯瓦河谷的斯拉夫人自称莱赫人，部分莱赫人又自称"平原人"，其余的斯拉夫人再次成为已知的"滨海的波美拉尼亚人"，即现在的卡舒比人，或"玛祖尔人"。
③ 当时波兰国内移民运动始自12世纪下半叶，是随着波兰农业的发展，以及自由农和依附农为摆脱封建主的封建剥削而向南部的山区和森林地带进行迁徙的活动。波兰的封建主为增加收入，于13世纪将大批日耳曼人引入西里西亚、波莫瑞等地开展农作，这一移民活动在该世纪下半叶达到了高潮。
④ Wacław Sobieski, *Walka o Pomorze*, Komorów: Wydawnictwo ANTYK Marcin Dybowski, 2010, p. 335.

人同族①或卡舒比人属最后的易北河斯拉夫人②，等等。但诸如此类的观点学术界依然存疑，尚未达成共识。其中，德国语言学家马克斯·法斯默尔（Max Vasmer）曾提出过一种较为独特的观点，认为卡舒比人来自巴尔干半岛。随后，德国的斯拉夫语言文化专家海因里希·孔思特曼（Heinrich Kunstmann）承袭了这一观点，并通过对"卡舒比人"一词的语言学考证③，提出它是源自居住在伊庇鲁斯（Epirus）地区的西斯普洛替斯人（Thesprotians，也作塞斯普罗图斯人），孔思特曼通过研究认为该词对应的斯拉夫语形式即为"Kaszubi"，居住在那里的斯拉夫人通过与当地人的接触和交流进而保留了这一名字，随后从爱奥尼亚海漫游至波罗的海沿岸地区。

二　卡舒比地区（Kaszuby）溯源

言及卡舒比人，必然提到卡舒比地区。顾名思义，"卡舒比地区即卡舒比人居住和生活的地方"④。相传，上帝在创世界时不经意间落下了卡舒比地区，这是一片广阔、贫瘠而又了无生机的沙海。因禁不住天使们的请求，上帝便将在创世界时所用的魔法袋中剩余的

---

① 据《奥斯里尔和武尔夫斯坦航海记》（Alfred [King of England], "The Voyages of Ohthere and Wulfstan" in John Allen Giles, eds., The Whole Works of King Alfred the Great: with Preliminary Essays Illustrative of the History, Arts, and Manners, of the Ninth Century, London: Bosworth & Harrison, 215 Regent Street, 1858.）中的记载，盎格鲁—撒克逊旅行家武尔夫斯坦于公元9世纪曾沿着文德人或称斯拉夫人在波罗的海沿岸建立的国家的海岸航行，在维斯瓦河口附近发现了拥有立陶宛血统、信奉多神教的古普鲁士人的领地。他们居住在"波兰的东北部，维斯瓦河下游和涅曼河之间"（详见刘祖熙《波兰通史》，第36页），而卡舒比人亦曾在维斯瓦河下游的左岸地区定居。

② 西斯拉夫人在欧洲民族大迁徙的过程中分成了西南和西北两支，西北支即波兰人和易北河斯拉夫人的祖先。10世纪时，易北河斯拉夫人在奥得河下游和易北河下游建立了奥博德日和维莱特两个国家雏形组织，这里的居民属波拉布斯拉夫人（后来的卢日支人或称卢日茨人），又称易北河斯拉夫人，日耳曼人则称其为文德人或索布人，亚历山大·马依可夫斯基则将他们划归卡舒比人之列。10世纪下半叶，皮雅斯特王朝的首任君主梅什科一世征服了包括沃林和科沃布热格在内的波美拉尼亚西部地区，11、12世纪，该地区又被德意志领主所征服。因此，此处所说的卡舒比人应指波美拉尼亚西部的卡舒比人。

③ Heinrich Kunstmann, *Pisma wybrane*, Kraków: Universitas, 2009.

④ Gerald Labuda, *Kaszubi i ich dzieje*, Gdańsk: Oficyna czec, 1996, p. 204.

所有物品全部倾倒在这个地方。奇迹发生了,沙海中随之出现了陡峭的山峰、郁郁葱葱的森林、肥沃的土地、美丽繁茂的花草以及水体清澈透亮的湖泊与河流。随后,上帝还为此地创造了动物和人,人们追随上帝,希望他能够赐予衣物蔽体,便异口同声地问道:"A Kaszuba?"从此,这一地区及其居民后来便被称作卡舒比及卡舒比人。上帝将自己一手创作的杰作托付给这些生活在波光粼粼的"一大片水"(即波罗的海)南岸的卡舒比人,为保繁荣永驻、世代相传,上帝还派遣狮鹫兽"格里芬"守护这一地区。

上述这则古老而美丽的卡舒比传说不仅折射出卡舒比地区自然景观的秀丽多姿,亦包含了卡舒比人对故土的热爱与殷殷眷恋之情。那么,卡舒比地区究竟位于何处?根据历史学家和语言学家的联合考证,中世纪时的卡舒比地区曾涵盖"波罗的海南岸至诺泰奇河(Noteć),奥得河下游[甚至更靠西边的莱格尼茨河(Regnitz)]至维斯瓦河下游"①的一片区域,占据了波美拉尼亚地区的绝大部分,卡舒比人曾在这里建立了类似奥博德里人(Obodryci)、维莱特人以及沃林人(Wolinianie)建立的国家雏形组织,谓之"波美拉尼亚",历史上著名的"波兰走廊"(但泽走廊)便位于此地。

国外学界至今尚存一种观点:以13世纪条顿骑士团应玛佐夫舍公爵康拉德一世(Konrad Mazowiecki)之邀征服普鲁士人而侵入波美拉尼亚地区这一事件为界,卡舒比民族的历史可划分为两个历史时期,即10—13世纪的有关卡舒比地区的历史和13世纪以后的关于卡舒比人的历史,划分依据在于前者在此期间尚存在政治意义上的"卡舒比"的共同体,而后者则是因为自此之后卡舒比人建立的国家永久地丧失了主权,沦为他国的附庸。②就此而言,卡舒比地区的范围在一定程度上与卡舒比人的存在有着密不可分的联系,正如

---

① Józef Borzyszkowski and Jan Mordawski and Jerzy Treder, *Historia, Geografia i Piśmiennictwo Kaszubów*, Gdańsk: M. Rożak, 1999, p. 22.

② K. Kossak-Główczewski, "Sytuacja Edukacyjna w Subgrupach Narodu na Przykładzie Kaszubów: Region, a kulturacja, Tożsamość", in M. M. Urlińska (eds.), *Edukacja a Tożsamość Etniczna: materiały z konferencji naukowej w Rabce*, Toruń: Wydawnictwo UMK, 1995, p. 92.

拉布达教授所言："要到有卡舒比人居住的地方去寻找卡舒比地区。"[1] 如此，若以史料记载的 10 世纪末叶卡舒比东部地区形成了国家雏形组织作为卡舒比民族历史的开端，那么在随后的一千余年中，卡舒比地区的疆界因卡舒比人受到日耳曼化、波兰化以及民族迁徙等因素的影响而大为缩小。"在部分地区，卡舒比民族已完全消失，而在别处则成为少数民族，这一过程始于中世纪，在普鲁士占领时期被强化。"[2]

据史书记载，索比斯瓦夫（也作索比斯劳）王朝和格里芬王朝是 12 世纪统治着卡舒比东部和西部地区的两大王朝。格里芬王朝建立了"波美拉尼亚公国"（Księstwo Pomorskie），于"三十年战争"期间（1637 年）覆灭。在长达 5 个世纪之久的统治时期内，其历史疆域曾涵盖包括斯武普斯克（Słupsk）、斯瓦夫诺等重要城市在内的卡舒比中部地区到莱格尼茨河乃至吕根（Rügen）的波美拉尼亚西部区域。自首任统治者瓦尔齐斯瓦夫一世（Warcisław Ⅰ，1100 年前—1135 年）起，格里芬王朝的君主在不同时期曾臣服波兰、丹麦、萨克森、勃兰登堡及神圣罗马帝国。相比之下，索比斯瓦夫王朝的存在时间较短，于 13 世纪末期（1294 年）灭亡，王朝名称源自首任统治者索比斯瓦夫一世（Subisław/Sobiesław Ⅰ，约 1130—1177/1179 年），他建立的国家称作"波美拉尼亚"（Pomerania），其强盛时期的历史疆域大致涵盖了从格但斯克（Gdańsk）至比德哥熙（Bydgoszcz），希维切（Świecie）、格涅夫（Gniew）和普鲁士地区至斯瓦夫诺的波美拉尼亚中部和东波美拉尼亚（Pomorze Gdańskie，也称格但斯克—波美拉尼亚）的部分区域。

13 世纪，日耳曼移民大批涌入波美拉尼亚西部地区，东部地区也因条顿骑士团征服了普鲁士人而被迁入大批日耳曼移民，波美拉尼亚地区迅速日耳曼化。日耳曼人后来居上，逐渐成为当地的统

---

[1] Gerald Labuda, *Kaszubi i Ich Dzieje*, Gdańsk: Oficyna Czec, 1996, p. 224.
[2] Cezary Obracht-Prondzyński, *Kaszubi Dzisiaj, Kultura-Język-Tożsamość*, Gdańsk: Instytut Kaszubski, 2007, p. 11.

治阶层。为维护自身利益,他们制定并强制推行法律,以此攫占土地并歧视、排挤当地的原住民。随着"十三年战争"的结束以及1466年第二次《托伦合约》①的签订,骑士团被迫将东波美拉尼亚、海乌姆诺(也作库尔姆、赫翁诺)等周边地区归还波兰。从此,这一部分原属普鲁士人的地区改称"王室普鲁士"(王国普鲁士)。当地的卡舒比贵族阶层因此日渐波兰化,日耳曼族裔也逐渐被(波兰)同化。在16、17世纪席卷全欧的宗教改革运动期间,格里芬王朝治下的卡舒比人因公爵皈依了新教而成为新教教徒,而王室普鲁士的大部分卡舒比人则保留了天主教信仰,尽管西部地区的卡舒比民族精神在此期间有所复兴,但来自政界和宗教界要求日耳曼化的压力却在不断地排挤着卡舒比人,在加剧了东、西部对立的同时,亦加速了西部日耳曼化的过程。18世纪末叶,波兰遭俄、普、奥三次瓜分,此后直至一战结束,卡舒比地区完全处于普鲁士(德国)霍亨索伦王朝的统治之下,其间曾被划分为以格但斯克为省会的西普鲁士省和以什切青为省会的波美拉尼亚省。持续一百余年的声势浩大的普鲁士化运动,几乎令卡舒比人的民族性消磨殆尽,也正是始于这一时期,部分卡舒比人选择背井离乡,从此踏上了移民国外的道路。进入20世纪,仅存的卡舒比人居住地位于东波美拉尼亚地区,"在两次世界大战期间……绝大部分卡舒比人生活在波兰第二共和国边境地区,部分人生活在但泽自由市(Freie Stadt Danzig)"②。

在波美拉尼亚西部地区,过去生活在波美拉尼亚公国境内的卡舒比人于19世纪末叶就已几乎全部日耳曼化了,仅邻近边境的"贝图夫县(Powiat Bytowski)、兰伯克县(Powiat Lęborski)、斯武普斯

---

① 百度百科:《第二次托仑合约》,http://baike.baidu.com/link? url=AZa6f3QvAgdDVwipZMXLGUuxhSbTg8LHjbHecIX9mfJmjN-6rN_K5pBodAvALSjMLafBOOyDPa7w0wRmUKTFJylE1ApcoapGTIetY1G8g1ohBOzDasi39GQrRF4uUzMeLV-85xcMWFWKdZK-1xP0HJez9DQOI9Ms3PKyOd3eaNe,2017年5月。

② Cezary Obracht-Prondzyński, *Kaszubi Dzisiaj*, *Kultura-Język-Tożsamość*, Gdańsk: Instytut Kaszubski, 2007, p. 5.

克县（Powiat Słupski）尚存部分所谓的斯洛温人（Słowińcy）[1]，一小部分人生活在楚武霍夫县（Powiat Człuchowski）和米亚斯特克县（Powiat Miastecki）"[2]。二战爆发后，纳粹德国占领了整个卡舒比地区，卡舒比人遭受了空前的劫难，精英阶层几乎被屠戮殆尽，大批人死于战争或纳粹的集中营。二战后，奥得河—尼斯河一线确定了波德两国的国境，波兰收回了整个卡舒比地区，已为数不多的卡舒比人得以重返故土。1999年波兰实行了全新的行政规划，将卡舒比地区统一划入滨海省（Województwo Pomorskie）内。

20世纪80年代末至21世纪初，波兰国内曾尝试开展了三次对卡舒比人数量的统计，[3] 据此推测滨海省内生活着约50万以上的卡舒比人。尽管统计的方式方法尚存瑕疵，统计数量也不甚准确，但基本可以确定现代卡舒比人集中生活在滨海省内的"贝图夫县、霍依尼采县（Powiat Chojnicki）、卡尔图兹县（Powiat Kartuski）、柯希切日那县（Powiat Kościerski）、兰伯克县、普茨克县（Powiat Pucki）以及沃伊海洛沃县（Powiat Wejherowski）的交界处，此外，在楚武霍夫县、格但斯克县（Powiat Gdański）、斯武普斯克县以及三联城（格但斯克、索波特、格丁尼亚）也有卡舒比人的居住区"[4]。

三 "卡舒比"名称、含义稽考

"卡舒比"这一名称究竟源自何处？又所为何意？如文中所述，"卡舒比人"的称谓是"自西部的吕贝克、梅克伦堡、什切青和斯

---

[1] 属卡舒比人旁支的历史性族群，二战后居住在位于现波兰滨海省西北部的嘉德诺湖和韦巴湖沿岸地区，他们的语言属卡舒比语北卡舒比方言的一部分，多数斯洛温人在宗教形成的过程中信奉路德教派。

[2] Cezary Obracht-Prondzyński, *Kaszubi Dzisiaj, Kultura-Język-Tożsamość*, Gdańsk：Instytut Kaszubski，2007，p. 5.

[3] 前两次分别由格但斯克大学教授马莱克·拉托夏克（Marek Latoszek）及扬·摩尔达夫斯基（Jan Mordawski）主持，第三次属波兰2002年进行的人口普查。此外，2011年波兰实施了入盟后的首次人口普查，在对少数民族和少数族裔的调查中采用了分别给出国籍与民族选项的调查方式。

[4] Łukasz Grzędzicki and Michał Kargul, *Kaszuby Warte Poznania*，Gdańsk：ZKP ZG，p. 2.

瓦夫诺传入的",而"东波美拉尼亚、波兰颁布的特许以及十三世纪的编年史中出现的领地名称'Cassubia'和部族名称'Cassubitae'是适用于波美拉尼亚西部地区、甚至梅克伦堡公国的"[1],足见"卡舒比"这一名称与波美拉尼亚西部地区的渊源至深。据史书记载,教皇格利高里九世(Pope Gregory Ⅸ)于1238年颁布的诏书中,在言及格里芬王朝的统治者博古斯瓦夫一世(Bogusław Ⅰ,约1130—1187年)时,首次使用了"卡舒比"一词,并称其为"卡舒比公爵",有史可查的该公爵封号的正式使用要追溯至博古斯瓦夫一世之孙、博古斯瓦夫二世(Bogusław Ⅱ,约1178—1220年)之子——以"斯拉夫人和卡舒比公爵"自居的"好人"巴尔尼姆一世(Barnim Ⅰ Dobry,约1218—1278年),其子奥托一世(Otto Ⅰ,1279—1344年)及博古斯瓦夫四世(Bogusław Ⅳ)均延续了这一公爵封号。"卡舒比人"的称谓正式出现在14世纪,于巴尔尼姆一世之孙、奥托一世之子——巴尔尼姆三世(Barnim Ⅲ,约1300—1368年)统治时期,他自称"卡舒比人公爵",此后直至格里芬王朝灭亡,其后世统治者均使用"卡舒比公爵"或"卡舒比人公爵"的封号。而东波美拉尼亚的公爵从未使用过上述封号,"卡舒比人"用以称呼东波美拉尼亚的斯拉夫居民也是始于第二次《托伦合约》签订后——波美拉尼亚西部的卡舒比人因被日耳曼化而逐渐消失之际。

目前,国外学界就"卡舒比"一词究竟是源自民族名称还是地域名称尚存争议。部分观点[2]称其与男子所穿的外衣有关,如古波兰编年史家博古法二世(Bogufał Ⅱ,? —1253年)在《大波兰编年史》一书中认为该名称取自卡舒比人身着的宽大的长袍,因为尺码较大,穿上后会起褶,用文字表达即为"kasachuby",等同于"kaszuby",意为"起褶"。持类似观点的还有波兰史学家扬·杜高什(Jan Długosz,1415—1480年)、神父本尼迪克特·赫梅洛夫斯基

---

[1] Fr. Lorentz and Ph. D., Adam Fischer and Ph. D., Tadeusz Lehr-Spławiński, *The Cassubian Civilization*, London: Faber and Faber Limited, 1935, p. 4.

[2] Adam Fischer, *Kaszubi na tle etnografji Polski*, Toruń: Wydawnictwo Instytutu Bałtyckiego, 1934, pp. 141 – 142.

(Benedykt Chmielowski，1700—1763 年)、语言学家亚历山大·布鲁克纳（Aleksander Brückner，1856—1939 年）等人。另有部分观点称其与卡舒比人的原始居住地有关，如波兰历史学家、天主教士斯塔尼斯瓦夫·库约特（Stanisław Kujot，1845—1914 年）认为，"卡舒比意为不深的水中长满高草"[1]，究其含义应与语言学家爱德华·布莱扎（Edward Breza）考证的"广阔的沼泽"[2] 意义相当。

上述词源考证表明，无论是源自民族名称抑或地域名称，"卡舒比"这一名称，与众多曾经生活在波美拉尼亚地区的斯拉夫民族的名称类似，似乎带有绰号的性质，这在前文已有所述及，通过对卡舒比人部分旁支族群名称的考证也印证了这一点。[3] 按照语言和文化上（还有说是居住地域）的差异，卡舒比人分出了若干旁支，较为常见的有 Bëlôcë、Gôchë、Józcë、Rëbôcë、Zabòrôcë、Lesôcë、Kabôtkovjë、Korzczôcë 等，这些族群的名称基本上属于绰号，是根据当地人的某些特点而给出的体现其代表性的称谓，例如 Bëlôcë、Gôchë、Zabòrôcë 和前文提及的"斯洛温人"是与言语特征相关；Rëbôcë 与职业有关，意为"渔夫"；Lesôcë 与居住地或地形有关，意为"林区居民"；Kabôtkovjë、Korzczôcë 则与衣着有关。这些绰号的使用并不广泛，且部分存在重意的现象，如 Józcë 和 Mùcnicë 均指代同一个卡舒比人族群。

四　缘结"格里芬"

12 世纪时，卡舒比公爵在西部地区建立的统治王朝即称作"格

---

[1] Stanisław Kujot, *Pomorze Polskie. Szkic geograficzno-etnograficzny*, in T. Daszkiewicz (eds.) Warta：książka zbiorowa ofiarowana księdzu Franciszkowi Bażyńskiemu；... przy Kościele św. Wojciecha w Poznaniu；... 50 - letniego；... od jego przyjaciół；... ksiżka zbiorowa, Poznań, 1874, p. 317.

[2] Edward Breza, *Nazwiska Pomorzan：Pochodzenie i zmiany*, Gdańsk：Wydawnictwo Uniwersytetu Gdańskiego, 2004, p. 160.

[3] Jerzy Treder, *Zasięg i zróżnicowanie kaszubszczyzny języka（mowy）Kaszubów. Grupy lokalne*, http：//www. dialektologia. uw. edu. pl/index. php？l1 = kaszubszczyzna&l2 = kaszubszczyzna - zasieg - terytorialny，2017 年 5 月。

里芬",前文已有所叙述,这个名字取自古希腊神话传说中的狮鹫兽"格里芬",其形象多被格里芬王朝的统治者用作印章的图案。传说中的格里芬是基于万物有灵论而人为虚构出的一种身形巨大的带翼怪兽,又称狮身鹰首兽,但丁在《神曲》中称其长有"金色的鹰首,白色的狮身",集狮子的强健和鹰的敏捷于一身,是力量、威严和勇气的象征。格里芬的原形最早现于公元前三千纪的美索不达米亚,后源于东西方游牧文化的频繁交流而广泛盛行于中亚、西亚、欧亚草原、北非、南亚、南欧等地,在与当地文化融合的过程中衍生出具有不同地域风格、造型各异的有翼神兽图腾的形象,是古代人们普遍钟爱的一种艺术题材,《荷马史诗》、希罗多德的《历史》以及《蒙古秘史》中都曾出现过关于格里芬的记载。

如同"卡舒比"的名称一样,格里芬作为地区的象征首次出现在波美拉尼亚西部,距今已有 800 余年的历史。史料显示,波美拉尼亚公国的统治者自 12 世纪末叶就已开始使用带有格里芬图案的印章,正式记载则出现在博古斯瓦夫二世统治时期(1214 年),并一直沿用至 17 世纪国家灭亡。相反,东波美拉尼亚的卡舒比公爵,除索比斯瓦夫一世之孙、梅斯特温一世(Mściwoj Ⅰ,约 1160—约 1220 年)之子——"特切夫公爵"桑博尔二世(Sambor Ⅱ Tczewski,1211 年或 1212—1277 年或 1278 年)以外,几乎没有使用格里芬图案的记载。① 至第二次《托伦合约》签订后,格里芬才正式成为卡舒比地区(一说波美拉尼亚地区)的象征。诺贝尔文学奖得主、波兰作家亨利克·显克维支(Henryk Sienkiewicz)的代表作《十字军骑士》中的主人公兹皮希科就曾身着"绣有金'格列芬'、镶着金花边的白色'雅卡'",格里芬的图案也多见于骑士们的盾牌和旗帜之上,似乎也是对 14、15 世纪波美拉尼亚地区历史的一种真

---

① 有部分历史学家推测格里芬的图案也曾现于索比斯瓦夫一世之孙——索比斯瓦夫二世以及"伟大的"斯维托佩乌克的印章之上,但就这一推测国外学界尚存争议。另据卡舒比作家弗洛里安·采诺瓦(Florian Ceynowa)的记述,东波美拉尼亚的居民早期曾使用白色格里芬作为卡舒比的象征,至"伟大的"斯维托佩乌克建立早期的卡舒比国家,并定都格但斯克时,格里芬的形象就被悬挂在城门之上。

实写照。

波美拉尼亚地区的格里芬图案自出现的一刻起，便没有统一的外形，如波美拉尼亚公国统治者使用的印章上的格里芬图案造型各异，且不佩戴王冠，直到2011年"卡舒比民族协会"发布了《意识形态宣言》，确定了卡舒比地区的象征和盾徽。《宣言》中称，"黑色且佩戴王冠的格里芬是我们的象征……我们的盾徽是金色底的盾牌表面衬有头部转向右方、黑色且佩戴王冠的格里芬"（如图1）[①]，就其外形而言属典型的鹰首格里芬，即狭义格里芬的形象[②]，部分融合了希腊、欧亚草原等地区格里芬图腾的特征。

图1 卡舒比地区的盾徽

令人称奇的是，这一带有异域艺术风格的神兽形象缘何会出现在波美拉尼亚地区？该图徽又是如何被当地的统治者所接受的？这个问题至今依然成谜。一种推测性的观点认为，波美拉尼亚西部的卡舒比公爵曾参与"十字军东征"，神兽的图案就此保留下来并辗转，自西部流传至东波美拉尼亚地区。至于佩戴王冠的格里芬形象的出现，人们普遍认为是植根于卡舒比的民族传统且与20世纪初叶兴起的卡舒比

---

① Kaszëbskô Jednota, http://kaszebsko.com/uploads/gryf/gryf.zip, 2017年5月; *Kaszëbskô Jednota*, http://en.kaszebsko.com/kim-jestesmy-i-jakie-sa-nasze-cele.html, 2017年5月。

② 李零：《论中国的有翼神兽》，《中国学术》2001年第1期。

民族运动有关，它的创作者正是被视为"卡舒比青年"运动领导者的亚历山大·马依科夫斯基，他不仅以《格里芬》（*Gryf*）命名其主编的、有关卡舒比民族事务的杂志，亦使用这一图案装饰杂志的封面。

纵观波美拉尼亚地区的历史，格里芬不仅被视为卡舒比的象征和卡舒比地区的守护神，而且作为整个波美拉尼亚地区及其市镇和民间的标志及象征，长久以来它一直被广泛地使用和传播。如今，出现在波兰北部、西北部（包括滨海省、西滨海省本身）众多市、镇，甚至毗邻的部分德国城市盾徽上的格里芬的图案似乎表明，它以及它所承载的精神早已深深地烙入卡舒比，乃至整个波美拉尼亚地区的文化传统之中。

五　结　语

千百年来，波美拉尼亚地区多民族文化的碰撞与融合见证了卡舒比地区沧海桑田般的历史变迁，今天的卡舒比已发展成为波兰著名的文化旅游胜地，旖旎秀丽、多姿多彩的自然风光令它一直享有"卡舒比瑞士""药丸中的世界"等美誉，而真正为这片土地注入人文情怀的则正是它的居民——卡舒比人，他们的语言、文化传统赋予了它独特的民风以及其不同凡响的特征。历史上，卡舒比人虽屡遭异族统治，被同化、被驱逐甚至被屠戮的厄运如影随形，但他们始终都在锲而不舍、不屈不挠地为自己的"存在"而抗争，并义无反顾地代代传承本民族的语言和文化。正如一句流传在卡舒比地区的名言所说："Wiedno Kaszëbë i na wiedno Kaszëba"——"永远的卡舒比，永远的卡舒比人"，一语道尽了古往今来的一切。

（原载《世界民族》2017 年第 3 期）

匈牙利剧变的前因后果

阚思静

一 匈牙利回归欧洲探源

（一）匈牙利先人融入欧洲之路

今日匈牙利人属于芬兰—乌戈尔的一个分支。匈牙利人的祖先亦称马扎尔人，曾是欧亚的游牧民族，9世纪末年迁徙定居在喀尔巴阡山盆地。这块土地上先前已有斯拉夫人、日耳曼人、阿瓦尔人、法兰克人和匈奴人居住，并先后建立过政权。匈牙利人的介入经历了百年生存的冒险战争，击败了所有对手，这期间与原住民也有交往、联姻，乃至于融合、同化，但在毗邻国家中没有一个同宗、同族、同文的伙伴。为了摆脱孤立状态，匈牙利大公盖撒（公元972—997年在位）决意敲开通向西方的大门，接受罗马天主教的洗礼。从此，匈牙利建立封建王国的过程无不和融入西欧、推行天主教联结在一起。

盖撒大公派特使觐见神圣罗马帝国皇帝，接受天主教洗礼（匈牙利人原信奉多神教萨满教），并请求派神父和骑士来匈牙利辅佐朝政。公元997年盖撒驾崩，其子伊斯特万加冕为大公。他于公元1000年续派特使去罗马帝国，请求教皇希尔维士特尔赐给皇冠和国王称号。公元1000年12月25日（亦说公元1001年1月1日）教皇派特使赐送皇冠，是日伊斯特万加冕为匈牙利国王，谥号圣·伊斯特万一世，是为匈牙利建国的奠基人。匈牙利正式成为继捷克和波兰之后的欧洲封建王国之一，并很快融合到欧洲的国家体系之中。

此后，匈牙利历届国王都是由神父辅佐朝政，或由神圣罗马帝国的皇帝兼任匈牙利国王，而匈牙利国王及诸多上层政治人物也极力和西方教会及贵族后裔联姻，以增强家族的社会地位。自圣·伊斯特万一世始，全国大兴土木，建造修道院、大主教区和主教区，迄今留下的宗教文明遗产丰富多彩，并深深打上西方文明的烙印。此外，从上到下实行教会什一税，提供经费保障教会的发展。国王规定，礼拜日无论男女老少一律前去教堂做弥撒，违者严惩。宗教的影响渗透到社会民俗的各个方面。至今匈牙利1000余万人口中，信奉罗马天主教的有650余万人，其次为新教（基督教），有教徒240余万人。皈依天主教是匈牙利融入欧洲、走向西方文明的标志。

采用教会通用的拉丁文为官方语言，是匈牙利融入欧洲的另一重要指标。13世纪初，匈牙利最早见诸文字的编年史和插图编年史都是用拉丁文书写的。匈牙利文人习惯于用拉丁文创作延续到16—17世纪。尔后是拉丁文和匈文参半的双重文字，一直延续到18世纪。直到1844年匈牙利文才通过法律正式成为国语。

匈牙利以天主教和基督教为纽带，逐渐融入西方的文明世界，政治上，也沿袭了西方的议会民主制。在宗教文化传统上，匈牙利属拉丁语区的西派，与俄国所信奉的东正教相对峙。等级制度的发展是中世纪欧洲的普遍现象，最早发端于古罗马时代的元老院，其最高权力机构是议会。在欧洲，英国于1265年，法国于1302年，形成等级议会制，而匈牙利紧随其后，在1437年就仿效英、法的议会模式形成了封建等级议会的雏形——朝廷议会。1848—1849年，在科苏特领导的革命和自由斗争过程中，匈牙利于1848年4月11日通过法律，废除封建等级制度，取而代之的是代议制的新国会，因1849年4月14日宣布成立"自由、自主和独立的欧洲国家"而载入史册，成为融入欧洲的又一里程碑，迄今仍成为匈牙利人美好的集体记忆。

匈牙利社会历来是面向西方的，经济、政治和文化属于西方国家的体系，所以它对西方价值和价值观有着很大的认同感和归属感，对于外来强加的制度体系有着强烈的排斥。20世纪50年代当过拉科西时代政府总理的赫格居斯说过:"匈牙利这个社会历来是面向西方的,传统上形成的思维方式,行为准则,生活习惯的总体是属于西方的。然而,我们却妄想把整个民族的这些东西都扭向东方,因此它注定是徒劳的,早晚是要失败的。"①

所谓回归欧洲,对匈牙利人来说,其实就是再度回归西方的过程。

(二) 在大国争夺的夹缝中求生存

匈牙利地理上处于东西欧的交汇点,历来乃兵家必争之地。13世纪初叶鞑靼人入侵,15—18世纪匈牙利受奥斯曼帝国和奥地利帝国统治,丧失自由长达400年之久。

匈牙利的历史正是世界弱小国家被损害、被奴役的真实写照。匈牙利的先人也提出过救国的方案,最有名的是1848年资产阶级革命领袖科苏特在19世纪60年代提出的建立多瑙河联邦共和国的构想:不应靠某个大国或者参加某个势力集团来保证匈牙利的独立、自主和自由民族的生存,而应同周边各民族紧密团结,同自由民族结成平等同盟。科苏特从奥地利殖民者手中一度夺回了立法和行政权,成立代议制新国会,以后率20万军队历经一年多的民族解放战争。他勾画多瑙河联邦共和国的蓝图可算是匈牙利回归欧洲最早的版本。

现代匈牙利政治人物历经两次世界大战对此有了更深切的认知,纳吉·伊姆雷便是。他进一步认为,两次世界大战的惨重教训使匈牙利人民认识到,像匈牙利这样的小国不能也不允许本国参加势力集团的角逐。他主张遵循前人科苏特的遗训,匈牙利应保持中立、和平共处,反对势力集团和集团政治,乃至提出小国应站在"大国争霸"之外,而寻求"第三条道路"。②

匈牙利的国家和文明发展史以及在地缘政治中处于大国夹缝中

---

① [匈] 赫格居斯·安德拉斯:《赫格居斯回忆录》,陈元骝、柴鹏飞译,世界知识出版社1992年版,第166页。
② [匈] 纳吉·伊姆雷:《为了保护匈牙利人民》,南晓译,人民出版社1983年版,第54—57页。

求生存的境遇，这一切都铸就了匈牙利的民族特质，它所信奉的价值取向是自由和民族独立，尤其是建立在民族独立基础上的自由生活。1848 年革命的英勇战士裴多菲有句名言是："生命诚可贵，爱情价更高，若为自由故，二者皆可抛。"他创作的《民族之歌》更是不朽诗篇："愿意做自由人，还是做奴隶，我们宣誓：我们不再做奴隶！"这应是匈牙利民族魂的真谛。

二 匈牙利剧变的历史渊源：1956 年事件

匈牙利剧变的历史渊源是 1956 年 10 月事件（10 月 23 日—11 月 4 日）。

（一）二战后匈共建立的政权

1945 年匈牙利政权的建立，主要是由苏军进军匈牙利战胜法西斯取得的，而非共产党人自己打出的江山。匈共力量相对弱小，对掌握政权缺乏必要的政治和组织准备，也缺乏实际当政的经验。在战后第一次选举中，匈牙利共产党获得不到五分之一的选票，经过各政党博弈、较量而组成的联合政府，匈共其实也不占主导地位。但匈牙利共产党人在实践中锻炼成长，1947 年匈牙利选举，共产党成为议会中的第一大党。1948 年 6 月，匈牙利共产党和社会民主党合并，成立匈牙利劳动人民党，成为匈牙利的执政党，在二战后的国家恢复和建设中，取得了不少成绩。

在二战后的雅尔塔体系下，匈牙利被划归苏联的势力范围，成为附属于苏联的苏东阵营国家之一，国家逐渐并且只能走上跟随苏联的道路。苏联领导人斯大林支持并扶植拉科西集团在匈牙利掌权，而拉科西集团在与苏联的双边互动中，完全丢掉了民族独立的旗帜，唯苏联马首是瞻，亦步亦趋，跟着苏联的指挥棒转，在与苏东阵营其他各国的比较中显得尤为突出。拉科西集团通过各种方式，包括炮制假案、逮捕各界名人并审判判刑等，掌权了匈牙利的大权，实现了从经济基础到上层建筑的全盘苏化。

拉科西集团照搬苏联体制，建立起高度集中的中央集权政体，以个人意志强令全党全国服从。1950年，拉科西等背着全党成立国防委员会，对关系国家命运的重大问题在不受任何监督的情况下擅自独断专行。在经济建设上，他们机械照搬苏联模式，不顾资源匮乏的国情，追求高指标，超速发展重工业，计划把匈牙利建成为"钢铁大国"，经济发展偏离了正常轨道；同时强迫推行农业合作化，禁止和取缔个体农业经济，实行高征购余粮义务交售政策，不少农民离乡外流，大片土地荒芜，数十万农民受到惩罚。在文化上，全面排斥匈牙利民族和本土文化传统，盲目尊奉外来苏俄文化，损害了匈牙利民族的感情和自尊。这种不以经济发展为基础，缺乏相应的政治、文化条件的政策，缺乏群众乃至党内的支持，在党内外引起各种不满和反对，只能凭借强力来强制推行，带来了种种严重后果。

拉科西在匈牙利党内推行教条主义和宗派主义的路线，他的思维公式是："谁不同我们在一起，谁就是反对我们。"他以此为画线的律条，强化暴力手段，把国家保安局置于党之上，成为政权的最高机构，营造不受任何限制的恐怖，随意破坏法制，人为推动"提高警惕"的政治运动，制造冤假错案。1953年3月斯大林逝世时，匈牙利被捕的人数占全国总人口的1.5%。从共和国主席、政府总理、党的主席到教会领导人乃至农民、普通老百姓都难免其难。据1956年12月卡达尔对外提供的报告称：全国近1000万人口，但有100万人在家或工作岗位受到秘密监视。此举弄得风声鹤唳，草木皆兵，国无宁日。拉科西构建的一套体制，背离了社会主义的本来面貌，破坏了社会主义民主法制，在匈牙利人的心目中，已异化为"别国强加的"舶来品，潜伏着种种危机。

（二）震撼世界的1956年匈牙利事件

1956年7月，在匈牙利党内外的反对压力下，拉科西被迫辞职，格罗出任匈党第一书记。但因为拉科西集团过去的所作所为积怨甚深，格罗也与此有很大关联，匈党领导的变动，不仅没有缓和国内的局势，反而造成了国内局势趋向紧张，反苏反共主张抬头，匈党领导人应对无力，匈牙利形势的发展最终滑向了悲剧结局。

1956年10月23日，匈牙利首都布达佩斯民众示威，要求苏军撤出匈牙利，实现匈牙利的民族独立，并提出其他一些政治经济诉求。以此为开端，匈牙利局势出现反复，其间既有民众对拉科西当政期间错误作为的反弹和抗争，也有在内外各种力量介入下的反苏反共声浪，而当时还是美苏两大集团对峙下的冷战时期，这样的国际大格局，也注定匈牙利事件不仅仅是匈牙利的国内争执，还反映了国际间的力量对比和苏美矛盾斗争，苏联可以支持将拉科西拉下马，也可以容忍匈牙利进行一定程度的改革，但不可能容忍匈牙利脱离苏东阵营转向西方，这也是导致匈牙利事件最后的悲剧结局的关键因素之一。

10月24日，克里姆林宫派特使米高扬和苏斯洛夫到布达佩斯，现地指导匈牙利党对局势的因应。结果由卡达尔出任党中央第一书记，在匈党党内斗争中几经起伏的纳吉被恢复党籍，出任部长会议主席。

匈党领导层改组，纳吉出任政府领导人，本为匈牙利局势出现转机带来了可能，但是，新建的匈党一时还难以担当如此重任，纳吉成为当时匈牙利实际主事的领导人。纳吉和拉科西是同时代人，1918年即加入匈共，二战结束后回匈，任匈党政治局委员，主管农业和土改等领导工作，因被指控"犯有布哈林式的右倾机会主义错误"而贬谪。1953年斯大林去世后被平反，取代拉科西任部长会议主席，开始主持纠正拉科西极左错误的改革，推进"非苏联模式化"的历史进程。1955年又因"右倾"被解职，并被开除党籍。他曾到大学任教授，从事理论研究，写了大量为改革辩护和针砭时弊、富有创意的文章、书籍，在民众中有一定的威望。此时他恢复党籍，再次复出执政。但他无法控制局势的发展，政府作为软弱无力，只是附和并接受了示威者的政治主张，在短短一周内，做出多项重大政治决策，如结束一党制，建立多党合作联合政府，而这些党派不少是刚刚组建或恢复的，政治主张各异，很难形成坚强的政治核心领导力量。

11月1日，纳吉以部长会议主席的身份致函联合国秘书长，宣布匈牙利实行中立，并要求苏美英法四大国保证这个国家的中立。同时他召见苏联驻匈大使，通知对方，匈牙利立即退出华约，宣布中立。

匈牙利局势的发展十分迅速。本来，苏联已经同意从匈牙利撤出苏军，但内部也有各种不同意见，而无论是何种意见，前提都是匈牙利仍然留在苏东阵营中。在当时国际"冷战"加剧的大气候下，接受匈牙利的"中立"要求，将可能使苏东阵营出现多米诺骨牌式的连锁反应，这将被认为是美国和北约阵营的"胜利"，也是苏东阵营的"失败"，因而是苏联不可能容忍和退让的底线。在评估了匈牙利局势发展的走向之后，苏联决定出兵匈牙利，平息事件。11月4日，苏军坦克再次开进布达佩斯，通过武力镇压了匈牙利的反抗。[①]

匈牙利事件之初本为和平示威，后因各种因素的作用，形势激化，出现暴力冲突，各种正当诉求之下，也难免鱼目混杂，出现反共喧嚣，暴力冲突不断升级，最后苏军出兵，酿成流血事件，成为匈牙利历史进程中的悲剧，并且在匈牙利民众心头留下了深重的创伤，并成为促成1989年匈牙利政局演变的历史因素。

三 匈牙利剧变的历史脉络：卡达尔改革模式

卡达尔·亚诺什于危难之际复出执政，在一定程度上开创了具有匈牙利特色的改革时代。他决定解散劳动人民党，重新组建社会主义工人党，成立工农革命政府，力挽狂澜，创党建政，稳定政局，使匈牙利在经历这次悲剧性事件后，得以恢复和发展，成为苏东阵营中有一定独立性和特点的国家。

---

① 纳吉等在苏军出兵后到南斯拉夫驻匈使馆避难。11月23日被押解出境，送到罗马尼亚软禁，后被送回匈牙利。1958年6月16日，纳吉以"反革命阴谋案"被起诉，并以"叛国罪"和"推翻人民共和国罪"判处死刑。

卡达尔执政，既摒弃拉科西的"全盘苏化"，又防止重蹈纳吉冲击"雅尔塔体系"底线的覆辙。他用"计划与市场相结合"的革新，取代高度集权的单一经济模式，致力于构建"以人的利益为中心"的社会主义，殚精竭虑让老百姓尽快富裕起来，以让人民得到实惠作为政治理念。毫无疑问，卡达尔的治国方略和前任大有区别，且高出一筹。

卡达尔批判前任"全盘苏化"时说过："没有国家的独立，就没有社会主义"，但在当时的世界大格局下，他也无法挣脱雅尔塔格局的藩篱。改革每迈出一步，都可能引发以苏联为首的"社会主义大家庭"的质疑和匈牙利党内外的争论。后来，在勃列日涅夫"有限主权论"的威慑下，他只能寻求妥协来改善生存的环境。诚然，他对苏联施展过软顶硬磨的反限制、反控制的博弈，但更多的则是"顺从"。如1968年参与苏联出兵镇压捷克的"布拉格之春"；1974年顶不住外来压力对匈党中央领导层大换班，导致改革的倒退等。

卡达尔上任伊始，面对"苏联走狗"等骂声，决议采取怀柔手段平息民众的不满。在改革的头十年内，频有亮点，经济发展取得较大成绩。以后的改革则断断续续，陷入停滞、回潮，到20世纪80年代中期跌入低谷。尤其是外债猛增，超过年GDP收入的60%，导致经济体制改革工程的倾塌。匈牙利舆论界批评卡达尔的改革是"对斯大林模式极不彻底的修补"。卡达尔沉疴病榻之时曾接受记者采访，表现出对"独立自主"受到外部条件的制约，他本人也无法超越"二战"后世情的苦闷。他可谓是独树撑厦，但却回天无力。

卡达尔的改革及其取得的成就毕竟已成过去，面对新的形势，1988年5月匈牙利社工党全国代表会议上，卡达尔退出政坛，他的改革时代宣告终结。

四 匈牙利剧变：回归欧洲

20世纪80年代中期，克里姆林宫易主，戈尔巴乔夫主政，苏联经济停滞，国力衰退，对"雅尔塔体系"既无心也无力像过去那样坚持，在国际上采取收缩的政策。戈尔巴乔夫抛弃了前任的"有限主权论"，实行尊重各国选择的"不干预"、实为"扔包袱"的策略。苏联局势的变化，为匈牙利剧变提供了外部环境，客观上也提供了一定的宽松空间。在匈牙利国内，随着卡达尔离任，匈党内也不再有能够"定调"的核心领导，逐渐出现"党内有党，党外有派"的多元政治态势，从而为匈牙利剧变创造了内部环境。说到底，匈牙利的政治主要是二战后苏联塑造的，一旦苏联不再坚持这种塑造，匈牙利内部的反对派便被激活，匈牙利政局的演变乃至最后的剧变也就不可避免了。

（一）切入口：为 1956 年事件和纳吉平反

1989 年社工党成立由 15 名专家、学者参加的历史委员会，重新甄别评价匈牙利建国以来的历史，拟定一份供匈牙利社工党"十四大"讨论通过的草案。对 1956 年事件，"草案"认为过去简单地把它称为"反革命案件"是"站不住脚的"。党的中央委员会在讨论中强调，1956 年，"由于领导在革新方面的无能为力导致了政治性爆炸"，民主社会主义力量起了作用，但企图复辟的力量、社会渣滓和声名狼藉的分子从一开始就鱼目混珠地混杂进来，"反革命"的行动也增多了。

随后，匈牙利历史委员会正式公布了 1956 年事件始末的全部材料。5 月，匈牙利最高检察长宣布，经复查决定撤销 1958 年 6 月 17 日对纳吉及其同谋者的审判决定。

1989 年 5 月 31 日，匈牙利社工党中央就重新安葬纳吉一事发表公报，指出："纳吉·伊姆雷是 1945 年以后匈历史上的重要人物。他的一生同共产主义运动密不可分。他是社会主义改革政策的象征。"6 月 24 日，匈牙利政府就重新安葬纳吉等人发表声明称："纳吉·伊姆雷是杰出的国家领导人。他认识到，必须改变同我国的传统格格不入的没有生命力的政策，必须体现匈牙利民族的特点，实现不可磨灭的人的价值。纳吉及其拥护者的思想以及所追求的具有民主人道和民族特色的目标是现今匈政府政策的最重要的组成部分。"

几乎与此同时，重病在身的卡达尔接受《匈牙利周刊》记者的采访，也沉浸在对历史的回顾之中：1954年卡达尔平反出狱后，他和纳吉都是反对拉科西集团的党内反对派。匈牙利事件伊始，他曾被接纳为纳吉组建的多党新政府的内阁成员之一，后来由于形势发展，意见分歧，才分道扬镳。他感慨万千地说道："纳吉的悲剧也是我个人的悲剧"，引起社会上较大的反响。

（二）政权更迭　剧变落幕

1956年历史事件和纳吉的平反是和1989年匈牙利政局剧变紧密相连的，前者是后者的一个原因，也可以说是后者的一个结果。

1989年2月，匈牙利社会主义工人党宣布承认在宪法范围内的反对派运动和政党。由此以后，匈牙利新建和重新恢复的反对党和政治团体有30多个，其中最大的势力是民主论坛。它又和社工党内衍生的所谓"改革俱乐部"有着联系和配合。上述组织于4月8日成立了名为"反对派圆桌会议"的联合组织，同社工党倡议的官方全国圆桌会议，共同商讨向多党制"和平过渡"的步骤和办法。

1989年10月6日，匈牙利社会主义工人党通过决议，易名为匈牙利社会党，这个拥有72万党员的执政党裂变为两个分别仅有4万和3万党员的小党：社会党和社工党。同年10月18日，匈牙利国会通过新宪法修改草案，取消了党领导地位的条款，并将"匈牙利人民共和国"更名为"匈牙利共和国"。1990年3月25日和4月8日，匈牙利举行两轮大选，民主论坛获得42.5%的国会议席，成为议会第一大党，获得组阁权，社会党丧失了执政地位。

新的联合政府的目标是回归欧洲，也就是回归西方，建立混合经济所有制、社会市场经济的自治体制和多党议会体制。历经多届政府转型的努力，1999年匈牙利加入北约，2004年成为欧盟正式成员国。从此，匈牙利在21世纪的欧洲有了自己的位置。至于这段历史的功过得失，还有待后人的不断研究和解读。

保加利亚社会转型与人口危机

马细谱

加入欧盟之后，保加利亚政局趋于稳定，经济开始稳步增长。但它的经济发展没有出现奇迹，社会两极分化，人民的生活水平没有明显提高。保加利亚是欧盟的边缘国家，在欧盟28个成员国里，无论是人均GDP收入还是整体生活水平，都是垫底的。保加利亚30年来的人口锐减形势和消极的人口政策是转轨过程中的重大失误之一。

转轨进程中人口数量下降和结构恶化

早在18世纪，当保加利亚处于奥斯曼帝国统治之下时，随着民族复兴运动的开展，经济发展，人口也开始增长。20世纪初，保加利亚是欧洲人口增长最快的国家之一，出生率达到2.8%，在短期内克服了因1912—1913年两次巴尔干战争和第一次世界大战造成的人口灾难。

20世纪50年代初，保加利亚在人民政权时期的工业化和城市化过程为人口的发展创造了条件，人口出生率维持在0.5%至1%之间，死亡率较低，人口的自然增长率稳步上升。60年代，保加利亚政府一方面奖励生育，每月给予每个家庭的小孩一定的养育费，3个孩子的母亲就是"英雄母亲"；另一方面则对婚后不愿生育的家庭征缴"单身税"，直到他们生育一胎为止。政府实行增加人口、鼓励生育的政策取得了令人满意的效果。在保加利亚，育龄妇女平均生育 2—2.2 个孩子，一般家庭有 1—2 个孩子是平常的，这种现象持续到 20 世纪 80 年代。1988 年保加利亚的人口已接近 900 万，达到了历史峰值。这时，政府甚至制定了全国人口突破 1000 万的宏伟目标。可以说，保加利亚在社会主义年代人丁兴旺，劳动力资源充足，实现人均吨粮，社会殷实富裕。

然而，1989 年突如其来的社会变革使保加利亚的人口形势急转直下，跌入低谷。一方面，生活条件恶化导致居民健康状况恶化，出生率下降，死亡率上升，人口自然增长率下降；另一方面，从 20 世纪 90 年代中期起，保加利亚的人口开始老龄化，青年人大量移居国外。学术界称保加利亚从"人口危机"走向"人口灾难"。

根据保加利亚非官方的家庭政策研究所进行的统计，1996—2006 年保加利亚人口从 830 多万降至 768 万，下降了近 8%。其后，人口更是逐年直线下降，2008 年为 760 万，2009 年为 756 万，到 2013 年已经退回到 1946 年 700 万的水平。这就是说，在短短的 28 年里（1985—2013），其人口萎缩了 22%。[1]

近年来人口减少的趋势还在继续。保加利亚国家统计局数据显示，截至 2018 年 12 月 31 日，全国人口为 7000039 人，占欧盟总人口的 1.4%，与 2017 年相比，人口减少了 49995 人，下降了 0.7%。同时，人口老龄化继续发展。到 2018 年底，全国 65 岁以上人口高达 1493119 人，占总人口的 21.3%。与 2017 年相比，老年人口增加了 0.3%。[2] 65 岁以上的老年妇女比重达到 24.8%，而老年男性只占 17.7%，原因在于男性的平均寿命低于女性。如果跟其他欧盟成员国做比较，欧盟 65 岁以上老年人口占 19.7%。意大利这一比例最高，达到 22.6%，希腊为 21.8%，葡萄牙为 21.5%，只有这三个国家高于保加利亚。保加利亚 15 岁以下儿童为 1004845 人，占全国总人口的 14.4%（欧盟成员国的平均比重为 15.6%）。

---

[1] http://www.prokarstterra.bas.bg/geo21/2007/1-07/pp25-28.html.
[2] 关于截至 2018 年年底保加利亚人口的详细统计，参见 http://www.mediapool.bg，2019 年 4 月 12 日。

1989年以来，保加利亚人口锐减近200万，平均每年减少5万多，平均每天减少136人。保加利亚和欧盟的人口学家预测，到21世纪中叶，保加利亚的人口将萎缩到510万，而到21世纪末将萎缩到340万。保加利亚人口锐减致使居民的种族成分也在发生变化。例如，在人种构成方面，保加利亚族作为国家的主体民族在总人口中的比例不断降低，而土耳其族和吉普赛人因为出生率高、家庭子女多，他们在总人口中的比例却越来越高。按保加利亚人口政策研究中心的预测，到2050年吉普赛人将增加至350万，土耳其族人将增加至120万，保加利亚族人将萎缩至80万。一句话，保加利亚种族将在自己国家里变成少数民族。

表1　　　　1992—2011年保加利亚居民种族成分的变化　　　（单位：人）

年代	保加利亚族人	占比	土耳其族人	占比	吉普赛人	占比
2011	5664624	84.8%	588318	8.8%	325343	4.9%
2001	6655210	83.9%	746664	9.4%	370908	4.7%
1992	7271185	85.7%	800052	9.4%	313396	3.7%

资料来源：Румен Гълъбиновр. *Как се подобрява икономика с катастрофална демография*. в-к Дума, 23 Февруари 2019.

2018年底保加利亚城市人口占总人口的73.7%，农村人口占26.3%。全国共有5256个城乡居民点，其中城镇257个，村庄4999个。由于耕地抛荒、人口老化以及交通和通信设施落后，保加利亚的一些传统村落正在消失。从1989年至2013年，保加利亚有183个村庄完全空无一人。2015年一年之内，保加利亚全国新增159个没有人居住居民点。

人口锐减与转轨中的社会政策和人口政策密切相关

人口危机是各种消极因素长期积累的结果。德国和其他西欧国家同样面临复杂的人口形势,可见经济原因不是最主要的。保加利亚学者指出,保加利亚人口锐减的原因在于"贫困"和"转轨过程中的罪恶"。出现这种悲剧主要有以下三方面的原因:直接原因是出生率低、死亡率高、育龄妇女出国、人口大规模移居国外等;间接原因是老龄化、贫困、失业、社会病态、家庭崩溃、社会安全感差等;全球性原因是新自由主义的经济和政治体制。

第一,人口出生率偏低,而死亡率较高。

据人口资料局(Population Reference Bureau)2012年的统计,在世界所有国家中,保加利亚的出生率处于第190—195位的区间,在世界出生率最低的国家中位列第20位。另一统计数据表明,在世界所有国家里,保加利亚的出生率位列第204位。[1] 欧盟的统计指出,保加利亚的出生率在欧盟各国中处于垫底的位置,与欧盟其他成员国相比,其自然增长率和平均寿命都处于最末位。[2]

新生儿的净出生率降低,而死亡率在上升。2015年保加利亚出生的婴儿为65950个,比2014年减少2.4%。保加利亚自1990年社会改制以来,死亡率高于出生率,其人口呈现负增长态势。以人口发展趋势最好的2008年为例,这一年人口的出生率为10.2‰,而死亡率为14.5‰,故其自然增长率为-4.3‰。2018年保加利亚新生儿出生率为0.89%(欧盟的平均值为0.99%),人口死亡率为1.54%。2016—2018年期间保加利亚人的平均寿命为74.8岁,其中男性为71.4岁,女性为78.2岁。城市居民的平均寿命比农村人口高出2.9岁。

最近30年保加利亚有生育能力的妇女因移居国外和死亡减少了约100万人,这也是人口萎缩的一个主要原因。所以,保加利亚的出生率明显下降。1950年出生18.2万个婴儿,而2017年只有6.4万个,2018年约5.4万个。这是未来人口灾难的信号。有人预测,从1985年至2080年的约100年间,保加利亚妇女有可能减少200万。

---

[1] http://www.bulgarian.ruvr.ru/2012_11_12/94299216.
[2] http://www.prokarstterra.bas.bg/geo21/2007/1-07/pp25-28.html.

保加利亚家庭在不断解体，这也影响了出生率。在市场经济条件下，年轻人越来越不愿意结婚，而只同居。这在40岁以下的人口中是普遍现象。在这个年龄段，保加利亚有70%的"家庭"是同居关系。2010年保加利亚有2.4万对新人结婚，却有1.1万起离婚案件。此外，有35%的保加利亚家庭是无子女家庭。[①] 这种状况自然会对育龄夫妇的生育率产生不利影响。

第二，人口大量移居国外。

最近的25—30年间，保加利亚流失了130万—150万人口，其中约100万是受过高等和中等教育的干部。保加利亚为培养这些干部花费了700亿—800亿列弗（1.4列弗约合1美元）。保加利亚每年大约有1万名青年出国留学，主要前往德国、英国和美国。他们在国外工作和生活，一般也不会再回来了。保加利亚的年轻人，特别是受过高等教育的专家、医生、农学园艺技师、科技人才、经济学家、数学家、物理学家、生物学家、信息技术专家等，都拥有15—20年的教育和工作经历，他们到了发达国家，在那里为富国做贡献。富国在增加自己的财富，而弱小的穷国则越来越穷。这就是人口掠夺的结果。这是当代社会一种最矛盾的和最危险的现象。

2015年是保加利亚人移居国外最多的一年，达到29450人，而2013年还只有19678人。有关统计资料称，移居国外超过一年的保加利亚人中，以工作谋生为目的的占48%以上，留学生约占17%，陪读家属占21%，另外还有几十万季节工，外嫁现象也较普遍。其主要的移居目的国依次为：德国（占23%）、英国（占14.3%）、西班牙（占11.5%）。[②]

据2016年7月1日的官方统计数据，在西班牙有12.9万保加利亚人，而据非官方统计数据，这一数字为15万。他们主要从事旅游业、农业和服务行业。在德国同样有十几万保加利亚人。2015年德国每5个新生婴儿中就有1个是由外国妇女生育的。这一年有4202

---

① http://bulgarian.ruvr.ru/2012_11_12/94299216.
② Петър Дучев. *Хора са се пренесли на село, отколкото в града*. Дума, 15 април 2016.

个新生儿是保加利亚妇女生育的。保加利亚驻意大利大使馆统计数据称，有11万—12万保加利亚人在意大利，但民间渠道的统计数据是16.1万。在英国和北爱尔兰有8.3万名保加利亚人，其中7.1万人是打工者。在法国和奥地利分别有2万和2.5万保加利亚人。在土耳其的保加利亚人最多，1989年后从保加利亚移居到土耳其的保加利亚人大约在32.6万—48万之间。他们是保加利亚历届选举的重要票仓。另外，阿根廷、加拿大、巴西、俄罗斯、南非、澳大利亚都有成千上万的保加利亚人。

当然，在社会激烈变革和动荡的年代，人口减少不是保加利亚一国的独特现象，而是整个中东欧地区绝大多数国家的常态。它是东欧剧变带来的一个消极结果。

第三，近30年来保加利亚社会转轨造成社会严重两极分化和贫困化。

保加利亚在向市场经济转轨过程中推行了经济结构改革，但是改革并没有取得很好的成效，经济增长缓慢，人民生活水平下降，失业率攀升，收入两极分化，离婚司空见惯。2008年政府关闭了部长会议下属的"种族和人口问题"管理局，2011年又停止了就业与社会保障部管辖的"人口政策司"的工作，而只在新设的"生活水平、社会保障和人口发展司"里设立了"人口问题处"。在市场经济改革过程中过去优惠的产假和刺激生育政策也被取消。正如著名经济学家伊万·安格洛夫（Иван Ангелов）通讯院士所说："我国的人口危机与向市场经济转轨时激进的社会经济重组、经济危机、失业和大规模贫困是相伴而生的。"[1]

保加利亚实行社会制度变革已经30年，加入欧盟也已经超过12年，但它的经济发展没有出现奇迹，人民的生活水平没有明显提高。据2017年4月欧盟统计局对2016年各成员国GDP的统计，保加利亚的经济总量比欧盟中最小的成员国卢森堡还少，仅占0.3%。保加

---

[1] Иван Ангелов. *Демографската катастрофа—икономически мерки за предотвратяване на демографската катастрофа*. Поглед. инфо, 27. 11. 2018.

利亚科学院经济研究所在2016年下半年的一份研究报告中说，到2016年8月底，保加利亚外债达到340.69亿欧元，占国内生产总值的76.3%。

2014年保加利亚的平均工资收入仅仅是欧盟平均工资收入的1/5。如果保持目前的经济发展水平，到2030年保加利亚的收入也只是欧盟各成员国平均收入的50%。据保加利亚国家统计局2016年的统计，2015年其人均年最低收入为4953列弗（1列弗约合4元人民币），月均收入412.75列弗。这实际上就是每月的平均最低工资。

据保加利亚国家统计局2019年2月15日的统计，2018年第四季度每个家庭成员的平均总收入为1557列弗，其中，用于食品的支出占30.2%，住房支出占17.8%，缴税和社会保险支出占12.7%，交通运输费支出占11.1%。另据有关统计，保加利亚家庭平均开支的大致情况是：用于食物的开支占收入的30%，加上水电、煤气、暖气、上网等费用，占了80%，再加上其他费用，共占90%左右，剩下的5%—10%的收入用于其他消费。[①] 所以，学者们说，保加利亚是原东欧国家中经济发展最缓慢的国家，而家庭的消费却在不断增长。

在保加利亚，生活状况最悲惨的是老年人，因为他们的退休金太低。保加利亚约有250万人生活在贫困线以下（即每人每月不到300列弗）。这就是说，在这个拥有700万人口的国度里有30%多的家庭生活较为拮据。他们的收入不能维持食物、医疗、教育和家庭的支出。目前，保加利亚的平均退休金是312.89列弗，最低退休金是161.38列弗。显然，退休人员的生活难以为继，他们及其部分家庭成员是这250万贫困大军中的主要部分。保加利亚有218.6万退休者，他们一生工作，却享受不到有尊严的生活。

---

① Румен Гълъбинов. *Как се подобрява икономика с катастрофална демография*. в-к Дума, 23 Февруари 2019.

解决人口危机关乎民族安全和国家兴衰

保加利亚学者认为，最近15年来，保加利亚面临的已经不是一般意义上的人口危机，而是呈现出了人口灾难的趋势。如果不采取措施遏制这种不良趋势，人口灾难的后果将非常严重。目前保加利亚全国人口已低于700万。9年时间内，保加利亚的死亡率从原来在欧洲的第19位上升到了第1位，甚至高于战乱中的叙利亚和阿富汗。

保加利亚人口不断减少引起全社会的关注。学者们对保加利亚目前的人口状况极其担忧，纷纷撰文分析人口及其政策的过去、现在和未来，还强烈要求政府采取切实有效的措施，解决灾难性的人口危机，以挽救保加利亚国家和民族。他们提议，政府部门应该动员一切智力和物力，挖掘人口潜力，使人口稳定增长并继续发展。

保加利亚科学院院士、历史学家格奥尔基·马尔科夫（Георги Марков）指出，为了避免悲剧继续下去，国家应该实行免费教育和免费医疗、人们应该享有有尊严的生活权、劳动权，应该保护家庭和母婴，应该实现法律面前人人平等，等等。

2018年7月4日，保加利亚社会党机关报《言论报》载文批评现政府的人口政策。文章指出，现政府确定的保加利亚人口政策的战略目标是：减缓人口减少的速度，制定稳定人口的长期计划，保障高素质的人力资源，包括关注人口的健康、教育、培训和技能，但缺乏解决当前问题的具体的紧迫措施。

学者们在议会呼吁：人口问题是一个关乎民族繁衍和国家兴衰的十分严重的问题，各党派应该达成共识，不管政府如何更迭，都要寻求解决办法，保证国家人口政策的连续性；政府应着手采取措施，关注婚育和人口流动问题；提高人口的教育和健康水平；重视环保和生态问题，制定降低人口死亡率和提高人口寿命的具体政策措施；制定鼓励侨居国外的保加利亚人回国的有效规划和政策；鼓励生育和提高对有子女和多子女家庭的补贴；真正扭转人口锐减的颓势。

索非亚大学教授纳科·斯特凡诺夫（Нако Стефанов）在《保加利亚人口灾难与国家安全》一文中指出："从概念和实践层面讲，国家安全是由各种综合因素构成的，而近年来人口因素在其中开始发挥关键性作用。"[1] 人口因素对民族和国家的发展起着重要作用，当前保加利亚人口的数量和质量以及人口发展趋势都对国家安全构成了威胁。

2018年11月27日，保加利亚著名经济学家伊万·安格洛夫（Иван Ангелов）在《人口灾难——采取经济措施制止人口灾难》一文中提出了一个全面振兴和刺激保加利亚人口增长的措施。他说，为了鼓励生育，保加利亚的战略目标应该是缓解人口下降和人口结构恶化的趋势，到2050—2060年时实现人口数量的稳定，然后到21世纪末使人口缓慢回升，并争取使其达到800万—850万。同时，要使保加利亚族在人口中占据多数优势，并提高其生活质量，未来每个保加利亚家庭平均要生育2.3个至2.5个孩子，要消灭文盲，达到所有人完成12年制的中等教育的水平。现在每个家庭平均约有1.5个小孩，而只有提高到每个家庭平均生育2.1个孩子的水平，才能实现人口的正常状态。现在，文盲的数量在增加，接受过中等教育的人口的数量在减少，这种状况不能再继续下去了。[2]

结 论

保加利亚人口危机发生在该国的社会转轨时期，自然与这30年的社会经济政策，特别是人口政策有着间接和直接的联系。保加利亚转轨后选择了资本主义道路，加入了欧盟和北约，实行了市场经济，这是美国和西欧长期以来竭力摧毁社会主义制度和推翻共产党

---

[1] Нако Стефанов. *Демографски катастрофа на България и националната сигурност.* 2018年12月作者提供稿件。

[2] Иван Ангелов. *Демографската катастрофа—икономически мерки за предотвратяване на демографската катастрофа.* Поглед. инфо, 27. 11. 2018.

的执政地位的结果。本文没有分析东欧剧变的原因，而只是列举了转轨中的一种现象，即保加利亚的人口锐减问题，从一个侧面反映了转轨所带来的消极结果。

当初欧盟谋士们预言，中东欧国家在35—50年内将赶上甚至超过欧盟老成员国的经济发展水平和生活水平，过上富裕生活，这已然成了泡影。保加利亚转轨开始后，农业遭到灾难性破坏，经济几近崩溃。转轨造成的严酷现实致使人口外流，出生率下降，死亡率上升。人们为了工作和生活奔波，哪有心情和精力生儿育女，为未来繁衍后代。保加利亚要想遏制人口下滑的趋势，需要努力发展经济，改变国家的落后面貌，并下大力气追赶欧盟发达国家，成为欧洲现代化国家。

保加利亚转轨存在的主要问题是政党代表性不强，支持率逐年走低；党派内部强人政治色彩明显，主要政党间内斗严重；司法效率低下，腐败严重，有组织犯罪猖獗。更加致命的是，保加利亚民主反对派批评共产主义的意识形态和社会主义的一切实践活动，甚至把社会主义时期行之有效的积极人口政策也一概推翻和抛弃。他们的原则是：凡是1989年之前得到赞扬和肯定的，一律予以否定。

人口问题是一个社会问题，事关国家安全和民族存亡。保加利亚面对的已经不是一般意义上的人口危机，而是呈现出了人口灾难的趋势。学者们指出，如果政府不采取紧急措施，保加利亚作为一个民族和一个国家将可能在本世纪末和下世纪初消失，而如果保加利亚及时醒悟，灾难是可以避免的。

（原载《国外理论动态》2020年第3期）

一部颇具新意的《保加利亚史》

张联芳

读完马细谱研究员撰写的《保加利亚史》[①]，获益匪浅，感慨油然而生。这是一部内容丰富，既有理论性，又有可读性，在学术观点上有所突破和创新的作品，值得认真品读和推介。

一 一部值得关注的保加利亚历史

保加利亚是一个历史悠久的欧洲中小国家，它吸收了古代欧亚民族的不同文明。展现在我们面前的《保加利亚史》所研究和探讨的正是这个国家从古代到今天的历史发展过程，其基本内容包括下面六个部分。

第一，保加利亚国家时期（681—1186年）。这是国家强盛，文化繁荣，版图扩大时期，被称为保加利亚历史上的"黄金时期"。

第二，保加利亚国家时期（1186—1396年）。保加利亚人反对拜占庭统治的起义成功，宣布保加利亚重获自由。国家再度繁荣，成为巴尔干半岛上一个中世纪大国。

第三，奥斯曼帝国统治时期（1396—1878年）。奥斯曼帝国征服者在保加利亚建立起军事封建制度，实行民族压迫和民族同化政策。19世纪后期，有组织有领导的民族解放运动在保加利亚兴起。

[①] 马细谱：《保加利亚史》，中国社会科学出版社2011年版。来自书中的引文一律没有标注，敬请读者自己查阅。

1878 年保加利亚获得解放。

第四，保加利亚国家时期（1878—1941 年）。1885 年南北保加利亚合并，实现国家统一。1908 年保加利亚宣布脱离土耳其独立。保加利亚参加了两次巴尔干战争和第一次、第二次世界大战。在两次世界大战之间，保加利亚建立了资产阶级政党，实行君主立宪制。

第五，社会主义时期的保加利亚（1945—1989 年）。保加利亚走上人民民主发展道路，在随后的社会主义建设中，国家从落后的农业国变成了中等发达的工业农业国。

第六，当代保加利亚（1989 年以来）。保加利亚社会政治和经济生活开始过渡到多党议会民主制和市场经济，随后参加了北约和欧盟。历史揭开了新的一页。

本书时间跨度 1300 多年，阐述了其间发生的主要历史事件、重要历史人物及其活动，以社会政治为主，兼顾文化、经济，略涉军事和外交，是一部真正意义上的保加利亚通史。

近 50 年来，西方学者专门编写保加利亚历史的著作寥寥无几，仅有的几本中还有一些政治观点失之偏颇，明显带有西方意识形态对另一种政治文化的偏见。中国学者尚无人专门撰写这方面的著作。因此，本书不仅是一部填补我国世界史学科研究空白的应时之作，也是我国世界史升为一级学科之际推出的一部力作。在当下学术风气浮躁、急功近利的氛围下，这种基本功扎实的国别史专著既坚持了史书写作的传统，又具有学术观点的创新，实为难得。依笔者所见，本书的写作有如下特点。

特点之一，本书使用的资料全部来自保加利亚文献和书籍，权威可靠。本书的基本素材和史料，既有作者几十年积累的大量保加利亚文献和资料，也有来自其他国家新近发表的研究资料，特别是使用了中国古代史书中的相关资料和记载。本书所利用的近 50 部保加利亚文专著中 80% 是 20 世纪 90 年代以来的新作，这些著作涉及保加利亚历史、政治、经济、文化教育、民族、外交、与邻国关系等方面，史料翔实、内容丰富、论据充分，是本书坚实可靠的研究基础。作者娴熟的保文功底和渊博的保学知识使本书材料的取舍和立论更加客观公正，经得住历史的检验。这与西方历史学家的著作有根本的区别，由于语言的障碍，西方学者一般都很少或者没有依据保加利亚资料写作。

特点之二，本书改变了传统的国别史撰写模式，较好地把历史与现实有机地结合在一起，把历史问题与当代问题紧密联系在一起，同时又不失知识性和可读性。

首先，本书具有强烈的现实性。例如，如何评价保加利亚社会主义的发端、发展和现时受到的挫折，如何评价保加利亚共产党丧失执政地位，如何评价保加利亚现今脱离了俄罗斯"兄弟"而竭力"融入欧洲"等，作者都用一定篇幅，分析介绍了当今保加利亚正反两方面的客观现实，为国人研究东欧社会主义的兴衰提供了宝贵的参考材料。作者把历史学、社会学、政治学、国际关系学等诸学科的原理与方法引进对保加利亚历史的研究，这是当代史学发展的必然和需要。史学服务于现实有直接与间接之分，它是史学的生命力所在。强调这一点正是具有中国特色的史学的特点之一。

其次，本书对同中国历史有关联的某些保加利亚历史人物和事件作了扼要的介绍，如中国进步报刊对1923年九月起义报道；关于20世纪30年代作家鲁迅与伊万·瓦佐夫之间的关系；季米特洛夫对中国革命的关心和支持；对二战中保加利亚抵抗运动在中国的积极影响以及中保关系等，都使用了中国的原始资料。这些史料都是第一次出现在中保关系史研究中，极大地丰富了历史记忆，拉近了中国读者与保加利亚历史的心理距离。

保加利亚学者也指出，"本书的一个重要特点，是把某些保加利亚历史中的重大事件和人物同中国社会和舆论紧密结合在一起，为我们保加利亚社会和史学界架起了两国相互了解的桥梁。如他撰写的古保加尔人族源、介绍中国进步报刊对保加利亚抵抗运动的反应……都使保加利亚读者倍感亲切……"①

---

① [保]玛丽安娜·马利诺娃：《评马细谱的保加利亚史》（Мариана Малинова，"Ма Сипу：История на България"），保加利亚科学院历史研究所《历史评论》杂志（*Исторически преглед*）2011年第1/2期。

特点之三，本书的观点具有一定的创新和突破。对某个国家重大历史事件的评判是史书写作的难点之一。不管是对保加利亚人的族源，还是对该国历史上的某些事件，保加利亚政治学家、历史学家和社会学家历来就有诸多争论；西方学者也提出了一些以西欧史为中心的看法。本书参考和吸收了保加利亚不同史学流派的观点，但又反映了作者的独到见解，具有"中国特色"。

二 《保加利亚史》的学术观点创新

（一）关于俄土战争和沙皇俄国的"解放作用"

作者以对保加利亚社会和经济的发展是否有利为标尺，客观公正地评述了1877—1878年俄土战争，澄清了俄国为保加利亚"解放者"的歧见误说，充分肯定了战争对于保加利亚民族和国家的历史发展在客观上所产生的推动作用。1877—1878年战争，是俄国参与瓜分土耳其遗产的所谓"近东问题"而对土发动的最后一场大规模战争。欧洲列强瓜分的角逐始于18世纪末19世纪初，但俄国较之奥、英、法、意、德等国下手为早（1492年），从1710—1713年的第一次俄土战争到1877—1878年的第八次俄土战争，俄国的战略目标无非是要占领黑海两海峡，变黑海为"俄国的内海"，从而在军事战略上进入地中海。而"变保加利亚为桥头堡"只不过是俄国南进战略目标的第一步。值得一提的是，俄国对巴尔干地区的侵略一直是在大斯拉夫主义旗号下进行的，所以许多民众只看表面现象，误将俄国的侵略意图视作解放，甚至有些学者也把俄国说成是保加利亚等巴尔干国家的"解放者"。

作者还从俄国对战后所签订的《柏林条约》的态度来考察战争的性质，指出"在随后俄国同土耳其和欧洲列强同土耳其订立的条约中也很难发现俄国是捍卫保加利亚等巴尔干国家利益的解放者"。而且，从俄土战争刚一结束，俄国就开始了对保加利亚的两年临时管理（亦说临时占领）。早在 20 世纪 70 年代末，作者与我曾撰文①指出这场战争对沙皇俄国来说具有侵略扩张的性质，第一次突破俄国和保加利亚学者称这是一场解放战争的传统观点。因此，不能说沙皇俄国是巴尔干各国人民解放事业的"天然盟友"和"无私的解放者"。相反，巴尔干各国人民直接参战，从敌后帮助了俄军，减轻了俄军的作战负担，有助于加速土耳其的失败。他们的热情支持和英勇作战给战争增添了新的内容，在某种程度上也使战争的性质发生了某种变化。书中作者对此观点做了进一步的阐述和论证。

（二）关于法西斯主义问题

在保加利亚历史上，还有两个引起人们普遍关注的问题：一个是 20 世纪二三十年代保加利亚有无法西斯主义；另一个是 1944 年"九·九"起义的性质。对这两个问题的认识，关键是看你是以世界历史多线论还是单线论为指导来做分析研究。马克思认为，人类历史的发展绝不是整齐划一的，各民族都有着自己生动和丰富多彩的历史图景。他在《黑格尔法哲学批判》一书中，以单线论者不顾时间、地点和具体历史条件的差异，把整个人类历史都视作按照某种既定序列编排的观点进行了批判，提出：国家的起源、形式和变迁都是由市民社会决定的，也就是说人们物质生活的多样性决定国家形式的多样性；世界历史的发展绝不是在黑格尔及其门徒们所谓的"绝对理念""世界精神""天神意志"等外在于历史的精神力量支配下所编织成的齐一序列。本书作者坚持马克思主义唯物史观，对这两个问题进行了深入的探索，得出了有理有据的令人信服的新论断。

保加利亚的法西斯主义问题始于 1923 年，因为是年 6 月 9 日保加利亚发生了"军事政变"，推翻了较为进步的农民联盟政府。远在莫斯科的共产国际执委会错误地视该政变为"法西斯政变"，并指令保加利亚共产党立即举行反法西斯武装起义。后者被迫接受，举行

---

① 马细谱、张联芳：《是解放者，还是扩张主义者？——试论 1877—1878 年俄土战争的性质》，《世界历史》1980 年第 2 期。

了"九月反法西斯起义",但以失败告终。在此后几十年里,这次失败的起义一直被史学界、政界称之为"反法西斯起义""世界上第一次反法西斯起义",称它揭开了"世界反法西斯运动史上光辉的一页"。作者根据马克思主义唯物史观不同意这种观点。早在20世纪60年代初就读于索非亚大学历史系时,他就对这种不现实的过高评价表示异议,但因当时的政治环境,这一观点无法得到教授们的认同。这次作者在书中依然坚持自己原来的看法,认为保加利亚当时社会经济发展的落后性,造就了其分散的法西斯组织不可能建立起统一的垄断组织,也无法夺取政权,更不可能对外发动战争。他指出,保加利亚不可能像西欧国家那样存在有代表垄断资产阶级利益的反动政权,实行其对内反共、反社会主义、反民主主义,对外进行侵略扩张、发动战争、争霸世界的独裁统治。我们不能把保加利亚这段本来丰富多彩的历史,框定在固有的西欧格式里,再根据格式的需要对它进行任意的剪裁和修改。现在,他的这一观点越来越被保加利亚学者所接纳。

(三) 关于人民民主专政问题

人民民主专政是保加利亚1944年"九·九"起义的性质所决定的。作者对该问题同样是根据当时保加利亚人民的"物质生活方式的特点"来研究的,得出了这次起义是人民民主革命、所建立的政权属于人民民主专政的结论。这个观点与保加利亚共产党和其他东欧国家共产党的最初认识是一致的。但不久在苏联的影响下保共改变了主张,说它是"社会主义革命和无产阶级专政",从而把保加利亚人民民主专政框进苏联的历史格式里。本书利用新的档案资料详细介绍了保共在外部压力下改变观点的过程。

从这里我们可以看到作者严谨缜密的治学态度。作者认为:历史不只是胜利者的历史,有胜利者就有失败者,两者都是历史,不能把历史科学政治化和意识形态化,只写胜利者的历史,不写失败者的历史。改变人民民主专政的性质及其所带来的苦果,实际上是国际共产主义运动的一次严重失误。作为一个严肃认真的学者,不回避失误的历史，这也是顺理成章的。

作者列举实例指出，人民民主制度一经建立，就显现出它的巨大生命力和潜力，诸如国家的政治生活保留多党执政形式；在经济领域实行多种所有制形式并存；恢复和发展经济的两年计划和"一五"计划的提前完成；等等。作者从理论上高度评价了人民民主制度，认为它是东欧各国人民立足于本国国情的选择，开创了社会主义道路的多样性，为世界社会主义运动创造了新的模式和新的经验。这种评价是恰当的，符合马克思的世界历史发展多线论的观点。

（四）关于古保加尔人的族源问题

很久以来，保加利亚民间就传颂着保加利亚与中国之间存在某种历史联系的美好传说。一些保加利亚历史学家几十年前就著书立说称，两国祖先的最早接触和交往可以追溯到公元前的几个世纪里。他们说，当代保加利亚人的祖先古保加尔人起源于中国古代的西域，是突厥人的一个分支部落。

作者在书中第一次尝试涉足这个问题，引用中国古籍记载和保加利亚学者的研究，对古保加尔人源于古代中国西域的突厥人或匈奴人的观点进行较为充分的论证。他认为从中国西部的"仆丂""拔忽"到伏尔加河的"不黑阿尔""不合儿"等部族，很可能指的都是同一族中的一支，即古保加尔人；古保加尔人是"铁勒"部族的一支，也是突厥和匈奴之"苗裔"，说古保加尔人起源于突厥或匈奴，或是他们中的一支，都是成立的。作者还通过一席碑文《古保加尔历代可汗名册》和纪年法来考证古保加尔人的族源，颇具说服力。同时，作者也客观地指出，他对古保加尔人的初探很可能存在谬误，仅是投石问路，唯愿引起有关学者的关注而已。

总之，《保加利亚史》以马克思主义为指导，对保加利亚历史上上述几个尚存争议的问题的剖析和提出的见解颇具启发性。我以为是摆事实、讲道理，并具有说服力的，过去各家长期争论不休、没有定论的疑问，现在总算可以听到中国学者的声音了。而且，马细谱研究员的观点已经引起保加利亚史学界的重视和关注。

三 国内外学者对《保加利亚史》的评述

《保加利亚史》面世后,国内各大网站纷纷转载和介绍该书,引起国内外史学界高度关注并获得好评。

2010年10月,《保加利亚史》通过评审获得国家社科基金后期资助。评审专家在鉴定意见中写道:"该书是汉语学界第一部保加利亚通史,具有填补空白的开拓之功。全书系统、全面地展示了保加利亚人民及国家各个历史时期错综复杂的历史进程,对于一些重大历史问题进行了重点辨析,使该书不仅具有理论价值,同时也有较深的现实意义。"

中国社会科学网在2011年8月23日的新书评介中写道:"本书生动地叙述了保加利亚从古至今的发展过程和历史脉络、主要历史事件和人物,是国内唯一的一部关于保加利亚历史的学术专著。本书内容丰富,史料翔实,对高等院校世界历史教学工作者、外事工作者、广大热爱历史知识的读者具有重要参考价值。"

2011年10月18日,中国前驻保加利亚大使白寿绵在信中写道:"这是你为增进中保间交往交流的又一永久性贡献,并为我国填补了一项空白,意义深远,可贺可志!为你焕发出的旺盛活力和取得的具有价值的成果深表敬意!"

北京外国语大学陈瑛副教授认为:"《保加利亚史》不是对保加利亚历史简单的编著和诠释,而是一本凝聚了著者毕生研究心血的专著,它填补了我国世界史研究的又一个空白。而且,在今后可以预见的一段时间内,由于受到语言和专业知识的限制,也很难有人能够超越。"[①] 2008年,对于已进入"古稀之年"的马细谱来说,这一年是他人生和学术生涯中最有纪念意义的一年。年初,他60多万字的专著《南斯拉夫兴亡》获得"中国社会科学院文库"资助,由

---

① 陈瑛:《积微成著古稀力作——评马细谱学长的新作〈保加利亚史〉》,北京外国语大学欧洲语言文化学院编《欧洲语言文化研究》第7辑,时事出版社2012年版。

社会科学文献出版社出版。

年中，保加利亚同行成立了以保中友好协会主席、前索非亚大学校长尼古拉·波波夫院士为首的纪念委员会，开会纪念马细谱研究员70华诞，以如此隆重方式为一个外国学者个人祝寿，在学界似不多见。随后，保加利亚科学院通讯院士（前保社会党主席）和保加利亚科学院历史所玛利诺娃博士分别发表文章，盛赞马细谱在研究保加利亚历史和参与保中文化交流方面所做出的努力和贡献，祝贺他所取得的诸多成就。

亚历山大·利洛夫院士指出：中国著名的保加利亚学专家马细谱研究员"是一位最知名的和当之无愧的保学家，我们为他迄今为止对保加利亚历史研究所取得的成就而自豪，感谢他在亿万中国人民中传播保加利亚历史知识……从他身上，我们看到了具有五千年文明的中国知识分子的传统美德。我们为他对保加利亚历史和巴尔干问题的深刻了解和博学而感动"[1]。

玛丽安娜·马利诺娃博士写道：马细谱研究员"对保加利亚历史研究的贡献在于：（1）他在一个世界大国向亿万中国人民宣传和普及一个小国保加利亚的历史和文化，积极参与和推动两国科学院之间的交流；（2）他在退休之后仍孜孜不倦地研究保加利亚现状，介绍保加利亚人民的社会政治生活和加盟北约的进程，为加强中保学术和文化交流而努力。马细谱研究员在研究保加利亚历史的过程中，一直把保加利亚发生的事件放在整个地区去研究，去分析。所以，他是一位受到尊敬的保学家，又是巴尔干问题和东欧史研究专家"[2]。

2008年12月，保加利亚科学院出版了《20世纪外国知名保学

---

[1] 亚历山大·利洛夫：《我们感谢你，保加利亚的朋友！》（Александър Лилов, "Благодарим ти, приятелю на България"），《星期一》杂志（Понеделник）2008年第5/6期。

[2] 玛丽安娜·马利诺娃：《中国历史学家马细谱笔下的保加利亚历史——纪念他70大寿》（Мариана Малинова, "Българската история през погледна китайския историк Ма Сипу"），保加利亚科学院历史研究所《历史评论》杂志（Исторически преглед）2008年第1/2期。

家百科》，其中收录了马细谱研究员，介绍了他的生平和著作。①

玛丽安娜·马利诺娃博士在其撰写的长篇书评中说，《保加利亚史》的问世"终于使保加利亚学者迎来了一个等待已久的机会，以承认和感激他为保加利亚历史研究所作出的宝贵贡献"。马细谱研究员"对保加利亚各个时期的历史及其重大历史事件和历史政治人物都有自己的研究和独立见解，具有中国学者独特的写作风格和思考与观察问题的方式，在保加利亚政界和学术界都产生了积极的影响。他引用了保加利亚学者的最新观点，又提出了自己的看法，有的还是带有激烈争论的问题，如保加利亚的法西斯主义与独裁专制问题"。总之，他的历史著作写作方法"独特、先进"，内容"经得起时间考验"②。

保加利亚国家电视台和中国国际广播电台也为该书做了专题节目播出。该书被北京外国语大学保加利亚语专业列为教材，人手一册，并请作者进行了专题讲座。

《保加利亚史》属于成功之作，与作者的学术功底不无关系。该书史料翔实丰富，是作者毕生研究工作的积累。作者在保加利亚和南斯拉夫求学和工作的十几年，正值巴尔干半岛风云多变的年代。他在学习和学术上成长的历史是不拘泥于保加利亚学术传统规范和摆脱巴尔干学术传统束缚的过程。作者深厚的学术素养、文学功底和严谨缜密的治学态度，都为该书的成功奠定了扎实的基础。该书不仅以丰富的史料为支撑以"求实"，而且通过揭示历史现象的本质以"求是"。所以，该书充分体现了人文学科的"求真求是"和社会学科的"经世致用"的结合。作者做出了成功的尝试。

历史学家的责任感和使命感，也是《保加利亚史》成功的重要原因之一。正如马细谱在本书的前言中所说，作为一个大国或强国，

---

① 保加利亚科学院主编：《20世纪外国知名保学家百科》（БАН： *Чуждестранна българистика през XX век－－Енциклопедичен справочник*），"马林·德里诺夫"出版社2008年版，第325页。
② 玛丽安娜·马利诺娃：《评马细谱的〈保加利亚史〉》（Мариана Малинова，"Ма Сипу：История на България"），保加利亚科学院历史研究所《历史评论》杂志（*Исторически преглед*）2011年第1/2期。

如果不了解别国人民的历史，在同世界人民平等交往和友好相处时，就会遇到障碍，甚至尴尬。这是作者从事多年外事工作的深切感受。现在，我国的世界史学科根据国家的需要虽已从二级学科升为一级学科，但其研究状况与我国的地位很不相称。借助中国社会科学院实施创新工程的契机，努力改变世界史研究的现状是我们史学工作者应尽的责任和历史赋予的使命。《保加利亚史》的成功，是作者长期执着使命和信仰的又一次体现，也是他对世界史学科整体发展做出的一个微薄贡献。可以毫不夸张地说，《保加利亚史》的写作特点、观点创新和学术价值，有益于我国世界史学者在国外拥有一定的话语权，起码在保加利亚是这样；它符合创新工程的走出去战略，在国外扩大我国学术和学者的影响力，有助于为繁荣发展我国哲学社会科学增砖添瓦，做出中国世界史学者应有的贡献。

当然，读完《保加利亚史》，使人感到意犹未尽，甚至觉得还有某些美中不足。例如，保加利亚政治经济转轨后解密了大批历史档案，但作者查阅和使用的解密档案仍然较少；又如，本书还存在重点突出不够、罗列史实较多、分析偏少的问题；再如，书中偏重社会政治史，对经济、文化、外交部分展开不够，理论归纳亦有待提高等。这些意见和建议仅供作者日后有机会再版、补充修订时参考。

（原载《世界历史》2012 年第 5 期）

难以实现的合作
——中国与华约组织的关系

李 锐

中国与华沙条约组织有实质性接触是从 1955 年 5 月中国以观察员的身份参加华约组织的成立大会，到 1962 年终止参加华约组织会议，也就几年的时间，但出于国家安全利益的考虑，中国对华约组织的关注却是相伴始终。不过以往研究华沙条约组织的著作大多是分析华约组织本身的机制及其军事实力，即使涉及中国，也仅仅是因为在研究华约成员国之间的政治关系、苏联如何处理与东欧国家的矛盾时，时不时牵扯到中国。这中间最大的问题是文献资料的缺乏。而能够把中国与华约组织的关系作为一个专题来研究，应该得益于东欧国家的学者把有关华约组织的档案文献挖掘出来，由安全合作平行史项目（Parallel History Project on Cooperative Security, PHP）整理，全部资料登载在该项目的网站上。[①] 2005 年，中欧大学出版社还出版了《华约组织的内部历史，1955—1991》，[②] 该书编辑了 150 多篇来自东欧各国的有关华约组织的档案。项目的协调人沃伊泰克·马斯特尼在为该档案集撰写的 5 万字导言中，提到中国与华约组织关系的几个关键问题，例如，1962 年中国终止参加华约组

[①] 合作安全平行史项目原来的名称是北约与华约平行史项目（Parallel History Project on NATO and the Warsaw Pact），1999 年建立。网站设立在瑞士苏黎世联邦理工学院安全研究中心：www. php. isn. ethz. ch.

[②] Vojtech Mastny and Malcolm Byrne, eds., *A Cardboard Castle？An Inside History of the Warsaw Pact, 1955–1991*, Budapest: Central European University, 2005.

织会议的原因，1963年是否准许蒙古加入华约组织等。同样值得一提的还有瑞典学者吕德量利用中国外交官的回忆录等中文资料，探讨了中苏谋求中国与华约组织机构协作所做的努力。[1]

一　寻求相互支持

1955年5月14日成立的华沙条约组织主要是为了应对在欧洲发生的政治危机而创建的。由于北约吸纳联邦德国加入，从而引起苏联和东欧国家对德国军国主义复兴的忧虑，以及战后迟迟未签订对德和约，引发东欧国家对战后边界状况没有得到联邦德国承认的担心。[2] 因此，仅从区域安全的角度来讲，中国与华沙条约组织并没有共同的安全利益。但是，如果审视一下当时的国际形势，苏联和东欧国家在欧洲所面临的政治挑战，实际上与中国在亚太地区面临的挑战是一样的。

1953年7月《朝鲜停战协定》签订，意味着局部热战的暂停，但是美国很快在东北亚启动善后工作。1953年10月，美国与韩国签订《美韩共同防御条约》，保证了其在朝鲜半岛的军事存在。美国毫不掩饰自己遏制共产主义运动发展的目的，构筑反共军事联盟，1954年9月签订《东南亚防御条约》。加上在朝鲜战争期间的1951年8—9月，美国先后与菲律宾、澳大利亚、新西兰和日本签署的安全条约，美国建立了亚太集体安全体系。而与中国的利益更加直接相关的就是台湾问题。1950年朝鲜战争爆发后，美国第七舰队驶入台湾海峡；1954年12月又通过《美台共同防御条约》，让美国军事力量有理由继续保留在台海。在欧洲，美国积极推动联邦德国加入

---

[1] Lorenz M. Lüthi, "The People's Republic of China and the Warsaw Pact Organization, 1955-63", *Cold War History*, Vol. 7, No. 4, October 2007, pp. 479-494.

[2] 最为敏感的就是波兰领土问题。根据雅尔塔协定和战后波苏两国签订的疆界条约，波兰东部边界依照寇松线划分，战前属于波兰的西乌克兰和西白俄罗斯划给了苏联，西部以奥得—尼斯河为界，北部东普鲁士的一部分和但泽自由区划给波兰。1970年12月波兰才与联邦德国签署《关于两国关系正常化基础的条约》。

北大西洋公约组织，就是为了在美国的全球防御体系中，在直接与社会主义阵营对抗的前沿，不留下德国这个缺口。

当批准联邦德国加入北约的《巴黎协定》正式生效后，1955年5月11—14日，苏联和东欧国家在华沙举行了第二次欧洲国家保障欧洲和平安全会议，即华沙条约组织成立大会，邀请中国以观察员的身份参加大会。此时中国是否提出过或是接到过加入华约组织的邀请呢？[①] 到目前为止，我们确实未见任何文字类的材料，但这不妨对此问题做一个探讨。

中国派出参加会议的代表团团长是彭德怀，当时他的身份是国务院副总理兼国防部长和国防委员会副主席，而此前他刚刚辞去了另一个身份——中国人民志愿军司令员。让在朝鲜战场打了胜仗的彭德怀率团应该说中国是有一定用意的，中国代表团此行的目的既然是要宣示中国对华沙条约国会议的态度和立场，那么就不仅要表明中国很看重华约组织成立的意义，也要显示支持的力量。

彭德怀在华约组织成立大会上声明说，中国政府将对华沙会议所做的一切决定给予全力的支持和合作。他说："和平是不可分割的；如果欧洲和平受到破坏，如果帝国主义侵略者向欧洲和平国家点起了战火，那末，我国政府和我国六亿英勇的人民一定同我们的兄弟国家的政府和人民进行共同的反侵略斗争，直到最后的胜利。"[②] 彭德怀的发言第二天就由《人民日报》登载。中国明确地向苏联和东欧国家传递了一个信息，中国把亚洲和平与欧洲和平联系在一起，并且中国会坚决地支持欧洲社会主义国家保卫国家安全和维护世界和平的斗争。

[①] 有学者指出："中国是否主动提出过参加华沙条约组织，目前尚无史料说明，不过苏联确曾提议接纳中国或欧洲以外的其他国家（例如古巴）加入这个条约，只不过这一动议受到了东欧各国的抵制而已。"参见沈志华主编《中苏关系史纲：1917—1991年中苏关系若干问题再探讨》，社会科学文献出版社2011年版，第220页。他依据的是马克·克莱默1996年在香港"冷战在亚洲"国际研讨会上的文章。不过，在威尔逊国际冷战史项目出版的此次会议文件上，却没有看到克莱默的文章，只有日程上写着克莱默是"华约与中苏分裂"专题讨论会的评论员。目前在PHP网站上，也没有看到有关要中国加入华沙条约的资料。

[②] 《维护欧洲和世界和平的强大支柱》，《人民日报》1955年5月17日第1版。

而声明透露出的另一个信息是中国对当时形势的判断，认为当时欧洲局势紧张，战争的危险更加严重了，这与中国对在未来亚洲可能会突然发生帝国主义的侵略战争的担心相契合。朝鲜停战，似乎预示着局势的缓和，中国也需要尽快从战争经济转向和平建设的正常轨道。1953年9月，在一次军委例会上，彭德怀在谈到海军是否发展大型舰艇和舰队时说，"我国工业落后，财力有限。海军任务是保护近海、保护渔船和海上交通。十年之内不要想去打台湾"[1]。但是到了1954年7月，针对美国正在与台湾蒋介石进行的《共同防御条约》的谈判，中共中央有了新的指示，确定拟定解放台湾的军事斗争计划。为此彭德怀还做了检讨，在朝鲜停战后，未及时把解放台湾作为长期斗争方针，"这一错误应由我来负责"[2]。美国在东北亚的军事布局，使中国非常担心自己的腹部随时会被捅上一刀。

现实的确也是如此，中国在台海不仅有政治风险，经济上也不断有损失。从1949年8月到1954年10月，200多艘中外商船通过台湾海峡时受到台湾当局的骚扰、炮击和劫持。1953年10月，波兰商船"布拉卡"被劫持到台湾，这艘船属于中波轮船股份公司，[3]悬挂的是波兰国旗，而它运载的是从罗马尼亚康斯坦萨港装运的8000吨煤油，是中国大陆急需的物资。1954年6月，苏联油轮"图阿普斯"号也被劫持到台湾。为此苏联在华的顾问彼得鲁瑟夫斯基通报说，苏联政府决定把军事飞机和高炮的图纸主动提供给中国，并探讨"苏轮来华护航事宜"[4]。

因此，彭德怀之行还有一个目的就是针对中国所面临的危机形

---

[1] 王焰主编：《彭德怀年谱》，人民出版社1998年版，第558页。
[2] 王焰主编：《彭德怀年谱》，第574页。
[3] 中波轮船股份公司是1951年6月15日在中国成立的中外合资企业。成立之初，总公司设在天津，分公司设在波兰的格丁尼亚，中波各占50%的股权。公司的运作几十年从未中断过，对于中国当时突破对华禁运和军事封锁更是有着重要的贡献。2011年，中波轮船股份公司编著了《中波轮船股份公司发展史（1951—2011）》（上海古籍出版社），纪念公司成立60周年。
[4] 王焰主编：《彭德怀年谱》，第573页。

势，如何应付未来突发的侵略大战，与苏方就协同事宜交换意见。①1955年5月初，彭德怀赴柏林参加民主德国解放十周年庆典，途经莫斯科；5月中下旬参加完华沙会议后回国途中又经过莫斯科，两次在莫斯科彭德怀都与赫鲁晓夫进行了会谈。我们目前还没有看到赫彭会谈的原始记录，仅有中国前驻苏大使刘晓的回忆。在会谈时赫鲁晓夫感谢中国对华沙条约组织成立的支持，同时说："华沙条约不仅对西方也是对东方的，希望考虑采取什么方式把中国和华沙条约结合起来，如通过加强中苏友好同盟互助条约的各种措施来实现。""目前重要的是考虑和研究一些具体合作问题，形式不一定完全和华沙条约一样，可以适合远东和中国的情况，这就可以使美国不敢轻举妄动。"②

赫鲁晓夫的表态可以有两种解释，中国与苏联1950年签订的《中苏友好同盟互助条约》确立了中苏在军事上互相援助的关系，同时苏联也是华沙条约组织的一个成员国，以苏联为媒介，展开中国与华约组织的合作，这种军事关系的延展是一种思路；或者只是中苏开展一定的军事合作，以加强在远东和太平洋地区对抗美国的实力。从实际操作来看，后一种可能性更为合理些。如果认为赫鲁晓夫谈的与华约组织结合仅是军事意义上的合作，甚至像有学者提出的是指中国与华约组织机构上合作的可能性，③这点还是值得商榷的。

20世纪50年代中期，正是苏联内政和外交调整的时期。不论是出于打击政治对手的需要，还是要改变一下苏联过于强硬的外交形象，赫鲁晓夫上台后外交思路已经转变了，不再强调加强对抗而是持一种缓和的基调。1955年4月，苏联和奥地利在莫斯科谈判，在奥地利做出保持中立的承诺后，苏联同意从奥地利撤出军队，签订条约。在此之前，赫鲁晓夫就曾对负责奥地利问题谈判的苏联外长莫洛托夫说，奥地利是个战略要地，只有傻瓜才会在打仗时放弃战

---

① 王焰主编：《彭德怀年谱》，第595页。
② 刘晓：《出使苏联八年》，中共党史出版社1998年版，第10、11页。
③ Lorenz M. Lüthi, "China and the Warsaw Pact Organization", pp. 479–481.

略要地。如果想要战争最好是留在那里，如果我们反对战争，我们就离开那里。① 1955年7月，苏联和美、英、法在日内瓦召开四国首脑会议时，苏联部长会议主席布尔加宁代表苏联政府提出，希望缔结一项保障欧洲集体安全的全欧条约，以保证北约和华约成员国之间不使用武力对峙。这个提案实际上是苏联希望华约组织最终达到的目标，正如《华沙条约》最后一项条款所说："如在欧洲建立了集体安全体系并为此目的缔结了全欧集体安全条约（这是缔约国将坚持不渝努力争取的），本条约将在全欧条约生效之日起失效。"

显然，苏联当时的战略考虑不是利用华约组织去构筑针对美国军事部署的防御体系，而是希望以此为谈判的筹码，让西方承认两个德国的分裂，维持欧洲的政治现状。所以，华约组织从一开始体现的是其政治功能，它的主要协商机构是政治协商委员会。即使华沙条约有成立武装部队联合司令部的条款，但加强防御力量组建缔约国联合武装部队的问题，尚未作为华约组织的主要议题。

华约组织的作用，从本质上是针对欧洲安全和德国问题的，这一点中国是很清楚的。1955年10月31日，《人民日报》发表社论《保障欧洲安全的重要建议》，对苏联和美、英、法外长讨论欧洲安全问题的会议发表了评论。社论中说："建立所有欧洲国家和美国参加，并且有中国观察员参加的欧洲集体安全体系，是保障欧洲安全和巩固世界和平的最可靠的办法。"中国在这里实际上认同了美国在处理欧洲安全问题上所处的地位，同时认同了苏联和东欧国家希望通过华约组织实现建立欧洲集体安全体系的最终目标，在这个体系里，应该有中国的参加，不过是充当观察员。这也应该是中国给自己在华约组织中的定位，即中国只是观察员的身份。② 中国参加华约组织的会议，

---

① 苏共中央委员会全会记录，1955年7月12日，2/1/176/282-95，TsKhSD，copy at NSA. 转引自Mastny Vojtech, "The Soviet Union and the Origins of the Warsaw Pact in 1955", in Niels Erik Rosenfeldt, Bent Jensen, Erik Kulavig, *Mechanisms of Power in the Soviet Union*, Macmillan Publishers Limited 2000, p. 242.

② 1955年5月出席华沙条约组织成立大会时，除了苏联和东欧七国，只有中国一国以观察员身份参加；1956年、1958年的两届华约组织政治协商委员会会议参会国名单上也是只有中国为观察员。

对于当时的苏联和东欧国家来说是个支持，中国也由此开始介入苏联和东欧国家关系中，多了一个宣讲中国立场的政治舞台。

二 分歧的出现

如果华约组织的成立从苏联的动机来讲，是把它当作制衡北约的工具的话，对于其他成员国来说，意义则各有不同。对德国问题最为关注的应该是民主德国、波兰和捷克斯洛伐克。德国的分裂使得民主德国对联邦德国的一举一动非常敏感，如何保持政权稳固和经济形势的稳定是其必然要考虑的问题。而对于波兰，战后整个疆界西移，1950年波兰和民主德国签订了边界协定，确认了其西部边界，但是没有签订对德和约始终是其一块心病。和联邦德国接壤的还有捷克斯洛伐克的波希米亚，希特勒德国东扩的第一步就是拿捷克开的刀。相对来说，匈牙利西部相邻的是持有中立立场的奥地利；阿尔巴尼亚孤立地位于巴尔干半岛的一角，东南有希腊，隔海有意大利；保加利亚南部挨着希腊和土耳其；稍微远离矛盾中心的是罗马尼亚，该国夹在苏联、保加利亚、南斯拉夫和匈牙利之间。除了捷克斯洛伐克，苏联在民主德国、波兰、匈牙利、罗马尼亚都有军队驻扎，在阿尔巴尼亚的发罗拉港有苏联的潜艇基地。因此可以理解苏联在华约组织成立之初，并没有切实考虑它作为军事联盟存在的意义。但是，即便作为一个政治联盟，它的机构和职能建设也是困难重重。

1956年1月，华约组织在布拉格召开第一届政治协商委员会会议，由于会前苏联已经把东欧各国党中央书记召集到莫斯科，通报了苏联在华约组织成立后与西方打交道的情况，所以当时参加政治协商委员会会议的各成员国代表就只是政府一级的领导人。会议有两项重要决定，一是接受民主德国新组建的人民军参加华约组织的联合武装部队，这样，民主德国从政府到军队形成了完整独立的国家建制。另一个是有关华约组织活动常规化的决议，会议决定每年召开至少两次政治协商委员会会议，以加强华约组织成员国对外政策的协商。但是，华约组织的正常活动却因为这一年爆发的波兰和匈牙利事件而中断了。

苏共二十大之后，苏联开始的政治解冻无疑是后来波兰和匈牙利出现社会动荡和领导层危机的导火索。赫鲁晓夫对斯大林个人崇拜的批判，揭开了战后东欧国家社会经济发展不平衡、人民生活清贫等问题的盖子，同时也使苏联与东欧国家不平等关系带给人们的不满得以释放出来。

对于1956年10月波匈事件本身，人们谈得已经比较多了。而我们注意到与华约组织相关的一个细节，就是在危机关键的时刻，说得夸张一点，就是在苏联军队兵临城下之际，波兰的领导人哥穆尔卡选择的是向苏联保证，波兰会继续留在华约组织内，不会滑向西方[1]；而匈牙利的纳吉却是宣布匈牙利退出华约组织，保持中立。当然最后结果也不同，波兰的国防部长换了，原来的国防部长俄籍将军罗科索夫斯基返回国内；而在匈牙利，苏军占领布达佩斯，匈牙利的党和国家领导人不得不进行彻底换班。

此时华约组织在解决苏联和东欧国家关系问题中的地位有点尴尬，对成员国去与留的问题似乎成为政治立场的风向标，但在整个事件中，苏联都没有想到启动华约组织的协商机制来解决问题，因此可以设想，华约组织当时的作用主要是被视作对外与西方抗衡的工具，而非解决内部矛盾的机构。苏联沿用的还是与东欧各国党政首脑会谈的机制。1957年波匈事件平息之后，华约组织政治协商委员会也没有按照原先商定的举行会议，而是在11月，借社会主义国家派代表团参加苏联40周年国庆之机，在莫斯科举行12国社会主义国家执政党会议，交换了对国际形势的看法，对苏共二十大所引起的反苏反共浪潮做出回应。

在此之前苏联对东欧各国的关系做了一些调整，先后与波兰、民主德国、罗马尼亚和匈牙利签订了条约，规范暂时驻扎在这些国

---

[1] Mark Kramer, "New Evidence on Soviet Decision-Making and the 1956 Polish and Hungarian Crises", *CWIHP Bulletin*, Issues 8–9 (Winter 1996/1997), p. 360.

家领土上的苏军的法律地位。同时强调,苏军的驻扎是由于美国和北约在社会主义国家附近驻扎大批军队和保持许多军事基地,威胁社会主义国家的安全,苏联军队的暂时驻扎对防御美国和北约可能的侵略是必要的。① 这实际上也反映出苏联和东欧国家的关系包括其与中国的关系是有双重性的,一方面是双方都称要平等,另一方面是苏联凭实力独自称大。

在当时的形势下,特别是在 1957 年 11 月莫斯科会议和形成会议文件《莫斯科宣言》的过程中,中国仍然坚持并维护苏联为社会主义阵营之首的地位。毛泽东强调说,现在我们的敌人是全副武装的,而我们现在拥有全副武装的只有苏联,其是第一个社会主义国家,也是最强大的社会主义国家。如果一旦有事,我们大家还是要靠苏联,这是大局。② 为此,中国还做了波兰的工作,消除波兰对有可能再成立类似共产国际那样的国际组织的担心,不仅把以苏联为首写进《莫斯科宣言》,同时还强调社会主义国家间的关系建立在"完全平等、尊重领土完整、尊重国家独立和主权,互不干涉内政的原则上"③。在莫斯科会议上,中国的意见做了比较充分的表达,所以毛主席说,这次到莫斯科来,感到有点平等的空气。也正是在莫斯科会议前后,中国落实了最想得到的苏联援助中国建立原子工业、生产原子武器和导弹的承诺,并且原则上决定苏联在远东的海军和空军将同中方合作。④

中苏关系的蜜月期似乎没有持续多久,就出现了所谓的长波电台和共同舰队的问题。中国在这两个问题上确实表现出了强烈的主

---

① 1956 年 12 月苏联和波兰签订暂驻波兰的苏军的法律地位的条约;1957 年 3 月和 5 月,苏联分别与德意志民主共和国和匈牙利签订类似的协定。参见《国际条约集》(1956—1957),世界知识出版社 1962 年版,第 262—268、316—322、601—607 页。

② 吴冷西:《十年论战》,中央文献出版社 1999 年版,第 114 页。

③ 吴冷西:《十年论战》,第 132 页。

④ 有关中国研制核武器和苏联对中国核工业的援助的问题,沈志华在《中苏关系史纲》中有一章《苏联对中国核武器研制的援助和限制》做了详细的论述,参见该书第 171—189 页。1957 年 11 月中国还派出了彭德怀、叶剑英率领的中国军事友好访苏代表团,刘晓的《出使苏联八年》一书谈到了代表团的活动,参见该书第 71—73 页。

权意识,"不要让外国人在中国搞军事基地"。但是后来中苏争论和分歧的实质是不是主权问题,就值得讨论了。①

苏联的提议既是应中方海军合作的要求,其背后也是出于美苏在欧洲并可能延伸至其他地区所进行核较量的考虑。1957年8月苏联试射成功第一枚洲际弹道导弹,并且在10月把世界上第一颗人造地球卫星成功送上天,12月苏联的第一艘核动力潜艇又试航成功,展现了苏联正在不断扩展其军事威力。而同时北约组织理事会会议即将讨论美国在其成员国,包括联邦德国,配置核武器和火箭武器基地的问题。为此,1958年2月,波兰外交部长拉帕茨基再次向苏、美、英、法等国以及捷克斯洛伐克和民主德国提交关于在中欧建立无原子武器地区的备忘录,即"拉帕茨基计划",意图阻止在联邦德国部署核武器。但是,北约组织常设理事会还是通过了决议,"确定对尚未拥有原子武器的北大西洋集团成员国供应原子装备",联邦德国联邦议院也通过决议授权政府以核武器和火箭武器装备军队。苏联的应对是两个方面的,一是舆论宣传,二是武装东欧国家。1958年5月24日华约组织政治协商委员会会议发表《华沙条约缔约国宣言》,具体建议:1. 召开东西方国家领导人会议,由北约和华约国家各推选三国或四国参加高级会议,首要问题是停止试验原子武器和氢武器;2. 建议签订华沙条约参加国和北大西洋公约组织参加国之间的互不侵犯公约,和缓两个主要集团之间所形成的纠纷和防止它们之间的矛盾变成军事冲突。②赫鲁晓夫还警告西方,受此事件的影响,苏联会考虑在华约成员国部署战略核导弹。不久,捷克斯洛伐克、民主德国和波兰就得到了苏联提供的能载核弹的飞机和地对地导弹。保加利亚、匈牙利也得到了苏联同样的军事保护,而在罗

---

① 我比较赞同沈志华在这个问题上的看法,他认为,"中苏关于长波电台和共同舰队问题的争吵及其所反映的矛盾实质,在后来双方的政治大论战中被夸大了"。参见沈志华《中苏关系史纲》,第234页。而吕德量提出美国对苏联核能力提升的反应是苏联向中国提出共建长波电台和共同舰队的一个背景,这样苏联的动机及其指向就显得更为明确了。参见 Lorenz M. Lüthi,"China and the Warsaw Pact Organization", p. 482.

② 《华沙条约缔约国宣言》,《人民日报》1958年5月27日第5版。

马尼亚部署的是蛙式-7和飞毛腿-B型导弹。①

在这次华约组织政治协商委员会会议上，苏联还宣布了从罗马尼亚撤军的消息。书面上的理由是基于社会主义国家的和平政策，但罗方也是有自己想法的。1958年4月罗马尼亚代表团访问中国时，中罗双方曾发表联合声明，呼吁用集体安全体系取代在欧洲和亚洲的各军事集团，取消在别国领土建立军事基地和撤出在别国领土上驻扎的军队。这种主权独立意识应该是中罗关系后来发展比较密切的基础。问题还有另一面，就是苏联的指导和榜样作用遭到质疑。同年9月，苏联提出召回在罗马尼亚的苏联顾问和专家。在苏共给罗马尼亚工人党的信中说，苏联担心在罗马尼亚的苏联顾问和专家在某种程度上会妨碍罗马尼亚本国科研队伍的发展，苏联还承认，"我们的一些专家并不总是熟悉你们国家的政治形势和民族特性。所以会发生一些误解，而不利于我们的双边关系"。这种质疑也发生在中国。我们注意到中国领导人在这个时期强调，学习苏联的方针是坚定不移的……但一定要有选择地学，坚决反对教条主义。② 不过，从苏联对罗马尼亚问题的处理来看，苏联已经注意到调整与其他社会主义国家间的关系，此时苏联也没有必要有意去冒犯中国的主权。

至于谈到中苏分歧，人们的焦点都集中在1960年6月的布加勒斯特会议，有点忽略2月4日在莫斯科召开的华约组织政治协商委员会会议。参加此次会议的除了华约组织缔约国之外，中国、朝鲜和蒙古人民共和国以观察员身份参加，越南以非官方的身份参会。③ 会议开始之际还规定，除了会议宣言，会议的其他任何讲话都不公开发表，结果矛盾就出在这里。

会议公报草案在会议之前已送达各参会国，包括中国。在会议

---

① Mark Kramer, "'Lessons' of the Cuba Missile Crisis for Warsaw Pact Nuclear Operations", *CWIHP Bulletin*, Issues 8-9 (Winter 1996/1997), p. 350.

② 王焰:《彭德怀年谱》，第689页。

③ 1960年2月11日，保共党中央政治局委员于哥夫在保共中央委员会做的报告中提到，华约组织政治协商委员会会议决定，为了不违背日内瓦协议，越南以非官方身份参会。参见PHP网站，http://www.php.isn.ethz.ch/collections/colltopic.cfm?lng=en&id=17883&navinfo=14465，2008年1月。

宣言中，苏联把赫鲁晓夫访美及其与艾森豪威尔会谈的意义提升得很高，说此举打碎了世界上两个最强盛的国家——苏联和美国之间关系中"冷战"的冰块，在整个国际关系的发展中开启了一个新阶段。而在1959年6月，正是赫鲁晓夫准备9月访美之前，苏联给中共中央的信中提出，暂不向中国提供原子弹样品，以便不妨碍苏联与西方达成禁止核试验的协定。并且"苏联拥有的核武器将用来回击任何侵略者的侵犯，保卫整个社会主义阵营的各个国家"[1]。中共中央认为，苏共中央的理由是表面的，说明赫鲁晓夫在这个时候倾向于向西方国家让步，以达成停止核试验的协议。他把和平的希望寄托在同美国达成协议上，而不是依靠进一步增强社会主义阵营力量（包括拥有原子弹）。中国把这次毁约与苏联1958年提出建长波电台，搞共同舰队，要控制中国联系在一起，认为赫鲁晓夫可能采取新的方针——同西方主要是美国站在一起，反对中国。[2]

当时，中国并未给予答复，现在要借华约国会议的平台表明自己的态度。因此在准备中国代表团团长康生的发言时，中国是有针对性的，一是强调美国的帝国主义本性不会改变，美国仍然是世界和平的主要敌人；二是郑重声明"没有中华人民共和国的正式参加和它的代表的签字，有关裁军的国际协议和其他一切国际协议，当然都不能对中国具有任何约束力"[3]。康生的讲话还在2月6日以《在华沙条约缔约国政治协商委员会会议上康生同志谈目前国际形势》为题全文登载在《人民日报》第一版。同日的报纸还刊登了《人民日报》社论，说华约组织是一个维护和平的组织，社会主义阵营各国的团结和强大是维护和平的决定性力量。美国部分地接受缓和国际局势的做法，只是"在世界力量对比对其十分不利的情况下不得不采取的权宜之计的策略"。这与登载在同版的《华沙条约缔约国宣言》中的提法有着明显的区别。《宣言》说"苏美两国关系在

---

[1] 1959年6月20日苏共中央关于不交给中国核武器样品和设计技术资料问题，见中国外交部档案，档案号：109-02563-01，第1—3页。
[2] 吴冷西：《十年论战》，第208页。
[3] 《人民日报》1960年2月6日第1版。

友好和合作的道路上有进一步的发展，这将是保证世界和平牢不可破的一个重要保证"①。

公开发表康生的讲话违反了会议规定，但这并非是时差的关系，②而是中国有意要亮出自己对于国际形势的看法，不满赫鲁晓夫为与西方达成协议放弃支持中国核发展计划的做法。捷克斯洛伐克外长瓦·戴维德在会后给捷共中央的报告中提到了中国代表团的讲话及此事的影响，说西方媒体注意到了讲话内容，声称中国代表在讲话中反对赫鲁晓夫。③而会后苏联对中国代表团行为的不满，甚至赫鲁晓夫含沙射影地攻击毛泽东，不单单是因为中共中央的机关报将中苏分歧公之于众，背后还另有隐情。1959年底，苏共中央政治局委员苏斯洛夫在苏共中央代表大会上做报告，谈到赫鲁晓夫10月出访中国以及中苏在外交、内政及经济等一系列政策上的分歧，他称，"中共党内外政策的错误是由对毛泽东同志个人崇拜的环境造成的"④。苏共党内对毛泽东个人有看法，所以赫鲁晓夫才会借机暗讽，说出"一个老头子不明智"之类的话。⑤

那么中国与苏联的分歧是否只是对于时代的判断，或者说是对战与和问题有不同的看法？这就涉及怎么看关于和平共处的问题。实际上，毛泽东把和平共处看作两个层次，一个是外交政策上讲的国与国的关系，这是应该建立在和平共处五项原则基础上的；另一

---

① 《维护和平的决定性力量》、《华沙条约缔约国宣言》，《人民日报》1960年2月6日第2版。

② 有关各参会代表团的讲话不公开发表的决定是由华约外长达成的协议，1960年2月1日，中国驻苏使馆代办张伟烈参加了华约国外长会议。即使是2月4日做出的决定，也是在康生发表讲话之前，离2月6日见报有一整天的时间。

③ 1960年2月20日，戴维德向捷共中央政治局提交的有关华约组织政治协商委员会会议的报告，http://www.php.isn.ethz.ch/collections/colltopic.cfm?lng=en&id=17884&navinfo=14465，2008年1月。

④ "A New 'Cult of Personality': Suslov's Secret Report on Mao, Khrushev, and Sino-Soviet Tensions, December 1959", translated by V. M. Zubok, *CWIHP Bulletin*, Issue 8–9 (Winter 1996/1997), pp. 244, 248.

⑤ 赫鲁晓夫说，一个老头子不明智，等于是一双破套鞋，实际上是摆在那个角落里当废品，没有用处。1960年2月22日，中共中央政治局常委还专门召开会议，讨论赫鲁晓夫对中国的攻击。中苏关系和批判修正主义的问题提上日程。见吴冷西《十年冷战》，第251—255页。

个层次是共产党的对外关系的总路线,就不能只限于和平共处,"还有一个无产阶级国际主义的问题",就是社会主义国家相互支持、相互帮助,社会主义国家共产党支持世界革命的问题。① 对党的对外关系总路线的分歧应该是中苏矛盾的焦点。

1960年6月,布加勒斯特会议中苏矛盾的公开化,确实是中国与苏联和东欧国家关系的一个转折点。东欧国家除了阿尔巴尼亚以外,几乎都站在苏联一边,但对于中国的立场,这些国家并非全然不理解。1960年7月,匈牙利驻朝鲜大使在写给外交部的报告中,谈到捷克斯洛伐克驻朝大使科胡塞克对中苏分歧的看法。报告中说,在科看来,和平共处的思想在远东的人民民主国家中有点不受欢迎。现实确实如此,毕竟,对于中国、朝鲜或者越南来说,很难理解要与美帝国主义这个最凶猛的国家敌人和平共处。科还认为,他们(指中国和朝鲜)也很难接受德国问题是国际生活的中心问题。② 当然,中苏分歧的存在尚不至于使双方走向决裂,但是中国还是有些反应的,尤其是对华约组织的高级会议显然没有那么积极了。阿尔巴尼亚也降低了出席1961年3月在莫斯科举行的华约政治协商会议的代表级别,包括8月会议。

从1958年的政治协商会议开始,华约成员国出席会议的一般都是党中央的第一书记和政府总理。作为观察员的代表,1958年中国派出的是国务院副总理陈云,1960年是中央委员、政治局候补委员康生;朝鲜和越南在1960年、1961年参会的也是副总理级别的代表,只有蒙古国派出的是党的第一书记泽登巴尔。中国1961年出席3月和8月莫斯科会议的是当时中国驻苏大使刘晓,他也提到,由于1961年苏共与阿劳动党关系已十分紧张,阿方派政治局委员巴卢库和阿利雅参加华约国协商会议,霍查和谢胡未去莫斯科出席会议。③

---

① 吴冷西:《十年论战》,第152页。
② "Report, Embassy of Hungary in North Korea to the Hungarian Foreign Ministry, 2 July 1960", translated by Balazs Szalontai, *CWIHP Bulletin*, Issue 14/15 (Winter 2003/Spring 2004), p. 116.
③ 刘晓:《出使苏联八年》,第140页。

3月会议上，苏联和阿尔巴尼亚的矛盾被提出来了。苏联以华约联合武装力量司令部的名义指责阿尔巴尼亚在发罗拉海军基地为难苏联舰艇人员。华约政治协商会议也做出决定，认为阿尔巴尼亚违反了华沙条约所规定的成员国应承担的义务和遵循的原则。对苏阿矛盾，中国并没有明确表态。刘晓认为，苏阿矛盾发展下去，将会危及中苏关系。而此次会议有积极的一面，"矛头是针对帝国主义的，并且主要针对美帝发动战争的危险性，强调加强社会主义的武装力量"。在这种形势下，要谨慎对待，不致造成中苏之间直接对立的局面。①

刘晓对会议积极一面的评价是有根据的。赫鲁晓夫在会议讲话中确实强调了社会主义国家的联盟在维护不仅是欧洲还有亚洲的和平中的作用。他说，尽管中国、越南、朝鲜和蒙古不是华约成员国，但是有义务与他们就重要的外交政策经常协商。他还强调，中苏友好互助条约下，双方有义务为遭受攻击的另一方提供军事援助。② 由此看来，3月莫斯科会议尽管有发罗拉基地问题，但并没有使中国改变对参加华约组织会议的态度。

1961年8月3—5日，华约组织又应民主德国的要求召开了首脑会议，专门讨论东西柏林边界问题。代替霍查出席会议的阿尔巴尼亚代表阿利雅在会议第一天就被迫离开，原因是民主德国说他的级别不够参会。就华沙条约本身来说，并没有规定必须由国家首脑出席华约政治协商会议，条约第六条只是说，"政治协商委员会由每一缔约国派一名政府成员或一名特派代表参加"，以磋商和审查条约实施所引起的问题。华约首脑会议借代表身份问题排斥阿尔巴尼亚，后来这也成为限制中国等亚洲国家参加华约组织会议的借口。

1961年10月31日，华约组织缔约国保、匈、民主德国、波、罗、苏、捷的党中央联名给中共中央、朝鲜劳动党、越共和蒙古人

---

① 刘晓：《出使苏联八年》，第141页。
② 参见赫鲁晓夫在1961年3月29日华约政治协商委员会莫斯科会议上的讲话，http://www.php.isn.ethz.ch/collections/colltopic.cfm? lng=en&id=17897&navinfo=14465，2008年1月。

民革命党中央写了一封信，对以观察员身份参会的代表能否充分传达政治协商会议的信息提出质疑。并说，如果你们党和政府最高首脑来参会，那样最好，要不就是我们把所有讨论的问题直接通报给你们党和政府的领导人。① 目前为止，我们还不知道苏联和除阿尔巴尼亚之外的东欧其他六个华约成员国是如何讨论出台这封信的，但正像马斯特尼教授所说，苏联通过程序上的花招把中国排斥在外。② 而牵扯到的问题并不只是代表级别那么简单，实质是苏阿关系的恶化。8月华约首脑会议虽然排斥了阿尔巴尼亚的代表，但是在9月地拉那举行的庆祝"阿苏友好月"的群众集会上，阿劳动党中央书记处书记卡博还高度评价苏阿友谊，并且表示，阿尔巴尼亚不是孤立的，是强有力的社会主义阵营的一员，是华沙条约组织的一员。但是到了10月17日召开的苏共二十二大会议上，苏共领导人在发言中公开点名攻击阿劳动党，说阿领导人搞"个人迷信"。

参会的中共代表团把这一情况反馈给国内，中央决定要表明中国共产党不同意赫鲁晓夫在苏共代表大会上公开反对另一个兄弟党。这样周恩来在19日会议致辞中，临时加了一段话，指出公开片面地指责兄弟党不是郑重的马克思列宁主义的态度。③ 中共中央当时形成的共识认为，阿尔巴尼亚在中苏分歧中站在中国一边，苏共二十二大形式上是围攻阿尔巴尼亚，实质上是不指名地攻击中国。

10月31日苏共二十二大结束，中国等亚洲社会主义国家就收到联名信函，提出参会的观察员身份必须是党和政府的高级代表。当日，蒙古人民革命党书记泽登巴尔回函表示赞同华约成员国的这个决定。中共中央则在11月20日答复，表示反对并且不会派出高层领导人出席华约的政协会议。1962年6月的华约政治协商莫斯科会

---

① 该俄文信件参见 PHP 网站资料，http：//www.php.isn.ethz.ch/collections/colltopic.cfm? lng = en&id = 16329&navinfo = 16034，2002 年 10 月 28 日。

② Vojtech Mastny and Malcolm Byrne, *A Cardboard Castle*？Budapest：CEU Press，2005，p. 20.

③ 这段话是由吴冷西负责起草，经中央讨论修改报毛主席审定。内容见吴冷西《十年论战》，第 472 页。

议是否还向中国发出过邀请，我们不得而知。不过从 1962 年 5 月 15 日外交部有关参加经互会成员国第一书记会议的请示报告中，我们读到中国领导人这样的批示："我们认为只能用修改的措辞谢绝参加他们商量好的一个带有陷阱性的会议。"① 这里也可以折射出中国不再参加华约组织会议的原因，除了代表身份的问题，中国还要考虑到在这样的会议上，可能会出现苏联和个别东欧国家的意见分歧、中国要表态等对自己不利的因素。

三　走向分裂

苏联中断了与阿尔巴尼亚的外交关系后，中国对苏联仍要维持一个即使很不好但表面上也不破裂的局面。② 为了解决双方在国际共运总路线上的分歧，中苏两党在莫斯科开始会谈，从 1963 年 7 月 6—20 日，会谈持续了半个月。双方共举行了九次会谈，但各持己见，并没有解决实质性的问题。

而就在中苏会谈同时，在莫斯科苏、美、英三方启动了关于部分停止核试验的谈判。7 月 25 日，三方达成部分禁试协议，随后在 8 月 5 日正式签订《禁止在大气层、外层空间和水下进行核武器试验条约》。这对于当时核技术还处于初级阶段，只能进行大气层核试验的中国来说，就是被束缚住手脚。《人民日报》援引美国总统肯尼迪对条约的表态，指出三国条约主要是合伙对付中国，是出卖中国阴谋的进一步暴露。③ 之后中国对苏联和东欧国家在核问题上的立场表现得非常慎重。

1964 年 5 月，涉及在国际会议上对可能遇到的问题要表态，中华全国总工会党组向中联部和外交部请示说，"苏修在最近一些会议上又提出华沙条约国和北大西洋公约组织签订互不侵犯条约问题。

---

① 关于中国不参加经互会第十七届会议的请示和通报，见中国外交部档案，档案号：109-03800-02。
② 吴冷西:《十年论战》，第 488 页。
③ 《出卖中国阴谋的进一步暴露》，《人民日报》1963 年 8 月 3 日第 4 版。

这个问题,我国政府曾表示过支持,但现在这个问题的情况已有变化,我们是否不予理睬"。外交部答复说,对华约和北约互不侵犯条约的问题,"我们最近一直不表态,现在也以不理为好"。而对于民主德国领导人乌布里希提出的两个德国签订"关于全面放弃核武器的条约"的建议,外交部指出,"同波兰最近提出的冻结中欧核武器的建议有一点不同,即乌吹捧了三国禁试条约和赫关于'和平解决边界问题的建议',而波建议则在文字上没有涉及这些问题。因此,对乌的建议不宜支持"①。对波兰的冻结中欧核武器的建议,中国认为,其主要目的在于阻止联邦德国通过"多边核力量"计划直接掌握核武器。但从其本质和后果看,是建立在修正主义和平共处总路线基础上的消极建议,对美国无约束,但要无核国家承担义务。不过鉴于波一向注意同我保持友好国家关系,在公开场合,应避免对波兰建议做具体评价。② 显然,这个时候中国对于东欧国家已经开始有了区别对待。

从苏联方面来看,赫鲁晓夫此时不再顾及中国的感受,不仅在禁核问题上,在推荐蒙古加入华约组织问题上亦是如此。1963 年 7 月 10 日,也是中苏两党在莫斯科会谈期间,赫鲁晓夫写信给波兰统一工人党第一书记哥穆尔卡,信中说,蒙古人民革命党第一书记和蒙古人民共和国部长会议主席泽登巴尔向苏共中央提出加入华沙条约的请求。苏共中央认为,蒙古加入华约组织将有极大的政治重要性,而其不久前已成为经互会的成员③,要积极地对待蒙古的请求。赫鲁晓夫在信中提出,条约第 4 条仅是对欧洲而言的援助条例,蒙古位于亚洲,一个非欧洲国家加入华约,显然需要采用一个特殊条例。不过,条约第 9 条说华沙条约是对所有国家开放的,可视作蒙

---

① 中国对北约与华约互不侵犯条约等问题的表态,见中国外交部档案,档案号:113 - 00400 - 01。
② 中国对波兰冻结中欧核武器建议的态度,见中国外交部档案,档案号:113 - 00399 - 01。
③ 1962 年 6 月在莫斯科举行的经互会第 16 次会议上,经互会修改了章程,取消成员国的地理区域限制,吸纳非欧洲国家参加,蒙古人民共和国加入经互会。参见中国人民大学苏联东欧研究所编译《经济互助委员会重要文件选编》,中国人民大学出版社 1980 年版,第 43 页。

古准入的法律基础。如果意见一致的话，可以利用各兄弟党和政府领导人出席经互会成员国会议，举行一次华约成员国会议接受蒙古加入华约。①

7月15日，在蒙古人民革命党中央政治局通过加入华沙条约的决议后，按照华约组织章程，泽登巴尔写信给波兰部长会议主席西伦凯维奇，正式提出加入《华沙条约》的请求。②蒙古加入华约组织的理由，一是为了进一步加强与经互会成员国的全面合作，完全认同华沙条约保证各国和平与安全的目标；二是《美日安保条约》在远东构成的现实威胁，蒙古人民共和国需要现代的军事武器和技术加强防御能力。同一天，赫鲁晓夫写信给各华约成员国，征求各国对即将在7月26日莫斯科华约政协会议上讨论蒙古准入问题的意见。③

对于此事，我们看到一份罗共中央7月18日的政治局会议速记。国务委员会副主席毛雷尔谈到罗共给苏复信的几点意见，就苏联建议的修改华沙条约第4条款、华约组织如何实现扩展到欧洲之外的另一地区以及阿尔巴尼亚的态度等问题提出了疑问，说诸多问题需要考虑，罗共对蒙古加入华约一事无法给出意见。在罗共中央会上还有人指出，军事互援是双方面的，一旦欧洲事发，蒙古要给予军事援助，反之，蒙古需要军事援助吗？针对谁呢？事实上与蒙古接壤的只有两个国家。④

把问题提得更尖锐的是波兰外长拉帕茨基，他在写给波兰统一

---

① 赫鲁晓夫的信参见：http://www.php.isn.ethz.ch/collections/colltopic.cfm?lng=en&id=16337&navinfo=16034，2002年10月28日。

② 该信见http://www.php.isn.ethz.ch/collections/colltopic.cfm?lng=en&id=16340&navinfo=16034，2002年10月28日。蒙古人民革命党中央政治局在7月15日，即赫鲁晓夫7月10日写信给哥穆尔卡之后5天，才做出加入华沙条约的决议，这意味着，泽登巴尔个人先与赫鲁晓夫讨论并决定了这个问题。有关蒙古方面的文献材料见：Sergey Rachenko, "New Documents on Mongolia and the Cold War", *CWIHP Bulletin*, Issue 16 (Fall 2007/Winter 2008), pp. 345, 360.

③ 赫鲁晓夫的信参见：http://www.php.isn.ethz.ch/collections/colltopic.cfm?lng=en&id=16341&navinfo=16034，2002年10月28日。

④ 罗共中央会议速记参见：http://www.php.isn.ethz.ch/collections/colltopic.cfm?lng=en&id=16344&navinfo=16034，2002年10月28日。

工人党中央政治局的一份备忘录中说，此时接受蒙古加入华约，其政治上的影响值得考虑。首先从社会主义阵营的利益来看，由于中苏分歧的公开，接受蒙古的举动会被亚洲社会主义国家，甚至西方看作是直接针对中国的一个步骤。其次，即使中国认同蒙古强调其面临着帝国主义威胁的这一说法，对华约也是不利的。因为这意味着一旦蒙古遭受帝国主义侵略，华约要为蒙古提供安全保证。但同时，华约并没有给越南、朝鲜和中国等更直接面临美、日侵略危险的国家提供额外保证。①

波兰提出的问题显而易见，即直接面对美、日威胁的社会主义国家并不是蒙古，而苏共中央在提出蒙古加入华约组织时是否考虑到此事会引起中国怎样的反应，我们不得而知。以正常的两党和两国关系来看，蒙古与中国为邻，且当时中共代表团就在莫斯科与苏共会谈，此事向中国通报一下更为合理。不过，从中苏两党会谈，到提请蒙古加入华约，再到苏、美、英核禁试谈判，同时在莫斯科进行的几件事，苏联更为看重的是最后一项。因此，中苏两党会谈没有结果；至于蒙古加入华约一事，由于担心华约扩大可能会是威胁的信号，同缔结禁止核试验条约所预示的缓和相矛盾，所以在随后召开的华约政治协商会议上，此事没有再列入会议日程。

中国对蒙古要加入华约一事应该是不知情的，并且中国维持与苏联不破裂的局面也有自己一定的考虑。1964年1月周恩来总理在访问阿尔巴尼亚期间与阿领导人谈话时谈道："对苏共中央，我们不能说我们不想和他们会谈，这是个策略问题。我们要和平，不要分裂，以这种方式，我们能帮助教育苏联共产党中的其他成员和苏联人民。对赫鲁晓夫是否会在人民压力下被迫参加反美运动，要估计到两种可能性；对他个人我们不抱任何幻想，但是如果我们再次声明要击败赫鲁晓夫，苏联人民是不会理解我们的，所以我们抽象地表达要战胜现代修正主义。对于华沙条约，虽然我们在反对美帝的斗争中得不到它的

---

① 拉帕茨基的备忘录参见：http://www.php.isn.ethz.ch/collections/colltopic.cfm?lng=en&id=16348&navinfo=16034，2002年10月28日。

支持，但在对外宣传中仍旧强调它是有效的。"① 中国的这种策略体现在党的机关报上。1964 年 2 月《人民日报》发表七评苏共中央的公开信，文章标题《苏共领导是当代最大的分裂主义者》并未直接点赫鲁晓夫的名字；对华约组织，文章也仅就其排斥阿尔巴尼亚这一点做了批评。②

1964 年 10 月赫鲁晓夫下台，不论是中国还是阿尔巴尼亚都曾认为这是解决过去与苏联分歧的一个契机，但并不确定未来局势如何变化，都想试探一下。1965 年 1 月阿尔巴尼亚接到波兰邀请阿出席华约政治协商委员会华沙会议的函。阿尔巴尼亚部长会议回函称，参加华约组织的会议，要先满足阿尔巴尼亚正当的要求，谴责苏联赫鲁晓夫时期针对阿尔巴尼亚的非法和敌对行为，并提出阿政府有权得到过去 4 年华约政治协商会议的所有材料、了解 1963 年签订的禁止核试验条约是否是华约成员国集体决定等一系列要求。③ 而华约政治协商委员会声明说，阿的来信表明阿尔巴尼亚拒绝参加华约组织的活动，至于今后阿尔巴尼亚是否参加，将取决于阿尔巴尼亚政府所做出的决定，并且没有前提条件可谈。④ 这样既没有否定阿尔巴尼亚作为华约成员国的权利，又把不参加华约组织活动的责任推给阿尔巴尼亚。

当时恰逢中国第一颗原子弹试验成功，驻外使馆也很注意东欧国家对这两件事情的积极反应。1964 年 11 月中国党政代表团应该说是带着希望和自信去参加苏联庆祝十月革命 47 周年活动的，但是他们也很快意识到苏联并未改弦易辙。在我们看到的中波两国代表团在莫斯

---

① 周恩来与阿尔巴尼亚领导人谈话记录，见阿尔巴尼亚中央国家档案馆资料（AQSH，F14，AP - MPKK，V 1964，D25），马赛译，未发表。
② 《苏共领导是当代最大的分裂主义者 七评苏共中央的公开信》，《人民日报》1964 年 2 月 4 日第 1 版。
③ 阿尔巴尼亚给华约组织政治协商委员会的信参见："Document No. 29: Albanian Note to the Political Consultative Committee, January15, 1965", Vojtech Mastny and Malcolm Byrne, eds., *A Cardboard Castle?* pp. 177 - 178.
④ 1965 年 1 月 19 日，华约组织政治协商委员会关于阿尔巴尼亚问题的决议，http: // www. php. isn. ethz. ch/collections/colltopic. cfm? lng = en&id = 17922&navinfo = 14465，2001 年 5 月。

科举行会谈的纪要里，针对苏联是否因赫鲁晓夫的下台出现了新的形势，周恩来特别提到："我们想了解赫鲁晓夫被解职的原因，这里牵涉一些政治原因，但苏共领导迄今没向我们做解释。与此同时，苏联同志又对我们声称在与中共意识形态分歧的问题上，全体主席团成员、苏共集体领导的全体成员完全赞同赫鲁晓夫的观点，甚至在'细枝末节'上也同赫鲁晓夫完全一致，我们也不明白这究竟是怎么回事。""你们深信形势已经变了，我们却没有看到这一点。"[①] 中国共产党的看法是，既然赫鲁晓夫被解职就说明他犯了错误，而苏共并没有检讨他的错误，更强调苏共在中苏意识形态的争论中没有问题。这就使得中共得出结论，苏共现在实行的是"没有赫鲁晓夫的赫鲁晓夫主义"。

"文化大革命"开始后，意识形态的分歧致使中苏两国关系的弥合变得更不可能。《人民日报》已经把苏修和美帝国主义相提并论，并且大量登载阿尔巴尼亚的评论或是领导人的讲话，说华沙条约是苏联推行大国沙文主义政策的工具和投降美帝国主义的手段，为苏美合作政策效劳。[②] 1968 年苏军入侵捷克斯洛伐克到后来珍宝岛中苏边界冲突，中国对苏联的舆论批判到了一个高峰。1969 年 3 月 5 日，《人民日报》在第六版发表新华社记者述评《新沙皇在东欧横行霸道》，指出苏联利用华沙条约组织和经互会控制、掠夺和侵略东欧国家，"妄图建立沙皇式的殖民帝国"。并且说在苏修一手控制下，华沙条约组织由一个防御帝国主义侵略的组织变成了侵略性的反社会主义的工具。

20 世纪 60 年代末到 70 年代初，国际冷战形势变得复杂化了，社会主义国家之间的矛盾与冲突使得东方的阵营发生了分裂，而美国为了摆脱越南战争的泥潭，试图利用这种矛盾渔翁得利，美国在打中国牌，苏联则借美国在全球战略性收缩开始推行缓和及扩张的两手政策，东西方关系的发展进入一个新的阶段。

---

① 1964 年 11 月 9 日，波兰代表团与中国代表团第二次会晤，参见波兰现代文献档案馆资料（ANN, KC PZPR, AZN XIA, 110, p. 388），陈世泽译，未发表。
② 《阿尔巴尼亚政府发出照会揭露苏联修正主义领导集团的大阴谋》，《人民日报》1966 年 7 月 28 日第 4 版。

华约组织在这个时候确有变化，1969年3月17日华约政治协商会议可以说是华约组织的一个分水岭。① 会议有两个成果，一是通过了华约部长委员会条例和联合武装力量及联合指挥的新章程，加强了华约组织军事职能机构的建设；二是重申1966年有关召开全欧会议的建议，讨论欧洲安全与和平合作的问题。这其中还有一个细节对中国是有意义的。苏联一开始是要在会议公报中就中苏边界冲突形成一个共同谴责中国的声明，由于罗马尼亚代表团的反对，苏联的意图没能实现。②

来自华约组织的承认战后欧洲现状、缓和欧洲局势的呼吁，在联邦德国总理勃兰特推行"新东方政策"后有了积极的成果。1970年8月，苏联与联邦德国签署《莫斯科条约》，双方承诺和平解决彼此争端，不使用或威胁使用武力，并保证"尊重所有欧洲国家在其现有边界内的领土完整"。1970年12月，波兰与联邦德国签署《关于两国关系正常化基础的条约》，波兰最为担心的西部奥德—尼斯河边界线得到了承认。1972年12月民主德国和联邦德国签署两国关系《基础条约》，意味着民主德国的主权地位得到西方的正式承认。1973年12月，《捷德条约》签署，宣布废除肢解捷克斯洛伐克的《慕尼黑协定》，之后匈牙利和保加利亚与联邦德国建交。欧洲缓和的最有意义的成就应该是1975年的赫尔辛基协定，即《欧洲安全与合作会议最后文件》，它打开了东西方保持对话与交往的窗口。

这股缓和潮流对中国未必没有影响。1970年11月中国向莫斯科派出大使，结束了长达5年的两国关系实质为代办级的局面。1971

---

① "Document No. 62: New Secret Statutes of the Warsaw Pact, March 17, 1969", in Vojtech Mastny and Malcolm Byrne, eds., *A Cardboard Castle*? p. 323.

② 1969年3月18日，齐奥塞斯库在罗共中央政治局会上做报告，通报华约政治协商委员会布达佩斯会议的情况。他说："苏联代表还有其他一些代表，想把中苏冲突事件作为首要问题写在会议公报里，团结一致反对中国。"而罗马尼亚代表团认为，此事不该在政治协商委员会的框架下讨论。如果要谈，可以在会议之外或是在双边基础上谈，罗马尼亚愿意听他们的意见。参见："Document No. 64: Report by Ceaușescu to the Romanian Politburo on the PCC Meeting in Budapest, March 18, 1969", in Vojtech Mastny and Malcolm Byrne, *A Cardboard Castle*? p. 332, 334.

年 6 月齐奥塞斯库访问中国时受到毛泽东的接见，他在罗共中央政治局会议上谈到了此次中国之行。他说，中国领导人多次强调要改善中苏两国国与国之间的关系，在国家层面与苏联达成理解。至于两党关系，中国领导人认为，意识形态的分歧要持续很长时间，也许是 8000 年。但是中国还是希望国家关系和经济往来的正常化。① 意识形态分歧会延续 8000 年之说只是个比喻，意味着暂时可以放下不谈。如果从这个意义上看，也可以理解中国当时的另一举动，积极采取推动中美关系正常化的一系列步骤，其原因是否可以认为并非完全是中、美、苏三角的博弈和制衡，也有中国外交思维更趋于理性化的转变。

正是东西方的缓和，也促使中国开始质疑另一个趋势，就是苏联和华约组织军事实力和军事合作的加强。中国担忧的现实威胁是苏联在蒙古的驻军及其在远东的军事力量；② 这个威胁在珍宝岛事件后暂时处于双方可控的范围之内，就是谁都不会有所举动使冲突进一步升级。而反观欧洲，缓和局势出现后，中国的判断是，西方国家承认了欧洲战后形成的政治现实，同时军事战略上从进攻为主转为防御为主。而华约组织与苏联的扩张政策相协调，进行的一系列军事演习具有进攻性质，是欧洲和世界局势紧张的根源，带来战争的危险。③ 中美建交后，中国有意与美国进行政治军事合作遏制苏联，其战略考虑就不只是区域性的而且还有全球性的安全利益。这里就不做进一步讨论了。

结　语

冷战时期中国与苏联和东欧国家的关系发展分分合合，看似有

---

① 1971 年 6 月 25 日，齐奥塞斯库在罗共中央政治局谈亚洲之行的谈话纪要。参见："Document No. 74：Transcript of Romanian Politburo on Ceauşescu's Trip to Asia and Moscow, June 25, 1971", in Vojtech Mastny and Malcolm Byrne, *A Cardboard Castle*? p. 383.

② 有关苏联派军队驻扎蒙古的问题见 Sergey Radchenko, "New Documents on Mongolia and the Cold War", pp. 346, 366. 珍宝岛事件前后中国对苏联军事威胁的准备情况，李丹慧在《中苏关系史纲》第 428—438 页有比较详细的阐述。

③ 李静杰：《苏联扩张战略中的华沙条约组织》，《人民日报》1980 年 5 月 14 日第 7 版。

一条明显的线索,我们做个案研究的时候,也往往以一个事件、一次会议来寻找这种关系发展的转折点。但是,事件背后的矛盾冲突可能是一个较长时期认识分歧和利益差异化的结果。中国与华沙条约组织的关系只是从安全利益这个角度来看这一变化的,很难说我们已经找到了关系变化的所有线索,特别是有关军事方面的,所以说只能算是探索式的研究。另外,国家间的关系必然受到国内政治的影响,社会主义国家也不例外,特别是在 20 世纪 50—60 年代,不论是中国、苏联,还是东欧国家,社会政治发展都处于变化甚至是动荡时期,由于有各种文章和书籍探讨过这方面的问题,所以本文较少涉及,这并不意味着否定它们的重要性。但就考察中国与华约组织的关系来说,国际形势与外交对策的互动影响可能是更为主要的因素。在社会主义国家之间关系中,利益诉求有时是一致的有时是冲突的,协调机制的制度性建设是博弈妥协的结果,否则的话,很难说尊重各国的话语权,更谈不上尊重国家主权的独立与完整,这在华沙条约组织内苏联和东欧国家关系中表现得比较明显。

(原载《俄罗斯学刊》2014 年第 4 期)

"丝绸之路经济带"：地缘构想的当代起源及其再认识

侯艾君

一 "丝绸之路"在中亚的复兴

"丝绸之路"概念最早由德国地理学家卡尔·冯·李希特霍芬于1877年在《中国》一书中提出，现在这一概念早已家喻户晓，被许多国家的政治家和学者使用。"丝绸之路"是连通欧亚大陆的交通运输方案，是亚洲—欧洲、东方—西方经济、文化交流的象征，是一种文化符号，具有丰厚的历史资源。但在沙皇俄国和苏联时期，"丝绸之路"是一块禁脔，他国不得染指，而持续数十年的"冷战"更是隔绝了欧亚大陆内部各民族的交流往来。苏联时期，所有铁路、公路等交通网络都是以俄罗斯联邦为中心对外辐射、延伸，以确保苏联中央对各地的控制以及各加盟共和国与俄罗斯联邦的经济、政治、文化联系。1988年，联合国教科文组织制定了跨学科国际合作项目：《综合研究丝绸之路——对话之路》，旨在全面研究这一地区的文明和历史，密切东西方联系，改善欧亚大陆各族关系，出版学术成果，还成立了许多研究所（如，在撒马尔罕建立国际中亚研究所）。1989年苏联外交部长谢瓦尔德纳泽访问日本时首次谈及复兴"丝绸之路"；1990年9月，在符拉迪沃斯托克（海参崴）召开的"亚太地区：对话、安全与合作"国际学术会议上，谢瓦尔德纳泽再次提出应复兴"丝绸之路"的思想。

实际上，苏联解体后"丝绸之路"的复兴才开始，上述国家成为独立的国际政治主体以及加强内部联系本身就意味着古老"丝绸之路"的某种复兴。1991年之前，只有一条西伯利亚大铁路（1916年10月5日开通）贯通欧亚大陆。1991年后，中亚、高加索的新独立国家珍视其独立地位，渴望融入国际社会，扩大与外部世界的交往，是一个共同趋势。① 这些国家作为独立的政治实体，有充分的权利拓展对外经济、政治联系。何况在1991年前后，俄罗斯精英视中亚和高加索为政治包袱，急于甩掉（随着西方对俄战略压力加大，俄罗斯的现实主义军—政人士开始扭转认识、调整政策）。这样，原有交通设施已经完全不能满足经济发展需求，而且相对于俄罗斯主导的"再一体化"进程，必然要求一种逆进程（去一体化）。20世纪90年代俄罗斯国内经济不景气，社会—政治形势动荡，车臣战争爆发，其与独联体各国的传统联系受阻，中亚各国都希望新建交通设施尽量避开俄罗斯，避免对俄形成依赖。另一方面，各大国开始了对中亚、高加索地区的争夺，填补地缘政治真空。但是，这一地区的新独立国家无力独自推进交通建设项目，往往只重视经贸利益，而对地缘政治方面考虑很少，客观上配合了西方的战略步骤。有人指出，一些国家将交通运输走廊和交通枢纽当作一笔交易。② 由于内外因素的干扰，中亚和高加索内部的各国间互不信任、或互相敌视，建铁路时有意绕开邻国，这在一定程度上阻碍了"丝绸之路"的复兴进程。

  高加索和中亚地区的"新丝绸之路"构想得到西方的支持和推动。1993年，欧盟在布鲁塞尔与中亚、高加索八国签署协议，由欧盟提供资金，对欧洲—高加索—中亚交通走廊（TRACECA，往往被称为"新丝绸之路"）建设提供支持。同年5月，在欧盟总部布鲁塞尔召开了有高加索和中亚八国商贸和交通部长参加的会议，会后发表宣言，要将跨欧亚交通走廊的建设项目付诸实施，这是合作建设欧亚交通走廊方面的重要计划。此后，许多相关国家在这一基础上展开合作。例

---

① А. Джекшенкулов, Новые независимые государства Центральной Азии в мировом сообществе., М, 2000г, С. 223.

② Каспий: Зачем он Западу? http://caspiy.net/knigi/kaspij-zachem-on-zapadu/40-kaspij-zachem-on-zapadu-1-zapad-protiv-opek.html, 2016年1月10日。

如，1996年，在土库曼斯坦的谢拉赫斯市召开会议，签署了《整合相关各国过境运输和铁路交通活动》的协议，在协议上签字的国家包括：乌兹别克斯坦、土库曼斯坦、格鲁吉亚和阿塞拜疆四国，后来又有其他国家加入协定。1998年，在赫尔辛基召开了第三次泛欧交通会议，确认TRACECA项目是欧洲交通体系的优先项目；格鲁吉亚还提出了泛欧交通区（环黑海交通区）的概念，得到欧盟的支持。

日本积极支持欧洲主导下的复兴"新丝绸之路"计划。1997年巴库会议上，日本代表发言称：日本欢迎复兴丝绸之路并将其作为联接东西方道路的第三方案。[①] 日本自视为"新丝绸之路"的起点国家，1997年制定了"大丝路外交"战略，加强在中亚的存在。阿利耶夫认为，日本可以提供优惠贷款，帮助沿线国家建设工商业基础设施。[②] 当然日本在中亚有其利益：获取能源和原料；销售市场；拓展外交空间，争取中亚国家的政治支持；同时，也积极配合美国的战略，承担阿富汗重建等任务。

阿塞拜疆总统阿利耶夫和格鲁吉亚总统谢瓦尔德纳泽、吉尔吉斯总统阿卡耶夫等人都是复兴"丝绸之路"的主要倡导者。1997年9月，在阿塞拜疆首都巴库举行复兴"丝绸之路"国际学术会议。在这次学术会议上，谢瓦尔德纳泽数次运用"新丝绸之路"概念，主张实现东西方关系现代化。他表示，"新丝绸之路不是一个华丽辞藻，而是多边利益和对其互相顾及和平等尊重的和谐结合"，复兴"丝绸之路"是对格鲁吉亚安全和福祉的补充。阿利耶夫总统指出，巴库峰会在每个国家和整个欧亚大陆空间内发展合作。巴库峰会将复兴"丝绸之路"的目标具体表述如下：发展地区各国的经贸关系；发展交通联系，国际货物和人员运输；为交通运输创造良好条件；加快货物运输周期和货物保护；交通政策和谐一致；对过境运输费和税收实行优惠；协调交通部门间关系；在国际和国内客货运输方

[①] Арчил Гегешидзе, Еще раз о Великом Шелковом Пути//Центральная Азия и Кавказ, 1999г, №4.

[②] Никифор Оксеншерна, Новый Великий Шелковый Путь//Вестник, №3 (262), 30 января 2001г.

面协同政策；等等。会议签署了发展欧洲—高加索—中亚交通走廊的协议。1998 年，赫尔辛基召开了第三次泛欧交通会议，确认 TRACECA 项目是欧洲交通体系的优先方向；同时，格鲁吉亚还提出了泛欧交通区（环黑海交通区）的概念，得到欧盟支持。1998 年夏，高加索、黑海和中亚 12 国签署协议，建立铁路、海路和公路交通走廊，绕过俄罗斯，经中国和蒙古到欧洲。

1998 年，吉尔吉斯总统阿卡耶夫撰写《"大丝绸之路"外交学说》，对相关问题进行集中阐释。1999 年 2 月，阿卡耶夫表示：丝绸之路不仅是一条交通线路，而首先是一种沟通东西方的思想理念；是东西方成为密不可分的一体并相互补充的理念，能够成为和平解决国际关系中任何问题的工具。① 1999 年 5 月 20 日，吉尔吉斯"国家毒品监控委员会"与卡内基基金会以阿卡耶夫提出的"大丝绸之路"外交学说为框架，召开"大丝绸之路：与中亚毒品作斗争"国际研讨会。② "大丝绸之路"学说得到了国际认可，甚至成为联合国正式文件，并在"达沃斯论坛"等平台深入讨论。该学说的侧重点是呼吁"丝绸之路"各国加强合作，与毒品、洗钱、有组织犯罪等作斗争。阿卡耶夫在对大学生讲话时甚至说，最早的"丝绸之路"是在吉尔吉斯人和中国人之间建立的，因而"丝绸之路"曾被称为"吉尔吉斯人之路"③。

1999 年，格鲁吉亚总统谢瓦尔德纳泽撰写《大丝绸之路》一书，提出：应该在欧亚大陆建立统一的、可共同接受的政治、经济、科技、人文和文化空间。"大丝绸之路"是格鲁吉亚政治、经济纲领，同时也是一种地缘政治思想。

2012 年 6 月 26 日，阿塞拜疆总统伊尔汗·阿利耶夫称："年底

---

① ［吉尔吉斯斯坦］阿斯卡尔·阿卡耶夫：《难忘的十年》，武柳、雅思、远方译，世界知识出版社 2002 年版，第 239 页。

② Александр Зеличенко, История афганской наркоэкспансии 1990 - х и проблема национальной безопасности Кыргызстана, Бишкек, 2003г, С. 160.

③ Дорога кыргызов（имеется в виду "Великий Шелковый путь"）—самая продвинутая в СНГ, http：// www. centrasia. ru/newsA. php? st = 1104480480.

完成巴库—第比利斯—卡尔斯铁路并交付使用,这样,我们将复兴古老丝绸之路。"哈萨克斯坦、乌兹别克斯坦、土库曼斯坦、塔吉克斯坦等国也在基础设施建设方面付出努力。

20世纪90年代后,一些国家开展了以"丝绸之路"为主题的考察活动,扩大了宣传。1996年,美国、日本、韩国、土耳其和欧盟国家发起了"丝绸之路2000"行动,由100多辆卡车和汽车从意大利的威尼斯穿过高加索、中亚各国,到达撒马尔罕,作为欧—亚大陆各国复兴商贸活动的象征。21世纪初始,俄罗斯连续组织了《沿着丝绸之路的足迹:2002—2004》的人文考察活动。"新丝绸之路"理念日渐深入人心。

二 中亚是"丝绸之路经济带"构想的关键环节

如前所述,高加索、中亚多数国家希望复兴"丝绸之路",因此,中国国家领导人习近平主席提出的"丝绸之路经济带"构想在中亚具有良好的社会政治基础。对于"丝绸之路经济带"构想,中亚国家的看法有共同点、也有不同意见,这都是各国的利益使然。

(一) 吉尔吉斯斯坦

吉尔吉斯斯坦是我国进入中亚的第一个邻国,该国对于我国发展与中亚国家的关系、推进共建"丝绸之路经济带"构想非常关键。吉尔吉斯是一个山地国家,自然环境并非优越,生态脆弱,经济不景气,国民贫困化、贫富分化程度严重,失业率高。吉国非常依赖外援,外部因素在该国起重要作用,发展对外关系成为其立国基础。1997年4月,中国、吉尔吉斯斯坦、乌兹别克斯坦三国协商建设中国—吉尔吉斯斯坦—乌兹别克斯坦铁路(中—吉—乌),该铁路预想从安集延始,经奥什到喀什,据有关方面预计,以每年过货2500万吨估算,14年内可收回建设成本。但由于多方原因,中—吉—乌铁路建设进展缓慢:吉尔吉斯斯坦财政资源匮乏,需要大量借贷;受

"中国对吉国经济和人口扩张"等"中国威胁论"论调的影响,吉国媒体常常就此大做文章,称铁路修通后,中国就会更便利地侵吞吉国;吉国一些人士宣称,只有中国最需要中—吉—乌铁路,因此中国应该出资修建吉国铁路区段;在铁路修建的技术方面是采用俄罗斯宽轨还是中国—欧洲标准也引起各方的争论;2005年以后吉国多次发生政权更迭,社会动荡、政局不稳,政策缺乏连续性;吉国希望由中国先帮其修建南—北铁路(比什凯克—奥什),解决其国内经济、政治问题(连通南北,加强对南部的控制能力),然后再考虑修建中—吉—乌铁路;吉国有意以项目为"借口"争取中国对其持续的经济支持,在十多年时间里,该国以财政匮乏为由,从中国得到大量经济和财政援助。除了以上因素外,外部势力影响日益突出,在铁路规划之初,即遭到俄罗斯、哈萨克斯坦的极力反对;西方对该铁路的建设亦加以干扰,致使该国不愿推进中—吉—乌铁路建设;吉国与乌兹别克斯坦不睦,其不积极修建中—吉—乌铁路的一个重要原因就是为了制衡乌兹别克斯坦,这是外部因素的直观体现。实际上,中—吉—乌铁路对吉国有诸多好处,但该国只考虑地缘政治因素。

(二)乌兹别克斯坦

乌兹别克斯坦是古老"丝绸之路"上的另一个重要国家。乌国深处中亚腹地,地理位置独特,到达任何出海口都需要经过两个以上国家。乌兹别克斯坦的地理优势在于,中亚地区任何交通网络几乎都需要过境该国。苏联时期,中亚交通网络以乌兹别克斯坦首都塔什干为核心向四方辐射。由于种种原因,独立后的乌兹别克斯坦与所有邻国的关系都较为复杂,其中存在问题比较多的是该国与吉尔吉斯斯坦及塔吉克斯坦的关系。乌兹别克斯坦政治稳定,积极谋求发展,外交政策较为独立,欢迎一切对其有利的地缘经济方案,其根本目标是追求本国国家利益最大化和外交独立性。中国与乌兹别克斯坦并不接壤,但两国经贸合作非常紧密,近年两国外贸额一直呈增长态势。自1994年中国、吉尔吉斯斯坦与乌兹别克斯坦协商修建中—吉—乌铁路以来,乌方与中国的立场就较为一致。① 但现实情况是,由于吉尔吉斯斯坦的立场,中—吉—乌铁路修建并不顺利,中国与乌兹别克斯坦之间无法用铁路直接贯通并继续向西延伸。多年来,乌兹别克斯坦与塔吉克斯坦纷争不断,关系不能正常化,因此,乌国着意修建铁路与土库曼斯坦连通,或绕开塔吉克斯坦,试图从地理和交通方面制约塔国。乌兹别克斯坦与塔吉克斯坦矛盾得不到妥善解决,成为中亚乃至"丝绸之路"相关国家合作的困扰因素。经由中亚与西亚、欧洲连通的铁路比经由西伯利亚铁路通往欧洲的距离缩短1/4。中—吉—乌铁路不能顺利开通,严重阻碍了中国与乌兹别克斯坦、土库曼斯坦以及西亚国家的合作往来,客观上有利于哈萨克斯坦和俄罗斯,中国将被迫依赖中—哈铁路或俄罗斯的西伯利亚大铁路。

(三) 哈萨克斯坦

哈萨克斯坦是丝绸之路上另一个重要国家。该国幅员辽阔,在后苏联国家中面积仅次于俄罗斯,在全世界排第九位。哈萨克斯坦能源储量巨大,经济发展迅速。近年,经由哈萨克斯坦的过货量日渐增长,2010年为1500万吨,2011年为1650万吨,预计到2020年将达5000万吨。② 哈萨克斯坦在经济上与中、俄关系紧密,与中国在能源方面合作良好,其境内有油气管道与中国贯通。中苏友好时期,兰新线(1962年建成)即与哈萨克斯坦铁路(友谊—阿拉山口)连接;1992年开始常态化运营,至今已经二十多年。中—哈通道具有重大的经济和战略意义。哈国资源丰富,且积极谋求发展,提出许多务实可行的战略规划;该国向来觊觎中亚的领导地位,与乌兹别克斯坦存在竞争。哈萨克斯坦领导人积极支持"丝绸之路"构想,2012年6月,纳扎尔巴耶夫总统就曾对外国投资

---

① Рустам Мирзаев, Геополитика Нового Щелкового Пути, М, 2004г, С. 304.
② Назарбаев хочет возродить Великий Щелковый Путь, http://telegraf.com.ua/rossiya-i-sng/82902-nazarbaev-hochet-vozrodit-velikiyshelkovyiy-put.html. 2016年1月10日。

者提出共建"丝绸之路经济带"的倡议,他表示,哈萨克斯坦应该复兴"丝绸之路",发挥本国的历史作用,成为中亚最大的中转站和连接欧亚的独特桥梁。纳扎尔巴耶夫为此提出新丝路建设要遵循的 5C 原则:速度(скорость)、服务(сервис)、价值(стоимость)、保护(сохранность)、稳定(стабильность)。哈萨克斯坦还于 2014 年底前制定了哈萨克斯坦+新丝绸之路项目。① 纳扎尔巴耶夫总统甚至提议,将丝绸之路计划的总部从上海迁到阿拉木图。对于中—吉—乌铁路,哈萨克斯坦并不乐见其成,因为这样反而降低该国作为"第二欧亚大陆桥"的地位,并降低收益,提高吉尔吉斯斯坦的地位,为吉尔吉斯斯坦增加收入。

(四) 塔吉克斯坦

塔吉克斯坦独立发展条件并不优越。该国 93% 的国土地处高山,通行困难。独立后不久,塔吉克斯坦就爆发了持续五年的内战,导致大量人员伤亡并产生难民问题,经济凋敝,国民贫困化严重。由于施工艰难,成本高昂,塔吉克斯坦无法大规模发展铁路,而以发展公路交通网络为主。在中亚各国中,塔吉克斯坦的铁路干线最短(547 千米),且多与乌兹别克斯坦铁路连通,容易受制于人,在交通方面处于不利的地位。塔、吉两国都是中亚两条大河(阿姆河和锡尔河)的发源地,都希望建设水电站以满足国内生产和生活需要,并将水力发电出口印度、巴基斯坦、中国、阿富汗等国,以换取外汇收入。近几年来,塔吉克斯坦坚持修建罗贡水电站引发了与乌兹别克斯坦的冲突。乌兹别克斯坦因此中断与塔国的铁路交通,导致塔国一些地区陷于困顿,进一步暴露了该国在铁路交通运输方面的脆弱性。如果塔吉克斯坦与乌兹别克斯坦关系不能改善,塔—乌交通网络就没有价值,因此摆脱交通困局是塔国的首要战略目标,目前,对塔国来说只有中国和阿富汗方向才有可能突破。

---

① Аскар Мамин, Казахстан: Щелковый Путь, http://kp.kazpravda.kz/c/1343867996, 2016 年 1 月 10 日。

塔国学者论证，今日塔吉克斯坦境内是古代"丝绸之路"的重要过境地，有三条线路（还有学者认为有四条）经过塔国。[①] 塔国还制定计划，建设从忽毡到杜尚别的铁路，并希望修建铁路经由阿富汗与巴基斯坦和伊朗连通。2010 年年底，中国宣布建设喀什—赫拉特铁路（经过吉尔吉斯斯坦、塔吉克斯坦到达阿富汗），这样，中国就与中亚国家及伊朗（班德尔阿巴斯港、布什尔港）连通。塔吉克斯坦也积极参与 TRACEKA 项目，并在国际组织的支持下开建塔吉克斯坦—阿富汗—土库曼斯坦铁路。塔吉克斯坦与中国经济联系紧密，但该国内也存在"中国威胁论"，其主要内容包括"中—塔划界""中国对塔国经济和人口'扩张'""中企不招募当地员工"等。但考虑到塔国财政和经济能力脆弱、地理状况不利、与邻国关系恶化[②]等因素，其与中国保持良好关系尤为重要，而中国共建"丝绸之路经济带"构想对于塔吉克斯坦来说是重要机遇。

（五）土库曼斯坦

土库曼斯坦地理位置特殊，毗邻西亚，对于想要获得波斯湾港口的中亚邻国非常重要。土库曼斯坦国内适于修建庞大的铁路网络，但现有数千千米铁路中，大部分需要大修。该国凭借天然气出口赚取了大量的财富，有实力实施多项建设计划。1995 年，土库曼斯坦获得了永久中立国地位，其外交政策较为独立，不与任何国家交恶，坚持不允许外国的军事存在。土库曼斯坦紧邻伊朗，与伊朗和土耳其都建立了良好关系——尤其是土耳其在该国拥有很大影响。2001 年九一一事件后，美军进驻中亚，土库曼斯坦顾及伊朗利益，坚持不允许美军进驻，也不依照美国的条件修建跨里海天然气管道。2013 年 5 月 12 日，土库曼斯坦—哈萨克斯坦铁路开通，2014 年 12 月 3 日，伊朗—土库曼斯坦—哈萨克斯坦铁路建成通车（全长 925

---

① Таджикистан-исторический Щелковый Путь и TRACEKA, http://www.iru-cis.ru/cms-filesystem-action/conferences/18-09-2013/mr_ashur_rus.pdf, 2016 年 1 月 10 日。

② 贫穷、动荡的阿富汗战乱多年，未能建立起统一政权；与乌国关系极度恶化，短期内难以改善；与吉尔吉斯斯坦的划界并未彻底解决；等等。

千米)。2013年6月,土库曼斯坦开建土库曼斯坦—阿富汗—塔吉克斯坦铁路在本国的区段,预计2015年6月开通,但实际上到这一时间,由于尚未协调一致,并没有开通。中国是土库曼斯坦天然气的重要买家,两国拥有非常紧密的能源合作关系。天然气管线的贯通使土库曼斯坦—乌兹别克斯坦—哈萨克斯坦—中国紧密地联系在一起,现在,土库曼斯坦经塔吉克斯坦—吉尔吉斯斯坦通往中国的天然气管道D线正在建设之中。土库曼斯坦追求能源市场多元化,克服对中国市场的过分依赖。从土库曼斯坦本国利益出发,通往印度的铁路和管道方案很有吸引力,因此该国也是美国"大中亚"计划的重要环节。

三 美国的"丝绸之路"构想

20世纪90年代,在以色列院外集团推动下,美国酝酿"大近东"计划,欲将近东敌对以色列的国家融入对以色列友好的新独立国家,以色列还可作为中亚和西方的桥梁而受益,抵消俄罗斯对中亚的影响[①]。但是,该计划因存在很多问题一度被弃。2003年,美国提出升级版"大近东"计划——从"印度到土耳其的现代化"改造计划。2005年,在乌兹别克斯坦的半场"颜色革命"折戟沉沙后,美国被迫调整中亚政策。2005年3月,霍普金斯大学发布报告《"大中亚伙伴关系"对阿富汗及其邻国》,明确"大中亚"计划的任务:协助阿富汗及其所在地区转型为有安全保障的主权国家区域,认同市场原则,尊重公民权利,保持与美国的正面关系,这样的区域就是"大中亚",能够对抗激进主义,加强陆上安全。[②] 阿富汗是"大中亚"计划的核心,而此前阿富汗被归入南亚,不利于美国推行"大中亚"计划。2006年1月,美国国务卿赖斯改组国务院南亚司,整合中亚

---

① А. А. Казанцев, Большая игра с неизвестными правилами: мировая политика и Центральная Азия, М, 2008г, С. 249.

② Артем Улунян, "Большая Центральная Азия" геополитический проект или внешнеполитический инструмент, http://www.fergananews.com/articles/5655, 2016年1月10日。

与南亚事务，被认为是美国实施"大中亚"计划的开端。"大中亚"计划堪称"大近东"战略的延伸，实质是将较稳定的中亚与不稳定的阿富汗统合为一个军事—战略整体，然后将其与"大近东"联结，借此实现中亚地缘政治的多元化；抬高印度和土耳其的地位，令其发挥更大作用，使中亚变成美国控制下的运输货物和原料的枢纽；加强发展中亚农业，利用土地政策与毒品种植做斗争；加大对文化教育领域重视，便于施展"软实力"，淡化对抗色彩；通过教育改革，排挤、清理受过苏联（俄罗斯）教育的中亚知识精英和政治精英；将中亚与欧亚大陆的联系切断，以印度洋出海口吸引中亚五国，将其与阿富汗、印度、巴基斯坦整合成一体，摆脱对中国、俄罗斯、伊朗的依赖，与中近东连成一体，由美国控制伊斯兰世界。① 但该方案不完全符合中亚利益。

值得关注的是：美国试图扶植某些族群作为地缘政治武器。有学者认为，"大近东"计划可能导致利比亚、巴勒斯坦、叙利亚、伊拉克、伊朗、阿富汗、克什米尔、中国新疆、西藏形成一个动荡弧形带。② 此外，美国试图在伊朗、阿富汗和巴基斯坦的部分地区建立一个"俾路支斯坦"，一旦该设想成为现实，巴基斯坦、伊朗和阿富汗都将蒙受巨大损失，甚至有被肢解的危险。

2011年，弗里德里克·斯塔尔教授设计"新丝绸之路"项目，堪称"大中亚"计划的具体方案，在该方案中，阿富汗仍是核心：通过交通线路将阿富汗、中亚与南亚连接，包括将土库曼斯坦的天然气经阿富汗输往印度；经由哈萨克斯坦、土库曼斯坦、阿富汗建设铁路；美军撤离阿富汗后，吸收中亚国家介入阿富汗重建。据披露，美国政府掌握大量资金，用于修建中亚交通干线、对塔吉克斯坦—阿富汗边境的保障和对军警部门的物资援助，甚至为塔国各地

---

① М. Лаумулин, Большая Центральная Азия: новый мега-проект США//Континент (Алма-ата), №22 (158), 16–29 ноября 2005г.

② А. Князев, Геополитика Турции и мозаика американского проекта "Большого Ближнего Востока", http://www.fondsk.ru, 2016年1月10日。

提供电脑教室和培训英语也是"新丝绸之路"项目的一部分。① 美国努力吸收中亚国家参与能源和交通项目,将中、俄排斥在外,孤立伊朗,减少中、俄对中亚的影响。希拉里·克林顿表示,该计划不会因美军撤出阿富汗而停止,而是会持续地实施。②

美国极力向中亚国家推介其"新丝绸之路"项目,宣称通过阿富汗,用铁路将中亚各国与南亚连接,中亚国家将获得印度洋出海口并与欧洲进行贸易。新铁路将绕开俄罗斯(铁轨采用欧洲标准)和伊朗。2012年3月底,在关于阿富汗的地区经济合作问题会议上,美国表示希望不要与伊朗的铁路对接,并提议建一条土库曼斯坦—阿富汗—巴基斯坦—印度管道("塔比"项目)。③ 2012年8月14日,美国负责中亚和南亚事务的助理国务卿罗伯特·布莱克访问哈萨克斯坦和乌兹别克斯坦,推销其"新丝绸之路"项目。乌兹别克斯坦首先表现出兴趣。乌兹别克斯坦在阿富汗有利益,希望建设海拉屯—马扎里沙里夫的铁路,再建设230千米铁路通往阿富汗。2014年5月,美国外交官称,要在吉尔吉斯斯坦巩固民主,以共建交通设施及CASA-1000项目④利诱吉尔吉斯斯坦——如果实施该项目,俄—吉合建纳伦河水电站项目就将丧失意义。同时,美国表示要吸收哈萨克斯坦稳定阿富汗局势,并帮助其建设能源管道通往印度,使哈与南亚加强经贸合作,减少对中、俄的倚赖。美国将塔国的罗贡水电站项目纳入输电网络。为此,2014年9月,世界银行对罗贡水电站项目提供了支持。⑤

美国"新丝绸之路"方案对中亚国家很有诱惑,几乎没有政治

---

① Владимир Лисовский, О перспективах реализации инициативы США Новый Щелковый Путь, http://www.avesta.tj/opinions/26102-o-perspektivah-realizacii-iniciativy-ssha-novyy-shelkovyy-put.html, 2016年1月10日。

② Олег Чуваки, Новый Шелковый Путь плохая американская дорога, http://topwar.ru/21736-novyy-shelkovyy-put-plohaya-amerikanskaya-doroga.html.

③ США за Новый Шелковый Путь, если он пойдет в обход Ирана, http://russian.eurasianet.org/node/59269, 2016年1月10日。

④ 具体内容包括:在塔吉克斯坦建立地区能源中心,将吉、塔电能输到阿富汗和印度、巴基斯坦,由世界银行、伊斯兰发展银行、国际发展署提供资金援助。

⑤ 据认为与俄罗斯和西方在乌克兰对抗加剧直接相关。

障碍①，中亚各国需要美国和国际组织长期投资。表面看，美国在中亚呈收缩之态，需提前布局②，在中亚终极目标是加强存在。此外，印度和巴基斯坦对该线路也非常感兴趣。

"新丝绸之路"项目是美、俄争夺中亚的步骤。考虑到俄罗斯在中亚的强力回归（哈、吉都已加入欧亚经济联盟；俄对吉尔吉斯斯坦提供大量援助；免除中亚国家债务，其中就有乌兹别克斯坦9亿美元；等等）以及美国对乌兹别克斯坦的争取暂未见效，塔国就成为关键国家之一。2014年6月25日，塔国议会批准了十年前的协议：允许北约从该国陆地和空中转运军队物资，与北约达成某种协议。美、俄在中亚的争夺将加剧，长远来看，美国"新丝绸之路"项目肯定对中国不利。

四 对"新丝绸之路经济带"构想的再审视

由以上梳理可知，当代意义的"新丝绸之路经济带"构想，最早可追溯到苏联晚期，而高加索和中亚新独立国家倡议复兴"丝绸之路"，表明相关国家的地缘政治与地缘经济自觉。但在新"大棋局"条件下，能源和交通运输项目首先是地缘政治工具，而新独立国家自身无力推动此宏大项目，需要依赖外部。当年谢瓦尔德纳泽指出："格鲁吉亚的主要经济思想就是'大丝绸之路'，但只有1%—2%取决于格鲁吉亚。"③

到目前为止，已经出现多种中亚一体化方案：如1994年吉尔吉斯斯坦、哈萨克斯坦、乌兹别克斯坦倡导的"中亚联盟"，但很快夭

---

① Парвис Муллоджанов, Стратегия США Новый Щелковый Путь-дорога в никуда// Бизнес и политика, 21 февраля 2013 г.

② 2015年1月28日，美国政府人士称塔利班不是恐怖组织，而是武装叛乱者，表明其立场变化。

③ Ольга Колева, "Щеварднадце. Тонькая игра или отчаяние?", http://www.vesti.Ru, 2016年1月10日。

折；伊朗曾欲主导中亚国家建"伊斯兰联邦"；土耳其试图建立某种突厥语国家共同体，但这些方案最终都由于种种原因失败或停顿。现在，只有俄罗斯（"欧亚经济联盟"）、中国（"丝绸之路经济带"）和西方（"大中亚"计划）提出明确方略，能够推动欧亚各国的一体化。俄罗斯无意复兴"丝绸之路"，担心在未来的地缘经济布局中被边缘化，而是致力于恢复原苏联空间。由于与西方对抗及受到制裁，俄罗斯面临严峻挑战，缺乏整合欧亚的经济实力。西方有能力推行"大中亚"计划，但往往受困于地缘政治视角，将"丝绸之路"变成削弱和损害他国的工具，联通欧亚、东西方的千年事业变成了损人利己的游戏，牺牲沿线民族和国家的福祉，使相关国家发生分化和疑忌，因而不能成为建设性因素。只有中国既有能力，也有善意推进此构想，因而是整合"丝绸之路"沿线各国的建设性因素，"丝绸之路经济带"构想以经济纽带自然联结沿线各国成友好国家带。与其他方案相比，中国构想的优势在于：与"丝绸之路"沿线各国具有历史的、天然的联系；中国与"丝绸之路"沿线各国及外部大国奉行合作而不是搞"零和"博弈；中俄与中亚、近东、南亚国家在上海合作组织框架下有良好的合作经验；中国经济高速增长，与许多国家都有经济依存关系。因此，该"丝绸之路经济带"构想具有很强的生命力。

　　应该说，中国提出的共建"丝绸之路经济带"倡议与俄罗斯主导的"欧亚经济联盟"以及美国主导的"新丝绸之路"项目都有利益一致之处，但也存在竞争。曾有学者断言，中亚"大牌局"已经结束。这种估计显然未能经受验证。"大牌局"不是结束，而是出现新规则、新情况。"丝绸之路经济带"的实施可能导致交通、贸易，乃至文明发展巨变。19世纪西方列强崛起后，海上交通和地缘政治地位上升，陆上交通衰落，经由俄罗斯通往欧洲的交通枢纽几乎弃置（20世纪，中国与西方的贸易几乎都是通过海路完成的），更有人断言海洋文明高于陆地文明。随着欧亚大陆内部交通网络的完善，如果在中国推动下实现欧亚大陆交通的"高铁化"，其比较海上交通的优越性也将极大显现。不排除在未来海陆并重，甚至陆上优先、优越的时代再次到来。

中亚是"丝绸之路经济带"最为关键的节点，我国在中亚地区与该地区的每个国家都有长远稳定的利益联系，对中亚政策也应与此相适应。我国也应该有"大中亚"思维，这种思维应是"丝绸之路经济带"构想的一部分。作为统一的地缘政治板块，应将阿富汗、中亚、高加索乃至中东事务纳入分析、观察的视野，做通盘考虑。与此同时必须清醒地看到，中国的地缘经济方案延伸得愈远，面临的威胁和挑战就愈多。

我国在中亚首先是一个地缘经济现象，所有中亚国家都与我国的经济关系非常紧密。其次，中国在中亚也是地缘文明存在。作为东方民族，除了古代的经济文化交流之外，我国与中亚各族在近现代也有着紧密联系，也有相近的命运。"丝绸之路经济带"启动和建成，将推动中华文明、伊斯兰文明、基督教文明交流、交融，有助于文明之间的理解和对话，会有竞争，但却未必会导致对抗。中亚是中东之外的另一个伊斯兰核心区，与中亚各国发展良好关系有助于我国与伊斯兰世界关系的提升，尤其有助于调节我国的宗教和族群问题。不可否认，我国在中亚有地缘政治利益。此前我国政府人士在不同场合多次表示我们在中亚只有经济利益，表明中国不想陷入与他国的恶性竞争。淡化地缘政治色彩可以避免一些消极干扰，破解俄罗斯、中亚各国一度流行的所谓"中国威胁论"。

俄罗斯在中亚有良好的历史和社会基础，有许多资源和杠杆影响中亚政治生活（有大量俄罗斯族，有俄语作为维系文化联系的中介；许多人在俄工作或学习；学界和政界天然地有亲俄人士，其政府自然要考虑俄罗斯的利益）。美国等西方国家同样有许多优势（生活方式、文化和价值观等软实力突出；许多政界和学界精英与西方相联系；西方在中亚有大量非政府组织，能量巨大；有大量学者资助计划、学术研讨会等）。相对来说，我国在中亚的社会文化基础薄弱，那里缺少真正的知华派，中国对中亚政策经常被误读或遭恶意解读；一些中资企业的短视行为导致我国在当地形象受损。有鉴于此，今后要深化与中亚的文化交流与合作，消解"中国威胁论"，为中国与中亚关系健康发展扫除障碍。关键是应设计并想方设法拥有政治—经济—文化杠杆，以合法、合理的方式影响相关国家的政治、经济进程，确保中国的国家利益。

中亚的国际关系现状是"规则不明的'大牌局'"，中、俄、美主导牌局。如果说，西方在中亚的排他性政策可能致中、俄利益受损，俄罗斯也一度对中国的宏大构想心存疑虑，那么中、俄在中亚保持战略协调非常必要。我国已充分顾及俄罗斯的利益，中国准备建设中—俄高铁，从西伯利亚铁路输送货物到荷兰及北欧国家，就是希望俄罗斯从中受益，还有其他类似的考虑。同时，中国在阿富汗重建等问题上也一直保持与美国的合作。在任何情况下，三国鼎立胜过二强对峙或一强独大。目前，中—美、俄—美政治互信短缺，甚至中—俄之间的互信还有待加强。令二方恶斗而第三方获益的想法是一条死胡同，无益于任何国家。维持中亚、高加索的战略平衡，符合地区各国和中、俄、美等国利益。

（原载《俄罗斯学刊》2016 年第 4 期）

中东欧的核电争议与中国核企的机遇和挑战

鲍宏铮

高铁和核电可以说是中国在新兴战略性产业领域对外投资的两张名片。在欧盟,中国核电工业取得的一系列重要突破格外引人注目:先是获得了英国辛克利角 C 项目(Hinkley Point C)和布拉德韦尔 B 项目(Bradwell B)核电站的建设权,接着又与罗马尼亚签署了切尔纳沃德(Cernavoda)核电站 3、4 号机组项目的建设合同,目前还参与了捷克杜科瓦尼(Dukovany)和特梅林(Temelin)核电站项目的竞标,并可能在未来参与保加利亚贝列内(Belene)核电站的有关改造和经营活动。由于中东欧地区的全部已建和拟建核电站均位于欧盟成员国境内,因此可以说,欧盟的中东欧成员国已经成为中国核电企业重要的海外市场,中国的"一带一路"倡议在这里取得了重要成功。

核电是一种特殊的能源,在欧盟内部也存在很大争议。中国核电企业未来在欧盟将面临怎样的政治、经济环境,这些环境将给中国核企带来哪些机遇和挑战,值得深入分析。

一 欧盟成员国对核电问题的争论

2016 年,欧盟的核电消费量占到全球核电消费总量的 31.8%,[1]

---

[1] 根据 *BP Statistical Review of World Energy*(June 2017)第 41 页数据计算而得,https://www.calculators.io/statistical-review-of-world-energy/,2017 年 7 月 18 日。

是全球核电市场的重要参与者。但是核电站的建设周期长、造价高昂，在环境、军事、能源供应等多个方面具有高度的敏感性，而且核污染具有扩散性，欧盟国家又大多领土狭小，因此欧盟内部对发展核电也存在着很大的阻力。核电反对者与支持者之间的博弈，是中国核电企业进入欧盟市场的基本背景，中国核电企业在欧盟面临的各种机遇和挑战都与这个大背景有着直接关系。

（一）对发展核电的反对意见

首先，核电站安全问题仍然是各成员国的主要担忧所在，其中也包括核电成员国自身。

回顾近三十年的欧盟能源政策，欧盟对核电的态度出现过几次重大反复。

1986年苏联切尔诺贝利事故使世界各国对核电站的可靠性产生了高度质疑。"冷战"结束之后，使用苏联技术的中东欧核电站进一步引起了西欧国家的担忧。因此，有条件的"去核化"成为西欧对中东欧国家加入欧盟的一项重要条件。同时，要求老成员国去核的声浪也时有显现。

但是，从2004年起，油价持续飙升，迫使欧盟国家重新审视"去核化"政策。真正在这一轮政策调整中起到决定性作用的是2009年的俄罗斯与乌克兰的"断气"之争。对俄罗斯天然气的高度依赖引发了欧盟的全面反思，并决定开启新的能源安全战略。核电再次成为欧盟国家考虑的重要选项。

情况的再次反转是2011年的日本海啸和福岛核电站事故。福岛核事故之后，欧盟中的不少国家开始考虑减少对核电的使用。同时，来自俄罗斯以外的页岩气等非常规油气资源的增加以及可再生能源技术的发展，都为降低核电的消费占比提供了可能性。作为欧洲最大的核电国家，法国前总统奥朗德已于2015年承诺将把核能在能源产出中的占比由70%以上降至50%，现任总统马克龙则表示将继续这一"削核"进程。德国则于2011年承诺在2022年时彻底关闭所有核电站。

在福岛核事故的背景下，一些低级别的核泄漏事故也开始引起社会的高度关注。此类事故仅在 2017 年就出现过两起。2017 年 2 月，从挪威到西班牙的整个欧洲西端均出现了疑似核泄漏造成的放射性碘微量超标。2017 年 9 月，比利时蒂昂日（Tihange）核电站的构件在五年之内第二次出现裂缝，引起邻近的德国亚琛市居民的严重恐慌，市政府被迫启动应急机制，立即免费向 45 岁以下市民发放碘片，防止辐射危害。这些低级别核事故严重降低了欧盟居民对核安全的信心。

2015 年和 2016 年，法国和比利时还出现了对核电站实施恐怖袭击的预警，并怀疑极端分子已通过核电站途径威胁到核不扩散机制。这进一步引起了各界的忧虑。

其次，是对核能是否属于"绿色能源"的争议。以奥地利为代表的欧盟无核成员国坚持认为核能既不具备可持续性，也非清洁能源，因为核电站除了核泄漏等固有风险外，其更换燃料棒通常需要停机数周至数月，因此非核能源仍然要处于待命状态，核电并非一劳永逸的能源选项；而且，核电站虽不释放温室气体，但核废料处置是一项世界难题，同样存在重大的环境风险。

这些情况都使得欧盟核电国家的核能发展计划受到了挑战，以至于当欧盟重审 2011 年制定的《2050 年能源路线图》并强调核能的重要性时，甚至在德国这样的核电成员国中都引发了轩然大波，引起德国副总理的强烈批评。

此外，英国"脱欧"也在改变着欧盟内核电问题争论双方的力量平衡。英国是欧盟中的核电大国，而且在福岛核事故后的一片"去核化"声浪中，还继续上马了辛克利角核电站 C 反应堆项目和布拉德韦尔 B 项目等新的大型核电项目，成为欧盟内部推动核能发展的重要力量。但目前英国"脱欧"已成定局，欧盟内部支持核电发展的力量因此大为削弱。

（二）中东欧成员国对核电的支持

尽管欧盟内部存在着强烈的反核电力量，但对核电的支持力量也相当强大。这种支持首先来自欧盟委员会，其次来自核电成员国，而中东欧成员国在其中占据了重要地位。

在欧盟委员会层次上，尽管存在着核电站安全隐患、核废料处理等问题，但自从2010年欧盟出台《欧洲2020战略》以来，应对气候变化、发展低碳经济一直是欧盟经济的主要方向之一，因此核电因其温室气体的低排放量，仍然是欧盟希望发展的重要能源。2015年，核电占欧盟全部能源产出的28.9%。按照《欧盟2050能源路线图》的预期，即使考虑到可再生能源的快速发展，欧盟的核能发电量到2050年时，仍将继续保持在19%—24%的比例。这也成为欧盟能够顶住部分成员国压力，对捷克、匈牙利等国的核电项目予以放行的政治基础。

在各成员国层次上，欧盟截至目前的28个成员国中，非核国家和核电国家各有14个。在14个核能国家中，8个为西欧国家，分别为法国、德国、英国、比利时、西班牙、荷兰、瑞典和芬兰；6个为来自中东欧的成员国，分别为保加利亚、捷克、斯洛伐克、匈牙利、罗马尼亚和斯洛文尼亚。

尽管中东欧的核能国家比西欧略少，但从能源结构来说，中东欧国家对核能却有更大的依赖性。从表1中可以看出，除法国和比利时这两个具有特殊核工业历史的国家外，[①] 核电在中东欧国家的能源消费中都明显占据更高的比重，约为西欧国家的两倍左右，即使是比重最低的罗马尼亚也与西欧核能国家的水平大体相当。核电在中东欧成员国的能源产出中所占的比重也比西欧成员国高。由此可见，中东欧国家对核能的需求强度更大，核能更不易在短期内为其他能源所取代。

需要指出的是，虽然瑞典和芬兰两国的核能占比比中东欧成员国高，但其可再生能源在本国消费中的占比更高，甚至在全欧盟内都是

---

① 法国的核能建设高峰在20世纪70年代，主要是由于法国在地理方面既无法获得来自苏联的油气供应，也没有英国、挪威等国在北海的油气资源，所以在第一次石油危机之后，核能成为保证其能源供给的最佳途径。比利时的核传统则起源于其在20世纪初从刚果殖民地发现的铀矿。

遥遥领先的,其能源结构的优化程度也远远高于中东欧国家。中东欧成员国在可再生能源不够发达的情况下如果削减核电产能,则往往只能转向传统石化能源,因此,从环保、减排和可持续发展的角度而言,中东欧核能国家对核能进行削减的余地,显然小于瑞典、芬兰两国。

表1　　　　　欧盟部分国家的核能生产与消费情况　　　　（单位:%）

	2015年核能占本国能源消费的比重	2015年核能占本国能源产出的比重	2016年可再生能源占本国能源消费的比重
保加利亚	18.4	33.2	18.8
捷克	15.2	24.2	14.9
匈牙利	17	36.7	14.2
斯洛伐克	21.7	62.6	12
罗马尼亚	8	11.3	25
斯洛文尼亚	n.a.	43	21.3
波兰	0	0	11.3
法国	41.4	82.5	15.1
德国	6.5	19.8	14.6
西班牙	9.7	44.2	17.3
英国	8.3	15.3	8.5
瑞典	24.2	43.2	53.8
芬兰	19.9	34.2	39.2
比利时	10.4	65	7.9
奥地利	0	0	32.8

资料来源:BP Statistical Review of World Energy (June 2017); Eurostat: Energy, transport and environment indicators (2017 edition); Eurostat, newsrelease – Share of renewables in energy consumption in the EU (Jan. 2018)。

根据世界核能网的统计,截至2017年3月,欧盟境内在建的核反应堆共4个,其中芬兰1个、法国1个、斯洛伐克2个。已规划完毕的反应堆共24个,其中捷克2个、芬兰1个、匈牙利2个、波兰6个、罗马尼亚2个、英国11个。拟议中的反应堆共8个,其中保加利亚1个、捷克1个、立陶宛2个、斯洛伐克1个、斯洛文尼亚1个、英国2个。① 从中可以看出，已规划完毕的13个反应堆中（不计英国），中东欧占12个；在拟议中的6个核反应堆则全部在中东欧成员国。中东欧国家对核电有着巨大的需求，也是欧盟未来发展核电的主要地区。

值得注意的是，在核电支持国和反对国的博弈中，双方的代表性国家往往都能得到同盟者的支持。例如，2015年12月和2018年3月，卢森堡作为原告，分别参加了奥地利反对英国辛克利角C项目和匈牙利保克什-Ⅱ（Paks-Ⅱ）项目的诉讼。与此相应，2015年12月，罗马尼亚作为核电成员国，则在奥地利、卢森堡反对英国辛克利角-C项目的诉讼中则站在英国一方。实际上，在辛克利角-C项目上，匈牙利、捷克、斯洛伐克、波兰、法国等核能成员国均对英国明确表达了支持，② 而中东欧成员国在其中占到了大多数；维谢格拉德集团四国（即波、匈、捷、斯洛伐克）则早在2013年就对欧盟境内的核电项目表示了支持。③ 最后，围绕核电项目的两国诉讼逐渐转化成若干非核成员国与核电成员国之间两个松散集团的斗争。

二 核电博弈在两大关键问题上的表现及给中国带来的机遇

由于核电站在经济、军事、安全等方面都属于战略性设施，因此反核成员国如果直接对核电成员国的核电决策进行反对，往往会上升为外交问题。在这种情况下，反核成员国往往采取其他途径对有核成员国施压，其中两个最重要的议题：一是政府是否应该对核

---

① Nuclear Power in the European Union (Updated February 2017). http://www.world-nuclear.org/information-library/country-profiles/others/european-union.aspx, 2017年7月18日。

② Luxembourg backs Austria against Hungarian nuclear plant, https://euobserver.com/energy/141202, 2017年8月1日。

③ Visegrad group backs nuclear energy, http://www.china.org.cn/world/Off_the_Wire/2013-10/14/content_30291509.htm, 2017年7月18日。

电企业或产业给予补贴,二是核电站作为大型公共设施建设的政府采购招标流程是否合规。施加压力的途径往往分为两个层次:首先是通过行政途径要求欧盟委员会的有关总司(Directorate-General)进行调查;如果调查结果不能满足反核成员国的诉求,则有关核电项目可能会通过司法途径被起诉到欧盟法院。最近五年来,欧盟境内的几个重大核电工程几乎都遭遇了有关的调查和诉讼。但从最终的结果看,恰恰是在这两个领域,核电项目的建设国都找到了对调查和诉讼进行规避的有效方法。由于政府补贴和政府采购流程也是中国企业进入欧盟市场最常遇到的两个问题,因此在欧盟着手修改有关法律之前,其已做出的有关裁决也同样为中国核电企业打开了便利之门,成为中国核企可以利用的机遇。

(一)政府补贴问题

由于政府对企业和行业的补贴可能会造成市场价格扭曲,因此欧盟严格限制政府补贴行为。这些限制也不可避免地要涉及核电行业和有关企业。

1. 通过政府补贴问题干预核电站建设的两个案例

最近五年来,欧盟境内的几个重大核电工程几乎都遭遇了政府补贴方面的调查和诉讼。其中,英国辛克利角 C 项目和匈牙利保克什-Ⅱ项目最受关注。

2013 年 12 月,欧盟委员会负责市场竞争的总司开始就英国辛克利角 C 核电项目的政府补贴问题展开调查,认为英国政府对该项目提供了不适当的补贴,从而人为压低了建设成本,影响到其发电的电价,破坏了市场秩序。2014 年 10 月该调查结束,欧盟委员会认为,英国在对有关问题进行整改后,如符合欧盟有关规定,可以继续施工。[①] 但 2015 年 7 月,奥地利作为非核成员国的代表,将欧盟

---

① State Aid: Commission Concludes Modified UK Measures for Hinkley Point Nuclear Power Plant Are Compatible With EU Rules (8 October 2014), https://europa.eu/rapid/press-release_IP-14-1093_en.htm,2017 年 7 月 18 日。

委员会诉至欧盟法院,继续反对英国辛克利角 C 项目。①

2015 年 11 月,欧盟委员会又开始对匈牙利保克什－Ⅱ项目的政府补贴问题进行调查。该调查的起因是匈牙利接受了项目建设方俄罗斯原子能公司（Rosatom）提供的贷款,而俄罗斯原子能公司是俄罗斯国有企业,其资金来源是否符合市场化要求则受到质疑。

2017 年 3 月,欧盟委员会结束了该项目的政府补贴调查,认为匈牙利在强化该项目公司的核算独立性、项目建成后拿出 30% 的发电量用于市场自由竞价销售等整改措施完成之后,该项目可以继续施工。② 2018 年 1 月,奥地利又因不满欧盟委员会关于匈牙利保克什－Ⅱ项目有关政府补贴问题的裁定,将欧盟委员会诉至欧盟法院。③

这些行政和司法程序,特别是欧盟委员会的调查,牵扯到有关证照的颁发,因此对有关核电项目的施工进度产生了一定影响。

2. 核电的政治特殊性与对政府补贴问题的规避

从上述欧盟委员会的决定中可以看到,其在提出整改要求后,对核电项目都予以了放行。之所以会做出这样的决定,是因为核电在欧盟中的政治特殊性,而这一特殊性的根源在于《欧洲原子能共同体条约》（Treaty establishing the European Atomic Energy Community）（简称《原子能共同体条约》）。

欧盟的前身,即欧洲共同体,是在 1968 年由欧洲煤钢共同体（1951 年成立）、欧洲经济共同体（1957 年成立）和欧洲原子能共同体（1957 年成立）这三个共同体合并而来,因此《原子能共同体条约》在欧共体中具有宪法性条约的地位。也就是说,发展核能是在 1957 年现代欧洲一体化进程早期就已经确定的一项既

---

① Hinkley Point nuclear subsidy challenged by Austria（6 July 2015）,https://www.bbc.com/news/uk－england－somerset－33407569,2017 年 7 月 18 日。

② EU gives green light to Hungary's nuclear plant（6 March 2017）,https://euobserver.com/news/137122,2017 年 8 月 12 日。

③ Austria Sues European Commission in Hungary nuclear power（22 January 2018）,https://www.express.co.uk/news/world/908214/austria－sues－european－commission－hungary－nuclear－power－station－row,2018 年 1 月 24 日。

定目标，并且载入了宪法性条约而受到欧盟各成员国的普遍认可，有关国家并不能因为反政府补贴的一般规定而阻碍发展核电的这一宪法性要求。

1992年，欧盟成立，欧洲一体化进程融入了外交、安全、内务司法等新的领域，但三个共同体实际上在各自领域仍然存在。2002年，为期50年的《煤钢共同体条约》到期，煤钢共同体停止存在，但《原子能共同体条约》是一个无限期条约，因此，尽管在《里斯本条约》之后，欧盟已经取消了"共同体"架构，但经过技术性调整之后的《原子能共同体条约》仍然有效，原子能共同体也依然在履行着自己的职责。特别是《原子能共同体条约》第2条第3款规定："原子能共同体应促进投资，特别是通过鼓励企业进行投资，确保在共同体内建立发展核能所需的基本设施。"正是基于这样的原则，欧盟委员会认为核电站不同于一般的公用事业，对核电站建设进行政府补贴也不同于一般的政府补贴，其判断标准应不完全适用欧盟在反补贴方面的一般规定。欧盟委员会对英国辛克利角C核反应堆所进行的政府补贴和匈牙利保克什-Ⅱ项目建设方俄罗斯原子能公司可能接受政府补贴这一问题上的裁决，正是以这一条款为依据，认为"发展核能是欧盟的共同利益"，[①]从而允许该项目在整改后继续进行。

应该说，如果在核能安全领域或欧盟政治领域不出现大的变故，那么，欧盟以《原子能共同体条约》为依据，对各核电成员国在政府补贴问题上"网开一面"的做法，未来短期内还不会改变。

2018年7月12日，欧盟法院经过三年的审理，就奥地利政府诉欧盟委员会批准辛克利角核电站一案做出判决，驳回了奥地利政府的所有主张。在政府补贴问题上，欧盟法院不但完全认可了欧盟委员会在做出批准决定时所依据的《原子能共同体条约》，并围绕"共同利益"问题，分政治和法律两个层次做出了更加明确的阐述：

---

① Austria sues Commission over Hungary（25. January 2018），https://euobserver.com/energy/140690，2018年1月26日。

第一，欧盟成员国政府所做出的决定，不论是否享受政府补贴，均被认为是为了"公共利益"而非为了补贴享受者的个体利益；第二，这里的"公共利益"并不必然是全欧盟各个成员国的共同利益，也可以是核电受益国的本国公共利益，因此欧盟委员会的决定符合《原子能共同体条约》对"公共利益"的要求。①

由于中国的"中广核集团"不但在英国辛克利角C项目中享受了英国的政府补贴，而且在罗马尼亚切尔纳沃德核电站项目中预计也将享受罗马尼亚的政府补贴，所以政府补贴审查始终是中国核电在欧盟拓展业务时的一个问题。现在，欧盟的有关裁决虽然不是直接针对中国核电企业，但核电在欧盟政治中的特殊地位是由欧盟宪法性条约规定的，中国核企同样可以从中受益。

3. 围绕核电特殊地位的争议

尽管《原子能共同体条约》为核电行业提供了某种特殊地位，但这种宪法性保证并不足以令各国核电公司高枕无忧。经过近70年的时间，欧洲和世界的政治、经济和技术环境都已经发生了天翻地覆的变化，但《原子能共同体条约》却基本上没有变化，因此部分成员国认为该条约已经无法适应新的形势了。

在《里斯本条约》谈判的过程中，各国的保留意见均以声明的形式列入了条约的正式附件，与《里斯本条约》同时签署、同时生效。这样的声明共65则，其中的第57则即为德国、爱尔兰、匈牙利、奥地利和瑞典五国提出的应尽快修改《原子能共同体条约》的声明。

但是时至今日，欧盟仍未有任何更新《原子能共同体条约》的实质性动作。由于各国的能源结构在遵守低碳的大方向之下，属于各成员国的权限范畴，欧盟对成员国的核电计划难以直接干涉，又加之对核电的开发利用具有欧盟宪法性条约奠定的法律和政治基础，

---

① General Court of the European Union (Press Release No 104/18, 12 July 2018), The General Court confirms the decision by which the Commission approved the aid provided by the UK in favour of the Hinkley Point C nuclear power station. https：//curia. europa. eu/jcms/upload/docs/application/pdf/2018 - 07/cp180104en. pdf, 2018 年 12 月 17 日。

再加之中东欧核电成员国对核电有着切实的需求,因此,核电成员国的核能规划目前还很难受到根本性的动摇。这为包括中国在内的各国核能企业进入中东欧市场提供了重要的前提条件。

(二) 政府采购问题

政府采购问题涉及的主要是核电项目的招投标程序是否合规。中国企业由于缺乏在欧盟参与大型基础设施建设的经验和法律知识,因此,经常遭遇与政府采购有关的审查,但核电的技术特殊性可能使核电项目规避掉这一问题。

1. 匈牙利保克什 - Ⅱ 项目案例

欧盟近年来对核电项目政府采购问题进行的调查,主要表现在保克什 - Ⅱ 项目上。

2015 年 11 月,欧盟委员会在启动对匈牙利保克什 - Ⅱ 项目政府补贴调查的同时,也启动了对其政府采购流程方面的调查,指出匈牙利政府并没有进行符合欧盟规定的公开招标,而是把该项目的建设权直接授予了俄罗斯原子能公司。

2016 年 11 月,欧盟委员会的调查结束,结论是:由于核电具有极高的技术风险,因此技术可靠性是第一位的——由于保克什 - Ⅰ 核电站项目是由苏联设计建造的,原技术提供方由于对施工地点的地质结构、水文情况及其在过去几十年间的演变过程有着全面的掌握,因此可以被视为具有更高的技术可靠性。在这种情况下,依据欧盟 2004 年公布的《公共设施政府采购流程》序言第 50 节关于"排他性"(exclusivity) 的规定,项目可以不经过公开招标流程,而直接将其建设权授予发包方认为技术可靠的公司。[1] 具体而言,俄罗斯原子能公司因其具有技术继承性而享有了"因技术排他性而产生的豁免权"(technical exclusivity exemption,以下简称"技术排他

---

[1] Directive 2004/18/EC of the European Parliament and of the Council of 31 March 2004 on the coordination of procedures for the award of public works contracts, public supply contracts and public service contracts, https: //eur - lex. europa. eu/legal - content/EN/TXT/PDF/? uri = CELEX: 02004L0018 - 20160418&from = EN, 2017 年 7 月 18 日。

性")。因此，苏联原建设单位的继承公司——俄罗斯原子能公司获得该项目合同被认定为合法，可以接续施工。[①] 这实际上意味着，只要核电项目的发包公司认为有必要，那么项目承接公司就可以以"技术排他性"为由规避掉欧盟的政府采购规定。

2. 围绕"技术排他性"问题的争论。

与发展核电的宪法性规定相比，"技术排他性"的依据似乎要薄弱一些。

首先，"技术排他性"的必要性本身就存在争议。最初有意参加保克什 - Ⅱ核电站竞标的西屋电气就曾表示，任何一个核电站都是量身定做的，从来没有现成的模板，所以欧盟委员会引用"技术排他性"规则，就意味着向匈牙利政府黑箱操作的妥协。[②]

其次，各界对"技术排他性"的有效性也存在质疑。此前的一个以"技术排他性"为由没有进行公开招投标的核电站项目，也是匈牙利政府在回应欧盟调查时提到的一个项目，是2007年法国弗拉曼维尔（Flamanville）核电站扩建项目，当时的工程投资方直接将项目的设计与施工权授予了法国本国的阿海珐公司。但弗拉曼维尔核电站却在2011年和2015年连续出现过事故，2017年2月甚至还出现了一次比较严重的爆炸事故（但未造成核泄漏）。[③] 该项目的安全性似乎并未因阿海珐公司具有技术排他性而得到更好的保障。

另外，围绕匈牙利政府到底是如何为保克什 - Ⅱ项目获取"技术排他性"的，还有一起轰动一时的悬案，即2010年至2014年担任欧盟委员会能源事务委员、2015年起担任欧盟委员会数字经济与

[①] Hungary's Paks Ⅱ project clears procurement hurdle（22 November 2016），http：//www.world - nuclear - news.org/NN - Hungarys - Paks - Ⅱ - project - clears - procurement - hurdle - 22111601.html，2017年7月18日。

[②] Commission notes cast doubt over approval of Russian-backed nuclear project（9 January 2017），https：//www.euractiv.com/section/energy/news/commission - notes - cast - doubt - over - approval - of - russian - backed - nuclear - project/，2017年7月18日。

[③] Flamanville fiasco：The story of France's nuclear calamity（9 February 2017），https：//www.thelocal.fr/20170209/flamanville - frances - own - nuclear - nightmare，2017年7月18日。

社会事务委员的德国人欧廷格（Guenther Oettinger），于2016年5月乘坐由俄罗斯驻德国巴登—符腾堡州荣誉领事曼戈尔德（Klaus Mangold）提供的私人飞机访问匈牙利并拜会总理欧尔班一事。此事关系到匈牙利保克什-Ⅱ项目合同的非招标授予行为所享受的"技术排他性豁免"到底是合法取得，还是因腐败而非法取得的，即这一案例是否具有可推广性。当时正值欧盟委员会对匈牙利保克什-Ⅱ项目进行调查的关键时刻，曼戈尔德在极力游说欧盟减轻对俄制裁，而欧廷格既曾经是曼戈尔德所在的德国巴登—符腾堡州的州长，又恰好是保克什-Ⅱ项目签约时欧盟委员会负责能源事务的委员。这一系列"巧合"一经曝光，立刻引来了各方的质疑。[①] 尽管各当事方对外界的猜测均予以否认，但还是引来了欧洲议会发起的质询。不过欧洲议会为此事在2016年底专门安排的两次质询，却分别被欧洲议会的前任议长、波兰人布祖克（Jerzy Buzek）和现任议长德国人舒尔茨（Martin Schulz）出面回绝或降格了——布祖克和欧廷格均来自欧洲人民党党团，因此布祖克被认为是在保护本党成员，而舒尔茨由于将在质询会议之后回国参加2017年的德国大选，并希望担任基民盟的外交部长，因此认为这场与欧廷格和曼戈尔德这两个德国人有关的质询"非常不是时候"。[②] 最后，这一事件不了了之，欧盟方面也未示意此事与腐败有关。

上述争议给以"技术排他性"来规避欧盟政府采购规定的做法带来了挑战，但十年内对这一原则的两次援引都取得了成功。应该说，核电站作为直接涉及核安全的特殊工程，这种成功具有其必然性，这也在相当程度上增加了中国核企以"技术排他性"进入欧盟的可能。

[①] Hungary asked Kremlin lobbyist to airlift Oettinger to Budapest（15 November 2016）https：//euobserver.com/institutional/135915，2017年7月18日。

[②] Commission notes cast doubt over approval of Russian-backed nuclear project（9 January 2017）https：//www.euractiv.com/section/energy/news/commission-notes-cast-doubt-over-approval-of-russian-backed-nuclear-project/，2017年7月18日。

三 规避政府采购规定对中国
核企派生出的挑战

保克什-Ⅱ的案例表明，对安全性的要求可以使核电项目绕过欧盟政府采购的一般规定，这为中国核电企业进入欧盟市场打开了一道方便之门。但是，这也带来了另一个问题，即不论是在中东欧还是西欧，目前都没有由中国设计和建设的已投产核电站，因此中国也就很难从技术继承性角度来证明自己可以进行更安全的核电站设计和施工，从而获得"技术排他性"。由于历史原因，俄罗斯则在这方面占很大的优势，成为中国核电企业的有力竞争者。

（一）中东欧核电技术的苏（俄）制传统

中东欧地区，在冷战期间成为核电国家的现欧盟成员国中，除斯洛文尼亚1975年开工、1983年投产的克斯科（Krsko）核电站采用的是美国西屋电气的技术外，其他核电站均为苏联协助制造，也就是说，是苏制传统。尽管冷战已经结束近30年，但由于核电站寿命一般为30年至60年（经过对核电站旨在寿命延长的改造升级），因此这些核电站至今仍在使用，并且成为扩建和更新换代的基础。

冷战结束后，中东欧地区的部分苏制核电站曾引起过西欧国家的广泛担心。作为加入欧盟的条件，欧盟于1997年提出，要在7年至10年内关闭所有危险核电站。但是，西欧这种担心并非针对所有的苏制核反应堆，而是主要集中在安全性比较差的两种主要类型上，即RBMK（大功率压力管式石墨反应堆）[①] 和VVER（苏制压水反应堆）-440/V-230型，[②] 其中RBMK反应堆也是在切尔诺贝利核电站发生事故的机型。这两种核反应堆引发顾虑的原因主

[①] RBMK为俄文Реактор большой мощности канальный首字母缩写РБМК的拉丁文转写，即大功率压力管式石墨反应堆。

[②] VVER为俄文为Водо-водяной энергетический реактор首字母缩写ВВЭР的拉丁文转写，即水—水高能反应堆。

要是其难以进行升级改造，所以很难达到西欧的安全标准，而采用这两种型号反应堆的国家，主要是保加利亚和斯洛伐克。在核电站管理方面，最主要的不合规国家是保加利亚，以及一定程度上的立陶宛。[①] 其他中东欧国家的核电站则并未超越西欧对核电安全性的容忍范围，如匈牙利和捷克则从未运行过上述两种高危反应堆。

目前有意新建或继续运行核反应堆的中东欧成员国可分为两类。第一类是没有苏制核电传统的国家。这类国家一是上述的斯洛文尼亚；二是罗马尼亚——其在1980年采用加拿大原子能公司（AECL）的CANDU技术（一种与苏联VVER技术、西欧PWR技术[②]类似的压水堆技术）开始建造切尔纳沃德核电站，于1996年投产；三是波兰——其在1980年代由苏联在霍切沃（Choczewo）和萨尔诺卫切（Żarnowiec）均规划过核电站，但由于经济和技术形势的变化，这一规划没有实施。第二类是苏制核电传统的国家，捷克、匈牙利、斯洛伐克、保加利亚、立陶宛等国正在运行的核电站都具有苏制背景。中国对这两类核电国家的市场都抱有兴趣，但它们中的大多数国家，甚至包括一些没有苏制传统的核电国家，其核电站的延寿改造、扩建，都不能将俄罗斯排除在外。这从它们近年来的竞标和建设过程中便可见一斑。

1. 保加利亚

保加利亚目前唯一的核电站——科兹洛杜伊（Kozloduy）核电站原有6个核反应堆。保政府在应欧盟要求于2002年关闭了四个苏制VVER-440/V-230反应堆后，另两个苏制VVER-100反应堆的延寿和改造工程于2014年启动。2014年，科兹洛杜伊-5反应堆的延寿合同授予了法国国家能源公司和俄罗斯原子能机构组成的联合项目公司，俄方由俄罗斯原子能机构的分公司俄罗斯核能公司（Rosenergoatom）和俄罗斯原子能海外公司（Rusatom）具体承接。

---

① Early Soviet Reactors and EU Accession（Updated June 2017），http://www.world-nuclear.org/information-library/safety-and-security/safety-of-plants/appendices/early-soviet-reactors-and-eu-accession.aspx，2017年8月12日

② PWR为pressurized water reactor的首字母缩写，是由西方国家研制的压水反应堆。

2016 年，俄罗斯原子能海外公司又与保加利亚风险工程公司（Risk Engineering）签订了升级科兹洛杜伊－6 反应堆的合同。[①]

另外，从 1980 年代起，保加利亚还希望在贝雷内地区再建造一座核电站，2000 年以来，来自法、德、俄的多家公司均有所参与。2013 年，保加利亚政府出于种种原因，中止了与俄罗斯核能出口建设公司（Atomstroyexport，ASE）的合作，并随即引入由日本东芝公司（Toshiba）控股的美国西屋电气公司（Westinghouse）继续该项目。但由于西屋电气的财务问题和该核电站本身的经济前景问题，贝雷内项目于 2015 年告停。2016 年 6 月，国际仲裁机构对保加利亚政府中止与俄公司合作做出了有利于俄方公司的仲裁，令保政府向俄方支付 6 亿美元的赔偿金，这充分说明了保俄两国此前的合同完全合规，受到了法律的保护。[②]

2. 捷克

捷克在杜库瓦尼（Dukovany）和特梅林分别有 4 座苏制 VVER－440/V－213 型反应堆和 2 座苏制 VVER－1000/V－320 型反应堆。2010 年，捷克国家电力公司（CEZ）开始筹备新反应堆的招标，西屋电气、法国阿海珐公司（AREVA）、斯柯达—俄罗斯原子能公司联合体（Skoda-Rosatom）三家公司参与。[③] 2014 年，捷克国家电力公司因市场电价过低和政府无法提供补贴而中止了新反应堆的招标。但 2016 年，捷克政府又有意重启该项目，并与俄罗斯、韩国和中国（中核集团）进行了接触。

3. 斯洛伐克

斯洛伐克的博胡尼切（Bohunice）核电站和莫霍夫采核电站

[①] Life extension for Bulgaria's Kozloduy 6 (1 February 2016), http://www.neimagazine.com/news/newslife－extension－for－bulgarias－kozloduy－6－4798509，2017 年 7 月 18 日。

[②] Russia wins half of compensation claimed in Belene lawsuit (16 June 2016), http://www.world－nuclear－news.org/C－Russia－wins－half－of－compensation－claimed－in－Belene－lawsuit－16061601.html，2017 年 7 月 18 日。

[③] Areva Failed to Comply with Public Contract Requirements Defined for Building Temelin NPP Units 3 and 4：CEZ had to Disqualify this Bidder (5 October 2012), http://www.cez.cz/en/investors/inside－information/1499.html，2017 年 7 月 18 日。

(Mochovce) 各有两座 VVER-440/V-213 型反应堆。2004 年，意大利 ENEL 集团入股斯洛伐克能源公司（SE），拟在莫霍夫采核电站投资建设两座新反应堆。2013 年起，由于建设严重超支，斯洛伐克能源公司向国际市场寻求贷款。最终，俄罗斯储蓄银行（Sberbank）提供了期限为 7.5 年、总额为 8 亿欧元的贷款，并签订了 3 亿欧元的核燃料供货协议。在扩建博胡尼切核电站的过程中，斯洛伐克的国有核设施建设与去功能化公司（JAVYS）与捷克电力公司组成的联合公司（JESS）也曾因财务困难，拟向俄罗斯原子能公司出售股份，后未果。[1]

4. 匈牙利

匈牙利的保克什核电站现有 4 个反应堆，从 20 世纪 70 年代开始修建，1982 年至 1987 年间陆续投产，皆采用苏制 VVER-440/V-213 型反应堆。其保克什-Ⅱ项目则仍采用苏制技术，详情上文已述。

可以说，在所有这些具有苏制核电传统的中东欧成员国中，俄罗斯核电企业的身影自始至终无处不在。即使是没有苏制背景的罗马尼亚，其在 2013 年引入中核集团之前，也曾于 2011 年确定俄罗斯原子能公司下属企业原子能动力公司（Atomenergoprom）为切尔纳沃德核电站新反应堆项目的三个竞标企业之一。甚至在传统上属于西方国家的芬兰，目前在洛维萨（Loviisa）核电站也有两座于 1977 年和 1980 年投产的苏制 VVER-440/V-213 型核反应堆；而在 2013 年，芬俄两国还签署了为汉希奇威（Hanhikivi）核电站提供俄制 VVER-1200/V-491 型反应堆的协议。俄罗斯核电企业凭借其世界一流的技术水平和国有公司的资金优势，往往成为欧盟中东欧成员国在建设核电站时不能不考虑的选项。

（二）苏（俄）制核技术面临的政治困局

尽管苏制核技术以其技术继承性优势而在中东欧的核电市场上

---

[1] CEZ left with problematic Slovak nuclear joint venture after Rosatom talks die (7 March 2014), http://www.radio.cz/en/section/business/cez-left-with-problematic-slovak-nuclear-jointventure-after-rosatom-talks-die，2017 年 7 月 18 日。

处于有利地位，但由于俄罗斯与西方国家近年来的关系紧张，俄罗斯这种优势也受到了削弱。这主要体现在两个方面：

第一，到目前为止，并非所有中东欧成员国的核能项目都有俄罗斯公司的参与。

波兰的核电项目至今主要的参与者是法国阿海珐公司、西屋电气，以及日立—通用（Hitachi-GE）联合公司。美国联合机械工程集团的英国核电公司（AMEC Nuclear UK）则于2014年获得了波兰核电站的设计和施工权，并拟于2018年完成设计方案。

立陶宛原有两座大型苏制RBMK石墨反应堆。立政府在按欧盟要求分别于2004年和2009年将其关闭以后，就一直在寻找替代方案。2012年，日立—通用联合公司获得了在维萨基纳斯（Visaginas）修建新核电站的建设权。立陶宛、爱沙尼亚、拉脱维亚，以及日立公司四方共同持股。但该项目于2016年因财政问题而搁浅。

核电建设招投标的酝酿过程往往需要保密。俄罗斯企业在波兰和立陶宛核电站建设市场上的具体参与情况外界不得而知。但从目前公开的结果看，应该说，波兰和立陶宛核电建设中无俄罗斯公司参与的这种情况，与它们长期以来和俄罗斯之间的紧张关系是相一致的。核电站作为重要的战略性能源和安全设施，若将其设计和施工交予俄罗斯公司，在某些国家的政界和民间可能会遇到强大的阻力。

而匈牙利保克什-Ⅱ项目之所以受到了欧盟的大量调查乃至奥地利等国的起诉，按照匈牙利政府负责保克什-Ⅱ项目的主管官员阿佐蒂（Attila Aszódi）的观点，很大程度上也是乌克兰危机的结果。他表示，匈牙利的遭遇是不公平的，因为匈—俄的核电协议签署于2014年1月，而当时正值索契冬奥会期间，外界并不知道俄罗斯准备对乌克兰危机进行干预，有关的调查是俄罗斯介入乌克兰危机之后才发起的。[①] 匈牙利的官员和主流媒体普遍认为，如果没有乌克兰

---

① Hungary meets Euratom Treaty objectives for Paks Ⅱ（15 September 2015），http：//www.world-nuclear-news.org/NN-Hungary-meets-Euratom-Treaty-objectives-for-Paks-Ⅱ-15091501.html，2017年7月18日。

危机，俄罗斯对该工程的参与也不会受到如此非难。

第二，欧盟对俄罗斯"断料"的担忧。

由于核电站技术的特殊性，通常核电站的承建商都要向该电站提供相应的核燃料。但欧洲原子能共同体明确要求各核电成员国必须保证核燃料供应的多元化，因此西欧地区的核反应堆通常都可使用两种或者三种品牌的核燃料棒。

但苏制核电站情况有所不同。在冷战期间，苏联是所有中东欧国家苏制核电站在核燃料方面的唯一供货商，因此其在设计阶段就没有在不同品牌核燃料之间进行切换的考虑。冷战之后，随着中东欧苏制核电站的改造升级，其他公司也开始生产可用于苏制核电站的核燃料棒。在20世纪90年代，由核电站承建商提供的核燃料不再享有垄断权，一般的供料合同在10年左右。此后，由于技术的发展，这一垄断供料时间逐步缩减至数年。但对于苏制核电站而言，欧盟实际上仍然无法要求该核电站在建成之后就立即弃用俄供核燃料，转而采用其他西方公司制造的核燃料。甚至捷克曾在冷战之后一度在特梅林核电站使用过西屋电气公司生产的燃料棒，但出于种种原因，从2010年开始，又开始重新全面使用俄罗斯提供的核燃料。截至2017年底，欧盟境内所有的苏制核反应堆（全部为VVER各型反应堆）均完全使用的是俄罗斯国家原子能公司下属的核燃料公司TVEL（Тепловыделяющий элемент）提供的核燃料。①

这就引发了欧盟关于俄罗斯可能对欧盟核电站"断料"的担忧。这与俄罗斯对欧盟的天然气"断气"一样，可以直接威胁欧盟的能源供应安全，成了欧盟成员国采用俄制技术时的一大隐忧。因此，虽然中国核电企业在技术继承性上逊于俄罗斯，但政治形势的演变，又可能使这一劣势获得一定的弥补。

---

① Euratom Supply Agency, Annual Report 2017, p.39, https：//ec.europa.eu/euratom/ar/ar2017.pdf, 2018年12月17日。

结　论

在欧盟特殊的政治框架、中东欧成员国特殊的历史背景、复杂多变的国际环境之下，中国核电行业在这一地区面临着多重机遇与挑战，但目前来看，机遇大于挑战。

首先，中国企业在欧盟最常遇到的两大问题——政府补贴和政府采购流程，可能在核电领域通过《原子能共同体条约》和"技术排他性"得到一定程度的规避。

其次，"技术排他性"在使中国规避欧盟政采规定的同时，也加剧了中国与俄罗斯在欧盟核电市场上的竞争。但中国与欧盟分属两个大洲，并无地缘安全方面的直接冲突。尽管欧盟对来自中国的投资，特别是针对战略性设施的投资也持一定的怀疑态度，但中欧双方都是全球经济一体化进程中最主要的推动者，有着相似的理念和构想，这是双方合作的政治基础。

再次，中国已经在英国这一西欧发达的老欧盟成员国开始进行核电站建设。在技术方面，中国广西防城港的华龙一号示范核反应堆已于 2018 年 5 月成功吊顶，这是中国核电走向国际核电建设市场的重要一步，可以极大增进各国对中国核技术的信心。①

最后，欧盟核电市场正在经历一个重要的变革期，旧有格局正在被打破，新的格局有待形成。由于欧债危机的影响，欧洲电价近十年来一直处于较低价位，这直接威胁到了各国电力市场。2015年，法国阿海珐公司陷于技术性破产，核电业务转入法国电力公司。2017 年，受福岛核事故影响，东芝集团旗下的美国西屋电气申请破产。这两大核电巨头在欧盟的多个项目上都出现了大规模超支和严重超期，难以继续十年以前的扩张势头，被迫让出了市场份额。这使得像韩国电力公司（KEPCO）、韩国水电与核电公司（Korean

---

① "华龙一号"示范项目广西防城港 3 号核电机组完成穹顶吊装（2018 年 5 月 23 日），https：//www.thepaper.cn/newsDetail_ forward_ 2147728，2018 年 6 月 15 日。

Hydro and Nuclear Power）等大量新兴核能公司进入欧盟市场。而来自核电大国中国的核电企业，凭借自主研发能力和丰富的经验，已经并将继续在新的竞争中展现出优势。

（原载《欧亚经济》2019 年第 1 期）